Die Osterweiterung der Europäischen Union
und das Arbeitsrecht der Tschechischen Republik

Europäische Hochschulschriften
Publications Universitaires Européennes
European University Studies

Reihe II
Rechtswissenschaft

Série II Series II
Droit
Law

Bd./Vol. 3120

PETER LANG
Frankfurt am Main · Berlin · Bern · Bruxelles · New York · Oxford · Wien

Robert Seibold

Die Osterweiterung der Europäischen Union und das Arbeitsrecht der Tschechischen Republik

Eine Kompatibilitätsuntersuchung

PETER LANG
Europäischer Verlag der Wissenschaften

Die Deutsche Bibliothek - CIP-Einheitsaufnahme

Seibold, Robert:

Die Osterweiterung der Europäischen Union und das Arbeitsrecht der Tschechischen Republik : eine Kompatibilitätsuntersuchung. - Frankfurt am Main ; Berlin ; Bern ; Bruxelles ; New York ; Oxford ; Wien : Lang, 2001
(Europäische Hochschulschriften : Reihe 2, Rechtswissenschaft ; Bd. 3120)
Zugl.: Münster (Westfalen), Univ., Diss., 2000
ISBN 3-631-37876-9

D 6
ISSN 0531-7312
ISBN 3-631-37876-9

Meinen Eltern

Inhaltsübersicht

Vorwort

Die vorliegende Arbeit wurde im Wintersemester 2000/ 2001 von der Rechtswissenschaftlichen Fakultät der Westfälischen Wilhelms-Universität Münster als Dissertation angenommen.
Ich möchte mich sehr bei meinem Doktorvater, Herrn Prof. Dr. Heinz-Dietrich Steinmeyer, für die ausgezeichnete Betreuung meiner Dissertation und bei Herrn Prof. Dr. Bernhard Großfeld, LL.M, für die zügige Erstellung des Zweitgutachtens bedanken.
Mein besonderer Dank gilt Herrn Prof. Dr. Bernd von Maydell, Direktor des Max-Planck-Instituts für ausländisches und internationales Sozialrecht in München, Frau Petra Golombek und allen anderen Mitarbeiterinnen und Mitarbeitern dieses Instituts für die unermesslich große Unterstützung meines Dissertationsvorhabens.
Auch den hier nicht ausdrücklich genannten Personen und Institutionen in Deutschland und der Tschechischen Republik sei für die Mithilfe herzlich gedankt.
Die Promotion wurde durch ein Stipendium der Hanns-Seidel-Stiftung eV gefördert.

Robert Seibold

München, im Januar 2001

Inhaltsverzeichnis

Erster Teil: Einführung

Die vorliegende Arbeit hat zum Ziel, die Kompatibilität arbeitsrechtlicher Vorschriften der Tschechischen Republik mit Europäischem Gemeinschaftsrecht zu untersuchen. Anhand von gemeinschaftsrechtlichen Strukturprinzipien sollen die einschlägigen Vorschriften des tschechischen Rechts dargestellt und auf ihre Kompatibilität mit dem Gemeinschaftsrecht untersucht werden.

Erstes Kapitel: Europäisches und tschechisches Arbeitsrecht

A. Europäisches Arbeitsrecht

Bezugspunkt für die zu untersuchenden tschechischen Normen ist das „Europäische Arbeitsrecht", ein Begriff, der bislang nicht legaldefiniert ist[1]. Daher soll er im folgenden näher umschrieben werden.

I. Definition

1. Räumlicher und sachlicher Geltungsbereich

Der Begriff des Europäischen Arbeitsrechts soll im folgenden räumlich und sachlich auf das Recht der Europäischen Gemeinschaft, wie es in den fünfzehn Mitgliedstaaten der Europäischen Union gilt, beschränkt werden. Nicht Untersuchungsgegenstand ist damit insbesondere das Recht des Europarates, in Form von dessen Übereinkommen und Empfehlungen, sowie sonstige völkerrechtliche Übereinkommen der EG[2].

2. Anknüpfung an Arbeitnehmerbegriff

In Art. 140 EGV wird zwar der Begriff des Arbeitsrechts erwähnt, eine vertraglich bestimmte Definition des Begriffs „Arbeitsrechts" gibt es jedoch nicht. Gleichwohl kann der Begriff aus der Definition des Arbeitnehmers als zentraler Figur des Arbeitsrechts heraus entwickelt werden. Gemäß der ständigen Rechtsprechung des EuGH ist der Begriff des Arbeitnehmers gemeinschaftsrechtlich und nicht national zu bestimmen. Arbeitnehmer ist danach, wer für einen anderen nach dessen Weisung für eine bestimmte Zeit Leistungen erbringt, für die er eine Vergütung als Gegenleistung erhält[3]. Wie auch im nationalen Recht der Mitgliedstaaten knüpft der persönliche Geltungsbereich des Arbeitsrechts an Beschäftigte an, die in einem hierarchischen Verhältnis Arbeitsleistung für den Arbeitgeber erbringen[4].

---

[1] Blanpain/ Schmidt, Europäisches Arbeitsrecht, 1996, Rz. 3

[2] vgl. zu dem „Geflecht von Internationalem Arbeits- und Sozialrecht", so Egger, ders. in: Das Arbeits- und Sozialrecht der EG und die österreichische Rechtsordnung, 1999, S. 21-44

[3] EuGH, 3.7.1986, Rs. 66/85 (Lawrie-Blum), Slg.1986, S. 2121; EuGH, 23.3.1982, Rs. 53/81 (Levin), Slg. 1982, S. 1035

[4] Blanpain, European Labour Law, 1999, Rz. 23 (Blanpain; Schmidt, Europäisches Arbeitsrecht, 1996, Rz. 3)

3. Arbeitgeber

Im Unterschied zum nationalen Recht wiederum umfasst der Arbeitgeberbegriff nicht nur private, sondern auch öffentliche Arbeitgeber. Arbeitnehmer sind danach auch Angestellte und Beamte im öffentlichen Dienst[5].

4. Individual- und kollektivrechtliche Regelungen

Die das Arbeitsverhältnis regelnden gemeinschaftsrechtlichen Bestimmungen können individualrechtlicher als auch kollektivrechtlicher Natur sein. Daher umfasst das Europäische Arbeitsrecht sowohl Individual- als auch Kollektivarbeitsrecht[6].

5. Abgrenzung zum Sozialrecht

Im EGV wird Arbeitsrecht als Unterfall der Sozialpolitik behandelt. So wird in Art. 140 EGV das Arbeitsrecht als ein Gebiet der Sozialpolitik bezeichnet. Damit folgt der EGV der französischen Rechtstradition, wonach arbeitsrechtliche Normen vom „droit social" miterfasst werden[7]. Dem soll aber nicht gefolgt werden. Vielmehr entspricht es der Rechtstradition der meisten Mitgliedstaaten wie auch der der ČR, dass zwischen Arbeitsrecht und Sozialrecht unterschieden wird. Denn beide Rechtsgebiete verfolgen primär verschiedene Ziele: Das Arbeitsrecht soll dem Ausgleich zwischen gegenläufigen Interessen von Arbeitnehmern und Arbeitgebern dienen, während das Sozialrecht der finanziellen Absicherung von Personen dient[8].

6. Zusammenfassung

Unter Europäischem Arbeitsrecht sollen Regelungen der EG verstanden werden, die die individuellen und kollektiven Arbeitsbeziehungen privat- und öffentlichrechtlicher Art zwischen Arbeitnehmern und Arbeitgebern regeln, die darauf ausgerichtet sind, dass der Arbeitnehmer Leistungen gegen Entgelt in einem hierarchischen Verhältnis erbringt. Nicht Untersuchungsgegenstand, obgleich Teil der EG-Sozialpolitik bzw. zu deren systematischen Zusammenhang gehörend, sollen die Gebiete des Sozialrechts und der Freizügigkeit der Arbeitnehmer[9] sein[10].

---

[5] Blanpain, European Labour Law 1999, Rz. 24 (Blanpain/ Schmidt, Europäisches Arbeitsrecht, 1996 Rz. 4); Krimphove, Europäisches Arbeitsrecht,1996, S. 85 f

[6] Blanpain, a.a.O., Rz. 24 (Blanpain; Schmidt, a.a.O., Rz. 4)

[7] Schiek, Europäisches Arbeitsrecht, 1997, S. 26 f

[8] Schiek, a.a.O., S. 27

[9] Die Freizügigkeit der Arbeitnehmer wird teilweise auch dem Europäischen Arbeitsrecht zugeordnet als Vorschriften betreffend den Zugang ausländischer Staatsangehöriger zum (EG-)Arbeitsmarkt, was nach deutschem Recht dem Ausländerrecht zugeordnet wird, vgl. Preis; Bütefisch, in: Oetker; Preis, Europäisches Arbeits- und Sozialrecht, Teil B, Systematische Darstellungen: B 1100 (Arbeitsrecht als Gegenstand des Gemeinschaftsrechts – das Europäische Arbeitsrecht), 1996, Rz. 3

[10] vgl. hierzu Amtsblatt der Europäischen Gemeinschaften, Fundstellennachweis des geltenden Gemeinschaftsrechts, 05: Freizügigkeit der Arbeitnehmer und Sozialpolitik,
in: www.europa.eu.int/eur-lex/de/lif/reg/de_register.html, Abfrage vom 13.12.1999

II. Einschlägiges Gemeinschaftsrecht

In Anlehnung an die Gemeinschaftscharta der Sozialen Grundrechte vom 6.12.1989[11] sollen die folgenden fünf Strukturprinzipien einschließlich des hierzu erlassenen Sekundärrechts näher untersucht werden: Zunächst die Gleichbehandlung von Männern und Frauen, dann der soziale Schutz der Arbeitnehmer bei Strukturänderungen, ferner Sicherheit und Gesundheitsschutz am Arbeitsplatz, desweiteren der Grundsatz der gerechten Lebens- und Arbeitsbedingungen, schließlich der Grundsatz der Mitwirkung und Mitbestimmung von Arbeitnehmern. Im weiteren werden folgende Richtlinien untersucht:

1. Gleichbehandlung von Männern und Frauen

Rl. 75/117/EWG[12] des Rates vom 10.2.1975 zur Angleichung der Rechtsvorschriften der Mitgliedstaaten über die Anwendung des Grundsatzes des gleichen Entgelts für Männer und Frauen,
Rl. 76/207/EWG[13] des Rates vom 9.2.1976 zur Verwirklichung des Grundsatzes der Gleichbehandlung von Männern und Frauen hinsichtlich des Zugangs zur Beschäftigung, zur Berufsausbildung und zum beruflichen Aufstieg sowie in bezug auf die Arbeitsbedingungen,
Rl. 96/34/EG[14] des Rates vom 3.6.1996 zu der von UNICE, CEEP und EGB geschlossenen Rahmenvereinbarung über Elternurlaub

2. Sozialer Schutz der Arbeitnehmer bei Strukturänderungen

Rl. 98/59/EG[15] des Rates vom 20.7.1998 zur Angleichung der Rechtsvorschriften der Mitgliedstaaten über Massenentlassungen, die die Richtlinie 75/129 aufhebt, vgl. Art. 8 Rl. 98/59/EG,
Rl. 77/187/EWG[16] des Rates vom 14.2.1977 zur Angleichung der Rechtsvorschriften der Mitgliedstaaten über die Wahrung von Ansprüchen der Arbeitnehmer beim Übergang von Unternehmen, Betrieben oder Betriebsteilen

3. Sicherheit und Gesundheitsschutz am Arbeitsplatz

Rahmenrichtlinie 89/391/EWG[17] des Rates vom 12.6.1989 über die Durchführung von Maßnahmen zur Verbesserung der Sicherheit und des Gesundheitsschutzes der Arbeitnehmer

---

[11] KOM (89) 248 endg.; vgl. hierzu von Maydell, Bernd, Die europäische Charta sozialer Grundrechte, in: von Maydell, Bernd (Hrsg.), Soziale Rechte in der EG: Bausteine einer zukünftigen europäischen Sozialunion, Berlin 1990, S. 122–152
[12] ABl. L 45, 19.2.75, S. 19
[13] ABl. L 39, 14.2.76, S. 40
[14] ABl. L 145, 19.6.96, S. 4
[15] ABl. L 225, 12.8.98, S. 16
[16] ABl. L 61, 5.3.77, S. 26
[17] ABl. L 183, 29.6.89, S. 1

4. Gerechte Lebens- und Arbeitsbedingungen

Rl. 93/104/EG[18] des Rates vom 23.11.1993 über bestimmte Aspekte der Arbeitszeitgestaltung,
Rl. 91/533/EWG[19] des Rates vom 14.10.1991 über die Pflicht des Arbeitgebers zur Unterrichtung des Arbeitnehmers über die für seinen Arbeitsvertrag oder sein Arbeitsverhältnis geltenden Bedingungen

5. Mitwirkung von Arbeitnehmern

Rl. 94/45/EG[20] des Rates vom 22.9.1994 über die Einsetzung eines Europäischen Betriebsrats oder die Schaffung eines Verfahrens zur Unterrichtung und Anhörung der Arbeitnehmer in gemeinschaftsweit operierenden Unternehmen und Unternehmensgruppen,
Rl. 98/59/EG[21] des Rates vom 20.7.1998 zur Angleichung der Rechtsvorschriften der Mitgliedstaaten über Massenentlassungen, Art. 2 (Information und Konsultation),
Rl. 77/187/EWG[22] des Rates vom 14.2.1977 zur Angleichung der Rechtsvorschriften der Mitgliedstaaten über die Wahrung von Ansprüchen der Arbeitnehmer beim Übergang von Unternehmen, Betrieben oder Betriebsteilen, Art. 6 (Unterrichtungs- und Beratungsrechte der Arbeitnehmer),
Rahmenrichtlinie 89/391/EWG[23] des Rates vom 12.6.1989 über die Durchführung von Maßnahmen zur Verbesserung der Sicherheit und des Gesundheitsschutzes der Arbeitnehmer, Art. 10 (Unterrichtung der Arbeitnehmer bzw. deren Vertreter), Art. 11 (Anhörung und Beteiligung der Arbeitnehmer), Art. 12 (Unterweisung des Arbeitnehmers)

B. Tschechisches Arbeitsrecht

Parallel zur oben erfolgten Herleitung des Begriffs des Europäischen Arbeitsrechts soll im folgenden der Begriff des tschechischen Arbeitsrechts erläutert werden.

I. Definition

1. Begriff der Arbeit

Im tschechischen Recht wird unter dem Begriff der Arbeit ausschließlich eine bestimmte und sich wiederholende, menschliche Tätigkeit verstanden. Dabei kommt es nicht auf das Ergebnis dieser Tätigkeit, also das Werk, sondern nur auf die Tätigkeit an sich an. Diese Tätigkeit verläuft innerhalb einer bestimmten Zeit und an einem bestimmten Ort. Der Zweck der Arbeitsleistung ist die Erlangung von Geld. Leistung, die

[18] ABl. L 307, 13.12.93, S. 18
[19] ABl. L 288, 18.10.91, S. 32
[20] ABl. L 254, 30.9.94, S. 64
[21] ABl. L 225, 12.8.98,S. 16
[22] ABl. L 61, 5.3.77, S. 26
[23] ABl. L 183, 29.6.89, S. 1

nur zum Vergnügen erbracht wird, wird nicht als Arbeit angesehen. Die Arbeit wird schließlich in einem Über- Unterordnungsverhältnis erbracht[24].

2. *Arbeitnehmer*

Im tschechischen Recht ist Arbeitnehmer, wer ein Arbeitsverhältnis eingegangen ist[25]. Das Arbeitsverhältnis wird gemäß § 27 Abs. 1 ZP definiert. Danach befindet sich der in einem Arbeitsverhältnis, der gegen Entgelt und auf Weisung des Arbeitgebers sich an der Erfüllung der Aufgaben des Arbeitgebers beteiligt. Arbeitnehmer ist auch, wer ein Arbeitsverhältnis aufgrund faktischer Arbeitsleistung begonnen hat ohne vorgeschriebene arbeitsrechtliche Leistung (sog. faktisches Arbeitsverhältnis). Es ist nicht entscheidend, ob es sich um ein Haupt- oder Nebenarbeitsverhältnis, um ein Arbeitsverhältnis[26] auf bestimmte oder unbestimmte Zeit oder um eine Teilzeitbeschäftigung handelt[27].
Der Arbeitnehmerbegriff findet im tschechischen Recht allerdings wenig Beachtung[28]. Für Arbeitnehmer im öffentlichen Dienst sind grundsätzlich die Regelungen des ZP anwendbar bzw. auf Angehörige der Streitkräfte, Staatsanwälte und andere Amtsträger findet das ZP nur bei ausdrücklicher Verweisung Anwendung, §§ 2, 4 ZP[29].

3. *Arbeitgeber*

Arbeitgeber ist, wer die Arbeit organisiert, die Arbeitsbedingungen schafft, das Ergebnis der Arbeit abnimmt und einerseits den unmittelbaren Vorteil der Arbeitserbringung durch andere geniesst, andererseits aber auch das damit verbundene wirtschaftliche Risiko trägt[30]. Arbeitgeber können juristische oder natürliche Personen sein. Gemäß der Legaldefinition in § 8 Abs. 1 ZP sind Arbeitgeber juristische Personen, die Bürger in arbeitsrechtlichen bzw. arbeitnehmerähnlichen Verhältnissen beschäftigen. Das sind im Regelfall die Unternehmen als Arbeitgeber[31]. Üben natürliche Personen die Arbeitgeberfunktion aus, so ist das ZP gemäß § 269 Abs. 1 und 2 ZP auf die private Unternehmertätigkeit grundsätzlich anzuwenden[32].

4. *Individual- und kollektivrechtliche Regelungen*

Im tschechischen Recht wird zwischen individuellem und kollektivem Arbeitsrecht unterschieden[33]. So wird das Individualarbeitsrecht auch als Recht des Arbeitsvertrages und das Kollektivarbeitsrecht als das Recht der Kollektivverträge bezeichnet[34].
Als Teile des individuellen Arbeitsrechts gelten dabei u.a. Rechtsfragen im Rahmen der Beschäftigung, Beginn, Dauer und Beendigung des Arbeitsverhältnisses, die Arbeits-

---

[24] Galvas, Pracovní právo, 1997, S. 11
[25] Gerauer; Baron; Britz, Arbeitsrecht in der Tschechischen Republik, 1999, Rz. 34
[26] vgl. zu Arbeitsverhältnis und Arbeitsvertrag auch unten S. 170 ff
[27] Tröster, Pracovní právo, Kommentar zu § 1 Gesetz Nr. 119/1992 Sb.
[28] Gerauer; Baron; Britz, Arbeitsrecht in der Tschechischen Republik, 1999, Rz. 34
[29] Gerauer; Baron; Britz, a.a.O., Rz. 40; vgl. zu den öffentlich-rechtlichen Arbeitsverhältnissen auch unten S. 107
[30] Galvas, Pracovní právo, 1997, S. 11 f
[31] Barancova; Schronk, Tschechisch-Slowakisches Arbeitsrecht, 1993, S. 16
[32] Barancova; Schronk, a.a.O., S. 16 f
[33] Galvas, Pracovní právo, 1997, S. 361; Bělina, Pracovní právo, 1994, S. 14 f
[34] Galvas, Pracovní právo, 1997, S. 361

vergütung, Leistungsstörungen bei der Arbeit, die Leitung des Arbeitsprozesses und interne Vorschriften, die Arbeitsbedingungen, sowie Sicherheit und Gesundheitsschutz am Arbeitsplatz[35].
Das kollektive Arbeitsrecht fand erst nach der Wende 1989 Beachtung in Wissenschaft und Praxis[36]. Arbeitsrecht wurde zuvor als Individualarbeitsrecht betrachtet, das die Beziehungen zwischen dem Bürger und der sog. sozialistischen Organisation regelt, innerhalb derer der Bürger gesellschaftliche Arbeit erbracht hatte[37]. Heute umfasst das kollektive Arbeitsrecht die Subjekte der Kollektivverträge, also Gewerkschaften und andere Organisationen von Arbeitnehmergruppen sowie Arbeitgeber, Kollektivverhandlungen, Kollektivverträge sowie die Arbeitsauseinandersetzung und deren Lösung[38].

5. Abgrenzung zum Sozialrecht

Zwar wird auch das Arbeitsrecht der ČR als Teil des „Sozialrechts“ im weitesten Sinne eingeordnet. Denn die Aufgabe des Arbeitsrechts ist auch dessen Schutzfunktion zugunsten des Arbeitnehmers[39]. Da diese Schutzfunktion aber nicht der alleinige Zweck des Arbeitsrechts ist, wird im tschechischen Recht unterschieden zwischen dem Arbeitsrecht einerseits und dem Recht der sozialen Sicherheit andererseits[40].

6. Zusammenfassung

Das tschechische Arbeitsrecht kann also definiert werden als vom Recht der sozialen Sicherheit verschiedener Rechtszweig, der die individuellen und kollektiven Arbeitsbeziehungen privat- und öffentlichrechtlicher Art zwischen Arbeitnehmern und Arbeitgebern regelt, die darauf ausgerichtet sind, dass der Arbeitnehmer Leistungen gegen Entgelt in einem hierarchischen Verhältnis erbringt[41]. Dieser arbeitsrechtliche Begriff entspricht dem oben entwickelten Begriff des Europäischen Arbeitsrechts.

II. Rechtsquellen des tschechischen Arbeitsrechts

1. Überblick

Rechtsquellen des Arbeitsrechts der ČR sind auf höchster Ebene die Verfassung (ústava) sowie die sog. Verfassungsgesetze. Wie beispielsweise im österreichischen Recht auch stehen Verfassungsgesetze über einfachem Gesetzesrecht und besitzen die gleiche Rechtsqualität wie die Verfassung selbst[42]. So ist die Charta der Grundrechte und Grundfreiheiten (Listina základních práv a svobod) Teil des Verfassungsgesetzes

[35] Galvas, Pracovní právo, 1997, S. 4-6
[36] Galvas, a.a.O., S. 361
[37] Bělina, Pracovní právo, 1994, S. 13
[38] Galvas, Pracovní právo, 1997, S. 7 sowie zum Begriff des Kollektiven Arbeitsrechts S. 361-368; vgl. Fuchs; Tröster, Das Arbeitsrecht der Tschechischen Republik (Kollektives Arbeitsrecht), ArbuSozPol 1998, S. 60-64
[39] Bělina, Pracovní právo, 1994, S. 16
[40] Bělina, a.a.O., S. 16 f
[41] vgl. Galvas, Pracovní právo, 1997, S. 11
[42] Hošková, Die Charta der Grundrechte und Grundfreiheiten der ČSFR, EuGRZ 1991, S. 369

Nr. 23 Sb. der ČSFR[43]. Auf niederrangigerer Ebene folgen völkerrechtliche Verträge und Gesetze (zákon). Wiederum untergeordnet folgen untergesetzliche Normen als Regierungsverordnungen (nářízena vláda) sowie aufgrund Ermächtigung erlassene Rechtsvorschriften staatlicher Behörden, wie Verordnungen (vyhláška) Erlasse (výnos) und Richtlinien (směrnice). Gemäß Art. 78, 79 Abs. 3 der tschechischen Verfassung sind Regierung, Ministerien und andere Verwaltungsbehörden ermächtigt, Regierungsverordnungen und andere Rechtsvorschriften zu erlassen.
Weitere Rechtsquellen sind zwischen Arbeitgeber- und Arbeitnehmerseite abgeschlossene Kollektivverträge sowie Betriebsregelungen, also einseitige Regelungen des Arbeitgebers[44]. Der Rechtsquellencharakter von Kollektivverträgen wird im tschechischen Recht aus § 2 Abs. 1 TVG abgeleitet, wonach Tarifverträge die Rechte und Pflichten der Vertragsparteien regeln[45]. Gemäß § 2 Abs. 3 TVG wird zwischen Firmentarifverträgen (podnikové kolektivní smlouvy) und Verbandstarifverträgen bzw. Tarifverträgen höherer Ordnung (kolektivní smlouva vyššího stupně) unterschieden[46].
Keine formelle Rechtsquelle stellen zwischen Arbeitnehmer und Arbeitgeber geschlossenen Individualvereinbarungen dar[47]. Sonstige Rechtsquellen sind innerbetriebliche Rechtsnormen, wie beispielsweise die Arbeitsordnung nach § 82 ZP[48].

2. *Einzelne Rechtsquellen*

a) Verfassungsrecht

aa) Tschechische Verfassung sowie die Charta der Grundrechte und Grundfreiheiten

Die Verfassung der Tschechischen Republik vom 16.12.1992[49] bestimmt in Art. 10, dass internationale Verträge über Menschenrechte und Grundfreiheiten für die ČR unmittelbar bindend sind und Vorrang vor dem Gesetz haben. Diese Verfassung ergänzend hat der Tschechische Nationalrat ebenfalls am 16.12.1992 beschlossen, die Charta der Grundrechte und Grundfreiheiten[50] zum Bestandteil der tschechischen Verfassung zu machen[51]. Gemäß Art. 3 der Verfassung ist die Charta damit Bestandteil der Verfassungsordnung der ČR[52].

---

[43] jetzt Verfassungsgesetz Nr. 1/1993 Sb., vgl. S. 7
[44] Gerauer; Baron; Britz, Arbeitsrecht in der Tschechischen Republik, 1999, Rz. 1
[45] Galvas, Pracovní právo, 1997, S. 26
[46] vgl. näher Gerauer; Baron; Britz, Arbeitsrecht in der Tschechischen Republik, 1999, Rz. 11
[47] Gerauer; Baron; Britz, a.a.O., Rz. 2
[48] Galvas, Pracovní právo, 1997, S. 27
[49] Verfassungsgesetz Nr. 1/1993 Sb., die Verfassung trat gemäß Art. 113 der Verfassung am 1.1.1993 in Kraft; abgedruckt in: Roggemann, Die Verfassungen Mittel- und Osteuropas, 1999, S. 938-962, ferner in: www.psp.cz/cgi-bin/dee/docs/laws/constitution.html, auf deutsch, tschech., engl. und franz., Abfrage vom 28.12.1999
[50] Abdruck bei Hošková, Verfassungsgesetz zur Einführung der Charta der Grundrechte und Grundfreiheiten, EuGRZ 1991, S. 397-402, vgl. hierzu Hošková, Die Charta der Grundrechte und Grundfreiheiten der ČSFR, EuGRZ 1991, S. 369-374
[51] Beschluss des Präsidiums des Tschechischen Nationalrates über die Verabschiedung der Charta der Grundrechte und –freiheiten als Bestandteil der Verfassungsordnung der Tschechischen Republik vom 16.12.1992, Gesetz Nr.1/1993 Sb.; abgedruckt in: Roggemann, Die Verfassungen Mittel- und Osteuropas, 1999, S. 962-975, ferner in: www.psp.cz/cgi-bin/dee/docs/laws/listina.html, Abfrage vom 28.12.1999, auf deutsch, tschechisch, englisch und französisch
[52] Art. 112 der Verfassung wiederholt, dass die Charta der Grundrechte und –freiheiten Bestandteil der Verfassung ist. Dennoch ist in der Tschechischen Verfassungsdiskussion umstritten, ob die Charta Ver-

Für das Arbeitsrecht bedeutende Normen sind insbesondere im 4. Kapitel „Wirtschaftliche, soziale und kulturelle Rechte“ zu finden[53]. So garantiert Art. 26 die freie Berufswahl, Art. 27 sichert das Vereinigungsrecht zum Schutz wirtschaftlicher und sozialer Interessen für Bürger, Gewerkschaften und anderer Verbände sowie das Streikrecht, Art. 28 bestimmt das Recht auf gerechte Entlohung für die Arbeit sowie auf zufriedenstellende Arbeitsbedingungen, Art. 29 sichert Frauen, Jugendlichen und gesundheitsbeschädigten Personen erhöhten Schutz ihrer Gesundheit sowie besondere Arbeitsbedingungen zu, Art. 32 Abs. 2 sieht besonderen Schutz für Schwangere vor, Art. 35 Abs. 1 sichert das Recht auf günstige Umweltverhältnisse. Ferner sind in Art. 3 Abs. 1 der Gleichbehandlungsgrundsatz, in Art. 9 das Verbot von Zwangsarbeit und Zwangsdienst und in Art. 19 die Versammlungsfreiheit enthalten.

bb) Rezeptionsgesetz

Von grundlegender Bedeutung für die tschechische Rechtsordnung ist das als Rezeptionsgesetz bekannte Verfassungsgesetz Nr. 4/1993 Sb[54]. Es bestimmt die Weitergeltung bzw. Übernahme aller Rechtsnormen der am 31.12.1992 erloschenen Tschechischen und Slowakischen Förderativen Republik[55] für die seit 1.1.1993 bestehende Tschechische Republik[56]. Danach haben beide Staaten grundsätzlich die bisherige föderale Gesetzgebung übernommen[57].

b) Sonstige Normen

Unterhalb der verfassungsrechtlichen Ebene sind von der Angleichung tschechischen Arbeitsrechts an Europäisches Arbeitsrecht insbesondere folgende tschechische Gesetze betroffen[58]:

aa) allgemeines Arbeitsrecht

Gesetz Nr. 65/1965 Sb., Arbeitsgesetzbuch[59],

---

fassungsrang hat oder nur einfaches Gesetz ist, vgl. hierzu Jäger, Neuordnung der tschechischen Gesellschaft mit den Mitteln des Rechts, 1999, S. 129

[53] Bělina, Pracovní právo, 1994, S. 49; Galvas, Pracovní právo, 1997, S. 24

[54] Verfassungsgesetz des Tschechischen Nationalrats über Maßnahmen in Zusammenhang mit der Beendigung der Tschechischen und Slowakischen Föderativen Republik, vom 15.12.1992, abgedruckt in: Brunner; Schmid; Westen (Hrsg.), WOS, Dokumente, ČR I. 1 .b.

[55] vgl. das Gesetz Nr. 542/1992 Sb. über die Teilung der Tschechischen und Slowakischen Föderativen Republik

[56] Galvas, Pracovní právo, 1997, S. 23 f

[57] Piltz; Verny, Die Folgen der Teilung der ČSFR in die Tschechische Republik und die Slowakische Republik, in: Breidenbach (Hrsg.), Handbuch Wirtschaft und Recht in Osteuropa, Systematische Darstellung 02, CS, Rz. 2. Die ČSFR ging mit Ablauf des 31.12.1992 unter und die gesetzgebende Gewalt auf die beiden Nachfolgestaaten Tschechische bzw. Slowakische Republik über, siehe Jäger, Neuordnung der tschechischen Gesellschaft mit den Mitteln des Rechts, 1999, S. 124

[58] vgl. auch die Aufzählung grundlegender arbeitsrechtlicher Normen bei Galvas, Pracovní právo, 1997, S. 24 ff, ferner das Rechtsquellenverzeichnis bei Gerauer; Baron; Britz, Arbeitsrecht in der Tschechischen Republik, 1999, S. XVII-XXV, sowie der Anhang zu Fuchs; Tröster, Das Arbeitsrecht der Tschechischen Republik (Kollektives Arbeitsrecht), ArbuSozPol 1998, S. 64

[59] in der Fassung des Gesetzes Nr. 225/1999 Sb. Im Hinblick auf eine weitere Angleichung an Europarecht beachte den Entwurf des Tschechischen Arbeits- und Sozialministeriums zur Novellierung des Arbeitsgesetzbuchs, Návrh zákona kterým se mění zákon č. 65/1965 Sb., zákoník práce, ve znění pozdějších předpisů a některé další zákony (Gesetzentwurf zur Änderung des Gesetzes Nr. 65/1965 Sb., Arbeitsgesetzbuch), Regierungsentwurf vom 15.12.1999, in:

Regierungsverordnung Nr. 108/1994 Sb., Durchführungsverordnung zum ZP,
Gesetz Nr. 1/1991 Sb., Beschäftigungsgesetz[60],
Gesetz Nr. 9/1991 Sb. über Beschäftigung und Befugnisse der Organe der Tschechischen Republik im Bereich der Beschäftigung[61]

bb) Entgeltregelungen

(1) Zum Lohngesetz

Gesetz Nr. 1/1992 Sb. über Lohn, Vergütung für die Arbeitsbereitschaft und über den Durchschnittsverdienst (Lohngesetz)[62],
Regierungsverordnung Nr. 333/1993 Sb. über die Festsetzung von Mindestlohntarifen und Lohnzulagen für Arbeiten in belastender und gesundheitsschädigender Arbeitsumgebung und für Nachtarbeit[63], die VO wurde aufgrund § 7 Abs. 2, § 14 Abs. 2 Gesetz Nr. 1/1992 Sb (Lohngesetz) erlassen,
Regierungsverordnung Nr. 303/1995 Sb. über den Mindestlohn[64], aufgrund § 111 Abs. 3 ZP, § 4 Abs. 4 Gesetz Nr.1/1992 Sb (Lohngesetz)

(2) Zum Gehaltsgesetz

Gesetz Nr. 143/1992 Sb. über Gehalt und das Entgelt für Arbeitsbereitschaft in haushaltsfinanzierten (staatlichen) und einigen anderen Organisationen und Behörden (Gehaltsgesetz)[65],
Regierungsverordnung Nr. 48/1995 Sb. über die Ausrichtung der Höhe der aufgewandten Mittel für Gehalt und Vergütung für Arbeitsbereitschaft in haushaltsfinanzierten (staatlichen) und einigen weiteren Organisationen und Behörden, aufgrund § 23 lit. a Gesetz Nr. 143/1992 Sb.,
Regierungsverordnung Nr. 251/1992 Sb. über die Gehaltsbedingungen von Arbeitnehmern haushaltsfinanzierter (staatlicher) und einiger anderer Organisationen, aufgrund § 23 lit. b,c,d, f Gesetz Nr. 143/1992 Sb.,
Regierungsverordnung Nr. 253/1992 Sb. über die Gehaltsbedingungen von Arbeitnehmern staatlicher Behörden, einiger anderer Behörden und der Gemeinden, aufgrund § 23 lit. b, c Gesetz Nr. 143/1992 Sb.,

---

www.mpsv.cz/scripts/1aktuality/zakonik_prace/default.asp, Abfrage vom 20.1.2000, = Sněmovní tisk (Parlamentsdrucksache) Nr. 484/1999, in: www.psp.cz/sqw/text/tiskt.sqw?O=3&CT=484&CT1=0, Abfrage vom 20.1.2000, vgl. auch den Begründungsbericht (Důvodová zpráva), allgemeiner Teil, in: www.mpsv.cz/scripts/1aktuality /zakonik_prace/duvod.asp, Abfrage vom 20.1.2000, und besonderer Teil, in: www.mpsv.cz/scripts/1aktuality/zakonik_prace/zvlastni.asp, Abfrage vom 20.1.2000, vgl. auch die Veröffentlichung im Tschechischen Gesetz blatt, Teil 49, vom 21.6.2000, Gesetz Nr. 155/2000, S. 2290-2321, in: www.mvcr.cz/sbirka/2000/zakony2q.html, Abfrage vom 17.7.2000

[60] in der Fassung des Gesetzes Nr. 167/1999 Sb., vgl. den Regierungsentwurf zur Änderung des Beschäftigungsgesetzes, Sněmovní tisk (Parlamentsdrucksache) Nr. 563/2000, in: www.psp.cz/sqw/text/tiskt.sqw?O=3&CT=563&CT1=0, Abfrage vom 1.3.2000

[61] in der Fassung des Gesetzes Nr. 160/1995 Sb.

[62] in der Fassung des Gesetzes Nr.118/1995 Sb. Im Hinblick auf eine weitere Angleichung an Europäisches Arbeitsrecht beachte den Regierungsentwurf vom 22.12.1999, Sněmovní tisk (Parlamentsdrucksache) Nr. 475/1999, in: www.psp.cz/sqw/text/tiskt.sqw?O=3&CT=475&CT1=0, Abfrage vom 20.1.2000

[63] in der Fassung der Regierungsverordnung Nr. 356/1997 Sb.

[64] in der Fassung der Regierungsverordnung Nr. 313/1999 Sb., vgl. in: www.mpsv.cz/scripts//1zivuroven/mzda/minmzda2000.asp, Abfrage vom 17.1.2000

[65] in der Fassung des Gesetzes Nr. 225/1999 Sb.. Im Hinblick auf eine weitere Angleichung an Europäisches Arbeitsrecht beachte den Regierungsentwurf vom 22.12.1999, Sněmovní tisk (Parlamentsdrucksache) Nr. 475, in: www.psp.cz/sqw/text/tiskt.sqw?O=3&CT=475&CT1=0, Abfrage vom 20.1.2000

Gesetz Nr. 201/ 1997 über Gehalt und einige weitere Erfordernisse für die staatlichen Vertreter und über die Änderung und Ergänzung des Gesetzes Nr. 143/1992 Sb.,
Regierungsverordnung Nr. 79/1994 Sb. über die Entlohnung von Angestellten der Streitkräfte, der Sicherheitskräfte, der Zollbehörden, der Feuerwehr und einiger anderer Organisationen, aufgrund § 23 lit. b, c, d, f Gesetz Nr. 143/1992 Sb.
Regierungsverordnung Nr. 252/1992 Sb. über die Bedingungen für die Gewährung und die Höhe einer Sonderzulage für unter erschwerten und gesundheitsschädigenden Bedingungen ausgeübte Tätigkeit, aufgrund § 23 lit. d Gesetz Nr. 143/1992 Sb

(3) Reisekosten

Gesetz Nr. 119/1992 Sb. über den Ersatz von Reisekosten[66]

cc) Schutzgesetze

Gesetz Nr. 174/1968 Sb. über die staatliche Fachaufsicht betreffend die Arbeitssicherheit[67],
Gesetz Nr. 133/1985 Sb., über den Brandschutz,
Gesetz Nr. 20/1966 Sb., über Volksfürsorge und –gesundheit,
Gesetz Nr. 44/1988 Sb., über Schutz und Nutzung der Mineralvorkommen (Bergbaugesetz),
Gesetz Nr. 61/1988 Sb., über Bergwerkstätigkeiten, Sprengstoffe und die staatliche Bergbauverwaltung,
Verordnung des ČÚBP[68] und des Bergbauamts Nr. 110/1975 Sb., über die Aufzeichnung und Meldung von Arbeitsunfällen und die Meldung von Betriebsunfällen (Havarien) sowie Störung von technischen Einrichungen,
Bekanntmachung Nr. 324/1990 Sb., über Arbeitssicherheit und und Sicherheit bautechnischer Anlagen,
Verordnung des MPSV Nr. 204/1994 Sb., welche Umfang und weitere Bedingungen für die zur Verfügung zu stellenden persönlichen Arbeitsschutzmittel sowie für Wasch-, Reinigungs- und Desinfektionsmittel festlegt,
Regierungsverordnung Nr. 26/1989 Sb., über Sicherheit und Gesundheitsschutz bei der Arbeit und über die Betriebssicherheit bei Tätigkeiten Untertage,
Bekanntmachung Nr. 51/1989 Sb., über Sicherheit und Gesundheitsschutz bei der Arbeit und über die Betriebssicherheit bei der Bearbeitung und Veredlung von Mineralien

dd) Kollektives Arbeitsrecht

Gesetz Nr. 2/1991 Sb., über Tarifverhandlungen[69],
Gesetz Nr. 120/1990 Sb. über die Regelung einiger Beziehungen zwischen Gewerkschaftsorganisationen und Arbeitgebern,
Verordnung des MPSV Nr. 16/1991 Sb. über Schlichter, Schiedsrichter und die Hinterlegung überbetrieblicher Tarifverträge

---

[66] in der Fassung des Gesetzes Nr.125/1998 Sb.
[67] in der Fassung des Gesetzes Nr. 47/1994 Sb.
[68] Český úřad bezpečnosti práce (Tschechisches Amt für Arbeitssicherheit)
[69] vom 4.12.1990, in der Fassung des Gesetzes Nr. 519/1991 Sb., abgedruckt in: Lang, Das tschechische Tarifvertragsgesetz, OstEurR 1995, S. 226-235

3. Einführung in die wichtigsten einschlägigen Gesetze

a) Gesetz Nr. 65/1965 Sb., Arbeitsgesetzbuch (ZP[70])

Das Arbeitsgesetzbuch wurde als Gesetz Nr. 65/1965 Sb. verabschiedet und trat am 1.1.1966 in Kraft. In der Geschichte der Tschechoslowakei war es die erste arbeitsrechtliche Kodifikation, das Arbeitsrecht wurde so zum selbständigen Rechtszweig. Im ZP wurden alle Arbeitsverhältnisse für alle Arbeitnehmerkategorien geregelt. Vor Inkrafttreten des ZP waren die arbeitsrechtlichen Normen der damaligen Tschechoslowakei zersplittert und reichten zurück bis in das österreichische Allgemeine Bürgerliche Gesetzbuch von 1811 bzw. die Gewerbeordnung von 1859[71].

Da im Arbeitsgesetzbuch die arbeitsrechtlichen Beziehungen umfassend geregelt werden, muss nicht auf andere Rechtszweige, wie beispielsweise das Zivilrecht, zurückgegriffen werden[72]. So enthält das Arbeitsgesetzbuch im fünften Teil gemeinsame Bestimmungen unter anderem zur Rechtsgeschäftslehre oder zum Gewährleistungs- und Schadenersatzrecht. Gleichwohl hat eine vom tschechischen Justizministerium eingesetzte Kommission einen Entwurf für ein neues Bürgerliches Gesetzbuch vorgelegt, in dem Vorschriften zum Arbeitsvertrag und Arbeitsverhältnis in das BGB eingearbeitet werden sollen, was jedoch von der Arbeitsrechtswissenschaft abgelehnt wird[73]. Die letzte große Novellierung des Arbeitsgesetzbuchs erfolgte durch das Gesetz Nr. 74/1994 Sb.[74], insgesamt gab es nach der Wende von 1989 elf Novellen zur Anpassung des Arbeitsrechts an die Erfordernisse von Marktwirtschaft und privatrechtlicher Erwerbstätigkeit[75]. Während das ZP die wesentlichen individualarbeitsrechtlichen Vorschriften enthält, finden sich Bestimmungen kollektiver Natur im Gesetz über die Kollektivverträge[76].

b) Gesetz Nr. 1/1991 Sb. (Beschäftigungsgesetz)

Mit dem Beschäftigungsgesetz wurde das System administrativer Regelungen der Beschäftigung abgelöst und die Voraussetzungen für die Verwirklichung eines Arbeitsmarktes geschaffen[77]. Die aktive Beschäftigungspolitik soll dazu beitragen, dass freigesetzte Arbeitnehmer, die im alten Wirtschaftssystem Teil der „versteckten“ Arbeitslosigkeit waren, nicht in „offene“ Arbeitslosigkeit geraten. Hierzu wurde ein Netz von

---

[70] Zákoní práce (Arbeitsgesetzbuch)

[71] Tröster, Probleme des individuellen Arbeitsrechts in der Privatwirtschaft der Transformationsstaaten – Tschechische Republik, Vortrag anlässlich der Münchener Ost-West-Rechtstagung, 29.-31.5.2000 am Institut für Ostrecht, München, S. 1 f

[72] Barancova; Schronk, Tschechisch-Slowakisches Arbeitsrecht, 1993, S. 13, vgl. zum Geltungsbereich des ZP mit weiteren Nachweisen unten S. 107 ff, S. 170 ff

[73] vgl. hierzu Fuchs; Tröster, Das Arbeitsrecht der Tschechischen Republik (Kollektives Arbeitsrecht), ArbuSozPol 1998, S. 63 mit weiteren Nachweisen zur Diskussion über das Verhältnis zwischen Bürgerlichem Recht und Arbeitsrecht in der Tschechischen Republik

[74] vgl. hierzu Thaeter, Zur Novellierung des tschechischen Arbeitsgesetzbuchs von 1965, in: WiRO 1994, S. 401 f

[75] Tröster, Probleme des individuellen Arbeitsrechts in der Privatwirtschaft der Transformationsstaaten – Tschechische Republik, Vortrag anlässlich der Münchener Ost-West-Rechtstagung, 29.-31.5.2000 am Institut für Ostrecht, München, S. 3

[76] Gesetz Nr. 2./1991 Sb. (Tarifverhandlungsgesetz), s.u. S. 15, vgl. Göpfert; Schronk, Das Arbeitsrecht der Tschechischen Republik und der Slowakischen Republik, in: Breidenbach (Hrsg.), Handbuch Wirtschaft und Recht in Osteuropa, CS 61 Syst. Rz. 2

[77] Fuchs; Tröster, Das Arbeitsrecht der Tschechischen Republik (Individuelles Arbeitsrecht), ArbuSozPol 1998, S. 45

regionalen Arbeitsämtern errichtet, die nach dem Vorbild der Bundesrepublik Umschulungskurse, Arbeitsbeschaffungsmaßnahmen, Berufsvermittlung- und beratung anbieten, um u.a. die Mobilität der Arbeitnehmer zu erhöhen[78].

c) Gesetz Nr. 9/1991 Sb. über Beschäftigung und Befugnisse der Organe der Tschechischen Republik im Bereich der Beschäftigung

Zweck des Gesetzes ist, ein neues institutionelles System zur Absicherung der Beschäftigung zu errichten und die Hauptinstrumente in der Beschäftigungspolitik in der Tschechischen Republik zu formulieren. Hierzu enthält das Gesetz Regelungen zur Aufgabenverteilung für die neuen staatlichen Verwaltungsorgane im Bereich der Beschäftigung. Gleichzeitig werden einige materiellrechtliche Fragen behandelt, die keine auf gesamtstaatlicher Ebene einheitliche Regelung erfordern. Das Gesetz enthält vor allem Regelungen zur Zuständigkeit bei der Beschäftigungsvermittlung, zur Gründung von Gesellschaften zur Schaffung von Arbeitsplätzen und zur Verrichtung von gemeinnützigen Arbeiten, zur Sicherung der Umschulung und zur Zusammenarbeit der zuständigen Organe in der Beschäftigungspolitik und bei den Kontrollaufgaben[79].

d) Gesetz Nr. 1/1992 Sb. (Lohngesetz)

Das Gesetz umfasst 25 Paragraphen, aufgegliedert in fünf Teilen. Der erste Teil regelt den Geltungsbereich des Gesetzes (§§ 1-3), der zweite Teil regelt die Leistung von Lohn und Vergütung gegen die Bereitstellung der Arbeitskraft (§§ 4-15), der dritte Teil befasst sich mit Arbeitsnormen (§ 16), der vierte Teil normiert den Durchschnittsverdienst (§ 17), der fünfte Teil enthält gemeinsame Bestimmungen sowie Übergangs- und Schlussbestimmungen (§§ 18-25).
Der Regelungsgegenstand des Gesetzes wird in § 1 bestimmt. Danach wird durch das Gesetz die Leistung von Lohn und die Vergütung für die Arbeitsbereitschaft, sowie die Feststellung und Anwendung des Durchschnittsverdienstes geregelt. Das Gesetz regelt also nicht nur die Leistung von Lohn, sondern darüberhinaus auch damit zusammenhängende Erfordernisse. Das Gesetz setzt eine Reihe grundlegender Rechte und Freiheiten um. Diese entspringen dem Recht der Arbeitnehmer auf eine gerechte Entlohnung für die Arbeit, die er im Rahmen dieses Gesetzes erbringt. Das Gesetz beachtet vor allem auch internationale Abkommen im Zusammenhang mit dem Schutz des Entgelts[80].
Keine Anwendung findet das Gesetz gemäß § 2 auf die Arbeitnehmer von entweder staatlichen oder beitragsfinanzierten Organisationen, sofern für letztere ein spezielles Gesetz vorhanden ist. Die Begriffe „staatliche" bzw. „beitragsfinanzierte Organisation" sind in § 24 Gesetz Nr. 563/1990 Sb. über die föderalen Haushaltsregeln und in § 31 Gesetz Nr. 576/1992 Sb. über die Regeln der Wirtschaftsführung mit Haushaltsmitteln der Tschechischen Republik und der Gemeinden in der Tschechischen Republik definiert[81].
Das Gesetz findet also Anwendung auf alle Arbeitgeber mit der Ausnahme der staatlichen Organisationen und der meisten beitragsfinanzierten Organisationen. Damit unterfallen dem Gesetz folgende Arbeitgeber: Organisationen, also juristische Personen, die

[78] Kosta, Die Transformation des Wirtschaftssystems in der Tschechoslowakei und den beiden Nachfolgestaaten, in: Pradetto, August (Hrsg.), Die Rekonstruktion Ostmitteleuropas, 1994, S. 164
[79] So die Begründungserwägung zum Gesetz Nr. 9/1991 Sb. in: Tröster, Pracovní právo, B 2
[80] Tröster, Pracovní právo, Kommentar zu § 1 Gesetz Nr. 1/1992 Sb.
[81] Tröster, a.a.O., Kommentar zu § 2 Gesetz Nr. 1/1992 Sb.

Bürger in arbeitsrechtlichen Beziehungen beschäftigen (Unternehmen), natürliche Personen, also Bürger, die zum Betrieb eines Unternehmens berechtigt sind und zu Betriebszwecken Bürger (Arbeitnehmer) beschäftigen, Bürger, die für den eigenen persönlichen Bedarf andere Bürger beschäftigen, sowie Interessenvereinigungen und politische Parteien[82].

e) Regierungsverordnung Nr. 303/1995 Sb. über den Mindestlohn

Die Verordnung löst die alte Verordnung Nr. 53/1992 Sb. über die Mindestlöhne ab, vgl. § 6 der Verordnung Nr. 303/1995 Sb.. Sie wurde erlassen aufgrund § 111 Abs. 3 ZP und aufgrund § 4 Abs. 4 des Lohngesetzes Nr. 1/1992 Sb..

aa) Geltungsbereich

Der persönliche Anwendungsbereich der Verordnung folgt aus § 1, wonach natürliche Personen in Arbeitsverhältnissen oder ähnlichen Arbeitsbeziehungen Anspruch auf Mindestlohn haben.
Während nach § 22 des Lohngesetzes die Mehrzahl der im Arbeitsgesetzbuch aufgeführten Lohnregelungen nicht auf betriebliche Organisationen anwendbar ist[83], erstreckt sich diese Verordnung auf alle betriebliche Organisationen. Nicht geregelt ist das Verhältnis zu Gesetz Nr. 143/1992 Sb., also zu den haushaltsfinanzierten und durch Beiträge finanzierten Organisationen. Dies ist aber auch nicht notwendig, da im Hinblick auf diese Organisationen die VO überflüssig ist. Denn das Gesetz Nr. 143/1992 Sb. schreibt verpflichtende Lohntarife vor, die höher als die hier geregelten Mindestlöhne sind[84].

bb) Höhe des Mindestlohns

Gemäß § 2 der VO beläuft sich die Höhe der Mindestlohns[85] auf 22,30 Kč für jede gearbeitete Stunde des Arbeitnehmers, § 2 Abs. 1, lit. a der VO, bzw. 4000 Kč pro Monat für den Arbeitnehmer, dem monatliches Entgelt geleistet wird, § 2 Abs. 1, lit. b der VO[86]. Gemäß § 2 Abs. 2 der VO wird die Höhe der in Absatz 1 lit. a bestimmten Mindestlöhne für eine Wochenarbeitszeit von 42 ½ Stunden festgesetzt; bei anderer Dauer der Wochenarbeitszeit wird die Höhe der Mindestlöhne proportional geregelt[87].
§ 2 Abs. 3 der VO bestimmt, dass dem Arbeitnehmer, dem monatlich Entgelt geleistet wird und mit dem eine kürzere Arbeitszeit vereinbart bzw. dem eine solche gewährt worden ist, oder der im Monat nicht alle Arbeitstage gearbeitet hat, Mindestlohn in Hö-

---

82 Tröster, a.a.O., Kommentar zu § 2 Gesetz Nr. 1/1992 Sb.

83 Tröster, a.a.O, Kommentar zu § 22 Gesetz Nr.1/1992 Sb.

84 Tröster, a.a.O., Einführung zur Regierungsverordnung Nr.303/1995 Sb.

85 Stand vom 1.1.2000, vgl. in: www.mpsv.cz/scripts//1zivuroven/mzda/minmzda2000.asp, Abfrage vom 18.1.2000

86 Weiter wird folgendermaßen ausdifferenziert: 90 %, des in lit. a) und b) aufgeführten Betrages, wenn es sich um das erste Arbeitsverhältnis handelt oder um ein Arbeitsverhältnis eines jugendlichen Arbeitnehmers (18-21 Jahre) nach sechsmonatigem Bestand des Arbeitsverhältnisses, § 2, Abs. 1, lit. c der VO, und schließlich 80 % des in lit. a) und b) aufgeführten Betrages bei einem sonstigen jugendlichen Arbeitnehmer, § 2, Abs. 1, lit. d der VO, 75 % des in lit. a) und b) aufgeführten Betrages, wenn es sich um einen Arbeitnehmer handelt, der teilweise Invalidenrente bezieht, § 2 Abs. 1, lit. e der VO, 50 % des in lit. a) und b) aufgeführten Betrages, wenn es sich um einen Arbeitnehmer handelt, der volle Invaliditätsrente bezieht, und für einen jungendlichen Arbeitnehmer, der Vollinvalide ist, § 2 Abs. 1, lit. f der VO

87 siehe die Tabelle in: www.mpsv.cz/scripts//1zivuroven/mzda/minmzda2000.asp, Abfrage vom 18.1.2000

he der entsprechend gearbeiteten Zeit gebührt. Problematisch in diesem Zusammenhang ist, dass der Mindestlohn unterhalb des Lebensminimums liegt, so dass der Staat faktisch den Arbeitgeber subventioniert, indem er die Differenz zwischen Existenz- und Lohnminimum ausgleicht. Daher wird die Anhebung des Mindestlohns auf 5000 Kč gefordert, damit der Nettolohn über der Höhe des Existenzminimums liegt[88].

cc) Weitere Bedingungen

Die Bedingungen für die Gewährung von Mindestlohn werden in §§ 3-5 geregelt. § 3 Abs. 1 regelt den sog. Zuschlag, wonach der Arbeitgeber den Unterschied zuzahlen muss, der sich aus der Differenz von Lohn des Arbeitnehmers im Kalendermonat und Höhe des Minimallohnes gemäß § 2 ergibt. Hierbei wird Lohn für Überarbeit nicht mit einbezogen, § 5. § 4 regelt für Heimarbeiter, dass zum Zwecke dieser Verordnung als Arbeitsstunden die Ableistung der Arbeitszeit gemäß dem Normbedarf an Arbeit, festgelegt durch den Arbeitgeber, angesehen wird.

f) Regierungsverordnung Nr. 333/1993 Sb. (Lohntarife für belastende Arbeiten und Nachtarbeit)

Die Verordnung wurde gemäß § 7 Abs. 2[89] bzw. § 14 Abs. 2[90] Gesetz Nr. 1/1992 Sb. (Lohngesetz) erlassen. Der Geltungsbereich der Verordnung ist identisch mit dem des Lohngesetzes Nr. 1/1992 Sb.[91].
Die Verordnung ist nicht anwenbar für die Vergütung solcher Arbeit, die außerhalb eines Arbeitsverhältnisses erbracht wird. Hier gilt voll das Vertragsprinzip, ohne Garantie festgelegter Mindesttarife und weiterer Mindestpflichten hinsichtlich der Lohnbestandteile. Die Verordnung betrifft schließlich auch nicht die staatliche finanzierten und die Mehrzahl der beitragsfinanzierten Organisationen. Hier werden die Mindestlohntarife und weitere Lohnbestandteile gesichert durch ein eigenes System, gemäß Gesetz Nr. 43/1992 Sb. und weiterer Verordnungen[92].

g) Gesetz Nr. 143/1992 Sb., Gehalt und Vergütung für Arbeitsbereitschaft in staatlich finanzierten und weiteren Organisationen und Organen (Gehaltsgesetz)

Im Unterschied zum Lohngesetz Nr.1/1991 Sb. bezieht sich das Gehaltsgesetz Nr. 143/1992 Sb. überwiegend auf nichtbetriebliche Arbeitgebersubjekte, also staatliche Behörden, die von den Zentralbehörden, Kreisbehörden und Gemeinden errichtet werden zur Erfüllung ihrer Aufgaben in ihrem jeweiligen Zuständigkeitsbereich. Die Leistung von Gehalt und Vergütung für die Arbeitsbereitschaft richtet sich bei jeder staatlich finanzierten Organisation nach diesem Gehaltsgesetz[93].

---

[88] Tröster, Wirtschaftliche, soziale und rechtliche Aspekte des Eintritts der Tschechischen Republik in die Europäische Union, in: JOR XL (1/1999), S. 29

[89] § 7 Abs. 2 Gesetz Nr. 1/1992 Sb. betrifft den Lohn für Arbeit in erschwerter und gesundheitsschädigender Arbeitsumwelt und für Nachtarbeit

[90] § 14 Abs.2 Gesetz Nr.1/1992 Sb. regelt die tariflichen Mindestlöhne

[91] Ferner werden gemäß Gesetz Nr. 37/1993 Sb. durch die VO Genossenschaftsmiglieder erfasst, die für die Genossenschaft Arbeit erbringen, ohne in einem arbeitsrechtlichen Verhältnis zu ihr zu stehen, vgl. Tröster, Pracovní právo, Einführung zur Regierungsverordnung Nr. 333/1993 Sb.

[92] Tröster, Pracovní právo, Einführung zur Regierungsverordnung Nr. 333/1993 Sb.

[93] Tröster, Pracovní právo, Kommentar zu § 1 Gesetz Nr. 143/1992 Sb.

h) Gesetz Nr. 119/1992 Sb. (Reisekosten)

aa) Einführung und sachlicher Geltungsbereich

Das Reisekostengesetz beruht auf § 131 Arbeitsgesetzbuch (ZP). Danach wird ein besonderes Gesetz angeordnet, wonach der Arbeitgeber Vergütungsleistung erbringt für Ausgaben bei Dienstreisen, bei anderen Wechseln des Ortes der Arbeitsleistung, bei Arbeitsaufnahme und bei Zuweisung von Arbeitsleistung im Ausland. Die rechtlichen Bedingungen für eine Entsendung des Arbeitnehmers auf eine Dienstreise oder die Versetzung des Arbeitnehmers auf einen anderen Arbeitsplatz, falls im Arbeitsvertrag so vereinbart, ist in § 38 ZP geregelt[94].
Das Gesetz besteht aus drei Teilen, Teil 1 enthält grundlegende Begriffsbestimmungen, Teil 2 regelt die Vergütung für Dienstreisen, Teil 3 bestimmt die Vergütung für Auslandsdienstreisen.

bb) Persönlicher Geltungsbereich

Vom Gesetz Begünstigte sind zunächst die Arbeitnehmer. Genossenschaftsmitglieder fallen in den Geltungsbereich des Gesetzes nur, wenn deren Mitgliedschaft an ein Arbeitsverhältnis mit der Genossenschaft geknüpft ist. Auf Genossenschaftsmitglieder, die zu Genossenschaftsmitgliedern werden, ohne dass zugleich ein Arbeitsverhältnis zur Genossenschaft entsteht, erstreckt sich das Reisekostengesetz nicht unmittelbar.
Ferner werden Bürger vom Gesetz erfasst, die Arbeit erbringen aufgrund entsprechender Vereinbarung über die Erbringung von Arbeit außerhalb eines Arbeitsverhältnisses.
Weitere vom Gesetz erfasste Personen finden sich im Gesetz selbst.
Das Gesetz erstreckt sich nicht auf Personengruppen wie Unternehmer, Anwälte, Eigentümer oder Gesellschafter von Betrieben[95].

i) Gesetz Nr. 2/1991 Sb. (Tarifverhandlungsgesetz)

Das Tarifverhandlungsgesetz ist das erste Gesetz der Tschechischen Republik zur Regelung der kollektivrechtlichen Beziehungen. Es wurde am 4.12.1990 von der Föderalversammlung der Tschechischen und Slowakischen Republik angenommen und trat am 1.1.1991 in Kraft. Das Tarifverhandlungsgesetz wurde dann Bestandteil der tschechischen Rechtsordnung durch das Rezeptionsgesetz[96], das im Zusammenhang mit der Auflösung der Tschechischen und Slowakischen Föderativen Republik mit Wirkung zum 31.12.1992 verabschiedet wurde[97].
Das Tarifverhandlungsgesetz bestimmt das Verfahren zum Abschluß von Tarifverträgen, das weitere Verfahren bei Erfolglosigkeit der Tarifverhandlungen und enthält Bestimmungen zum Arbeitskampfrecht[98]. Es enthält vor allem verfahrensrechtliche Vorschriften sowie Bestimmungen zu Rechten und Pflichten der Handlungsakteure[99].

---

[94] Tröster, a.a.O., Kommentar zu § 1 Gesetz Nr. 119/1992 Sb.
[95] Tröster, Pracovní právo, Kommentar zu § 1 Gesetz Nr. 119/1992 Sb.
[96] Verfassungsgesetz des Tschechischen Nationalrats Nr. 4/1993 Sb. über Maßnahmen im Zusammenhang mit der Auflösung der ČSFR
[97] Tröster, Pracovní právo, Kommentar zu § 1 Gesetz Nr. 2/1991 Sb., A 3
[98] Lang, Das tschechische Tarifvertragsgesetz, OstEurR 1995, S. 225
[99] Tröster, Pracovní právo, Kommentar zu § 1 Gesetz Nr. 2/1991 Sb., A 3

j) Gesetz Nr. 120/1990 Sb., über die Regelung einiger Beziehungen zwischen Gewerkschaftsorganisationen und Arbeitgebern

Dieses Gesetz gehört zu den grundlegenden Quellen des kollektiven Arbeitsrechts und stammt aus den Anfängen der 90er Jahre, als es darum ging, die Pluralität der Gewerkschaften wiederherzustellen.
Zweck des Gesetzes ist, die arbeitsrechtlichen Beziehungen zwischen Gewerkschaftsorganisationen und Arbeitgebern zu regeln und Grundregeln der Partnerschaft der Gewerkschaftsorgane zu einzelnen Gewerkschaftsorganisationen sowohl untereinander als auch zu den Arbeitgebern festzulegen[100].

[100] Tröster, a.a.O., Kommentar zu § 1 Gesetz Nr. 120/1990 Sb., A 4

Zweites Kapitel: Der Erweiterungsprozess der Europäischen Union

A. Einführung

Die Aufnahme erster Kontakte zwischen der EG und den mittel- und osteuropäischen Ländern (MOEL) kam erst 1985 zustande, nachdem der damalige sowjetische Staats- und Parteichef Gorbatschow die EG als politische Einheit anerkannte und einen Dialog zwischen der EG und dem damaligen Rat für gegenseitige Wirtschaftshilfe (RGW) befürwortete[101]. Zuvor gab es einige bilaterale Handelsabkommen nur zwischen einzelnen Mitgliedstaaten der EG und einzelnen MOEL[102], aber keine unmittelbaren Beziehungen zwischen der EG und einzelnen MOEL[103].

Der sich seit 1989 abzeichnende Erweiterungsprozess kann dabei in verschiedene Phasen unterteilt werden[104]: In eine erste Phase von Dezember 1989 bis Dezember 1994, eine zweite Phase bis Dezember 1997, und in die gegenwärtige dritte Phase.

B. Die erste Phase als Übergang von der Kooperation zur Erweiterung

I. Die Phase der Kooperation

Erstmals nahm die ČSSR im September 1988 auf diplomatischer Ebene formal Beziehungen zur EG auf. Die „samtene Revolution" von 1989[105] beendete das kommunistische Regime in der ČSSR und markierte den Beginn einer „Rückkehr nach Europa"[106]. Der Prozess der Angleichung an westliche Strukturen wurde beschleunigt. Insbesondere sollte der Wandel zu Demokratie und freier Marktwirtschaft sowie der Beitritt zur EG bzw. EU forciert werden[107].

Die EU reagierte zunächst mit dem Aufbau kooperativer Beziehungen zu den MOEL, um den Transformationsprozess und die Entwicklung von Demokratie und Marktwirtschaft zu unterstützen[108]. Hierzu verabschiedete der Rat am 18.12.1989 das Phare-

---

[101] De Waele, in: Telò, L'Union européenne et les défis de l'élargissement,1994, S. 221

[102] vgl. etwa das deutsch-tschechoslowakische Handelsabkommen

[103] Franco, in: The Enlargement of the European Union, 1999, S. 67f; vgl. zur Geschichte der vertraglichen Beziehungen zwischen EU und den MOEL: Cameron, Fraser, Die Politik der EU gegenüber den Staaten Mittel- und Südosteuropas, in: Weidenfeld (Hrsg.), Demokratie und Marktwirtschaft in Osteuropa, Gütersloh 1995, S. 423-435

[104] vgl. Hudalla, Der Beitritt der Tschechischen Republik zur Europäischen Union, Hamburg 1996, S. 70; sowie EP, Themenpapier Nr. 24 über die Heranführungsstrategie für die Erweiterung der Europäischen Union, 1998, PE 167.631, S. 4

[105] vgl. hierzu Bradley, John F. N, Czechoslovakia's Velvet Revolution, 1992, mit einer historischen Einführung zur Tschechoslowakei, beginnend mit der Schlacht am Weißen Berg (1618)

[106] „Zpět do Evropy" („Zurück nach Europa") Diese Losung stammt von der oppositionellen Bürgerbewegung, die sich im Bürgerforum („Občanské Forum") zusammengeschlossen hatte und schließlich im Herbst 1989 das sozialistische Regime der Tschechoslowakei zu Fall brachte, vgl. Hudalla, Der Beitritt der Tschechischen Republik zur Europäischen Union, Hamburg 1996, S. 117

[107] Dabei verfolgten vor allem die MOEL die Aufnahme in die EG voller Ungeduld, was als „Warten auf Godot" bezeichnet wurde, so Vaclav Havel in: „Le Monde" vom 29.10.1992

[108] Trägler, Die Osterweiterung aus Sicht der Europäischen Union, in: Tschechien der ferne Nachbar, S. 91

Programm als zentrales finanzielles Hilfsprogramm der EU, um zunächst die Reformen in Polen und Ungarn zu unterstützen[109].
Das erste Abkommen zwischen der EG und der ČSSR wurde am 7.5.1990 als Handels- und Kooperationsabkommen[110] zwischen EG, EURATOM und der ČSFR auf der Grundlage von Art. 133 EGV[111] geschlossen[112]. Dieses Abkommen wurde durch das am 16.12.1991 unterzeichnete weitergehende Europa-Abkommen ersetzt[113]. Zuvor wurde die ČSFR mit Beschluss des Rates vom 17.9.1990 in das Phare-Programm aufgenommen.

II. Beginn der Erweiterungsphase

Die Kooperation verdichtete sich bald zur konkreten Erweiterung der EU[114]. Auf einer Sondertagung am 28.4.1990 beschloss der Europäische Rat in Dublin, Beratungen über Assoziierungsabkommen mit den MOEL aufzunehmen. Diese mündeten in für die ČR drei relevante Verträge[115], dem Assoziierungsabkommen vom 16.12.1991, dem Interimsabkommen vom 16.12.1991[116] und dem bedingt durch die Teilung der ČSFR in die Tschechische und in die Slowakische Republik neu verhandelten Europa-Abkommen vom 4.10.1993[117].
Der ER in Lissabon bewertete im Juni 1992 die Assoziierungsabkommen als Vorbereitung der MOEL für die Mitgliedschaft in der EG[118].
Der ER in Kopenhagen traf dann im Juni 1993 die Grundsatzentscheidung, wonach jedes assoziierte MOEL Mitglied der EU werden kann, wenn es die sog. Kopenhagener Kriterien erfüllt. Voraussetzung für eine Mitgliedschaft sind danach auf Seiten des Bewerberstaates erstens die institutionelle Stabilität als Garantie für demokratische und rechtsstaatliche Ordnung, Wahrung der Menschenrechte und Schutz der Minderheiten, zweitens eine funktionierende Marktwirtschaft und die Fähigkeit, dem Wettbewerbsdruck und den Marktkräften innerhalb der Union standzuhalten sowie drittens die Fähigkeit, die aus der EU-Mitgliedschaft erwachsenden Verpflichtungen zu übernehmen,

---

[109] VO (EWG) Nr.3606/89 des Rates vom 18.12.1989, ABl. L 375 vom 23.12.1989, S. 11
[110] Abkommen zwischen der EWG, der EURATOM und der ČSFR über den Handel mit Industriewaren vom 7.5.1990, in Kraft seit 1.11.1990
[111] ex-Art. 113 EGV (gemeinsame Handelspolitik)
[112] Im Vergleich zu Rumänien und Ungarn hat die ČSSR nur minimale Kontakte mit der EG unterhalten, was mit der wirtschaftlichen und politischen Anpassung an die UdSSR erklärt wird, vgl. De Waele, in: Telò, L'Union européenne et les défis de l'élargissement,1994, S. 221
[113] Herrnfeld, Recht europäisch, 1995, S. 92
[114] vgl. Trägler, Die Osterweiterung aus Sicht der Europäischen Union, in: Herda; Träger (Hrsg.), Tschechien, der ferne Nachbar, Regensburg 1999, S. 91
[115] Hošková, Legal Aspects of the Integration of the Czech Republic and Slovakia into European Security and Economic Structures, in: GYIL 1995, S. 68, 69
[116] Das Interimsabkommen ist der handelspolitische Teil des ersten Assoziierungsabkommens und trat bereits zum 1.3.1992 in Kraft, vgl. Hudalla, Der Beitritt der Tschechischen Republik zur Europäischen Union, 1996, S. 72. Die Interimsabkommen wurden geschlossen, um zumindest den in die Kompetenz der EG fallenden handelspolitischen Teil früher in Kraft treten zu lassen. Denn bei den Europa-Abkommen handelt es sich um sog. gemischte Abkommen, d.h. auch in die Kompetenz der Mitgliedstaaten fallende Materien werden erfasst, weshalb diesbezüglich die Ratifikationsverfahren in den Mitgliedstaaten durchlaufen werden müssen, vgl. Herrnfeld, Recht europäisch, 1995, S. 92f
[117] Europa-Abkommen zur Gründung einer Assoziation zwischen den Europäischen Gemeinschaften und ihrer Mitliedstaaten einerseits und der Tschechischen Republik andererseits vom 19.12.1994, ABl. L 360 vom 31.12.1994, S. 2-10 = BGBl. Teil II, 94, Nr. 50, S. 3321; in Kraft seit 1.2.1995
[118] Cermak, Die Erweiterung der Europäischen Union, in: Isak, Hubert (Hrsg.), Der Erweiterungsprozess aus der Sicht der Europäischen Kommission, Österreichs und der Länder Mittel- und Osteuropas, Graz 1999, S. 4

was auch beinhaltet, sich die Ziele der politischen Union sowie der Wirtschafts- und Währungsunion zu eigen zu machen[119].
Ferner beschloss der ER in Kopenhagen die Einführung sog. „strukturierter Beziehungen". Dabei handelt es sich um Tagungen des Rates der Union und der assoziierten MOEL zu bestimmten Fragen von gemeinsamen Interesse[120]. Schließlich beschloss der ER, die wirtschaftliche Integration durch die Angleichung der Rechtsvorschriften zu fördern. Dies soll durch die Ausbildung von Fachleuten aus den assoziierten MOEL sowie durch die Öffnung verschiedener Gemeinschaftsprogramme für Teilnehmer aus diesen Ländern erfolgen[121].

C. Die zweite Phase

Die zweite Phase begann mit dem ER von Essen im Dezember 1994 und reichte bis zum ER in Luxemburg im Dezember 1997[122]. Spätestens mit dem ER von Essen zeichnete sich eindeutig ab, dass die EU eine klare Strategie zu ihrer Erweiterung nach Osten verfolgte und nicht nur eine losere Zusammenarbeit mit den MOEL anstrebte[123].
Eckpunkte der in Essen beschlossenen Heranführungsstrategie waren die Europa-Abkommen, das Weißbuch über den Binnenmarkt, der strukturierte Dialog und das Programm Phare. Ferner fällt in diese Zeit die Mitteilung der Kommission „Agenda 2000"[124].

I Die Heranführungsstrategie

Der ER in Essen beschloss im Dezember 1994 eine umfassende Heranführungsstrategie für die MOEL[125].

---

[119] Schlussfolgerungen des ER in Kopenhagen, 21./22.6.1993, in: Europa-Archiv, 1993, Bd. 48, 13-14, S. D 264; diese Kriterien gehen zurück auf den Bericht der Kommission über eine engere Zusammenarbeit mit den MOEL, der vom ER in Edingburgh im Dezember 1992 positiv aufgenommen wurde, vgl. Cermak, Die Erweiterung der Europäischen Union, in: Isak, Hubert (Hrsg.), Der Erweiterungsprozess aus der Sicht der Europäischen Kommission, Österreichs und der Länder Mittel- und Osteuropas, Graz 1999, S. 4

[120] Schlussfolgerungen des ER in Kopenhagen, Leitlinien in Anlage II, 21./22.6.1993, in: Europa-Archiv, 1993, Bd. 48, 13-14, S. D 264

[121] EP, Themenpapier Nr. 36, Die Agenda 2000 und der Prozess des Beitritts zur Europäischen Union, 1. Überarbeitung, Luxemburg 10.6.1999, PE 168.008/ rev. 1, S. 8

[122] EP, Themenpapier Nr. 24 über die Heranführungsstrategie für die Erweiterung der Europäischen Union, 1998, PE 167.631, S.4

[123] Esposito, in: Price; Landau; Whitman (Hrsg.), The enlargement of the European Union, London 1999, S. 98f. Ein weiteres klares Bekenntnis zur Osterweiterung der Union legte der ER auf seiner Tagung in Turin am 29.3.1996 ab, indem er in den Schlussfolgerungen feststellt, dass *„Eine weitere Herausforderung für die Union in allen ihren Dimensionen...die künftige Erweiterung, die eine historische Aufgabe und eine große Chance für Europa darstellt,"* ist.

[124] EP, Themenpapier Nr. 24 über die Heranführungsstrategie für die Erweiterung der Europäischen Union, 1998, PE 167.631, S.4

[125] Auszug aus den Schlussfolgerungen des ER in Essen, 9./10.12.1994, Anhang IV: Bericht des Rates an den ER über die Strategie zur Vorbereitung des Beitritts der assoziierten MOEL, in: IP 1995, Bd. 50,1, S. 63-126, Anhang IV, S. 98-107, sowie in: www.europarl.eu.int/dg7/summits/de/index.htm, Abfrage vom 13.12.1999:
„Die wichtigsten Instrumente dieser Strategie sind bereits vorhanden. Dabei handelt es sich um die in Kopenhagen beschlossenen strukturierten Beziehungen zu den Institutionen der Union sowie um die Europa-Abkommen. Diese Abkommen bilden ein flexibles und dynamisches Rahmenwerk für verschiedene Formen der Zusammenarbeit.

Diese Strategie wird u.a durch die Strategieinstrumente[126] der sog. strukurierten Beziehungen[127], den Vorarbeiten zur Ausdehnung des Binnenmarktes im Rahmen der Europa-Abkommen durch die Übernahme des acquis communautaire[128] sowie dem Phare-Programm[129] umgesetzt[130]. Diese Strategie beruht auf dem Strategiepapier der Kommission[131] vom Juli 1994, welches der ER in Korfu im Juni 1994 in Auftrag gegeben hatte[132].

Wie vom ER in Essen angekündigt wurde[133], legte die Europäische Kommission ihr

---

Ziel der hier aufgezeigten Strategie ist es, den assoziierten Ländern für die Vorbereitung ihres Beitritts einen Fahrplan an die Hand zu geben. Der wesentliche Bestandteil der Strategie ist die schrittweise Vorbereitung dieser Länder auf ihre Eingliederung in den Binnenmarkt der Europäischen Union im Wege einer stufenweise Übernahme der Binnenmarktregelungen der Union."

[126] Trägler, Die Osterweiterung aus Sicht der Europäischen Union, in: Tschechien der ferne Nachbar, S. 93

[127] Auszug aus den Schlussfolgerungen des ER in Essen, 9./10.12.1994, Anhang IV: Bericht des Rates an den ER über die Strategie zur Vorbereitung des Beitritts der assoziierten MOEL Punkt II. Strukturierte Beziehungen, in: IP 1995, Bd. 50,1, S. 63-126, Anhang IV, S. 98-107, sowie in: www.europarl.eu.int/dg7/summits/de/index.htm, Abfrage vom 13.12.1999:

„Für diese Strategie kommt dem Aufbau "strukturierter Beziehungen" zwischen den assoziierten Partnerländern in Mittel- und Osteuropa und den Institutionen der Europäischen Union eine zentrale Bedeutung zu; damit soll es den assoziierten Ländern ermöglicht werden, bei der Erörterung von Fragen von beiderseitigem Interesse eine aktive Rolle zu übernehmen.

Der strukturierte Dialog umfasst Gemeinschaftsbereiche, vor allem solche mit transeuropäischer Dimension (einschließlich der Bereiche Energie, Umwelt, Verkehr, Wissenschaft und Technik usw.), die gemeinsame Außen- und Sicherheitspolitik sowie die Bereiche Justiz und Inneres. Dieser Dialog wird durch den Aufbau einer praktischen Zusammenarbeit zwischen den Regierungen der Mitgliedstaaten einerseits und den Regierungen der assoziierten Länder andererseits mit Leben erfüllt."

[128] Der acquis communautaire als gemeinschaftlicher Besitzstand umfasst die gesamte Gesetzgebung der Europäischen Gemeinschaften der vergangenen mehr als 40 Jahre. Er besteht aus den Gründungsverträgen von Rom in ihrer durch Maastricht und Amsterdam geänderten Fassung, die meist den Binnenmarkt betreffenden Verordnungen und Richtlinien des Ministerrates und zwar in der Auslegung durch die Rechtsprechung des EuGH, die GASP und die ZJI sowie die WWU, vgl. Europäische Kommission, in: www.europa.eu.int/comm/enlargement/pas/phare/wip/acquis.htm, Abfrage vom 14.12.1999; vgl. auch Steinmeyer, Die Ost-Erweiterung der Europäischen Union – Voraussetzungen und Folgen für die Systeme der sozialen Sicherung, SozVers 1999, S. 41; Herrnfeld, Recht europäisch, 1995, S. 91

[129] Auszug aus den Schlussfolgerungen des ER in Essen, 9./10.12.1994, Anhang IV: Bericht des Rates an den ER über die Strategie zur Vorbereitung des Beitritts der assoziierten MOEL, Punkt XI. Finanzielle Zusammenarbeit, in: IP 1995, Bd. 50,1, S. 63-126, Anhang IV, S. 98-107, sowie in: www.europarl.eu.int/dg7/summits/de/index.htm, Abfrage vom 13.12.1999:

„Die wesentliche Rolle der finanziellen Unterstützung durch die EU im Rahmen des Phare-Programms besteht darin, den assoziierten Ländern zu helfen, den "gemeinschaftlichen Besitzstand" zu absorbieren."

[130] Auszug aus den Schlussfolgerungen des ER in Essen, 9./10.12.1994, Anhang IV: Bericht des Rates an den ER über die Strategie zur Vorbereitung des Beitritts der assoziierten MOEL, Punkt III. Vorarbeiten zur Ausdehnung des Binnenmarktes, in: IP 1995, Bd. 50,1, S. 63-126, Anhang IV, S. 98-107, sowie in: www.europarl.eu.int/dg7/summits/de/index.htm, Abfrage vom 13.12.1999:

„Die beitretenden Länder werden durch ihren Beitritt Teil des Binnenmarktes. Aus diesem Grunde muss die Vorbereitung auf den Binnenmarkt im Mittelpunkt der Strategie zur Vorbereitung des Beitritts stehen. Diese Vorbereitung wird die assoziierten Länder dabei unterstützen, die sich aus der Mitgliedschaft in der Union ergebenden Verpflichtungen auf sich zu nehmen und ihre Fähigkeit zu entwickeln, sich dem Wettbewerbsdruck und den Marktkräften innerhalb der Union zu stellen. In den kommenden Jahren wird die Eingliederung in den Binnenmarkt einen komplexen Prozeß der Annäherung von Rechtsvorschriften, Normen und Standards mit sich bringen. Die heute festgelegte Strategie ist daher mittelfristig angelegt, wird jedoch durch kurzfristige Maßnahmen, die sofort wirksam werden, flankiert."

[131] Mitteilung der Kommission an den Rat: Die Europa-Abkommen und die Zeit danach: Eine Strategie zur Vorbereitung des Beitritts der Länder Mittel- und Osteuropas, KOM (94) 320 endg. vom 13.7.1994; ergänzende Ausführung zu dieser Mitteilung in KOM (94) 351 endg. vom 27.7.1994

[132] Schlussfolgerungen des ER in Korfu, 24./25.6.1994, in: www.europarl.eu.int/dg7/summits/de/index.htm, Abfrage vom 8.12.1999

[133] Auszug aus den Schlussfolgerungen des ER in Essen, 9./10.12.1994, Anhang IV: Bericht des Rates an den ER über die Strategie zur Vorbereitung des Beitritts der assoziierten MOEL, Punkt III. Vorarbeiten

Weißbuch[134] zur Rechtsangleichung im Mai 1995 vor. Die endgültige Fassung des Weißbuchs wurde vom ER in Cannes im Juni 1995 gebilligt[135]. Das Weißbuch enthält

---

zur Ausdehnung des Binnenmarktes, in: IP 1995, Bd. 50,1, S. 63-126, Anhang IV, S. 98-107, sowie in: www.europarl.eu.int/dg7/summits/de/index.htm, Abfrage vom 13.12.1999:
„Um zum Zeitpunkt des Beitritts auf die Teilnahme am Binnenmarkt vorbereitet zu sein, müssen die assoziierten Länder ihre Rechtsvorschriften an die Rechtsvorschriften der Union angleichen. Zur Unterstützung dieses Prozesses wird die Kommission nach Konsultationen mit den assoziierten Ländern dem Rat ein Weißbuch über den Binnenmarkt vorlegen, in dem die Maßnahmen aufgezeigt werden, die die assoziierten Länder ergreifen müssen.
In dem Weißbuch werden die einschlägigen Fortschritte in den verschiedenen Sektoren ermittelt, die zur Schaffung der Voraussetzungen für die Errichtung eines einheitlichen Marktes beitragen.
Die Hauptaufgabe fällt dabei den assoziierten Ländern zu, die Rechtsvorschriften und Durchführungsvorschriften erlassen und Normen und Zertifizierungsverfahren einführen müssen, die mit denjenigen der EU in Einklang stehen.
Die EU verpflichtet sich, die assoziierten Länder bei dieser Aufgabe zu unterstützen.
In dem Weißbuch werden konkrete Verfahren der Zusammenarbeit vorgeschlagen, wobei die Assoziierungsabkommen weitestgehend genutzt werden. Zu diesem Zweck wird die Kommission die erforderlichen organisatorischen Vorkehrungen treffen, um die notwendige fachliche technische Hilfe zu geben, die Mitgliedstaaten an diesen Bemühungen wo immer möglich zu beteiligen und die Koordinierung sicherzustellen.
Diese Aufgaben werden sowohl finanzielle Mittel als auch technische und juristische Hilfe erfordern, die zu einem guten Teil über das PHARE-Programm bereitgestellt werden können.
Dieses Weißbuch wird für unsere Partner ein wichtiger Leitfaden für ihre Vorbereitung auf den Beitritt sein und vom Europäischen Rat auf seiner Tagung im Juni 1995 geprüft werden."

[134] Weißbuch „Vorbereitung der assoziierten Staaten Mittel- und Osteuropas auf die Integration in den Binnenmarkt der Union", KOM (95) 163 endg./ 1

[135] Auszug aus den Schlussfolgerungen des ER in Cannes, 26./27.6.1995, Teil A. II Außenbeziehungen, in: www.europarl.eu.int/dg7/summits/de/can1.htm, Abfrage vom 26.4.2000:
Der ER *„weist darauf hin, dass er der Vorbereitung der assoziierten Länder auf den Beitritt zur Union große Bedeutung beimisst, und billigt die Schlussfolgerungen des Rates zu dem Weißbuch über die Integration dieser Länder in den Binnenmarkt sowie den Bericht des Rates über die Durchführung der Strategie zur Vorbereitung des Beitritts (vgl. Teil B, Seite 3). Er ersucht die Kommission, ihm auf seiner nächsten Tagung über die Fortschritte bei der Umsetzung des Weißbuchs und über die von ihm in Essen erbetenen Untersuchungen und Analysen Bericht zu erstatten."*
Aus den Schlussfolgerungen des Rates"Wirtschafts- und Finanzfragen" vom 19. Juni 1995 zur Vorbereitung der assoziierten Staaten Mittel- und Osteuropas auf die Integration in den Binnenmarkt der Europäischen Union, in: Teil B der Schlussfolgerungen des ER in Cannes, 26./27.6.1995, Teil B, in: www.europarl.eu.int/dg7/summits/de/can1.htm, Abfrage vom 26.4.2000:
„1. Der Rat begrüßt das von der Kommission entsprechend den Schlussfolgerungen des Europäischen Rates von Essen erstellte Weißbuch über die Vorbereitung der assoziierten Staaten auf ihre Integration in den Binnenmarkt der Europäischen Union zum Zeitpunkt ihres Beitritts. Er stellt fest, dass dieses nach Konsultation der assoziierten Staaten erstellte Dokument von großer Qualität ist...
Seines Erachtens stellt das Weißbuch im Rahmen der Fortführung des bereits eingeleiteten Reformprozesses und der Durchführung der Europa-Abkommen einen hilfreichen Leitfaden für diese Staaten dar.
2.Wie vom Europäischen Rat in Essen bekräftigt wurde, ist die Vorbereitung der assoziierten Staaten auf ihre Integration in den Binnenmarkt der wesentliche Bestandteil der Strategie zur Vorbereitung auf den Beitritt. Diese Vorbereitung auf die Integration in den Binnenmarkt wird von den assoziierten Ländern selbst als Priorität betrachtet. Ohne den künftigen Beitrittsverhandlungen vorzugreifen oder diese zu präjudizieren und ohne neue Bedingungen für diese aufzustellen, soll das Weißbuch demnach zur Orientierung und Unterstützung der von den assoziierten Staaten bereits unternommenen Bemühungen dienen, indem es die Maßnahmen, deren Durchführung von der Kommission als wesentlich für die Integration in den Binnenmarkt erachtet wird, sowie die hierzu erforderlichen Strukturen beschreibt. Bei ihrem Beitritt übernehmen diese Länder dann, gegebenenfalls mit bestimmten Übergangszeiträumen, den gesamten Besitzstand an Gemeinschaftsvorschriften und -politiken.
3.Der Rat billigt die Art und Weise, in der die Bedeutung des Binnenmarkts für die Verwirklichung der Ziele der Union in dem Weißbuch herausgestellt wird...
Die schrittweise Heranführung der assoziierten Länder an die Gemeinschaftspolitiken zum Aufbau des Binnenmarktes wird die Wettbewerbsfähigkeit ihrer Wirtschaft stärken und den Nutzen ihrer wirtschaftlichen Reformen erhöhen.

dabei keine die Europa-Abkommen abändernden verbindlichen Regelungen, sondern sieht Vorschläge für ein Rechtsangleichungsprogramm vor und versteht sich damit als Richtschnur für die Vorbereitung der MOEL für den Binnenmarkt[136].

---

4. Der Rat stellt fest, dass in dem Weißbuch, das einen Gesamtüberblick über die Gemeinschaftsvorschriften für den Binnenmarkt bietet, keine Hierarchie der verschiedenen Bereiche aufgestellt wird, sondern innerhalb eines jeden behandelten Bereichs die wesentlichen Maßnahmen, die von den assoziierten Staaten vorrangig übernommen werden könnten, sowie eine Abfolge für deren Übernahme, aber kein Zeitplan dafür vorgeschlagen werden. Der Rat hält dieses Konzept insofern für gerechtfertigt, als es Sache der assoziierten Staaten selbst ist, im Lichte des Weißbuchs ihre jeweiligen Programme für die Vorbereitung auf die Integration in den Binnenmarkt entsprechend ihren nationalen Rahmenbedingungen und ihren jeweiligen Prioritäten zu bestimmen und durchzuführen. Die assoziierten Länder hätten diese Programme entsprechend ihren Bereitschaftsbekundungen unter Berücksichtigung des in den Assoziationsabkommen festgelegten allgemeinen Rahmens zu erstellen. In Kopenhagen wurde vom Europäischen Rat die besondere Bedeutung unterstrichen, die insbesondere dem Wettbewerbsbereich sowie im Hinblick auf den Beitritt dem Schutz der Arbeitnehmer, der Umwelt und der Verbraucher zukommt.
Der Rat billigt die besondere Betonung, die in dem Weißbuch auf die Durchführungs- und Kontrollstrukturen gelegt wird, die parallel zur Annahme der Rechtsvorschriften bezüglich des Binnenmarktes zu schaffen sind.
Der Rat ersucht die Kommission, Konsultationen mit den assoziierten Ländern über ihre einzelstaatlichen Programme zur Umsetzung der Empfehlungen des Weißbuchs vorzunehmen. Die Kommission wird engen Kontakt mit den Mitgliedstaaten halten, um die konkreten Fortschritte zu beurteilen, und sie regelmäßig über die diesbezügliche Entwicklung unterrichten...
6. Nach Ansicht des Rates kommt der Weiterverfolgung der Arbeiten zu dem Weißbuch besondere Aufmerksamkeit zu. Er nimmt zur Kenntnis, dass die Kommission im engen Kontakt mit den Mitgliedstaaten seine möglichen Vorteile noch eingehender analysieren will und die entsprechenden Ergebnisse den Organen der Union und den assoziierten Staaten vorlegen wird...
7. Der Rat "Allgemeine Angelegenheiten" wird die Beratungen, die im weiteren Verlauf in den verschiedenen Gremien über das Weißbuch zu führen sind, zusammen mit dem Rat "Binnenmarkt", soweit dieser betroffen ist, verfolgen und für die entsprechende Koordination sorgen...
Die Vorlage des Weißbuchs über die Vorbereitung der assoziierten Länder auf die Integration in den Binnenmarkt stellt die wichtigste Entwickung in bezug auf die Heranführungsstrategie seit Jahresanfang dar. Zu diesem Weißbuch werden vom Rat (Allgemeine Angelegenheiten) mit Blick auf die Tagung des Europäischen Rates in Cannes besondere Schlussfolgerungen angenommen. "

[136] KOM (95) 163 endg., S. 1, 4, Nr.1.8, 1.9;
vgl. hierzu die Schlussfolgerungen des ER in Essen, 9./10.12.1994, Anhang IV: Bericht des Rates an den Europäischen Rat (Essen) über die Strategie zur Vorbereitung des Beitritts der assoziierten MOEL, in: IP 1995, Bd. 50,1, S. 63-126, Anhang IV, S. 98-107, sowie in:
www.europarl.eu.int/dg7/summits/de/index.htm, Abfrage vom 13.12.1999:
„ I. Einleitung
Der Europäische Rat hat auf seiner Tagung im Juni 1993 in Kopenhagen beschlossen, dass die assoziierten mittel- und osteuropäischen Länder, die dieswünschen, Mitglieder der Europäischen Union werden können. Der Beitritt kann erfolgen, sobald ein assoziiertes Land in der Lage ist, den mit einer Mitgliedschaft verbundenen Verpflichtungen nachzukommen und die in den Schlussfolgerungen der genannten Tagung aufgezeigten erforderlichen wirtschaftlichen und politischen Bedingungen zu erfüllen.
III. Vorarbeiten zur Ausdehnung des Binnenmarktes:
Die beitretenden Länder werden durch ihren Beitritt Teil des Binnenmarktes. Aus diesem Grunde muss die Vorbereitung auf den Binnenmarkt im Mittelpunkt der Strategie zur Vorbereitung des Beitritts stehen. Diese Vorbereitung wird die assoziierten Länder dabei unterstützen, die sich aus der Mitgliedschaft in der Union ergebenden Verpflichtungen auf sich zu nehmen und ihre Fähigkeit zu entwickeln, sich dem Wettbewerbsdruck und den Marktkräften innerhalb der Union zu stellen. In den kommenden Jahren wird die Eingliederung in den Binnenmarkt einen komplexen Prozeß der Annäherung von Rechtsvorschriften, Normen und Standards mit sich bringen. Die heute festgelegte Strategie ist daher mittelfristig angelegt, wird jedoch durch kurzfristige Maßnahmen, die sofort wirksam werden, flankiert.
Kurzfristige Maßnahmen...(nicht wiedergegeben).
Mittelfristige Maßnahmen...(nicht wiedergegeben).
Binnenmarkt:
Um zum Zeitpunkt des Beitritts auf die Teilnahme am Binnenmarkt vorbereitet zu sein, müssen die assoziierten Länder ihre Rechtsvorschriften an die Rechtsvorschriften der Union angleichen. Zur Unterstützung dieses Prozesses wird die Kommission nach Konsultationen mit den assoziierten Ländern dem Rat

II. Konkrete Schritte zur Aufnahme von Beitrittsverhandlungen

Konkrete Schritte zur Aufnahme von Beitrittsverhandlungen wurden durch die Agenda 2000, den Beitrittsantrag der ČR, den Fortschrittsbericht der Kommission sowie der intensivierten Heranführungsstrategie unternommen.

1. Agenda 2000

Parallel zur geschilderten Heranführungsstrategie hat der ER in Madrid im Dezember 1995 die ersten Schritte zur Vorbereitung der Beitrittsverhandlungen unternommen. Mit der Aufforderung an die Kommission durch den ER in Madrid, zügig Stellungnahmen zu den eingegangenen Beitrittsgesuchen sowie ein Gesamtdokument zur Erweiterung auszuarbeiten[137], wurde die eigentliche Beitrittsphase eingeläutet[138]. Das Gesamtdokument einschließlich der Stellungnahmen wurde von der Kommission als Agenda 2000 vorgelegt[139]. Die Agenda 2000 wurde vom ER in Berlin am 24./25.3.1999 angenommen[140].

---

ein Weißbuch über den Binnenmarkt vorlegen, in dem die Maßnahmen aufgezeigt werden, die die assoziierten Länder ergreifen müssen.
In dem Weißbuch werden die einschlägigen Fortschritte in den verschiedenen Sektoren ermittelt, die zur Schaffung der Voraussetzungen für die Errichtung eines einheitlichen Marktes beitragen.
Die Hauptaufgabe fällt dabei den assoziierten Ländern zu, die Rechtsvorschriften und Durchführungsvorschriften erlassen und Normen und Zertifizierungsverfahren einführen müssen, die mit denjenigen der EU in Einklang stehen.
Die EU verpflichtet sich, die assoziierten Länder bei dieser Aufgabe zu unterstützen. In dem Weißbuch werden konkrete Verfahren der Zusammenarbeit vorgeschlagen, wobei die Assoziierungsabkommen weitestgehend genutzt werden. Zu diesem Zweck wird die Kommission die erforderlichen organisatorischen Vorkehrungen treffen, um die notwendige fachliche technische Hilfe zu geben, die Mitgliedstaaten an diesen Bemühungen wo immer möglich zu beteiligen und die Koordinierung sicherzustellen.
Diese Aufgaben werden sowohl finanzielle Mittel als auch technische und juristische Hilfe erfordern, die zu einem guten Teil über das PHARE-Programm bereitgestellt werden können.
Dieses Weißbuch wird für unsere Partner ein wichtiger Leitfaden für ihre Vorbereitung auf den Beitritt sein und vom Europäischen Rat auf seiner Tagung im Juni 1995 geprüft werden."

[137] Auszug aus den Schlussfolgerungen des ER in Madrid, 15./16.12.1995, Teil A.III.A, in: Bulletin der Europäischen Union 1995, Bd. 12, S.9-63. Danach fordert der ER die Kommission auf, *„ihre Stellungnahmen zu den eingegangenen Beitrittsgesuchen zügig auszuarbeiten, damit sie dem Rat so bald wie möglich nach Abschluss der Regierungskonferenz vorgelegt werden können; er ersucht die Kommission ferner, mit der Ausarbeitung eines Gesamtdokuments über die Erweiterung zu beginnen. Dieses Verfahren garantiert die Gleichbehandlung aller beitrittswilligen Länder."*
Die Agenda 2000 besteht aus drei Bänden: Band I – Eine stärkere und erweiterte Union, Band II – Die Erweiterung der Union – Eine Herausforderung und Band III – Stellungnahmen der Kommission zu den Beitrittsanträgen. Band I gliedert sich wiederum in drei Teile, Erster Teil: Die Politiken der Union, Zweiter Teil: Die Erweiterung als Herausforderung, Dritter Teil: Der neue Finanzrahmen 2000-2006. Textsammlung in: Wiehler (Hrsg.), Die Erweiterung der Europäischen Union – Eine Herausforderung – Textsammlung Agenda 2000, Baden-Baden 1998, sowie in: Wittschorek (Hrsg.), Agenda 2000, Herausforderungen an die Europäische Union und an Deutschland, 1999, S. 267-365

[138] Tebbe, Die Politik der Europäischen Union zur Assoziierung und Integration der mittel- und osteuropäischen Länder, in: Mayer; Scharrer (Hrsg.), Osterweiterung der Europäischen Union, 1997, S. 63, 73

[139] Die Agenda 2000, KOM (97) endg., Brüssel 15.7.1997 – C4-0371/97 wurde am 16.7.1997 von der Kommission dem EP vorgelegt, vgl. EP, Themenpapier Nr. 24 über die Heranführungsstrategie für die Erweiterung der Europäischen Union, 1998, PE 167.631, S. 4.

[140] Auszug aus den Schlussfolgerungen des ER in Berlin, 24./25.3.1999, in: www.europarl.eu.int/dg7/summits/de/ber1.htm#intro, Abfrage vom 25.4.2000:
„Teil I - Agenda 2000
...3. Durch die Agenda 2000 soll die Union mit wirksameren Politiken ausgestattet werden und die finanziellen Mittel erhalten, um diese Politiken im Geiste der Solidarität durchzuführen, wobei gleichzeitig sichergestellt werden muss, dass auf der Ebene der Union eine ähnlich strenge Haushaltsdisziplin ange-

2. Beitrittsanstrengungen der ČR

Die tschechische Regierung unternimmt seit 1991 Anstrengungen zur Harmonisierung ihres Rechts mit Gemeinschaftsrecht. Sie legte 1995 einen ersten einschlägigen Zeitplan vor[141].
Am 17.1.1996[142] stellte die ČR den offiziellen Antrag um Aufnahme in die EU[143].
Im Frühjahr 1996 formulierte die tschechische Regierung ihre Antwort auf das Weißbuch zum Binnenmarkt und nennt darin ihre wichtigsten Vorhaben bis 2000. Die Tschechische Republik erklärte, insgesamt 417 der im Weißbuch genannten 899 Regelungen übernommen zu haben[144].

3. Stellungnahme der Kommission sowie weitere Fortschrittsberichte

Die Kommission hat bereits vier Berichte zum Fortschritt der Beitrittskandidaten herausgegeben: Innerhalb der Agenda 2000 im Jahre 1997 sowie die Fortschrittsberichte für 1998, 1999 und 2000. Zum Beitrittsantrag der ČR und weiterer MOEL nimmt die Kommission im Juli 1997 entsprechend der Aufforderung des Madrider ER sowie des ER in Amsterdam im Juni 1997[145] in der Agenda 2000 Stellung. Die Kommission unter-

---

wendet wird wie in den Mitgliedstaaten. Der Europäische Rat ist der Auffassung, dass die in diesen Schlussfolgerungen dargelegten politischen Reformen und der Finanzrahmen zu ihrer mittelfristigen Finanzierung sicherstellen werden, dass die Union für die in der nächsten Zeit zu bewältigenden Aufgaben und eine erfolgreiche Gestaltung der bevorstehenden Erweiterung gerüstet ist..."

[141] Der Weg der Tschechischen Republik in die Union, in: Stellungnahme des Wirtschafts- und Sozialausschusses zum Thema „Die Tschechische Republik und die Intensivierung der Heranführungsstrategie" vom 9.9.1998, CES 1161-1998

[142] vgl. Stellungnahme des Wirtschafts- und Sozialausschusses zum Thema „Die Tschechische Republik und die Intensivierung der Heranführungsstrategie" vom 9.9.1989, CES 1161-1998

[143] Das Antragsdokument der ČR wurde von Ministerpräsident Vaclav Klaus an den italienischen Ministerpräsidenten Dini als Ratsvorsitzenden der EU in Rom am 23.1.1996 mitsamt dem Memorandum überreicht, vgl. Hudalla, Der Beitritt der Tschechischen Republik zur Europäischen Union 1996, S. 7

[144] Der Weg der Tschechischen Republik in die Union, in: Stellungnahme des Wirtschafts- und Sozialausschusses zum Thema „Die Tschechische Republik und die Intensivierung der Heranführungsstrategie" vom 9.9.1998, CES 1161-1998

[145]Auszug aus den Schlussfolgerungen des ER in Amsterdam, 16./17.6.1997, in:
www.europarl.eu.int/dg7/summits/de/ams1.htm, Abfrage vom 26.4.2000:
„Einleitung
Auf der Tagung des Europäischen Rates am 16. und 17. Juni 1997 in Amsterdam hat die Regierungskonferenz mit einer vollständigen Einigung über einen Vertragsentwurf ihren erfolgreichen Abschluss gefunden. Damit ist der Weg für die Einleitung des Erweiterungsprozesses gemäß den Schlussfolgerungen des Europäischen Rates von Madrid geebnet...
Erweiterung
Der Europäische Rat stellt fest, dass mit dem erfolgreichen Abschluss der Regierungskonferenz der Weg jetzt dafür frei ist, um im Einklang mit den Schlussfolgerungen des Europäischen Rates von Madrid den Erweiterungsprozess einzuleiten.
Der Europäische Rat begrüßt die Absicht der Kommission, Mitte Juli ihre Stellungnahmen zu den Beitrittsanträgen sowie eine umfassende Mitteilung ("Agenda 2000") vorzulegen, in der die Entwicklung der Unionspolitiken einschließlich der Landwirtschafts- und der Strukturpolitik, die horizontalen Fragen im Zusammenhang mit der Erweiterung und schließlich der Finanzrahmen für die Zeit nach 1999 behandelt werden.
Der Europäische Rat nimmt zur Kenntnis, dass die Kommission in ihrer Mitteilung "Agenda 2000" die wichtigsten Schlussfolgerungen und Empfehlungen aus ihren Stellungnahmen ziehen und ihre Auffassung in bezug auf die Einleitung des Beitrittsprozesses darlegen wird, wobei sie auch Vorschläge zur Intensivierung der Heranführungsstrategie und zum weiteren Ausbau der Hilfe vor dem Beitritt auf der Grundlage der derzeit vorgenommenen Reformen von PHARE unterbreiten wird.

streicht die Schwierigkeit für die Beitrittskandidaten, den acquis communautaire zu übernehmen und umzusetzen. Gleichzeitig besteht sie jedoch auf einer vollständigen Übernahme des acquis zum Zeitpunkt des Beitritts. Ferner betont die Kommission, dass der Kapazität von Verwaltung und Justiz zur Anwendung des acquis größte Bedeutung zukomme. Bezüglich der ČR wird diese in der Lage gesehen, auf mittlere Sicht den acquis zu übernehmen und die notwendigen Verwaltungsstrukturen aufbauen zu können[146].

Es schließen sich drei weitere Fortschrittsberichte der Kommission 1998[147],1999 und 2000 an, die dem gleichen Aufbau wie die Stellungnahme innerhalb der Agenda 2000 folgen. So enhalten diese Fortschrittsberichte entsprechend den Schlussfolgerungen der Europäischen Räte in Luxemburg[148] und Cardiff[149] zunächst eine Beschreibung der

---

Der Europäische Rat ersucht den Rat "Allgemeine Angelegenheiten", die Stellungnahmen der Kommission sowie deren Mitteilung "Agenda 2000" eingehend zu prüfen und dem Europäischen Rat auf seiner Dezembertagung in Luxemburg einen umfassenden Bericht hierüber vorzulegen.

Damit die Verhandlungen so rasch wie möglich nach dem Dezember 1997 tatsächlich aufgenommen werden können, wird der Europäische Rat auf der Dezember-Tagung die erforderlichen Entscheidungen in bezug auf den gesamten Erweiterungsprozess treffen, wozu auch die praktischen Vorkehrungen für die erste Phase der Verhandlungen und die Intensivierung der Heranführungsstrategie der Union sowie die Ermittlung etwaiger anderer Möglichkeiten zum Ausbau der Zusammenarbeit zwischen der EU und allen beitrittswilligen Ländern gehören."

[146] in: Agenda 2000, KOM (97) endg., Brüssel 15.7.1997, Band I, Zweiter Teil, Die Erweiterung als Herausforderung, I. Bewertung nach den Beitrittskriterien, 3. Sonstige Verpflichtungen: Übernahme des acquis sowie Kapazität von Verwaltung und Justiz zur Anwendung des acquis

[147] *Regelmäßiger Bericht der Kommission KOM (98) 708 endg. über die Fortschritte der Tschechischen Republik auf dem Weg zum Beitritt, Brüssel, 4.11.1998, in: Bulletin der Europäischen Union, Beilage 13/98, sowie in: http://www.europa.eu.int/comm/enlargement/czech/rep_11_98/index.htm, Abfrage vom 13.12.1999;*

2. Regelmäßiger Bericht der Kommission über die Fortschritte der Tschechischen Republik auf dem Weg zum Beitritt, Brüssel, 13.10.1999, in: www.europa.eu.int/comm/enlargement/czech/rep_10_99/aa.htm, Abfrage vom 13.12.1999;

3. Regelmäßiger Bericht der Kommission über die Fortschritte der Tschechischen Republik auf dem Weg zum Beitritt, Brüssel, 8.11.2000, in: www.europa.eu.int/comm/enlargement/czech/index.htm, Abfrage vom 22.12.2000

[148] Auszug aus den Schlussfolgerungen des ER in Luxemburg, 12./13.12.1997, zur Erweiterung der EU, in: Wiehler, Die Erweiterung der Europäischen Union – Eine Herausforderung – Textsammlung Agenda 2000, Baden-Baden 1998, S. 181-188, sowie in Bulletin der Europäischen Union, 1997, Bd.12, S. 8-11, sowie in: www.europarl.eu.int/dg7/summits/en/lux1.htm (in engl.), Abfrage vom 26.4.2000:

„IV. Der Beitritts- und Verhandlungsprozess:

Bewertung der von den Bewerberstaaten erzielten Fortschritte:

Die Kommission wird dem Rat regelmäßig – erstmals Ende 1998 – für jeden mittel- und osteuropäischen Bewerberstaat einen Bericht, der gegebenenfalls Empfehlungen für die Eröffnung bilateraler Regierungskonferenzen enthalten wird, vorlegen, in dem sie untersucht, welche Fortschritte der betreffende Staat auf dem Weg zum Beitritt unter dem Gesichtspunkt der Kopenhagener Kriterien gemacht hat, und insbesondere wie rasch er den Besitzstand der Union übernimmt. Vor der Erstellung dieser Berichte wird zusammen mit jedem der Bewerberstaaten im Rahmen der in den Europa-Abkommen vorgesehenen Gremien der Stand der Umsetzung der Beitrittspartnerschaften und der Übernahme des Besitzstand geprüft. Die Berichte der Kommission dienen als Gurndlage für die notwendigen, im Rahmen des Rates zu fassenden Beschlüsse über die Gestaltung der Beitrittsverhandlungen bzw. über ihre Ausdehnung auf weitere Bewerberstaaten. In diesem Zusammenhang wird die Kommission bei der Bewertung die Fähigkeit der Bewerberländer, die wirtschaftlichen Kriterien zu erfüllen und die sich aus dem Beitritt ergebenden Verpflichtungen zu übernehmen, weiterhin nach der in der Agenda 2000 angewandten Methode verfahren. Bei der Bewertung der Fortschritte der Bewerberstaaten, die in den regelmäßigen Berichten der Kommission an den Rat vorgenommen wird, sollte an einem dynamischen Konzept festgehalten werden".

[149] Auszug aus den Schlussfolgerungen des ER in Cardiff, 15./16.6.1998, in: www.europarl.eu.int/dg7/summits/de/car1.htm, Abfrage vom 26.4.2000:

„Es ist ein vorrangiges Anliegen der Union, an dem Erweiterungsprozess für die in den Schlussfolgerungen des Europäischen Rates von Luxemburg genannten Länder festzuhalten, in dessen Rahmen diese ihre Bewerbung aktiv betreiben und Fortschritte im Hinblick auf die Übernahme der ihnen aus der Mitglied-

Beziehungen zwischen der ČR und der Union, dann eine Bewertung der Lage der politischen (Demokratie, Rechtsstaatlichkeit, Menschenrechte und Minderheitenschutz) und wirtschaftlichen (funktionierende Marktwirtschaft und Wettbewerbsfähigkeit) Bedingungen, sowie eine Bewertung zur Fähigkeit der ČR, den acquis communautaire zu übernehmen und dessen Umsetzung zu gewährleisten.

D. Die dritte Phase

Die gegenwärtige Phase kündigte sich durch die Intensivierung der Heranführungsstrategie an. Formell begann sie nach dem ER von Luxemburg[150] mit der feierlichen Eröffnung des Beitrittsprozesses mit allen elf Beitrittsländern durch die Außenministertagung am 30.3.1998 in Luxemburg[151].

---

schaft erwachsenden Verpflichtungen, einschließlich der Kopenhagener Kriterien, erzielen können. Jeder einzelne Bewerberstaat wird nach denselben Kriterien beurteilt und auf dem Weg zum Beitritt nach seinem eigenen Tempo entsprechend seinem Vorbereitungsstand voranschreiten. Viel wird davon abhängen, welche Bemühungen die Bewerberstaaten selbst unternehmen, um den Kriterien zu entsprechen. Sämtliche Bewerberstaaten kommen in den Genuss verstärkter Beziehungen zur EU, und zwar unter anderem durch den politischen Dialog und durch maßgeschneiderte Strategien, die sie bei ihren Beitrittsvorbereitungen unterstützen sollen. "

150 Auszug aus den Schlussfolgerungen des ER in Luxemburg, 12./13.12.1997, zur Erweiterung der EU, in: Wiehler, Die Erweiterung der Europäischen Union – Eine Herausforderung – Textsammlung Agenda 2000, Baden-Baden 1998, S.181-188, sowie in Bulletin der Europäischen Union, 1997, Bd.12, S. 8-11, sowie in: www.europarl.eu.int/dg7/summits/en/lux1.htm (in engl.), Abfrage vom 26.4.2000:
„*I. Einleitung*
Die Tagung des Europäischen Rates am 12. und 13. Dezember 1997 in Luxemburg stellt einen historischen Meilenstein für die Zukunft der Union und ganz Europas dar: Mit der Einleitung des Erweiterungsprozesses beginnt ein neues Zeitalter und die Spaltungen der Vergangenheit werden endgültig überwunden. Die Ausweitung des europäischen Integrationsmodells auf den europäischen Kontinent verspricht Stabilität und Wohlstand für die Zukunft der Union und ganz Europas: Mit der Einleitung des Erweiterungsprozesses beginnt ein neues Zeitalter und die Spaltungen der Vergangenheit werden endgültig überwunden. Die Ausweitung des europäischen Integrationsmodells auf den europäischen Kontinent verspricht Stabilität und Wohlstand für die Zukunft...
II. Die Erweiterung der Europäischen Union
Der Europäische Rat hat auf seiner Tagung in Luxemburg die Beschlüsse gefasst, die erforderlich sind, um den Erweiterungsprozess insgesamt in Gang zu bringen...
III. Die Europa-Konferenz:... (nicht wiedergegeben)
IV. Der Beitritts- und Verhandlungsprozess:
Der Europäische Rat hat die gegenwärtige Lage in jedem der elf Bewerberstaaten anhand der Stellungnahmen der Kommission und des Berichts des Ratsvorsitzes geprüft. Im Lichte dieser Prüfung hat er beschlossen, einen Beitrittsprozess einzuleiten, der die zehn mittel- und osteuropäischen Bewerberstaaten sowie Zypern umfasst...Dieser – evolutive und alle Kandidaten einbeziehende – Prozess umfasst die nachstehend beschriebenen Bestandteile.
Der Rahmen:
Der Beitrittsprozess wird am 30. März 1998 mit einer Tagung der Minister für auswärtige Angelegenheiten der 15 Mitgliedstaaten der Europäischen Union, der zehn mittel- und osteuropäischen Bewerberstaaten und Zypern durch die Schaffung eines einheitlichen Rahmens für die genannten Bewerberstaaten eingeleitet... "
Die intensivierte Heranführungsstrategie: vgl. FN 158
Beitrittspartnerschaften: vgl. FN 161
Intensivierung der Heranführungshilfe:...
Die Stellungnahmen der Kommission und die Beitrittsverhandlungen:vgl. FN 151
Bewertung der von den Bewerberstaaten erzielten Fortschritte, vgl. FN 148

151 Auszug aus den Schlussfolgerungen des ER in Luxemburg, 12./13.12.1997, zur Erweiterung der EU, in: Wiehler, Die Erweiterung der Europäischen Union – Eine Herausforderung – Textsammlung Agenda 2000, Baden-Baden 1998, S.181-188, sowie in Bulletin der Europäischen Union, 1997, Bd.12, S. 8-11, sowie in: www.europarl.eu.int/dg7/summits/en/lux1.htm (in engl.), Abfrage vom 26.4.2000:
IV. Der Beitritts- und Verhandlungsprozess

Einen Tag später erfolgte die Aufnahme von formellen Beitrittsverhandlungen in einem ersten Schritt mit der ČR sowie Polen, Ungarn, Estland, Slowenien und Zypern am 31.3.1998.

Der ER bekräftigte insbesondere anlässlich seiner Gipfeltreffen in Cardiff am 15./16.6.1998[152], in Wien am 11./12.12.1998, in Helsinki am 10./11.12.1999 sowie in Santa Maria da Feira am 19./20.6.2000[153], den eingeschlagenen Weg fortzuführen. Namentlich soll weiterhin auf die Respektierung der Kopenhagener Kriterien geachtet werden und jedes Land nach seinen Leistungen bei den Beitrittsanstrengungen individuell beurteilt werden, so die Schlussfolgerungen des ER von Wien[154] und Helsinki[155],

---

Die Stellungnahmen der Kommission und die Beitrittsverhandlungen:
Die Stellungnahmen der Kommission zu den Beitrittsanträgen stellen eine gute Gesamtanalyse der Lage der einzelnen Bewerberstaaten im Lichte der vom Europäischen Rat in Kopenhagen festgelegten Beitrittskriterien dar. Die Aussicht auf den Beitritt ist für die Bewerberstaaten ein einzigartiger Anreiz, die Durchführung von Politiken, die dem Besitzstand der Union entsprechen, zu beschleunigen. Die Umsetzung des Besitzstandes der Union in einzelstaatliches Recht ist ein notwendiger, aber nicht ausreichender Faktor, denn auch die effektive Anwendung muss gewährleistet sein.
Der Europäische Rat hat hervorgehoben, dass zwischen der koninuierlichen Angleichung der Bewerberstaaten an das Niveau der Gemeinschaft bei den sektoriellen Politiken – insbesondere was den Binnenmarkt und die damit in Zusammenhang stehenden Politiken angeht – und dem harmonischen Funktionieren der Politiken der Gemeinschaft nach dem Bericht ein Zusammenhang besteht.
Die Einhaltung der politischen Kriterien von Kopenhagen stellt eine unabdingbare Voraussetzung für die Eröffnung von Beitrittsverhandlungen dar. Die wirtschaftlichen Kriterien und die Fähigkeit, die sich aus dem Beitritt ergebenden Verpflichtungen zu erfüllen, wurden bisher und müssen auch weiterhin aus einer zukunftsorientierten, dynamischen Sicht heraus beurteilt werden.
Der Beschluss, Verhandlungen aufzunehmen, bedeutet nicht, dass diese mit allen Verhandlungspartnern gleichzeitig abgeschlossen sein werden. Ihr Abschluss und der nachfolgende Beitritt der einzelnen Bewerberstaaten werden jeweils von der Einhaltung der Kopenhagener Kriterien und der Fähigkeit der Union, neue Mitgliedstaaten zu assimilieren, abhängen.
Der Europäische Rat beschließt, im Frühjahr 1998 bilaterale Regierungskonferenzen einzuberufen, um die Verhandlungen mit Zypern, Ungarn, Polen, Estland, der Tschechischen Republik und Slowenien über die Bedingungen ihres Beitritts zur Union und die damit verbundenen Anpassungen der Verträge zu beginnen. Grundlage für diese Verhandlungen wird der allgemeine Verhandlungsrahmen sein, den der Rat am 8. Dezember 1997 zur Kenntnis genommen hat.
Parallel hierzu wird die Vorbereitung der Verhandlungen mit Rumänien, der Slowakei, Lettland, Litauen und Bulgarien insbesondere durch eine analytische Prüfung des Besitzstands der Union beschleunigt. Diese Vorbereitung kann auch im Rahmen von bilateralen Tagungen auf Ministerebene mit den Mitgliedstaaten der Union erörtert werden..."

[152] S.o. FN 149

[153] vgl. die Schlussfolgerungen des ER in Santa Maria da Feira, in: www.europarl.eu.int/summits/fei1_de.htm, Abfrage vom 29.12.2000:

[154] Auszug aus den Schlussfolgerungen des ER in Wien, 11./12.12.1998, in: www.europarl.eu.int/dg7/summits/de/wie1.htm#5, Abfrage vom 26.4.2000:
„V. Erweiterung
58. Der Europäische Rat hatte eine eingehende Aussprache über alle Aspekte des Erweiterungsprozesses. Er begrüßt es, dass der in Luxemburg eingeleitete umfassende Erweiterungsprozeß nun gut vorangeht. Der Europäische Rat begrüßt ferner die ersten regelmäßigen Berichte der Kommission über die erzielten Fortschritte auf der Grundlage seiner Schlussfolgerungen von Luxemburg und von Cardiff und billigt die beigefügten Schlussfolgerungen des Rates vom 7. Dezember 1998 zur Erweiterung der Europäischen Union. Der Europäische Rat unterstreicht, dass jedes Land weiterhin nach seinen Verdiensten beurteilt wird. Der Europäische Rat ersucht die Kommission, ihre nächsten Zwischenberichte im Hinblick auf die Tagung des Europäischen Rates in Helsinki vorzulegen.
59. Der Europäische Rat stellt mit Befriedigung fest, dass die sechs Beitrittskonferenzen mit Zypern, Ungarn, Polen, Estland, der Tschechischen Republik und Slowenien in die Phase inhaltlicher Verhandlungen eingetreten sind und zu ersten konkreten Ergebnissen geführt haben. Er fordert den Rat, die Kommission und die beitrittswilligen Länder auf, die hiermit gegebenen Impulse fortzuschreiben, damit im ersten Halbjahr 1999 intensive Verhandlungen möglich werden.
62. Der Europäische Rat bekräftigt die Bereitschaft der Union, weiterhin und während des gesamten Beitrittsprozesses eine Heranführungshilfe zu leisten. Er begrüßt die weitgehende politische Einigung

bekräftigt zuletzt beim Treffen des ER in Nizza[156].

I. Intensivierte Heranführungsstrategie

Auf Ersuchen des ER in Dublin im Dezember 1996[157] schlug die Kommission die intensivierte Heranführungsstrategie vor. Diese intensivierte Heranführungsstrategie wurde

---

über die Heranführungsinstrumente entsprechend dem Bericht des Rates über die Agenda 2000, die allerdings von einer umfassenden Einigung über die Agenda 2000 abhängt....“

155 Auszug aus den Schlussfolgerungen des ER in Helsinki, 10./11.12.1999, www.europarl.eu.int/dg7/summits/de/hel1.htm, Abfrage vom 26.4.2000:
„I. Vorbereitung der Erweiterung: Der Erweiterungsprozess
...3. Der Europäische Rat bekräftigt die Bedeutung des im Dezember 1997 in Luxemburg begonnenen Erweiterungsprozesses für die Stabilität und den Wohlstand des gesamten europäischen Kontinents. Der Erweiterungsprozess muss weiterhin effizient und glaubhaft bleiben.
4. Der Europäische Rat bestätigt erneut den umfassenden Charakter des Beitrittsprozesses, bei dem nunmehr dreizehn beitrittswillige Länder in einen einzigen Rahmen einbezogen werden. Die beitrittswilligen Länder nehmen gleichberechtigt am Beitrittsprozess teil. Sie müssen die in den Verträgen festgelegten Werte und Ziele der Europäischen Union teilen...
Darüber hinaus weist der Europäische Rat darauf hin, dass die Erfüllung der vom Europäischen Rat (Kopenhagen) festgelegten politischen Kriterien eine Voraussetzung für die Aufnahme von Beitrittsverhandlungen ist und dass die Erfüllung sämtlicher Kriterien von Kopenhagen die Grundlage für einen Beitritt zur Union ist...
6. Die Kommission hat eine neue, eingehende Bewertung der Fortschritte in den beitrittswilligen Ländern vorgenommen. Diese Bewertung zeigt, dass seit der vorangegangenen Bewertung Fortschritte im Hinblick auf die Erfüllung der Beitrittskriterien erzielt worden sind. In Anbetracht der Schwierigkeiten, die in bestimmten Bereichen nach wie vor bestehen, werden die beitrittswilligen Länder gleichzeitig aufgerufen, ihre Anstrengungen zur Erfüllung der Beitrittskriterien fortzusetzen und zu verstärken. Es zeigt sich, dass einige beitrittswillige Länder nicht in der Lage sein werden, allen Kopenhagener Kriterien auf mittlere Sicht gerecht zu werden. Die Kommission beabsichtigt, dem Rat zu Beginn des Jahres 2000 einen Bericht über die Fortschritte einiger beitrittswilliger Länder bei der Erfüllung der Wirtschaftskriterien von Kopenhagen vorzulegen. Die nächsten der regelmäßig vorzulegenden Berichte über die erzielten Fortschritte werden rechtzeitig vor der Tagung des Europäischen Rates im Dezember 2000 vorgelegt...
8. Der Europäische Rat nimmt mit Genugtuung Kenntnis von der bei den Beitrittsverhandlungen mit Zypern, Ungarn, Polen, Estland, der Tschechischen Republik und Slowenien in Angriff genommenen substantiellen Arbeit und den bisher erzielten Fortschritten.
11. Bei den Verhandlungen wird jedes beitrittswillige Land für sich genommen beurteilt werden. Dieser Grundsatz wird sowohl für die Eröffnung der Verhandlungen über die verschiedenen Verhandlungskapitel als auch für den weiteren Verlauf der Verhandlungen gelten. Um die Dynamik der Verhandlungen aufrechtzuerhalten, sollten schwerfällige Verfahren vermieden werden. Die beitrittswilligen Länder, die jetzt in den Verhandlungsprozess einbezogen worden sind, werden die Möglichkeit haben, innerhalb eines vertretbaren Zeitraums die Länder einzuholen, mit denen bereits verhandelt wird, sofern sie hinreichende Fortschritte bei ihrer Vorbereitung auf den Beitritt erzielt haben. Fortschritte bei den Verhandlungen müssen mit Fortschritten bei der Einbeziehung des Besitzstands in einzelstaatliches Recht und bei der tatsächlichen Durchführung und Durchsetzung des Besitzstands einhergehen....“

156 Auszug aus den Schlussfolgerungen des ER in Nizza, 7.-10.12.2000, in: ,
www.europarl.eu.int/summits/nice1_de.htm, Abfrage vom 29.12.2000:
„II. Erweiterung...Der Europäische Rat...nimmt mit Genugtuung zur Kenntnis, dass der Grundsatz der Differenzierung, der sich auf die individuellen Leistungen eines jeden Beitrittslandes stützt,...in den Schlussfolgerungen des Rates bekräftigt werden...“

157 Auszug aus den Schlussfolgerungen des ER in Dublin, 13./14.12.1996, Teil B.VI.Erweiterung:
„Die Kommission unterrichtete den Europäischen Rat über die Fortschritte bei der Ausarbeitung der auf der Madrider Tagung des Europäischen Rates verlangten Stellungnahmen und Berichte zur Erweiterung... Er nimmt ferner die Bemühungen der Kommission zur Verstärkung der derzeitigen Umsetzung dieser Strategie zur Kenntnis. Überdies begrüßt er die Absicht der Kommission, zusammen mit ihren in Vorbereitung befindlichen Stellungnahmen und Berichten Vorschläge für eine generelle Stärkung der Heranführungsstrategie vorzulegen.“

vom ER in Luxemburg im Dezember 1997 gebilligt[158]. Diese intensivierte Heranführungsstrategie und die Verhandlungen als solche[159] bilden die zentralen Bestandteile des Erweiterungsprozesses[160].

1. Beitrittspartnerschaft

Den Schwerpunkt der neuen intensivierten Heranführungsstrategie bilden die Beitrittspartnerschaften[161]. Hierzu hat der Rat die allgemeine Verordnung Nr. 622/98[162]

---

[158] Auszug aus den Schlussfolgerungen des ER in Luxemburg, 12./13.12.1997, zur Erweiterung der EU, in: Wiehler, Die Erweiterung der Europäischen Union – Eine Herausforderung – Textsammlung Agenda 2000, Baden-Baden 1998, S.181-188, sowie in Bulletin der Europäischen Union, 1997, Bd.12, S. 8-11, sowie in: www.europarl.eu.int/dg7/summits/en/lux1.htm (in engl.), Abfrage vom 26.4.2000:
„IV. Der Beitritts- und Verhandlungsprozess
Die intensivierte Heranführungsstrategie:
Die intensivierte Heranführungsstrategie soll es allen mittel- und osteuropäischen Bewerberstaaten ermöglichen, mit der Zeit Mitglieder der Europäischen Union zu werden, und sich zu diesem Zweck bereits vor dem Beitritt so weit wie möglich dem Besitzstand der Union anzunähern. Neben den Europa-Abkommen, die nach wir vor Grundlage für die Beziehungen der Union zu diesen Staaten bilden, besteht die intensivierte Strategie aus den Beitrittspartnerschaften und aus einer Intensivierung der Heranführungshilfe. Sie geht einher mit einer analytischen Prüfung des Besitzstands der Union für jeden einzelnen Bewerberstaat."
Beitrittspartnerschaften: s.u. FN 161
Intensivierung der Heranführungshilfe:..(nicht wiedergegeben).
Die Stellungnahmen der Kommission und die Beitrittsverhandlungen:...(nicht wiedergegeben).
Bewertung der von den Bewerberstaaten erzielten Fortschritte, s.o. FN 147

[159] Der Erweiterungsprozess umfasst die 10 MOEL sowie Zypern einereits und die 15 Mitgliedstaaten der Union andererseits und wurde am 30.3.1998 auf einer Außenministertagung eröffnet. Die eigentlichen Verhandlungen mit den sechs Beitrittskandidaten, darunter die ČR, begannen am 31.3.1998 als bilaterale Regierungskonferenz, vgl. EP, Themenpapier Nr. 24, Die Heranführungsstrategie für die Erweiterung der Europäischen Union, Luxemburg 17.6.1998, PE 167.631, S. 11

[160] EP, Themenpapier Nr. 24, Die Heranführungsstrategie für die Erweiterung der Europäischen Union, Luxemburg 17.6.1998, PE 167.631, S. 11

[161] Auszug aus den Schlussfolgerungen des ER in Luxemburg, 12./13.12.1997, zur Erweiterung der EU, in: Wiehler, Die Erweiterung der Europäischen Union – Eine Herausforderung – Textsammlung Agenda 2000, Baden-Baden 1998, S.181-188, sowie in Bulletin der Europäischen Union, 1997, Bd.12, S. 8-11, sowie in: www.europarl.eu.int/dg7/summits/en/lux1.htm (in engl.), Abfrage vom 26.4.2000:
„IV. Der Beitritts- und Verhandlungsprozess
Beitrittspartnerschaften:
Die Beitrittspartnerschaft ist ein neues Instrument, das den Schwerpunkt der intensivierten Heranführungsstrategie bildet und mit dem alle Formen der Unterstützung für die mittel- und osteuropäischen Bewerberstaaten in einem einzigen Gesamtrahmen zum Einsatz gebracht werden.
In diesem einheitlichen Gesamtrahmen werden für jeden Bewerberstaat genaue Angaben über die Prioritäten, die bei der Übernahme des Besitzstands der Union einzuhalten sind, und die hierzu zur Verfügung stehenden finanziellen Mittel, insbesondere PHARE, zusammengestellt. Die finanziellen Maßnahmen würden dabei von den Fortschritten der Bewerberstaaten sowie im Besonderen von der Einhaltung des Programms für die Übernahme des Besitzstands abhängen.
Der Rat wird über die Einrichtung eines Systems von Partnerschaften als Schlüsselelement der Heranführungsstrategie mit Einstimmigkeit entscheiden. Auf dieser Grundlage wird er dann spätestens bis zum 15. März 1998 mit qualifizierter Mehrheit über die Grundsätze, die Prioritäten, die Zwischenziele, die signifikanten Anpassungen und die Bedingungen für jede einzelne Partnerschaft entscheiden. Fehlt in einem Bewerberstaat ein wichtiges Element für die Fortsetzung der Hilfe zur Vorbereitung auf den Beitritt, so trifft der Rat die entsprechenden Maßnahmen nach denselben Modalitäten."

[162] VO (EG) Nr. 622/ 98 des Rates vom 16.3.1998 über die Hilfe für die beitrittswilligen Staaten im Rahmen der Heranführungsstrategie, insbesondere über die Gründung von Beitrittspartnerschaften, in: ABl. L 85, S.1 vom 20.3.1998

sowie die auf dieser VO gründende Beitrittspartnerschaft mit der ČR erlassen[163]. Ziel der Beitrittspartnerschaft ist, die MOEL bei der Umsetzung der Kopenhagener Kriterien zu unterstützen. Die Beitrittspartnerschaft soll dazu dienen, in einem einheitlichen Rahmen die Prioritäten für die Beitrittskandidaten und die hierzu erforderlichen finanziellen Mittel festzulegen. Diese Prioritäten sind in kurz- und langfristige Ziele unterteilt[164]. Das Partnerschaftsabkommen mit der ČR sieht für den Bereich Beschäftigung und Soziales nur mittelfristige Prioritäten vor, und zwar die Angleichung der Rechtsvorschriften über Gesundheitsschutz und Sicherheit am Arbeitsplatz und den Ausbau der Strukturen, die Verbesserung der Chancengleichheit von Frauen und Männern sowie die Weiterentwicklung eines aktiven und unabhängigen Dialogs[165]. Der Vorschlag der Kommission für eine neue Beitrittspartnerschaft 1999 mit der ČR sieht für den Bereich Beschäftigung und Soziales als kurzfristige Prioriät die Steigerung der Leistungsfähigkeit der Sozialpartner, insbesondere auf dem Weg des sozialen Dialogs[166].

Mittelfristig prioritär sind die Bereiche Angleichung an EU-Recht in bezüglich Gesundheit und Sicherheit am Arbeitsplatz, Arbeitsrecht, Chancengleichheit von Männern und Frauen sowie die Errichtung eines unabhängigen Garantiefonds für Arbeitnehmer im Falle der Zahlungsunfähigkeit des Arbeitgebers[167]. Mittelfristige Priorität bedeutet dabei, dass die Verwirklichung der Maßnahme mehr als ein Jahr in Anspruch nimmt, aber noch im Jahre 2000 in Angriff genommen werden muss[168].

2. *Nationales Programm für die Übernahme des acquis*

Ergänzt werden die Partnerschaftsabkommen durch die nationalen Programme zur Übernahme des acquis[169]. Die ČR hat 1998 und 1999 je ein solches Programm vorgelegt. So hat die Tschechische Republik am 31.5.1999 eine revidierte Fassung ihres nationalen Programms zur Übernahme des gemeinschaftlichen Besitzstandes erlassen[170].

---

163 Beschluss 98/267/EG des Rates vom 30.3.1998 über die Grundsätze, Prioritäten, Zwischenziele und Bedingungen der Beitrittspartnerschaft mit der Tschechischen Republik, in: ABl. L 121, S. 41 vom 23.4.1998

164 Unter kurzfristigen Zielen verstand man solche, die noch 1998 zu verwirklichen waren, vgl. Europäische Kommission, Zur Beitrittspartnerschaft allgemein, in: www.europa.eu.int/comm/dg1a/enlarge/access_partnership/intro/index.htm, Abfrage vom 13.12.1999 sowie Europäische Kommission, Zur Beitrittspartnerschaft mit der ČR, in: www.europa.eu.int/commdg1a/enlarge/access_partnerhip/czech/czech_ap.htm, Abfrage vom 13.12.1999

165 Punkt 3.2. des Anhangs aufgrund Art. 1 Beschluss 98/267/EG des Rates vom 30.3.1998 über die Grundsätze, Prioritäten, Zwischenziele und Bedingungen der Beitrittspartnerschaft mit der Tschechischen Republik, in: ABl. L 121, S.41 vom 23.4.1998

166 Zif. 3.1, Kurzfristige Prioritäten für das Jahr 2000, des Vorschlags der Kommission vom 13.10.1999 für einen Beschluss des Rates vom... über die Grundsätze, Prioritäten, Zwischenziele und Bedingungen der Beitrittspartnerschaft mit der Tschechischen Republik, in: www.europa.eu.int/comm/enlargement/docs/index.htm, Abfrage vom 13.12.1999

167 Zif. 3.2. Mittelfristige Prioritäten, Beschäftigung und Soziales, Vorschlag der Kommission vom 13.10.1999 für einen Beschluss des Rates vom... über die Grundsätze, Prioritäten, Zwischenziele und Bedingungen der Beitrittspartnerschaft mit der Tschechischen Republik, in: www.europa.eu.int/comm/enlargement/docs/index.htm, Abfrage vom 13.12.1999

168 Zif. 3, Vorschlag der Kommission vom 13.10.1999 für einen Beschluss des Rates vom... über die Grundsätze, Prioritäten, Zwischenziele und Bedingungen der Beitrittspartnerschaft mit der Tschechischen Republik, in: www.europa.eu.int/comm/enlargement/docs/index.htm, Abfrage vom 13.12.1999

169 Zif. 3 Abs.2 des Anhangs zum Beschluss 98/267/EG des Rates vom 30.3.1998 über die Grundsätze, Prioritäten, Zwischenziele und Bedingungen der Beitrittspartnerschaft mit der Tschechischen Republik, in: ABl. L 121, S.41, 42 vom 23.4.1998

170 Zif. 3, Vorschlag der Kommission vom 13.10.1999 für einen Beschluss des Rates vom... über die Grundsätze, Prioritäten, Zwischenziele und Bedingungen der Beitrittspartnerschaft mit der Tschechischen

Die Gliederung des Programms folgt dabei der Stellungnahme der Kommission vom Juli 1997 und der regelmäßigen Fortschrittsberichte durch die Kommission[171].
Das erste „tschechische Nationale Programm zur Vorbereitung der Tschechischen Republik auf die Mitgliedschaft in der Europäischen Union“ wurde durch die tschechische Regierung am 11.3.1998 verabschiedet und am 31.3.1998 vorgelegt. Es ist ein in 26 Kapitel gegliedertes Dokument und folgt dem Aufbau der Verhandlungskapitel[172].
Bei Nichteinhaltung der Verpflichtungen aufgrund der Europa-Abkommen, insbesondere bezüglich der Übernahme des acquis, sowie durch die Kopenhagener Kriterien seitens des Beitrittskandidaten droht als Sanktion die Aussetzung finanzieller Hilfen durch die Gemeinschaft, Zif. 5 „Konditionalität“ der Beitrittspartnerschaft mit der ČR, Art. 4, VO (EG) Nr. 622/ 98 des Rates.

II Die Verhandlungsphase

1. Screening

a) Einführung

Unter Screening wird die technische Phase der systematischen Analyse des gemeinschaftlichen Besitzstandes verstanden, also die Prüfung, inwieweit die Gesetzgebung der Beitrittskandidaten mit dem Gemeinschaftsrecht übereinstimmt. Das Screening wurde am 27.4.1998 durch die Kommission eingeleitet und dauerte bis Mitte 1999[173]. Screening war der erste Schritt zur Vorbereitung konkreter Beitrittsverhandlungen. Unter Federführung der „Task-Force Erweiterung“[174] wurden 31 Kapitel des acquis auf Expertenebene untersucht. Auf bilateralen Treffen wurde den Bewerberstaaten ein Fragenkatalog zur Angleichung ihrer Rechtsvorschriften[175] vorgelegt. Die Antworten der

---

Republik, in: www.europa.eu.int/comm/enlargement/docs/index.htm, Abfrage vom 13.12.1999. Gemäß dem 2. Fortschrittsbericht der Kommission, S. 91, hat die Tschechische Regierung das "Tschechische Nationale Programm 1999 zur Vorbereitung der Tschechischen Republik auf die Mitgliedschaft in der Europäischen Union" (Nationales Programm für die Übernahme des Besitzstands) am 3. Juni vorgelegt, vgl. National Programme for the Preparation of the Czech Republic for Membership in the European Union, in: www.czech.cz/english/national, Abfrage vom 13.12.1999

[171] s.o. S. 24

[172] vgl. Regelmäßiger Bericht der Kommission KOM (98) 708 endg. über die Fortschritte der Tschechischen Republik auf dem Weg zum Beitritt, Brüssel, 4.11.1998, Teil D. Beitrittspartnerschaft und nationales Programm für die Übernahme des acquis: Allgemeine Bewertung der Durchführung, 2. Nationales Programm des acquis, S. 53, in: www.europa.eu.int/comm/enlargement/czech/rep_11_98/index.htm, Abfrage vom 13.12.1999

[173] Themenpapier Nr.24, Die Heranführungsstrategie für die Erweiterung der Europäischen Union, S. 16

[174] Die Task-Force Erweiterung wurde am 21.1.1998 innerhalb der Europäischen Kommission gegründet. Sie soll die Stellung der Kommission bei den Beitrittsverhandlungen stärken und für Kontinuität sorgen. Zu ihren einzelnen Aufgaben gehören die Vorbereitung von Verhandlungsentwürfen, der Entwurf und die Überprüfung von Rechtstexten, die Untersuchung der Vereinbarkeit von Gesetzen der Bewerberstaaten mit EU-Recht, die Vertretung der Kommission im Rahmen des Beitrittsverfahrens sowie Koordinierungsaufgaben mit dem Rat, vgl. Europäische Kommission, Auftrag und Aufgaben der Task-Force Erweiterung (TFAN, Task Force for the Accession Negotiations), in: www.europa.eu.int/comm/tfan/tfan_en.html, Abfrage vom 14.12.1999

[175] Der Fragenkatalog enhält sechs Fragen, erstens, ob die Bewerberstaaten die einschlägigen Kapitel des acquis anzunehmen bereit sind, zweitens, ob sie Übergangsabkommen erwägen, drittens, ob sie bereits die die zur Übereinstimmung mit dem acquis notwendigen Gesetze erlassen haben, bzw. viertens, wenn nicht, ob sie beabsichtigen, solche Gesetze zu erlassen, fünftens, ob sie über die Verwaltungsstrukturen und -kapazitäten verfügen, um EU-Recht anzuwenden und durchzusetzen, bzw. sechstens, wenn nicht, ob

Bewerberstaaten waren Ausgangspunkt für die Berichte der Kommission an die Staaten, in denen sie die Staaten auf mögliche Probleme aufmerksam macht.

b) TAIEX

Eine zentrale Rolle beim Sreening-Prozess spielt TAIEX (Technical Assistance Information Exchange Office), das von der Kommission verwaltete Amt für den Informationsaustausch über technische Hilfe[176]. Es nahm im Januar 1996 seine Arbeit auf, wobei es anfangs Hilfe bei der Übersetzung des acquis leistete, mittlerweile hat es seine Aktivitäten in eine breitere Unterstützung der nationalen Verwaltungen der MOEL ausgeweitet. Mit Ausnahme des Bereiches ZJI gibt TAIEX Auskunft und Rat zum gesamten acquis[177].

2. Verhandlungskapitel

Am 10.11.1998 begannen die ersten Verhandlungen auf Ministerebene über die ersten sieben von insgesamt 31 Verhandlungskapitel[178]. Sozialpolitik und Beschäftigung rangiert dabei als Kapitel 13, welches mit der ČR in multilateralem Rahmen vom 20.-23.10.1999 und in bilateralem Rahmen vom 30.11.-3.12.1999 verhandelt wurde[179].

---

sie diese Strukturen errichten werden, vgl. Europäische Kommission, Task-Force Erweiterung, Zum-screening- und Verhandlungsprozess, in: www.europa.eu.int/comm/tfan/ach_en.html, Abfrage vom 14.12.1999

[176] Die Einrichtung des TAIEX war im Weißbuch über die Vorbereitung der assoziierten MOEL vorgeschlagen worden.

[177] Europäische Kommission, zu TAIEX in: www.europa.eu.int/comm/enlargement/pas/phare/pt/taiex.htm, Abfrage vom 14.12.1999

[178] Europäische Kommission, Zum screening- und Verhandlungsprozess, in: www.europa.eu.int/comm/tfan/ach_en.html, Abfrage vom 14.12.1999

[179] Europäische Kommission, Tabellarische Übersicht zum screening, in: www.europa.eu.int/comm/enlargement/negotiations/screen_en1.htm, Abfrage vom 14.12.1999

Drittes Kapitel: Der Rechtsangleichungsprozess in der ČR unter besonderer Berücksichtigung Europäischen Arbeitsrechts

I Rechtsgrundlagen des Rechtsangleichungsprozesses

Grundlegend für den Rechtsangleichungsprozess in der ČR sind das Europa-Abkommen[180] und das Weißbuch der EU-Kommission zur Vorbereitung der MOEL auf die Integration in den Binnenmarkt der Union[181].

1. Europa-Abkommen

a) Rechtsnatur

Das Europaabkommen ist EG-rechtlich ein Assoziierungsabkommen nach Art. 310 EGV[182]. Der Begriff der Assoziierung wird im EGV nicht definiert. Gemäß der Definition des EuGH ist Zweck eines Assoziierungsabkommens, besondere und privilegierte Beziehungen zu einem Drittland zu schaffen, wobei der Assoziationspartner zumindest teilweise am Gemeinschaftssystem teilhaben soll, jedoch außerhalb des Entscheidungsprozesses der EG bleiben muss[183].
Es lassen sich fünf Gruppen von Assoziierungsabkommen unterscheiden[184]: Erstens die Assoziierung als Beitrittsersatz, so wie sie beispielsweise mit den EFTA-Staaten vollzogen wurde. Zweitens eine Zollunion als Vorstufe zum Beitritt, so erfolgt mit Griechenland und der Türkei. Drittens eine stufenweise Errichtung einer Zollunion, die nicht unmittelbar auf einen Beitritt ausgerichtet ist, und die als Freihandelsassoziierurng bezeichnet werden kann, so erfolgt mit Zypern. Viertens die Entwicklungsassoziation, die auf Entwicklungsländer zielt. Die vorliegende und fünfte Variante der Assoziierungsabkommen unterscheidet sich von den übrigen vier, als auch politische Aspekte miteinbezogen sind[185].

---

[180] Europa-Abkommen zur Gründung einer Assoziation zwischen den Europäischen Gemeinschaften und ihrer Mitliedstaaten einerseits und der Tschechischen Republik andererseits vom 19.12.1994, ABl. L 360, 31.12.1994, S. 2, in Kraft seit 1.2.1995, vgl. oben S. 17 f

[181] KOM (95) 163 endg., vgl. oben S. 19 ff

[182] vgl. bereits Titel und Präambel des Abkommens, wo der Begriff der Assoziation Erwähnung findet

[183] EuGH, Urteil v. 30.9.1987, Slg. 1987, S. 3719

[184] Gilsdorf, Assoziierungsabkommen der Europäischen Wirtschaftsgemeinschaft: Entwicklung und Perspektiven, 1990, S. 4 f

[185] Kotsch, Reaktionen der EU und der NATO auf die Transformationsprozesse in Mittel- und Osteuropa am Beispiel der Tschechoslowakei/ Tschechische Republik. Das Europa-Abkommen und die Partnerschaft für den Frieden, Mitteilungen 5/1995, Osteuropa-Institut, München 1995, S. 39

b) Wesentlicher Inhalt[186]

Das Europa-Abkommen lässt sich dreiteilen, in einen handelspolitischen, einen reformunterstützenden und einen institutionell-ordnungspolitischen Teil[187]. Das Abkommen ist insgesamt in neun Titel gegliedert, die 124 Artikel umfassen[188].

aa) Beitrittsvorbereitung

Die durch die Assoziierung geschaffene besondere Integrationsform dient den beitrittswilligen Ländern, hier der Tschechischen Republik, der Vorbereitung ihres Beitritts[189]. Gleichwohl wurde seitens der Kommission der Name „Europa-Verträge" und nicht die Bezeichnung Assoziierungsverträge gewählt, um jegliche Verpflichtung zur späteren Aufnahme der MOEL zu umgehen[190]. Während die damalige ČSFR neben Polen und Ungarn eine feste Beitrittszusage anstrebte, lehnte die EG einen zeitlichen Rahmen hierfür ab[191]. Denn entscheidend für die Aufnahme sei, ob ein Beitrittskandidat die u.a. rechtlichen Verpflichtungen erfüllen kann. Dies muss dann durch Verhandlungen geklärt werden, Art. 49 EUV[192]. Entsprechend findet sich nur in der Präambel des Europaabkommens der Hinweis, wonach die EG den Wunsch dieser Länder, der EG beizutreten, zur Kenntnis nimmt[193].

---

[186] vgl. Kuschel, Die Europa-Abkommen der EG mit Polen, Ungarn und der ČSFR, Wirtschaftsdienst, Bd. 72, 1992, S. 93-100; Hedri, Die EG und die Staaten des „Visegráder Dreiecks". Zu den Assoziierungsabkommen der Europäischen Gemeinschaften mit Polen, der Tschechoslowakei und insbesondere Ungarn, Osteuropa, Bd. 1, 1992, S. 141; Verny, Handelsbestimmungen der ČSFR unter Berücksichtigung des am 16.12.1991 geschlossenen Europa-Abkommens, WiRO 1992, S. 141; Gärtner, Wolfram, Zu Inhalt und unmittelbarer Anwendbarkeit der Europa-Abkommen der EG mit den ostmitteleuropäischen Staaten, ROW 1993, S. 332; Richter, Stefan, Die Assoziierung osteuropäischer Staaten durch die Europäischen Gemeinschaften, Berlin 1983; Romiszewska, The European Communities and the Central and East European countries: from aloofness through co-operation to association and membership?, Polish Western Affairs, Bd. 33, 1992, S. 61; Lucron, Contenu et portée des Accords entre la Communautée et la Hongrie, la Pologne et la Tchéchoslovaquie, Revue du Marché Commun, 1992, S. 293-299; Svoboda, Přidružení v teorii a praxi Evropské unie (Assoziierung in Theorie und Praxis der EU), Právník, Bd. 133, 1994, S. 162; Neustupná, Přidružení k Evropským společenstvím a Ceskoslovensko (Angleichung von Europäischer Gemeinschaft und Tschechoslowakei), Právník, Bd. 130, 1991, S. 960

[187] Verny, Handelsbestimmungen der ČSFR unter Berücksichtigung des am 16.12.1991 geschlossenen Europa-Abkommens, WiRO 1992, S. 144 f, insbesondere zum handelspolitischen Teil

[188] Näher zu Inhalt und Tragweite des Europaabkommens vgl. Lucron, Contenu et portée des accords entre la Communauté et la Hongrie, la Pologne et la Tchéchoslovaquie, Revue du Marché commun et de l'Union Européenne 1992, S. 293-299; vgl. auch Herrnfeld, Struktur der Europa-Abkommen und Anforderung an die Rechtsangleichung, Recht europäisch, 1995, S. 95-98

[189] Kuschel, Die Europa-Abkommen der EG mit Polen, Ungarn und der ČSFR, Wirtschaftsdienst, Bd. 72, 1992, S. 93

[190] Merritt, Abenteuer Osteuropa: die zukünftigen Beziehungen zwischen der Europäischen Gemeinschaft und Osteuropa, 1991, S. 43

[191] Kuschel, Die Europaabkommen der EG mit Polen, Ungarn und der ČSFR, Wirtschaftsdienst, Bd. 72, 1992, S. 94

[192] ex-Art. O, vgl. ausführlich zu dessen Voraussetzungen und Beitrittsbedingungen Richter, Die Erweiterung der Europäischen Union, 1997, S. 23-163

[193] vgl. den Wortlaut der Präambel, wonach die die Europäischen Gemeinschaften, die Mitgliedstaaten und die Tschechische Republik das Europa-Abkommen schließen „in der Erkenntnis, dass die Tschechische Republik letztlich die Mitgliedschaft in der Gemeinschaft anstrebt".

bb) Rechtsangleichung

In Titel V, Kapitel III des Europa-Abkommens wird die Angleichung der Rechtsvorschriften durch Artikel 69 bis 71 geregelt.
Gemäß Art. 69 des Europa-Abkommens verpflichtet sich die Tschechische Republik, sich darum zu bemühen, ihre Rechtsvorschriften schrittweise mit dem Gemeinschaftsrecht vereinbar zu machen. Denn die Angleichung der bestehenden und künftigen Rechtsvorschriften der Tschechischen Republik an das Gemeinschaftsrecht stellt eine wesentliche Vorausetzung für die wirtschaftliche Integration der Tschechischen Republik in die Gemeinschaft dar.
Gemäß Art. 70 des Abkommens betrifft die Rechtsangleichung insbesondere den Schutz der Arbeitnehmer am Arbeitsplatz sowie Schutz der Gesundheit und des Lebens von Menschen.
Gemäß Art. 71 verpflichtet sich die Gemeinschaft, der ČR technische Hilfe bei der Durchführung der Maßnahmen zu gewähren, im wesentlichen erfolgt diese Hilfe sowohl organisatorisch als auch finanziell durch das Phare-Programm[194].

2. Weißbuch zur Vorbereitung der assoziierten Staaten Mittel- und Osteuropas auf den Binnenmarkt der Union

a) Rechtsnatur

Das Weißbuch ist völkerrechtlich nicht verbindlich und enthält zeitlich keine Umsetzungsvorgaben für die Beitrittskandidaten. Die praktische Relevanz liegt jedoch darin, dass die Kommission das Weißbuch als Qualifizierungsskala für den Stand der Vorbereitungen der MOEL für die Beitrittsverhandlungen betrachtet[195].

b) Wesentlicher Inhalt

Das Weißbuch gliedert sich in zwei Teile, dem Hauptteil und dem Anhang zum Weißbuch. Der Hauptteil enthält einen Überblick über die wesentlichen Merkmale und Rechtsgrundlagen des Binnenmarkts, das Konzept der Kommission, das der Auswahl der Binnenmarktvorschriften zugrunde liegt, Grundüberlegungen zur Rechtsangleichung sowie die von der EU zu leistende Hilfe bei der Umsetzung des Weißbuchs[196].

c) Rechtsangleichung

Der Anhang zum Weißbuch[197] enhält eine kurze Darstellung der Grundlagen des Gemeinschaftsrechts, gegliedert in 23 Rechtsgebiete und rund 800 Rechtsakte umfassend[198]. Dabei wird für jedes Rechtsgebiet zunächst eine allgemein beschreibende Ein-

---

194 Karel, Political, economic and legal aspects of the association of the Czech Republic with the European Union, Review of Central and East European Law 1997, S. 217
195 Verny, Rechtsangleichung und EU-Integration. Die Reformen in den assoziierten Ländern Mittel- und Osteuropas, in: Wagener; Fritz (Hrsg.) 1998, S. 269
196 Herrnfeld, Recht europäisch, Rechtsreform und Rechtsangleichung in den Visegrád-Staaten; Strategien für Europa, 1995, zu Aufbau, Funktion und Vorschläge des Weißbuchs, S. 98 f
197 KOM (95) 163 endg./ 2
198 Herrnfeld, Recht europäisch, Rechtsreform und Rechtsangleichung in den Visegrád-Staaten; Strategien für Europa, 1995, zu Aufbau, Funktion und Vorschläge des Weißbuchs, S. 98-103

führung und dann eine Empfehlung für die effektive Umsetzung und Anwendung des Gemeinschaftsrechts gegeben[199]. Der acquis wird dabei für jedes Rechtsgebiet in zwei Stufen unterteilt, Stufe 1 umfasst Maßnahmen mit hoher Priorität, Stufe 2 Maßnahmen mit sekundärer Priorität[200]. Insgesamt enthält der Anhang ca. 1100 Maßnahmenvorschläge[201].

Die Sozialpolitik wird in Kapitel 4 behandelt und umfasst Arbeits-, Sozial-, sowie Gesundheitsrecht. So betreffen u.a. vier Richtlinien die Gleichbehandlung von Mann und Frau am Arbeitsplatz, 14 Richtlinien regeln den Schutz der Gesundheit und der Sicherheit am Arbeitplatz, sieben Richtlinien betreffen die Harmonisierung des Arbeitsvertragsrechts[202].

II. Umsetzung der Rechtsharmonisierung in der ČR

1. Einführung

Während durch das Europa-Abkommen und das Weißbuch die Rahmenbedingungen für die Rechtsangleichung gesetzt werden, obliegt es der ČR, die Prioritäten für die vollständige Übernahme des acquis communautaire zu bestimmen. Die ČR strebt seit dem Ende des Totalitarismus die Anpassung ihres Rechts an Demokratie und Marktwirtschaft an. Insbesondere soll die Kompatibilität tschechischer Gesetze mit EG-Recht sichergestellt werden[203]. Dabei ist jedes Ressort selbst dafür verantwortlich, dass der von ihm ausgearbeitete Normentwurf mit EG-Recht kompatibel ist. Ist dies der Fall, wird der Gesetzentwurf mit der sog. Kompatibilitätsklausel versehen[204].

2. Institutionelle Organisation der Europäischen Integration

Rat und Kommission haben zur zielgerichteten Steuerung des Beitrittsprozesses ein Netz von Kontakten und Verfahrensschritten eingerichtet[205]. Der Schlüssel zur Rechts-

---

199 KOM (95) 163 endg./ 2, Einführung, S. 4

200 KOM (95) 163 endg./ 2, Einführung, S. 6

201 Karel, Political, economic and legal aspects of the association of the Czech Republic with the European Union, in: Review of Central and East European Law 1997, S. 220

202 Herrnfeld, Herrnfeld, Recht europäisch, Rechtsreform und Rechtsangleichung in den Visegrád-Staaten; Strategien für Europa, 1995, S. 101 f

203 Innerstaatlich wurde die Verpflichtung der ČR zur Angleichung ihres Rechts an EG-Recht durch verschiedene Regierungsbeschlüsse umgesetzt, so v.a. durch Beschlüsse Nr. 396/1991 Sb. vom 7.10.1991, Nr. 432/1992 Sb. vom 17.7.1992 (Technische Normen und Standards), Nr. 97/1993 vom 3.3.1993 (Technische Harmonisierung), Nr. 580/1993 Sb. (Technische Normen und Standards), Nr. 522/1994 Sb. vom 9.11.1994, Nr. 151/1995 Sb. vom 15.3.1995 (Zeitplan und Methode der Harmonisierung), vgl. Schlemann; Verny, Die Harmonisierung des Rechts der Tschechischen Republik im Rahmen des Assoziierungsprozesses, WiRO 1996, S. 89; sowie Karel, Political, economic and legal aspects of the association of the Czech Republic with the European Union, Review of Central and East European Law 1997, S. 217

204 Schlemann; Verny, Die Harmonisierung des Rechts der Tschechischen Republik im Rahmen des Assoziierungsprozesses, WiRO 1996, S. 89 f

205 Trunk, Westeuropa – Osteuropa: Rechtsangleichung als Integrationsinstument, KONtakt, Kieler Ostrechts-Notizen, Institut für Osteuropäisches Recht der Universität Kiel, Jahrgang 2 – Nr. 3, 11.11.1999, S. 7 f

angleichung liegt jedoch bei den nationalen Regierungen der MOEL[206]. Im folgenden soll die organisatorische Bewältigung dieser Aufgabe in der ČR dargestellt werden.

a) Regierungskommission für die Europäische Integration

Zentrales Organ für die Koordinierung aller mit dem EU-Beitritt auftretender Fragen in der ČR ist die Regierungskommission für die Europäische Integration[207]. Sie wurde im November 1994 gebildet. Darin sind vereint unter Leitung des Stellvertretenden Ministers für Europaangelegenheiten die Minister für Finanzen, Handel und Industrie, Äußeres, Arbeit und Sozialfragen, Justiz, ein Minister ohne Geschäftsbereich sowie 23 Arbeitsgruppen[208].

b) Arbeitsgruppe für die Angleichung der Rechtsvorschriften

Die Arbeitsgruppe für die Angleichung der Rechtsvorschriften ist eine der 23 Arbeitsgruppen der Regierungskommission für die Europäische Integration. Für die Rechtsangleichung stellt diese Arbeitsgruppe das wichtigste Aufsichtsgremium dar, nachdem bis zum 31.3.1993 das Amt für Legislative und öffentliche Verwaltung der ČR die Gesamtkoordination für die Rechtsangleichung wahrgenommen hatte[209]. Der Arbeitsgruppe gehören Vertreter aller Ministerien an. Als zentralem Regierungsorgan werden der Arbeitsgruppe damit die Entwürfe aus den Ministerien zugeleitet[210].

c) Justizministerium – Abteilung für die Kompatibilität mit dem EG-Recht

Bedingt durch die Änderung des tschechischen Kompetenzgesetzes wurde dem Justizministerium am 1.11.1996 die Kompetenz übertragen, die einzelnen Gesetzesentwürfe der Ministerien auf ihre Vereinbarkeit mit EG-Recht zu überprüfen. Dies wird von der Abteilung für die Kompatibilität mit dem EG-Recht im tschechischen Justizministerium wahrgenommen. Diese Abteilung entspricht somit de facto dem umgewandelten Amt für Legislative und öffentliche Verwaltung[211].

---

[206] Karel, Political, economic and legal aspects of the association of the Czech Republic with the European Union, Review of Central and East European Law 1997, S. 219

[207] Verny, Rechtsangleichung und EU-Integration. Die Reformen in den assoziierten Ländern Mittel- und Osteuropas, in: Wagener; Fritz (Hrsg.), Im Osten was Neues, Aspekte der EU-Osterweiterung, 1998, S. 271

[208] Der Weg der Tschechischen Republik in die Union, Stellungnahme des Wirtschafts- und Sozialausschusses zum Thema „Die Tschechische Republik und die Intensivierung der Heranführungsstrategie“ vom 9.9.1998, CES 1161-1998; Phare: Evaluation of Phare Programmes in Support of EU Integration and Law Approximation, Czech Republic, Final Report, May 1999, S. 3

[209] Verny, Rechtsangleichung und EU-Integration. Die Reformen in den assoziierten Ländern Mittel- und Osteuropas, in: Wagener; Fritz (Hrsg.), Im Osten was Neues, Aspekte der EU-Osterweiterung, 1998, S. 271 f

[210] Phare: Evaluation of Phare Programmes in Support of EU Integration and Law Approximation, Czech Republic, Final Report, May 1999, S. 4

[211] Verny, Rechtsangleichung und EU-Integration. Die Reformen in den assoziierten Ländern Mittel- und Osteuropas, in: Wagener; Fritz (Hrsg.), Im Osten was Neues, Aspekte der EU-Osterweiterung, 1998, S. 272; Schlemann; Verny, Die Harmonisierung des Rechts der Tschechischen Republik im Rahmen des Assoziierungsprozesses, WiRO 1996, S. 90; Karel, Political, economic and legal aspects of the association of the Czech Republic with the European Union, Review of Central and East European Law 1997, S. 219; Phare: Evaluation of Phare Programmes in Support of EU Integration and Law Approximation, Czech Republic, Final Report, May 1999, S. 4

d) MPSV[212] und Regierungsentwurf zur Änderung des ZP

Innerhalb des MPSV ist die Abteilung 7 für Europäische Integration und Internationale Beziehungen – Unterabteilung für Europäisches und Internationales Recht – zuständig für die Rechtsangleichung tschechischen Arbeitsrechts an Europäisches Gemeinschaftsrecht[213]. So wurde vom MPSV am 10.2.1999 im Hinblick auf den geplanten Beitritt der ČR zur EU ein Entwurf zur Änderung verschiedener arbeitsrechtlicher Vorschriften vorgelegt, welche bis zum 1.7.2000 in Kraft sein sollen[214]. Gemäß Mitteilung des MPSV soll die volle Vereinbarkeit tschechischen Arbeitsrechts mit Gemeinschaftsrechts bis spätestens Ende 2002 erreicht werden[215]. Die tschechische Regierung hat dem Parlament einen Regierungsentwurf zur Änderung des ZP[216] vorgelegt, der so vom Abgeordnetenhaus am 18.4.2000 verabschiedet worden ist und an den Senat weitergeleitet wurde[217]. Nach Zustimmung des Senats und Unterzeichnung durch den Staatspräsidenten ist der Regierungsentwurf am 21.6.2000 im Gesetzblatt veröffentlicht worden und soll als Gesetz zum 1.1.2001 in Kraft treten[218].

e) Datenbank ISAP

Die Datenbank ISAP, Informační Systém pro Aproximaci Práva (Informationssystem für die Rechtsangleichung), wurde im April 1993 vom damaligen Amt für Legislative und öffentliche Verwaltung eingerichtet und wird nun von der Abteilung für die Kompatibilität mit dem EG-Recht im tschechischen Justizministerium fortgeführt. Die Datenbank verbindet online alle mit der Rechtsangleichung befassten tschechischen Behörden[219]. Sie enthält u.a. Informationen über den Stand des Rechtsangleichungsprozesses. Bei der Kompatibilitätsbewertung wurden fünf Kategorien geschaffen, wonach eine tschechische Norm mit Gemeinschaftsrecht voll kompatibel, überwiegend kompatibel,

---

[212] MPSV= Ministerstvo práce a sociálních věcí (Ministerium für Arbeit und soziale Angelegenheiten der Tschechischen Republik)

[213] vgl. www.mpsv.cz/scripts/1info/orgstru/Odbor.asp?Odbor=7&lang=US, in engl. und tschech., Abfrage vom 20.1.2000

[214] Navrhované změny pracovně právní úpravy (Entwurf zur Änderung arbeitsrechtlicher Vorschriften), MPSV ČR, 10.2.1999, in: www.mpsv.cz/scripts/1aktuality/ppu/default.asp, Abfrage vom 17.1.2000

[215] vgl. Begründungsbericht zum Regierungsentwurf zur Änderung arbeitsrechtlicher Vorschriften vom 15.12.1999, Allgemeiner Teil, 1.C., in: www.mpsv.cz/scripts/1aktuality/zakonik_prace/duvod.asp, Abfrage vom 17.1.2000

[216] Návrh zákona kterým se mění zákon č. 65/1965 Sb. (Gesetzentwurf zur Änderung des Gesetzes Nr. 65/1965 Sb.), www.mpsv.cz/scripts/1aktuality/zakonik_prace/default.asp, Abfrage vom 20.1.2000

[217] Meldung von „Radio Prag" vom 19.4.2000, wonach die Novelle des ZP gegen den Widerstand der konservativen Demokratischen Bürgerpartei ODS vom Abgeordnetenhaus angenommen wurde. Danach wird insbesondere der Urlaub von drei auf vier Wochen verlängert, Arbeitgeber müssen Massenentlassungen mit Repräsentanten der Arbeitnehmer behandeln, und es werden die Obergrenzen für Überstunden und die Arbeitsbereitschaft festgelegt, in: www.cr.radio.cz; vgl. auch Parlament der ČR, Übersicht zu den Parlamentsdrucksachen, in: www.psp.cz/sqw/sntisk.sq/tisky.sqw?O...1,12,13,14,15,10&RA=20&NA=65/1965, Abfrage vom 19.4.2000

[218] Tschechisches Gesetzblatt, Teil 49, vom 21.6.2000, Gesetz Nr. 155/2000, S. 2290-2321, in: www.mvcr.cz/sbirka/2000/zakony2q.html, Abfrage vom 17.7.2000.

[219] Karel, Political, economic and legal aspects of the association of the Czech Republic with the European Union, Review of Central and East European Law 1997, S. 219; Phare: Evaluation of Phare Programmes in Support of EU Integration and Law Approximation, Czech Republic, Final Report, May 1999, S. 4 f

teilweise kompatibel oder nicht kompatibel ist und schließlich die Kompatibilität gar nicht angestrebt wird[220].

III. Eigene Methode

Die vorliegende Arbeit setzt die einschlägigen gemeinschaftsrechtlichen Normen mit den einschlägigen Normen des tschechischen Arbeitsrechts in Beziehung. Zur einfacheren Lesbarkeit wird der Arbeit folgende streng schematische Prüfungsstruktur zugrunde gelegt: Anhand einzelner Artikel der jeweiligen Richtlinie wird in einem ersten Schritt das Gemeinschaftsrecht dargestellt. Danach folgt als zweiter Schritt die Darstellung des tschechischen Rechts und schließlich, als dritter Schritt, die Kompatibilitätsprüfung von tschechischem Arbeitsrecht mit Gemeinschaftsrecht. Hierbei wird in Anlehnung an das ISAP-System – bei gleichzeitiger Vereinfachung - eine dreistufige Einteilung vorgenommen, wonach das tschechische Recht mit Gemeinschaftsrecht entweder „voll kompatibel" oder „teilweise kompatibel" oder auch „nicht kompatibel" ist. Bei (auch teilweiser) Nichtkompatibilität einer Norm soll versucht werden, Vorschläge zur entsprechenden Gesetzesänderungen zu unterbreiten, bzw. es werden bereits vorhandene Gesetzesvorschläge vorgestellt.

Durch die spiegelbildliche Gegenüberstellung europäischer und tschechischer Normen soll zum einen der Zugang zum tschechischen Arbeitsrecht erleichtert und zum anderen die Kompatibilität tschechischen Arbeitsrechts mit Gemeinschaftsrecht klar herausgestellt werden.

Auch wenn die Arbeit nicht rechtsvergleichend im engeren Sinne ist, so soll in ihr doch der für die Rechtsvergleichung wichtige interdisziplinäre Ansatz Berücksichtigung finden[221]. Zwar ist die Arbeit in erster Linie eine juristische Abhandlung, es sollen jedoch nicht nur rechtswissenschaftliche, sondern möglichst auch politische, wirtschaftliche, soziale und historische Faktoren beleuchtet werden. So liegen der Arbeit neben der zitierten (interdisziplinären) Literatur auch Gespräche mit tschechischen Juristen der Prager Ministerien für Justiz sowie für Arbeit und Soziales[222], der Prager Karlsuniversität sowie weitere zitierte Quellen aus dem Internet[223] zugrunde.

[220] Phare: Evaluation of Phare Programmes in Support of EU Integration and Law Approximation, Czech Republic, Final Report, May 1999, S. 4

[221] vgl. Steinmeyer, Vergleichende Betrachtungen zu Alterssicherungssystemen und ihrer Reformen, in: FS Großfeld, 1999, S. 1155 f

[222] vgl. auch das ISAP-Informationssystem

[223] vgl. beispielsweise die Meldungen von Radio Prag

Zweiter Teil: Kompatibilitätsuntersuchung

Die folgenden fünf Kapitel befassen sich mit der Vereinbarkeit tschechischen Arbeitsrechts mit Europäischem Gemeinschaftsrecht auf folgenden Gebieten: Gleichbehandlung von Männern und Frauen[224], Schutz der Arbeitnehmer bei Strukturänderungen von Unternehmen[225], Sicherheit und Gesundheitsschutz von Arbeitnehmern[226], Verbesserung der Lebens- und Arbeitsbedingungen[227] sowie Mitwirkung von Arbeitnehmern[228].

Viertes Kapitel: Gleichbehandlung von Männern und Frauen

A. Einführung in die maßgeblichen Normen des Gemeinschaftsrechts und des tschechischen Rechts

I. Gemeinschaftsrecht

1. Einführung

Die Gleichbehandlung von Männern und Frauen in der Arbeitswelt[229] gehört zu den Grundlagen der Gemeinschaft. Ihr kommt Grundrechtscharakter zu[230].
Primärrechtlich ist in Art. 141 EGV der Grundsatz der gleichen Entlohnung für Männer und Frauen bei gleicher Arbeit festgelegt.
Der Rat brachte bereits am 21.1.1974[231] in einer Entschließung den politischen Willen zum Ausdruck, Aktionen durchzuführen, um gleiche Bedingungen für Männer und Frauen hinsichtlich des Zugangs zur Beschäftigung, zur beruflichen Bildung und zum beruflichen Aufstieg sowie in bezug auf die Arbeitsbedingungen einschließlich der Entlohnung zu schaffen. Ferner versprach der Rat, sich zu bemühen, die familiären Verpflichtungen aller Betroffenen mit ihren beruflichen Bestrebungen in Einklang zu bringen.
Die Gemeinschaftscharta der sozialen Grundrechte der Arbeitnehmer vom 9.12.1989[232] bestimmt, die Gleichbehandlung von Männern und Frauen zu gewährleisten, auszubauen und dort, wo es um die Verwirklichung der Gleichheit von Mann und Frau geht, verstärkt Maßnahmen zu ergreifen. Diese Maßnahmen beziehen sich insbesondere auf den Zugang zu Beschäftigung, Arbeitsentgelt, Arbeitsbedingungen, sozialen Schutz, allgemeine und berufliche Bildung sowie beruflichen Aufstieg, vgl. Zif. 16, Sätze 1 bis 3 der

---

[224] Viertes Kapitel, S. 40 ff
[225] Fünftes Kapitel, S. 72 ff
[226] Sechstes Kapitel, S. 98 ff
[227] Siebtes Kapitel, S. 136 ff
[228] Achtes Kapitel, S. 184 ff
[229] vgl. zur umfangreichen Literatur zu den verschiedensten Problematiken im Zusammenhang mit der Gleichbehandlung von Mann und Frau: Egger, Das Arbeits- und Sozialrecht der EG und die österreichische Rechtsordnung, 1998, S. 248, FN 3
[230] EuGH, 17.6.1978, Rs. 149/ 77 (Sabena), Slg. 1978, S. 1365, 1379, Rz. 26-29
[231] Entschließung des Rates Y74/0212/01/EWG über ein sozialpolitisches Aktionsprogramm, ABl. C 13, 12.2.1974, S. 13
[232] KOM (89) 248 endg.

Gemeinschaftscharta. Die bessere Vereinbarung beruflicher und familiärer Pflichten von Männern und Frauen wird in Zif. 16, Satz 4 gefordert. Im Aktionsprogramm der Kommission der Europäischen Gemeinschaften zur Anwendung der Gemeinschaftscharta der sozialen Grundrechte vom 29.11.1989[233] nimmt die Kommission entsprechend Stellung zur Gleichbehandlung von Männern und Frauen, vgl. Zif. 8.
Zur verstärkten Umsetzung der Gleichbehandlung wurden weitere Maßnahmen ergriffen: Etwa die vier mittelfristigen Aktionsprogramme der Gemeinschaft für die Chancengleichheit von Männern und Frauen[234], die erste[235] und zweite[236] Entschließung zur Förderung der Chancengleichheit für Frauen, die Empfehlung des Rates zur Förderung positiver Maßnahmen für Frauen[237], die Empfehlung der Kommission zum Schutz der Würde von Frauen und Männern am Arbeitsplatz[238], die Entschließung des Rates vom 2.12.1996 betreffend die Einbeziehung der Chancengleichheit von Männern und Frauen in die Maßnahmen der Europäischen Strukturfonds[239], sowie die Empfehlung des Rates über die ausgewogene Mitwirkung von Frauen und Männern am Entscheidungsprozess[240].

2. *Abgeleitetes Gemeinschaftsrecht*

Zur Umsetzung der obengenannten Ziele wurden insbesondere folgende Richtlinien auf arbeitsrechtlichem Gebiet erlassen[241]:
Rl. 75/117/EWG[242] des Rates vom 10.2.1975 zur Angleichung der Rechtsvorschriften der Mitgliedstaaten über die Anwendung des Grundsatzes des gleichen Entgelts für Männer und Frauen,
Rl. 76/207/EWG[243] des Rates vom 9.2.1976 zur Verwirklichung des Grundsatzes der Gleichbehandlung von Männern und Frauen hinsichtlich des Zugangs zur Beschäftigung, zur Berufsausbildung und zum beruflichen Aufstieg sowie in bezug auf die Arbeitsbedingungen,
Rl. 96/34/EG[244] des Rates vom 3.6.1996 zu der von UNICE, CEEP und EGB geschlossenen Rahmenvereinbarung über Elternurlaub

a) Rl. 75/117/EWG (Entgeltrichtlinie)

Rl. 75/117/EWG[245]des Rates vom 10.2.1975 zur Angleichung der Rechtsvorschriften der Mitgliedstaaten über die Anwendung des Grundsatzes des gleichen Entgelts für

---

[233] KOM (89) 568 endg.
[234] 1982-85, 1986-90, 1991-95, 1996-2000
[235] ABl. C 186, 1982, S. 3
[236] ABl. C 203, 1986, S. 2 sowie ABl. C 231, 1994, S. 1
[237] ABl. L 331, 1984, S. 34
[238] ABl. L 49, 1992, S. 1
[239] ABl. C 386, 1996, S. 1
[240] ABl. L 319, 1996, S. 11
[241] Nicht Gegenstand der vorliegenden Arbeit sind insbesondere die Rl. 97/80/EG des Rates vom 15.12.1997 über die Beweislast bei Diskriminierung aufgrund des Geschlechts, ABl. L 14, 20.1.1998, S. 6-8 sowie die Rl. 86/613/EWG des Rates vom 11.12.1986 zur Verwirklichug des Grundsatzes der Gleichbehandlung von Männern und Frauen, die eine selbständige Erwerbstätigkeit - auch in der Landwirtschaft – ausüben, sowie über den Mutterschutz, ABl. L 359, 19.12.1986, S. 56-58
[242] ABl. L 45, 19.2.75, S. 19
[243] ABl. L 39, 14.2.76, S. 40
[244] ABl. L 145, 19.6.96, S. 4
[245] ABl. L 45, 19.2.75, S. 19

Männer und Frauen präzisiert Art. 141 EGV[246], ohne dessen Inhalt oder Wirksamkeit einschränken zu wollen[247]. Da sie im wesentlichen Art. 141 EGV wiedergibt, ist sie hauptsächlich formeller Natur[248]. Ziel der Richtlinie war, Art. 141 EGV beschleunigt umzusetzen und die Rechte der Arbeitnehmer bezüglich des Grundsatzes des gleichen Entgelts zu verbessern[249]. Die Richtlinie sollte den Umsetzungsdruck betreffend der Entgeltgleichheit erhöhen, da nach Erkenntnissen der Kommission von 1974 eine unterschiedliche Entlohnung von Männern und Frauen vorherrschend war[250].
Die Entgeltrichtlinie wurde eher aufgrund wettbewerbspolitischer denn sozialpolitischer Motive erlassen[251]. Zum einen geht dies aus der Rechtsgrundlage zur Richtlinie hervor, Art. 94 EGV[252], womit die Angleichung der nationalen Rechtsvorschriften bezweckt wird, die sich unmittelbar auf den Binnenmarkt auswirken. Ferner folgt dies aus der Begründungserwägung zur Richtlinie, wonach die Entgeltgleichheit Bestandteil der Errichtung und des Funktionierens des Binnenmarktes ist[253]. Zum anderen hätten sozialpolitische Motive wohl nicht ausgereicht, um die Gleichstellung der Frau zu fördern. Vielmehr sollten Arbeitgeber, die die Lohngleichheit verwirklicht hatten, nicht gegenüber Arbeitgebern, die mit niedrigeren Frauenlöhnen Kostenvorteile erlangten und somit soziales Dumping betreiben konnten, benachteiligt werden[254]. Damit ging von der Wettbewerbspolitik der Impuls für die Verwirklichung der sozialen Dimension der Gemeinschaft aus[255].

b) Rl. 76/207/EWG (Gleichbehandlungsrichtlinie)

Rl. 76/207/EWG[256] des Rates vom 9.2.1976 zur Verwirklichung des Grundsatzes der Gleichbehandlung von Männern und Frauen hinsichtlich des Zugangs zur Beschäftigung, zur Berufsausbildung und zum beruflichen Aufstieg sowie in bezug auf die Arbeitsbedingungen hat zum Ziel, Frauen und Männern hinsichtlich der Zugangsbedingungen zu allen Arten und Stufen der Berufsberatung, der Berufsbildung, der beruflichen Weiterbildung und Umschulung, zu Beschäftigungen oder Arbeitsplätzen gleich zu behandeln. Dieses Gleichbehandlungsgebot erstreckt sich auch auf die Entlassungsbedingungen[257].
Während Art. 141 EGV und die Entgeltrichtlinie 75/117/EWG nur die Gleichheit von Männern und Frauen bezüglich des Entgelts regeln, erweitert die Gleichbehandlungsrichtlinie diese Gleichheit, soweit es sich um den Zugang zur Beschäftigung, ein-

---

[246] ex-Art. 119 EGV
[247] EuGH, 8.4.1976, Rs. 43/75 (Defrenne II), Slg. 1976, S. 455, 478, Rz. 53/55; EuGH, 31.3.1981, Rs. 96/80 (Jenkins), Slg. 1981, S. 911 ff, Rz. 20 ff
[248] Grabitz; Hilf/ Jansen, EGV, Art. 119, Rz. 14
[249] EuGH, 8.4.1976, Rs. 43/75 (Defrenne II), Slg. 1976, S. 455, 478, Rz. 53/55; EuGH, 30.1.1985, Rs. 143/83 (Kommission gegen Königreich Dänemark), Slg 1985, S. 433, Rz. 2
[250] Fünfte Begründungserwägung zur Rl. 75/117/EWG
[251] Bleckmann, Europarecht, S. 745 f; Pfarr, Gleichbehandlung von Männern und Frauen im Arbeitsleben als Beispiel für die Durchsetzung sozialpolitischer Normen des Gemeinschaftsrechts, in: Lichtenberg (Hrsg.), Sozialpolitik in der EG 1987, S. 179-194 (Gleichbehandlung), S. 179
[252] ex-Art. 100 EGV
[253] Erste Begründungserwägung zur Rl. 75/117/EWG
[254] Grabitz; Hilf/ Jansen, EGV, Art. 119, Rz. 3
[255] Stöckli, Schweizerisches Arbeitsrecht und europäische Integration, ZSR-NF, Bd. 112, 1993, S. 40, unter Verweis auf die dritte Begründungserwägung der Richtlinie
[256] ABl. L 39, 14.2.76, S. 40
[257] Oetker; Preis, Recht der Gleichbehandlung von Frauen und Männern in der Europäischen Union, 1996, Rz. 84

schließlich des Aufstiegs, den Zugang zur Berufsbildung sowie um die Arbeitsbedingungen handelt.
Rechtsgrundlage für die Richtlinie ist Art. 308 EGV, also nicht Art. 94 EGV. Damit kommt der Wandel in der Zielsetzung im Recht der Gleichbehandlung zum Ausdruck, wonach der Gemeinsame Markt nicht mehr das Ziel, sondern nur noch der Rahmen für zu verwirklichende sozialpolitische Maßnahmen ist[258]. Eigentliches Ziel der Richtlinie ist somit die in Art. 136 EGV formulierte Verbesserung der Lebens- und Arbeitsbedingungen[259].

c) Rl. 96/34/EG (Elternurlaub)

Die Richtlinie 96/34/EG[260] des Rates vom 3.6.1996 zu der von UNICE, CEEP und EGB geschlossenen Rahmenvereinbarung über Elternurlaub soll zur Vereinbarkeit von Beruf und Familie beitragen. Sie ist damit eine wesentliche Voraussetzung für die tatsächliche Gleichberechtigung zwischen Mann und Frau[261]. Zif. 16 der Gemeinschaftscharta der sozialen Grundrechte, gewidmet der Gleichberechtigung von Männern und Frauen, verlangt den Ausbau der Maßnahmen, die den besseren Einklang von Beruf und Familie gewährleisten. Hierauf nimmt auch die Präambel der Richtlinie 96/34/EG Bezug[262]. Die Rahmenvereinbarung soll die Chancengleichheit und die Gleichbehandlung von Männern und Frauen fördern[263]. Bei der der Richtlinie zugrundeliegenden Rahmenvereinbarung handelt es sich um die erste einer solchen Vereinbarung, die zwischen den europäischen Sozialpartnern aufgrund des Maasrichter Abkommens über die Sozialpolitik geschlossen worden war[264]. Ziel der Rahmenvereinbarung ist, Mindestvorschriften für einen vom Mutterschutz getrennten Elternurlaub sowie für das Fernbleiben von der Arbeit aus Gründen höherer Gewalt festzulegen[265].

II. Tschechisches Recht

1. Einführung

Im tschechischen Arbeitsrecht ist das Prinzip der Gleichbehandlung von Männern und Frauen nicht ausdrücklich erwähnt[266]. Art. 28 der Charta der Grundrechte und Grundfreiheiten[267] bestimmt, dass alle Arbeitnehmer ein Recht auf ein gerechtes Arbeitsentgelt haben. Art. 3 Abs. 1 dieser Verfassungscharta sieht vor, dass die Grundrechte und –freiheiten allen ohne Unterscheidung nach Geschlecht gewährleistet wird. Durch die umfassende Novelle des ZP von 1994[268] wurden Unterscheidungen zwischen Arbeitnehmern und Arbeitnehmerinnen abgeschafft, insbesondere hinsichtlich der Unterschei-

[258] Colneric, Gleichberechtigung von Mann und Frau im Europäischen Gemeinschaftsrecht, BB 1988, S. 968
[259] Dritte Begründungserwägung der Richtlinie; Stöckli, Schweizerisches Arbeitsrecht und europäische Integration, ZSR-NF, Bd. 112, 1993, S. 44
[260] ABl. L 145, 19.6.96, S.4
[261] Blanpain/ Schmidt, Europäisches Arbeitsrecht, 1996, S. 281
[262] Zif. 3 der Begründungserwägung zur Rahmenvereinbarung
[263] Präambel zur Rahmenvereinbarung
[264] Blanpain, European Labour Law, 1996, S. 312
[265] Zif. 9 der Begründungserwägung zur Rahmenvereinbarung
[266] Tröster u.a. in: „Approximation of Legislation", 1996, S. 7
[267] zur Charta der Grundrechte und –freiheiten s.o. S. 7
[268] durch Gesetz Nr. 74/1994 Sb.

dung bei Nachtarbeit[269], was die Ratifizierung des IAO-Übereinkommens Nr. 171 (1990) durch die ČR ermöglichte[270].
Die für das Entgelt wichtigsten Bestimmungen finden sich im Gesetz Nr. 1/1992 Sb. (Lohngesetz) und im Gesetz Nr. 143/1992 Sb. (Gehaltsgesetz). Hingegen sind die umfangreichen Regelungen des Entgelts in §§ 111-122 ZP weitgehend durch die genannten Sondergesetze verdrängt, vgl. § 22 Gesetz Nr. 1/1992 Sb. (Lohngesetz), § 25 Abs. 1 Gesetz Nr. 143/1992 Sb. (Gehaltsgesetz)[271], aber nicht vollständig derogiert[272]. Darüberhinaus wird in der Praxis das Lohngesetz insoweit nicht mehr angewandt, als der Lohn im Arbeitsvertrag vereinbart wird und der Arbeitsvertrag dann vom Lohngesetz nicht berührt wird, § 4 Abs. 5 Lohngesetz[273]. Dem Lohngesetz kommt indessen bei der Ausgestaltung des Lohns eine Rolle zu, so bezüglich der Grundlagen des Lohnes, Lohntarifen, sonstiger Lohnbestandteile, fester und beweglicher Lohnteile oder Lohnformen wie Vergütung nach Zeit, nach Aufgaben, nach Quoten, Mischvergütung oder Prämien[274].

2. *Maßgebliche Normen*

Maßgebliche Vorschriften zur Vergütung finden sich vor allem in folgenden Gesetzen und Regierungsverordnungen[275]:
Gesetz Nr. 65/1965 Sb., Arbeitsgesetzbuch (ZP)[276],
Gesetz Nr. 1/1992 Sb. über Lohn, Vergütung für die Arbeitsbereitschaft und über den Durchschnittsverdienst (Lohngesetz)[277],
Gesetz Nr. 119/1992 Sb. über den Ersatz von Reisekosten[278],
Gesetz Nr. 143/1992 Sb. über Gehalt und das Entgelt für Arbeitsbereitschaft in haushaltsfinanzierten (staatlichen) und einigen anderen Organisationen und Behörden (Gehaltsgesetz)[279],
Regierungsverordnung Nr. 303/1995 Sb. über den Mindestlohn[280], aufgrund § 111 Abs. 3 ZP, § 4 Abs. 4 Gesetz Nr. 1/1992 Sb.[281]

---

[269] Thaeter, Zur Novellierung des tschechischen Arbeitsgesetzbuchs von 1965, WiRO 1994, S. 402
[270] Kostečka, Neues Arbeitsrecht in der Tschechischen Republik, AuR 1994, S. 436; zur Aufhebung des Nachtarbeitverbots für Frauen s.u. S. 57 ff
[271] Tröster, Pracovní právo, Kommentar zu § 111 ZP.
[272] So aber Barancova; Schronk Tschechisch-Slowakisches Arbeitsrecht, 1993, S. 158. Jedoch sind die §§ 111 ff ZP beispielsweise auf die Bezüge von Geistlichen anzuwenden, vgl. das Gesetz Nr. 218/1948 iVm der Regierungsverordnung Nr. 86/1993 Sb., vgl. Gerauer; Baron; Britz, Arbeitsrecht in der Tschechischen Republik, 1999, Rz. 99
[273] Tröster, Pracovní právo, Teil C, Kommentar zu § 4 Gesetz Nr. 1/1992 Sb.
[274] Tröster, Pracovní právo, Kommentar zu § 4, Gesetz Nr. 1/1992 Sb.
[275] vgl. Tröster, a.a.O., Kommentar, Teil C, „Vorschriften betreffend die Vergütung" sowie die Einführung zu den wichtigsten Gesetzen in Kap.1; ferner s.o. S. 9 f
[276] zum ZP s.o. S. 11
[277] zum Lohngesetz s.o. S. 12
[278] zum Reisekostengesetz s.o. S. 15
[279] zum Gehaltsgesetz s.o. S. 14
[280] s.o. S. 13 ff
[281] beachte auch folgende Normen: Regierungsverordnung Nr. 333/1993 Sb. über die Festsetzung von Mindestlohntarifen und Lohnzulagen für Arbeiten in belastender und gesundheitsschädigender Arbeitsumgebung und für Nachtarbeit, aufgrund § 7 Abs. 2, § 14 Abs. 2 Gesetz Nr. 1/1992 Sb., Regierungsverordnung Nr. 48/1995 Sb. über die Ausrichtung der Höhe der aufgewandten Mittel für Gehalt und Vergütung für Arbeitsbereitschaft in haushaltsfinanzierten (staatlichen) und einigen weiteren Organisationen und Behörden, aufgrund § 23 lit. a Gesetz Nr. 143/1992 Sb., Regierungsverordnung Nr. 251/1992 Sb. über die Gehaltsbedingungen von Arbeitnehmern haushaltsfinanzierter (staatlicher) und einiger anderer Organisationen, aufgrund § 23 lit. b, c, d, f Gesetz Nr. 143/1992 Sb., Regierungsverordnung Nr. 253/1992

B. Darstellung des tschechischen Rechts anhand der einzelnen Artikel der Richtlinien und Kompatibilitätsuntersuchung

I. Tschechisches Arbeitsrecht und Rl. 75/117/EWG (Entgeltgleichheit)

1. Art.1 (Grundsatz des gleichen Entgelts)

Im folgenden sollen die Begriffe des „Entgelts" (a) sowie der „Gleichheit des Entgelts" (b) im Gemeinschaftsrecht sowie im tschechischen Recht erläutert werden.

a) Entgelt

aa) Gemeinschaftsrecht

Der Begriff des Entgelts wird in Art. 1 der Richtlinie sinngleich wie in Art. 141 Abs. 2 EGV und Art. 6 Abs. 2, Satz 2 des Abkommens über die Sozialpolitik definiert[282]. Danach umfasst der Begriff des Entgelts alle gegenwärtigen oder künftigen Vergütungen, die in bar oder Sachwerten gezahlt werden und dem Arbeitnehmer mittelbar oder unmittelbar aufgrund des Dienstverhältnisses gezahlt werden[283]. Neben den üblichen Grund- oder Mindestlöhnen und –gehältern entsprechend Art. 141 Abs. 2 EGV, wurden vom EuGH weitere Vergütungen als Entgelt im Sinne der Richtlinie anerkannt, wie Zulagen[284], Reisevergünstigungen[285], Abfindungszahlungen bei freiwilligem Ausscheiden des Arbeitnehmers aus dem Betrieb[286], Leistungen des Arbeitgebers zu Altersversorgungssystemen[287] dann, wenn es sich um Leistungen des Arbeitgebers zu betrieblichen Versorgungssystemen handelt[288], dagegen nicht beim Arbeitgeberbeitrag zur gesetzlichen Rentenversicherung[289], ferner Leistungen, die nach Beendigung des Dienstverhältnisses gewährt werden[290], Entschädigungsleistungen, die einem Arbeitnehmer

---

Sb. über die Gehaltsbedingungen von Arbeitnehmern staatlicher Behörden, einiger anderer Behörden und der Gemeinden, aufgrund § 23 lit. b, c Gesetz Nr. 143/1992 Sb., Gesetz Nr. 201/ 1997 über Gehalt und einige weitere Erfordernisse für die staatlichen Vertreter und über die Änderung und Ergänzung des Gesetzes Nr. 143/1992 Sb., Regierungsverordnung Nr. 79/1994 Sb. über die Entlohnung von Angestellten der Streitkräfte, der Sicherheitskräfte, der Zollbehörden, der Feuerwehr und einiger anderer Organisationen, aufgrund § 23 lit. b, c, d, f Gesetz Nr. 143/1992 Sb., Regierungsverordnung Nr. 252/1992 Sb. über die Bedingungen für die Gewährung und die Höhe einer Sonderzulage für unter erschwerten und gesundheitsschädigenden Bedingungen ausgeübte Tätigkeit, aufgrund § 23 lit. d Gesetz Nr. 143/1992 Sb., Regierungsverordnung Nr. 254/1992 Sb. über die Gehaltsbedingungen von Staatsanwälten, Ermittlern der Staatsanwaltschaft und Staatsanwaltschaftsanwärtern

[282] Krimphove, Europäisches Arbeitsrecht, 1996, S. 146

[283] EuGH, 25.5.1971, Rs. 80/70 (Defrenne), Slg. 1971, S. 445, 451, Rz. 6

[284] EuGH, 7.6.1972, Rs. 20/71 (Luisa Sabbatini-Bertoni/ Europäisches Parlament), Slg. 1972, S. 345; EuGH, 20.2.1975, Rs. 21/74 (Jeanne Ariola/ Kommission), Slg. 1975, S. 221

[285] EuGH, 9.2.1982, Rs. 12/81 (Garland), Slg. 1982, S. 359

[286] EuGH, 17.2.1993, Rs. C-173/91 (Kommission/ Belgien), Tätigkeitsbericht EuGH Nr. 6/93, S. 6; EuGH, 16.2.1982, Rs. 19/81 (Burton/ British Railways), Slg. 1982, S. 555

[287] vgl. den umfassenden Rechtsprechungsnachweis bei Krimphove, Europäisches Arbeitsrecht, 1996, S. 147, FN 216

[288] EuGH, 11.3.1981, Rs. 69/80 (Worringham, Humphreys/ Loyds Bank Limited), Slg. 1981, S. 767; EuGH, 19.9.1984, Rs. 23/83 (Liefting/Universiteits Amsterdam), Slg. 1984, S. 3225

[289] EuGH, 25.5.1971, Rs. 80/70 (Defrenne), Slg. 1971, S. 445, 451, Rz. 7, 12

[290] EuGH, 14.12.1993, Rs. C-110/91 (Moroni/Collo GmbH), in: NZA 1994, S. 165-167, mit Anm. Kirschbaum, DRdA 1994, S. 163-165

bei betriebsbedingter Entlassung aufgrund Arbeitsvertrag, Rechtsvorschriften oder auf freiwilliger Basis gewährt werden[291].

bb) Darstellung des tschechischen Rechts und dessen Kompatibilität mit Gemeinschaftsrecht

(1) Begriffe: Lohn, Gehalt, Entgelt

Das tschechische Recht kennt drei verschiedene Begriffe, die für die Vergütung für geleistetete Arbeit auf der Grundlage arbeitsrechtlicher Beziehungen stehen, nämlich Lohn (tschech. mzda), Gehalt (tschech. plat) und Entgelt (tschech. odměna). Diese Begriffe bedeuten im wesentlichen das gleiche, regeln aber verschiedene Fälle[292]: Der Begriff „Lohn" bedeutet im engeren Sinne die Vergütung für geleistete Arbeit, die der Beschäftigte im Arbeitsverhältnis vom Arbeitgeber erhält. Im weiten Sinne bezeichnet „Lohn" die Vergütung für Arbeit, die in abhängiger Tätigkeit erbracht wurde.
Der Begriff „Gehalt" bezeichnet die Vergütung für geleistete Arbeit, die im Arbeits- oder Dienstverhältnis erbracht wurde für einen Arbeitgeber, der eine staatliche oder eine beitragsfinanzierte Organisation oder ein Organ ist. Dieser Begriff wird auch verwandt im Zusammenhang mit Richtern, Repräsentanten staatlicher Gewalt, Priestern, Parlamentsabgeordneten und Verfassungsorganen.
Zusammenfassend wird der Begriff „Lohn" eher in privatrechtlichen Rechtsverhältnissen angewandt, während der Begriff „Gehalt" öffentlichrechtliche Verhältnisse indiziert.
Schließlich wird der Begriff des „Entgelts" über seine allgemeine Bedeutung hinaus auch für die Vergütung von Arbeit verwandt, die außerhalb eines Dienst- oder Arbeitsverhältnisses erfolgt, etwa im Zusammenhang mit der Vergütung freiwilliger Gemeindevertreter. Der Begriff wird auch verwandt für übertarifliche Vergütungsformen[293].

(2) Einschlägige Regelungen und deren Kompatibilität mit Gemeinschaftsrecht

(a) Verfassungsrecht

Gemäß der allgemeinen Regelung des Art. 28 der Charta der Grund- und Freiheitsrechte[294] hat jeder Bürger das Recht auf ein gerechtes Entgelt für seine geleistete Arbeit. Das ist mit Gemeinschaftsrecht voll kompatibel.

(b) Arbeitsgesetzbuch (ZP)[295]

§§ 111-123 ZP regeln Lohn, Lohnersatz und die Vergütung von Auslagen. Gemäß § 111 Abs. 1 ZP gebührt den Arbeitnehmern Lohn für die geleistete Arbeit. Unter Lohn wird verstanden der Tariflohn, also der Grundlohn und Lohntarif, die Lohnzuschläge und die übrigen Lohnvorschriften, vgl. § 111 Abs. 2 ZP. Auch Naturallohn ist Lohn, der allerdings nur dann geleistet werden darf, wenn durch Rechtsvorschrift festgelegt ist,

[291] EuGH, 17.5.1990, Rs. C-262/88 (Barber), Slg. 1990, S. I-1889, mit einer Reihe weiterer wichtiger Grundsatzentscheidungen, vgl. Anm. Borchardt, BetrAV 1993, S. 1 ff, sowie Colneric, EuZW 1991, S. 75 ff; vgl. auch von Maydell; unter Mitarbeit von Seibold, Anspruch Teilzeitbeschäftigter auf betriebliche Altersversorgung, SAE 1997, S. 96-113
[292] Galvas, Pracovní právo, 1997, S. 198
[293] Galvas, a.a.O., S. 198
[294] s.o. S. 7
[295] s.o. S. 11

dass statt dem Geldwert andere nicht in Geld bestehende Erfüllungen (Naturalbezüge) geleistet werden können, § 112 Abs. 3 ZP. So sieht beispielsweise § 13 Gesetz Nr. 1/1992 Sb. (Lohngesetz) vor, dass dem Arbeitnehmer mit dessen Zustimmung der Lohn als Naturallohn ausgezahlt werden darf, wobei dies begrenzt ist durch die Höhe des Mindestlohns, welcher in Geld ausgezahlt werden muss[296]. Gemäß § 113 ZP kann der Arbeitgeber mit dem Arbeitnehmer die Einrichtung eines persönlichen Lohnkontos vereinbaren.

§ 111 ZP ist voll mit Art. 1 Rl. 75/117/EWG kompatibel[297], da der auch für Art. 1 Rl. 75/117/EWG maßgebliche Entgeltbegriff des Art. 141 Abs. 2 EGV weit zu verstehen ist[298].

(c) Gesetz Nr. 1/1992 Sb. (Lohngesetz)[299]

Der Begriff des Lohnes knüpft im tschechischen Recht streng an die geleistete Arbeit an[300]. So bestimmt § 4 Abs. 1 und 2 des Lohngesetzes, dass Lohn für geleistete Arbeit gewährt wird. Was unter „Lohn" zu verstehen ist, ergibt sich aus § 4 Abs. 2. Danach wird zunächst zwischen Lohn als Erfüllung in Geld und Lohn als Erfüllung in Geldeswert (Naturallohn) unterschieden. Die Definition des Lohnes erfolgt gemäß § 4 Abs. 2 in negativer Weise. So wird beispielsweise unter Lohn nicht verstanden die Lohnvergütung bei Arbeitsverhinderung durch den Arbeitnehmer gemäß §§ 124 ff ZP. Ferner kein Lohn ist die Abfindung, die gemäß § 60 a ZP gewährt wird. Auch aufgrund des Gesetzes Nr. 119/1992 Sb. gewährte Reisekosten sind kein Lohn im Sinne des Lohngesetzes. Ferner unterfallen nicht dem Lohnbegriff Einkünfte aus Kapitalanteilen (Aktien) oder Obligationen, beispielsweise gemäß § 178 des Bürgerlichen Gesetzbuchs, sowie die Vergütung für Arbeitsbereitschaft gemäß § 15 des Lohngesetzes. Die negative Abgrenzung in § 4 Abs. 2 ist jedoch nicht abschließend, so wird auch nicht unter Lohn die Erfüllung für andere Arbeitgeber verstanden, beispielsweise aus dem Sozialfonds[301].

Für folgende Fälle der Arbeitsbereitschaft steht dem Arbeitnehmer eine höhere Vergütung als Teil des Lohnes[302] zu: Überarbeit, § 5 des Lohngesetzes, Feiertagsarbeit, § 6, Arbeit in erschwerter und gesundheitsschädigender Arbeitsumwelt und Nachtarbeit, § 7, Überführung des Arbeitnehmers auf eine andere Arbeit, § 8.

Zweifelhaft ist die Kompatibilität von § 4 Abs. 2 des Lohngesetz mit Gemeinschaftsrecht insofern, als der gemeinschaftsrechtliche Entgeltbegriff auch Leistungen erfasst, die nur mittelbar auf dem Dienstverhältnis beruhen, also sich nicht direkt aus dem Austauschverhältnis von Arbeit und Lohn ergeben. Beispielsweise erscheint mit Gemeinschaftsrecht nicht kompatibel die Herausnahme der Abfindung aufgrund § 60a ZP. Denn sollte eine Ungleichbehandlung zwischen Männern und Frauen hinsichtlich der Abfindung festgestellt werden, so wäre dies gemeinschaftswidrig, da der EuGH die Abfindungszahlung ausdrücklich als Entgeltbestandteil qualifiziert hat, für die der Grundsatz der Entgeltgleichheit gilt[303].

---

[296] Gerauer; Baron; Britz, Arbeitsrecht in der Tschechischen Republik, 1999, Rz. 104

[297] ISAP, 26.2.98, Teil B zu Rl. 75/117/EWG

[298] Oetker/ Preis-Schlachter, Europäisches Arbeits- und Sozialrecht, Systematische Darstellungen, B 4100, Rz. 10

[299] s.o. S. 12

[300] vgl. Tröster, Praconví právo, Kommentar zu § 4, Gesetz Nr. 1/1992 Sb.

[301] Tröster, a.a.O., Kommentar zu § 4, Gesetz Nr. 1/1992 Sb.

[302] Tröster, a.a.O., Kommentar zu § 4, Gesetz Nr. 1/1992 Sb.

[303] s.o. EuGH, 17.2.1993, Rs. C-173/91 (Kommission/ Belgien), Tätigkeitsbericht EuGH Nr. 6/93, S. 6; EuGH, 16.2.1982, Rs. 19/81 (Burton/ British Railways), Slg. 1982, S. 555

(d) Regierungsverordnung Nr. 303/1995 Sb. (Mindestlohn)[304]

Gemäß § 1 der VO haben natürliche Personen in Arbeitsverhältnissen oder ähnlichen Arbeitsbeziehungen Anspruch auf Mindestlohn.
Diese Regelung ist mit Gemeinschaftsrecht voll kompatibel, da der Entgeltbegriff alle Aspekte des Entgelts erfasst, also auch den Mindestlohn[305].

(e) Regierungsverordnung Nr. 333/1993 Sb. (Lohntarife für belastende Arbeiten und Nachtarbeit)[306]

Die Regierungsverordnung fußt auf § 7 Abs. 2 und § 14 Abs. 2 Gesetz Nr. 1/1992 Sb. (Lohngesetz). Durch sie werden Mindesttarife und Lohnzuschläge für Arbeiten in belastender und gesundheitsschädigender Arbeitsumgebung und für Nachtarbeit festgesetzt, § 1 der VO. Ferner werden geregelt die Höhe der Mindesttarife, § 2[307], die Höhe der Lohnzuschläge für Arbeiten in belastender und gesundheitsschädigender Arbeitsumgebung, § 4[308], sowie die Lohnzuschläge für Nachtarbeit, § 5[309].
Die nach § 1 gewährten Mindesttarife und Lohnzuschläge werden für die geleistete Arbeit gewährt und sind als solche Entgelt. Dies ist mit dem Entgeltbegriff von Art. 1 Rl. 75/117/EWG voll kompatibel[310].

(f) Gesetz Nr. 143/1992 Sb. (Gehaltsgesetz)[311]

Das Gehaltsgesetz ist ähnlich wie das Lohngesetz ausgestaltet. Gemäß § 3 Abs. 1 gebührt dem Arbeitnehmer ein Gehalt für seine geleistete Arbeit. Dieses Gehalt wird in § 3 Abs. 2 in negativer Weise legaldefiniert. Es umfasst insbesondere nicht Lohnersatzleistungen, Abfindungen gemäß § 60 a ZP, Erstattung von Reisekosten nach dem Gesetz Nr. 119/ 1992 Sb. und Vergütung für den Bereitschaftsdienst. Hingegen sind Teil des Entgelts[312] beispielsweise die Zulagen für Führungskräfte, § 5 Gehaltsgesetz, für Nachtarbeit, § 7 oder für Samstags- und Sonntagsarbeit, § 8 des Gesetzes.
Diese Regelung ist überwiegend kompatibel mit Art. 1 Rl. 75/117/EWG[313]. Nicht kompatibel mit Gemeinschaftsrecht ist die Herausnahme von Leistungen wie der Abfindung

---

[304] s.o. S. 13
[305] vgl. ISAP, 8.12.95, Teil B, zu Gesetz Nr. 53/1992 Sb. und Art. 1 Rl. 75/117/EWG
[306] s.o. S. 14
[307] Gemäß § 2 Abs. 1 der VO beläuft sich die Höhe der Mindesttarife bei einer festgesetzten wöchentlichen Arbeitszeit von 42 ½ Stunden für die 1. Tarifstufe auf 14,80 Kč pro Stunde oder 2650 Kč pro Monat, für die 2. Tarifstufe 18,40 Kč pro Stunde oder 3300 Kč pro Monat und für die 3. Tarifstufe 25,70 auf Kč pro Stunde oder 4600 Kč pro Monat. Für eine andere Dauer der wöchentlichen Arbeitszeit als 42 ½ Stunden erhöht sich der in Absatz 1 genannte stündliche Mindesttarif proportional, § 2 Abs. 2 der VO. Dem monatlich zu vergütenden Arbeitnehmer, der aufgrund Vereinbarung oder Genehmigung eine kürzere Arbeitszeit oder monatlich nicht alle Arbeitstage erbringt, gebühren die Mindesttarife in Höhe der entsprechend abgearbeiteten Zeit, § 2 Abs. 3 der VO
[308] Die Lohnzuschläge für Arbeiten in belastender und gesundheitsschädigender Arbeitsumgebung belaufen sich auf wenigstens 3,50 Kč pro Arbeitsstunde in dieser Umgebung. Die Abgrenzung der belastenden und gesundheitsschädigenden Arbeitsumgebung ist angeführt im Anhang Nr. 2 der VO, vgl. § 4 der VO
[309] Die Höhe der Lohnzuschläge pro Stunde Nachtarbeit beläuft sich auf mindestens 3,50 Kč, und dies unter der Bedingung, dass die Nachtarbeit mindestens zwei Stunden andauert, § 5 der VO
[310] ISAP, 8.12.95, Teil B, zu Art. 1 Rl. 75/117/EWG und § 1 Regierungsverordnung Nr. 333/1993 Sb.
[311] s.o. S. 14
[312] Tröster, Tröster, Praconví právo, Kommentar zu § 3 Gesetz Nr. 143/1992 Sb.
[313] ISAP, 26.2.98, Teil B, zu Gesetz Nr. 143/1992 Sb. und Art. 1 Rl.75/117/EWG

durch aus dem Entgeltbegriff sein, vgl. § 3 Abs. 2 des Gehaltsgesetzes, da die Abfindung vom EuGH ausdrücklich als Teil des Entgelts qualifiziert wurde[314].
Ferner wurden Regierungsverordnungen aufgrund § 23 Gesetz Nr. 143/1992 Sb. erlassen[315], die jeweils die Modalitäten der Gehaltsauszahlung regeln[316].
Diese Regelungen sind mit Gemeinschaftsrecht voll kompatibel[317].

(g) Gesetz Nr. 119/1992 Sb. (Reisekosten)

Gemäß § 4 des Gesetzes hat der Arbeitnehmer Anspruch auf die Vergütung der nachgewiesenen Fahrtkosten, der Unterbringungskosten, der Verpflegungskosten, der notwendigen Nebenkosten sowie die Fahrtkosten für Familienbesuche. § 5 regelt die Gewährung eines Verpflegungsgeldes, § 6 bestimmt die Vergütung bei Versetzung und Arbeitsaufnahme, § 7 die Vergütung für die Benutzung eines Kfz bei Dienstreisen.
Bezüglich Auslandsdienstreisen sind die vorgenannten Paragrafen gemäß § 10 des Gesetzes anzuwenden, sofern in §§ 11 bis 17 nichts anderes bestimmt ist. Anders geregelt sind danach die Vergütung für Familienbesuche, § 11, für Verpflegung, § 12, die Bestimmung zum Taschengeld, § 13, die Vergütung für Treibstoffkosten, § 14, sowie die Bestimmungen bezüglich der Zuteilung von Arbeitsleistung im Ausland, § 17.
Die beschriebenen Regelungen entsprechen dem gemeinschaftsrechtlich weiten Entgeltbegriff und sind daher mit Gemeinschaftsrecht voll kompatibel.

b) Gleichheit des Entgelts

aa) Gemeinschaftsrecht

Art. 141 Abs. 2 lit. a und b EGV enthält eine nähere Umschreibung des Begriffs der Gleichheit des Arbeitsentgelts. Danach ist diese Gleichheit gegeben, wenn das Entgelt für eine nach Akkord bezahlte Arbeit auf Grund der gleichen Maßeineinheit festgesetzt wird[318] (lit. a) bzw. wenn das Entgelt für eine nach Zeit bezahlte Arbeit bei gleichem Arbeitsplatz gleich ist (lit. b).
Art. 1 der Richtlinie erweitert den in Art. 141 EGV umschriebenen Begriff der Entgeltgleichheit. Danach wird die gleichwertige Arbeit der gleichen Arbeit gleichgestellt und jede Diskriminierung aufgrund des Geschlechts in bezug auf sämtliche Entgeltbestandteile und –bedingungen verboten.

---

[314] s.o., EuGH, 17.2.1993, Rs.C-173/91 (Kommission/ Belgien), Tätigkeitsbericht EuGH Nr. 6/93, S. 6; EuGH, 16.2.1982, Rs. 19/81 (Burton/ British Railways), Slg. 1982, S. 555

[315] Regierungsverordnung Nr. 251/1992 Sb. über die Gehaltsbedingungen von Arbeitnehmern haushaltsfinanzierter (staatlicher) und einiger anderer Organisationen, Regierungsverordnung Nr. 253/1992 Sb. über die Gehaltsbedingungen von Arbeitnehmern staatlicher Behörden, einiger anderer Behörden und der Gemeinden, Regierungsverordnung Nr. 79/1994 Sb. über die Entlohnung von Angestellten der Streitkräfte, der Sicherheitskräfte, der Zollbehörden, der Feuerwehr und einiger anderer Organisationen, Regierungsverordnung Nr. 252/1992 Sb. über die Bedingungen für die Gewährung und die Höhe einer Sonderzulage für unter erschwerten und gesundheitsschädigenden Bedingungen ausgeübte Tätigkeit, Regierungsverordnung Nr. 48/1995 Sb. über die Ausrichtung der Höhe der aufgewandten Mittel für Gehalt und Vergütung für Arbeitsbereitschaft in haushaltsfinanzierten (staatlichen) und einigen weiteren Organisationen und Behörden

[316] vgl. Tröster, Praconví právo, Kommentar zum jeweiligen § 1 der Regierungsverordnungen Nr. 1/1992 Sb., Nr. 252/1991Sb., Nr. 253/1991 Sb., Nr. 79/1994 Sb.

[317] vgl. ISAP, 8.12.95, Teil B, zu Regierungsverordnung Nr. 251/1992 Sb. und Art. 1 Rl. 75/117/EWG, sowie ISAP, 8.12.95, Teil B, zu Regierungsverordnung Nr. 79/1994 Sb. und Art. 1 Rl. 75/117/EWG

[318] vgl. EuGH, 31.5.1995, Rs. 400/93 (Specialarbejderforbundet i Denmark), Slg. 1995, S. I-1275, zur Anwendung auf Stücklohnsysteme = DRdA 1996, S. 84 ff mit Anm. Schindler, S. 89-94

bb) Darstellung des tschechischen Rechts und dessen Kompatibilität mit Gemeinschaftsrecht

(1) Nichtvorhandensein des Prinzips der Entgeltgleichheit

In keiner der oben untersuchten Entgeltnormen[319] ist das Prinzip „gleiche Lohn für gleiche Arbeit“ ausdrücklich festgeschrieben[320]. Dies ist nicht kompatibel mit Gemeinschaftsrecht. Zwar lässt Art. 249 Abs. 3 EGV den Mitgliedstaaten einen Umsetzungsspielraum, Leitlinie muss aber das Gebot vollständiger Umsetzung der Richtlinie in nationales Recht sein, um den Richtlinieninhalt so wirksam wie möglich werden zu lassen, sog. „effet utile“-Gedanke[321]. Daraus folgt, dass der Grundsatz der Entgeltgleichheit ausdrücklich in das nationale Recht aufzunehmen ist. Entsprechend geben beispielsweise im deutschen Recht die §§ 611a, 612 Abs. 3 BGB den Art. 1 Rl. 75/117/EWG teilweise wörtlich wieder.

(2) Vorschläge zur Rechtsangleichung

Der Grundsatz der Entgeltgleichheit zwischen Männern und Frauen sollte vor allem in den Gesetzen Nr. 65/1965 Sb. (ZP), Nr. 1/1992 Sb. (Lohngesetz) sowie Nr. 143/1992 Sb. (Gehaltsgesetz) verankert werden[322]. Hierzu sieht der Regierungsentwurf zur Änderung einiger arbeitsrechtlicher Vorschriften[323] entsprechende Gesetzesänderungen vor, die im folgenden dargestellt werden.

(a) Gesetz Nr. 65/1965 Sb. (ZP)

§ 1 des geltenden ZP enthält allgemeine Bestimmungen zum Geltungsbereich des ZP. Die neu zu fassenden § 1 Abs. 3 und 4 ZP-Entwurf[324] enthalten allgemeine Bestimmungen zur Gleichbehandlung. So sind gemäß § 1 Abs. 3 ZP die Arbeitgeber zur Gleichbehandlung der Arbeitnehmer verpflichtet, u.a. bezüglich Arbeitsentgelt und anderer Leistungen in Geld und in Geldeswert. § 1 Abs. 4 beinhaltet das Verbot jedweder Diskriminierung des Arbeitnehmers in arbeitsrechtlichen Beziehungen aufgrund des Geschlechts[325].
Diese Regelungen sind mit Art. 1 der Rl. 75/117/EWG voll kompatibel[326].

(b) Gesetz Nr. 1/1992 Sb. (Lohngesetz)

Im Lohngesetz sollte § 4 (allgemeine Bestimmungen) dahingehend ergänzt werden, dass bei der Vereinbarung des Lohnes zwischen Arbeitgeber und Arbeitnehmer der Arbeitgeber neben den Vorschriften zum Mindestlohn, zum Mindesttarif und den Kollek-

[319] siehe S. 46 ff
[320] Tröster, u.a., in: „Approximation of Legislation“,1996, S. 7
[321] Oppermann, Europarecht, 2. Aufl. 1999, Rz. 552
[322] vgl. Anmerkungen in: ISAP, 26.2.98, Teil B, zu Gesetz Nr. 65/1965 Sb., sowie ISAP, 26.2.98, Teil B, zu Gesetz Nr. 143/1992 Sb., ferner Tröster, u.a., in: „Approximation of Legislation“, 1996, S. 7 zu Gesetz Nr. 1/1992 Sb.
[323] s.o. S. 38
[324] Regierungsentwurf vom 15.12.1999, Punkt 1, in: www.mpsv.cz/scripts/1aktuality/zakonik_prace/default.asp, Abfrage vom 20.1.2000
[325] Regierungsentwurf vom 15.12.1999, Punkt 1, in: www.mpsv.cz/scripts/1aktuality/zakonik_prace/default.asp, Abfrage vom 20.1.2000
[326] Begründungsbericht, besonderer Teil, zu § 1 ZP des Regierungsentwurfs vom 15.12.1999, in: www.mpsv.cz/scripts/1aktuality/zakonik_prace/zvlastni.asp, Abfrage vom 20.1.2000

tivregelungen auch den Grundsatz der Entgeltgleichheit zu beachten hätte[327]. Entsprechend sieht der Regierungsentwurf zur Änderung des Gesetzes Nr. 1/1992 Sb. vor, einen neuen § 4a einzufügen[328]. Ziel dieser Novelle ist die Kompatibilität mit der Entgeltrichtlinie[329]. § 4a trägt den Titel „gleicher Lohn für gleiche und für gleichwertige Arbeit". Gemäß § 4 a Abs. 1, Satz 1 müssen die Bedingungen der Lohngewährung für Männer und Frauen gleich sein. Gemäß Satz 2 gebührt Arbeitnehmern, die gleiche oder gleichwertige Arbeit leisten, gleicher Lohn. Gleiche oder gleichwertige Arbeit wird in Satz 3 definiert. Danach liegt diese Arbeit vor bei gleicher oder vergleichbarer Zusammensetzung (Komplexität), Verantwortung und Beanspruchung bei der Arbeit, welche zu gleichen oder vergleichbaren Arbeitsbedingungen erbracht wird, bei gleicher oder vergleichbarer Arbeitstauglichkeit und Arbeitsbefähigung des Arbeitnehmers und bei gleicher oder vergleichbarer Arbeitsleistung und Arbeitsergebnis, und zwar im Arbeitsverhältnis zum selben Arbeitgeber[330].

(c) Gesetz Nr. 143/1992 Sb. (Gehaltsgesetz)

Die Änderung des Gehaltsgesetzes durch den Regierungsentwurf erfolgt auch im Hinblick auf die Kompatibilität mit der Entgeltrichtlinie[331]. Die allgemeine Gehaltsbestimmung des § 3 (allgemeine Bestimmungen) soll einen neuen Abs. 3 erhalten[332], parallel zum Lohngesetz. Danach gebührt nach Satz 1 Männern und Frauen für gleiche oder gleichwertige Arbeit gleiches Gehalt. Satz 2 umschreibt den Begriff der gleichen oder gleichwertigen Arbeit. Danach liegt diese vor bei gleicher oder vergleichbarer Zusammensetzung (Komplexität), Verantwortung und Beanspruchung bei der Arbeit, welche zu gleichen oder vergleichbaren Arbeitsbedingungen erbracht wird, bei gleicher oder vergleichbarer Arbeitstauglichkeit und Arbeitsbefähigung des Arbeitnehmers und bei gleicher oder vergleichbarer Arbeitsleistung und Arbeitsergebnis, und zwar im Arbeitsverhältnis zum selben Arbeitgeber[333].

2. *Art. 2 (Eröffnung des Rechtswegs)*

a) Gemeinschaftsrecht

Gemäß Art. 2 der Richtlinie hat ein Arbeitnehmer bei Verstoß gegen den Grundsatz des gleichen Entgelts das Recht, nach etwaiger Befassung anderer zuständiger Stellen, seine Ansprüche gerichtlich geltend zu machen. Diese Konkretisierung des effektiven Rechts-

[327] Tröster, u.a., in: „Approximation of Legislation", 1996, S. 7

[328] Regierungsentwurf vom 22.12.1999, Sněmovní tisk (Parlamentsdrucksache) Nr. 475, in: www.psp.cz/sqw/text/tiskt.sqw?O=3&CT=475&CT1=0, Abfrage vom 20.1.2000

[329] vgl. Teil 1, Punkt 7 des Begründungsberichts des Regierungsentwurfs vom 22.12.1999, Sněmovní tisk (Parlamentsdrucksache) Nr. 475, in: www.psp.cz/sqw/text/tiskt.sqw?O=3&CT=475&CT1=0, Abfrage vom 20.1.2000

[330] § 4a Abs. 2-5 des Entwurfs enthält Umschreibungen der in § 4a Abs. 1 verwandten Begriffe wie Zusammensetzung, Verantwortung und Beanspruchung bei der Arbeit, Abs. 2, Arbeitsbedingungen, Abs. 3, Arbeitstauglichkeit und Arbeitsbefähgigung des Arbeitnehmers, Abs. 4, sowie Arbeitsleistung, Abs. 5

[331] Teil 2, Punkt 3 des Begründungsberichts des Regierungsentwurf vom 22.12.1999, Sněmovní tisk (Parlamentsdrucksache) Nr. 475, in: www.psp.cz/sqw/text/tiskt.sqw?O=3&CT=475&CT1=0, Abfrage vom 20.1.2000

[332] Regierungsentwurf vom 22.12.1999, Sněmovní tisk (Parlamentsdrucksache) Nr. 475, in: www.psp.cz/sqw/text/tiskt.sqw?O=3&CT=475&CT1=0, Abfrage vom 20.1.2000

[333] Regierungsentwurf vom 22.12.1999, Sněmovní tisk (Parlamentsdrucksache) Nr. 475, in: www.psp.cz/sqw/text/tiskt.sqw?O=3&CT=475&CT1=0, Abfrage vom 20.1.2000

schutzes findet sich in allen die Gleichbehandlung betreffenden Richtlinien[334]. Der Grundsatz lässt sich aus den allgemeinen Rechtsregeln der Verfassungen der Mitgliedstaaten herleiten[335] und folgt auch aus Artt. 6 und 13 der Konvention zum Schutz der Menschenrechte und Grundfreiheiten[336].

b) Darstellung des tschechischen Rechts und dessen Kompatibilität mit Gemeinschaftsrecht

Gemäß § 207 ZP entscheiden die Gerichte bei Streitigkeiten zwischen Arbeitgeber und Arbeitnehmer.
§ 207 ZP ist mit Art. 2 Rl. 75/117/EWG voll kompatibel[337].

3. Art. 3 (Beseitigung diskriminierender Rechts- und Verwaltungsvorschriften)

a) Gemeinschaftsrecht

Zur Verwirklichung der Entgeltgleichheit haben die Mitgliedstaaten alle diskriminierenden Rechts- und Verwaltungsvorschriften zu beseitigen.

b) Darstellung des tschechischen Rechts und dessen Kompatibilität mit Gemeinschaftsrecht

Solche diskriminierenden Vorschriften sind in den wichtigsten tschechischen Normen des Arbeitsrechts nicht zu erkennen.

4. Art. 4 (Verbot der Diskriminierung durch Dritte)

a) Gemeinschaftsrecht

Gemäß Art. 4 treffen die Mitgliedstaaten Maßnahmen, wodurch Bestimmungen in Tarifverträgen, Lohn- und Gehaltstabellen oder –vereinbarungen oder Einzelarbeitsverträgen, die mit dem Grundsatz des gleichen Entgelts unvereinbar sind, nichtig werden. Insbesondere ist nicht die Beseitigung diskriminierender Tarifvertragsnormen durch die Tarifparteien selbst abzuwarten[338].

b) Darstellung des tschechischen Rechts und dessen Kompatibilität mit Gemeinschaftsrecht

Gemäß § 242 Abs. 1, lit. a ZP ist eine Rechtshandlung unwirksam, wenn sie gegen Inhalt oder Zweck eines Gesetzes verstößt, das Gesetz umgeht oder dem Allgemeininter-

---

[334] Oekter; Preis, Recht der Gleichbehandlung von Frauen und Männern in der Europäischen Union, 1996, S. 58, Rz. 83
[335] EuGH, 15.5.1986, Rs. 222/84 (Johnston), Slg. 1986, S. 1651
[336] Konvention zum Schutz der Menschenrechte und Grundfreiheiten vom 4.11.1950, BGBl. 1952 II, S. 685
[337] ISAP, 26.2.98, Teil B, zu Art. 2 Rl. 75/117/EWG
[338] EuGH, 7.2.1991, Rs.C-184/89 (Nimz), Slg. 1991, S. I-297

esse entgegensteht. § 242 Abs. 3 ZP regelt die nur teilweise Unwirksamkeit einer Rechtshandlung bei nur teilweisem Gesetzesverstoß, es sei denn, der nichtige Teil kann nicht vom ganzen Teil der Rechtshandlung getrennt werden.
§ 242 Abs. 1, lit. a, Abs. 3 ZP ist mit Art. 4 Rl. 75/117/EWG voll kompatibel[339].

5. *Art. 5 (Verbot diskriminierender Kündigung)*

a) Gemeinschaftsrecht

Gemäß Art. 5 sind Kündigungen als Reaktion des Arbeitgebers auf eine Beschwerde oder Klage auf Einhaltung des Grundsatzes des gleichen Entgelts verboten. Es besteht also ein Kündigungsschutz für den Arbeitnehmer, falls dieser aus seinen Rechten nach Art. 2 der Richtlinie Gebrauch macht[340].

b) Darstellung des tschechischen Rechts und dessen Kompatibilität mit Gemeinschaftsrecht

§§ 46 bis 49 ZP regeln die arbeitgeberseitige Kündigung, § 53 ZP die fristlose Kündigung. Der Arbeitgeber kann dem Arbeitgeber nur aus den in §§ 46ff ZP genannten Gründen kündigen[341].
§ 53 regelt die fristlose Auflösung des Arbeitsverhältnisses. Dies ist nur unter bestimmten Voraussetzungen möglich (besonderer Grund und Frist). Nicht möglich ist die fristlose Auflösung des Arbeitsverhältnisses mit einer schwangeren Arbeitnehmerin oder mit einem zum Unterhalt verpflichteten Arbeitnehmer.
§§ 46a, 53, 242 Abs. 1, lit a ZP sind mit Art. 5 Rl. 75/117/EWG voll kompatibel[342], da nach geltender Rechtslage einem Arbeitnehmer nicht allein deshalb gekündigt werden darf, falls dieser von seinen Rechten Gebrauch macht. Deutlicher wird dies in der geplanten Novellierung des ZP formuliert werden, wonach gemäß dem neuen § 7 Abs. 3 ZP dem Arbeitgeber ausdrücklich untersagt wird, den Arbeitnehmer deshalb zu benachteiligen, weil dieser auf die Erfüllung seiner Rechte und Ansprüche aus dem Arbeitsverhältnis besteht[343].

6. *Art. 6 (Durchsetzung und Sicherung der Richtlinie)*

a) Gemeinschaftsrecht

Die Anwendung und Sicherung des Grundsatzes der Entgeltgleichheit ist von den Mitgliedstaaten mittels wirksamer Sanktionen durchzusetzen.

---

[339] ISAP, 26.2.98, Teil B, zu Art. 4 Rl. 75/117/EWG
[340] Oetker; Preis, Recht der Gleichbehandlung, S. 58, Rz. 83
[341] vgl. bereits den Wortlaut, wonach gemäß § 46 Abs. 1 ZP der Arbeitgeber dem Arbeitnehmer nur (!) aus den nachfolgenden (abschließend genannten) Gründen kündigen kann, vgl. Tröster, Pracovní právo, Kommentar zu § 46 ZP
[342] ISAP, 26.2.98, Teil B, zu Art. 5 Rl. 75/117/EWG
[343] Regierungsentwurf vom 15.12.1999, Punkt 5 zu § 7 ZP, in: www.mpsv.cz/scripts/1aktuality/zakonik_prace/default.asp, Abfrage vom 20.1.2000

b) Darstellung des tschechischen Rechts und dessen Kompatibilität mit Gemeinschaftsrecht

Im geltenden Recht gibt es noch keine Sanktionen bei Verletzung des Grundsatzes der Entgeltgleichheit.
Dies ist nicht kompatibel mit Gemeinschaftsrecht. Daher sieht der Regierungsentwurf Schutzmaßnahmen zugunsten des diskriminerten Arbeitnehmers vor[344]. § 7 ZP, der in Abs. 2 den Mißbrauch der aus den arbeitsrechtlichen Beziehungen zwischen Arbeitgebern und Arbeitnehmern ergebenden Rechte und Pflichten verbietet, soll dementsprechend ergänzt werden. So verbietet § 7 Abs. 3 ZP-Entwurf dem Arbeitgeber, den Arbeitnehmer deshalb zu benachteiligen, weil dieser auf die Erfüllung seiner Rechte und Ansprüche aus dem Arbeitsverhältnis besteht. § 7 Abs. 4 ZP-Entwurf gibt dem Arbeitnehmer das Recht, bei Verletzung des Grundsatzes der Gleichbehandlung zwischen Männern und Frauen, zu verlangen, dass die Verletzung eingestellt und die Folgen aus dieser Verletzung beseitigt werden. § 7 Abs. 5 ZP-Entwurf spricht dem Arbeitnehmer das Recht auf immateriellen Schadenersatz in Geld zu, wenn seine Würde oder sein Ansehen am Arbeitsplatz in beträchtlicher Weise gemindert wurde. Bezüglich der Höhe des in Abs. 5 geregelten Schadenersatzes entscheiden nach § 7 Abs. 6 ZP-Entwurf die Gerichte unter Berücksichtigung des entstandenen Schadens und der Umstände, unter denen die Rechte und Pflichten verletzt wurden[345].
Darüberhinaus kann der Arbeitnehmer durch §§ 11-13 des Bürgerlichen Gesetzesbuches geschützt werden[346].

7. Art. 7 (Bekanntgabe an die Arbeitnehmer)

a) Gemeinschaftsrecht

Gemäß Art. 7 Rl. 75/117/EWG sind die sich auf diese Richtlinie beziehenden Vorschriften den Arbeitnehmern in geeigneter Form bekannt zu machen, beispielsweise in den Betrieben.

b) Darstellung des tschechischen Rechts und dessen Kompatibilität mit Gemeinschaftsrecht

Gemäß § 28 ZP ist der Arbeitgeber verpflichtet, den Arbeitnehmer vor Abschluss des Arbeitsvertrags über seine Rechte und Pflichten aus dem Arbeitsvertrag sowie über seine Arbeits- und Lohnbedingungen zu belehren.
§ 35 Abs. 2 ZP sieht die Belehrung des Arbeitnehmers durch den Arbeitgeber über die Vorschriften zum Arbeitnehmerschutz vor. §§ 122, 18, 22, 23 ZP sehen die Beteiligung der Gewerkschaftsorgane bei der Durchführung der Lohnmaßnahmen und sonstiger Arbeitsbedingungen vor.

[344] Begründungsbericht, besonderer Teil, Punkt 1 zu § 1 ZP des Regierungsentwurfs vom 15.12.1999, in: www.mpsv.cz/scripts/1aktuality/zakonik_prace/zvlastni.asp, Abfrage vom 20.1.2000
[345] Regierungsentwurf vom 15.12.1999, Punkt 5 zu § 7 ZP, in: www.mpsv.cz/scripts/1aktuality/zakonik_prace/default.asp, Abfrage vom 20.1.2000,
[346] Begründungsbericht, besonderer Teil, zu Punkt 1 zu § 1 ZP des Regierungsentwurfs vom 15.12.1999, in: www.mpsv.cz/scripts/1aktuality/zakonik_prace/zvlastni.asp, Abfrage vom 20.1.2000

§§35 Abs. 2, 122, 18, 22, 23 ZP sind nur teilweise mit Art. 7 Rl. 75/117/EWG kompatibel[347], da sich die Informationspflicht nicht auf die Gleichbehandlung erstreckt.
Daher sieht der Regierungsentwurf vor, diese Informationspflicht über den Arbeitsvertrag und die Arbeits- und Lohnbedingungen hinaus auf die § 1 Abs. 3 und 4 ZP-Entwurf[348] sowie auf § 7 Abs. 2 bis 6 ZP[349] zu erstrecken[350].
Damit ist der neue § 28 ZP mit Gemeinschaftsrecht voll kompatibel.

II. Tschechisches Arbeitsrecht und Rl. 76/207/EWG (Gleichbehandlung)

1. Art. 1 (Grundsatz der Gleichbehandlung)

a) Gemeinschaftsrecht

Gemäß Art. 1 Abs. 1, Satz 1 ist Ziel der Richtlinie, die Gleichbehandlung von Männern und Frauen zu erreichen, und zwar hinsichtlich des Zugangs zur Beschäftigung, des Aufstiegs, des Zugangs zur Berufsausbildung und der Arbeitsbedingungen, was als Gleichbehandlungsgrundsatz bezeichnet wird, Satz 2. Damit regelt die Richtlinie alle Bereiche des Arbeitsverhältnisses, von dessen Beginn bis zu dessen Ende[351]. Da der EuGH den Arbeitnehmerbegriff weit auslegt, werden auch Angestellte des öffentlichen Dienstes und Beamte durch das Diskriminierungsverbot geschützt[352].

b) Darstellung des tschechischen Rechts und dessen Kompatibilität mit Gemeinschaftsrecht

Im tschechischen Arbeitsrecht wird ein Gleichbehandlungsgrundsatz im Sinne der Richtlinie nicht ausdrücklich geregelt[353]. Lediglich § 1 Abs. 1 des Beschäftigungsgesetzes Nr. 1/1991 Sb. bestimmt, dass jeder Bürger ein Recht auf Beschäftigung hat, und dies ohne Rücksicht auf sein Geschlecht[354].
Dies ist zwar voll kompatibel mit Gemeinschaftsrecht[355], aber nicht hinreichend, um die Anforderungen der Richtlinie voll umzusetzen.

---

[347] ISAP, 26.2.98, Teil B, zu Art. 7 Rl. 75/117/EWG
[348] s.o. S. 50 ff
[349] s.o. S. 50 ff
[350] Regierungsentwurf vom 15.12.1999, Punkt 16 zu § 28 ZP, in: www.mpsv.cz/scripts/1aktuality/zakonik_prace/default.asp, Abfrage vom 20.1.2000, sowie Begründungsbericht, besonderer Teil, zu Punkt 16 zu § 28 ZP des Regierungsentwurfs vom 15.12.1999, in: www.mpsv.cz/scripts/1aktuality/zakonik_prace/zvlastni.asp, Abfrage vom 20.1.2000
[351] Krimphove, Europäisches Arbeitsrecht, 1996, S. 154
[352] EuGH, 30.6.1988, Rs. 318/86 (Kommission/Frankreich), Slg. 1988, S. 3559; EuGH, 21.5.1985, Rs. 248/83 (Kommission/Deutschland), Slg. 1985, S. 1459, Rz. 16
[353] Tröster, u.a., in: „Approximation of Legislation", 1996, S. 15
[354] zur Entgeltgleichheit und allgemeinen Gleichbehandlungsbestimmung des § 1 Abs. 3 und 4 ZP-Entwurf, s.o. S. 50 ff
[355] so ISAP, 3.1.97, Teil B, zu Art. 1 Rl. 76/207/EWG

2. *Art. 2 (Verbot unmittelbarer und mittelbarer Diskriminierung sowie Verbotsausnahmen)*

a) Gemeinschaftsrecht

Gemäß Art. 2 Abs. 1 beinhaltet der Gleichbehandlungsgrundsatz das Verbot der unmittelbaren und mittelbaren Diskriminierung auf Grund des Geschlechts. Keine verbotswidrige Ungleichbehandlung im Sinne der Richtlinie liegt vor im Falle von Ungleichbehandlungen bei Tätigkeiten, die ein bestimmtes Geschlecht erfordern, Abs. 2, ferner bei Schutzmaßnahmen zugunsten schwangerer Frauen bzw. Mütter, Abs. 3, sowie bei Fördermaßnahmen für Frauen, Abs. 4.
Die beiden Erscheinungsformen der geschlechtsbezogenen Diskriminierung werden also in unmittelbare und mittelbare Diskriminierung eingeteilt. Bei der unmittelbaren Diskriminierung erfolgt die Ungleichbehandlung offenkundig aufgrund des Geschlechts. Bei der mittelbaren Diskriminierung erfolgt die Ungleichbehandlung aufgrund einer Anknüpfung an andere Merkmale als die des Geschlechts. So sieht der EuGH die mittelbare Diskriminierung als gegeben an, wenn eine Regelung einen neutralen Wortlaut hat, tatsächlich jedoch prozentual erheblich mehr Frauen als Männer benachteiligt[356]. Ähnlich umschreibt auch ein Richtlinienvorschlag der Kommission den Tatbestand der mittelbaren Diskriminierung, wonach diese vorliegt, wenn „eine ihrem Wortlaut nach neutrale Vorschrift ein Kriterium oder ein Verfahren enthält, dass für die Person eines Geschlechts, insbesondere wegen des Bezugs auf den Ehe- und Familienstand, tatsächlich eine unverhältnismäßige Wirkung hat, die in keinem Zusammenhang mit dem Geschlecht der betroffenen Person steht“[357]. Die mittelbare Diskriminierung läßt sich in zwei Fallgruppen fassen, wobei die eine ehe- und familienstandsspezifische Diskriminierungen umfasst und die andere die Teilzeitarbeit betrifft, wo eben de facto mehr Frauen als Männer beschäftigt werden[358].

b) Darstellung des tschechischen Rechts und dessen Kompatibilität mit Gemeinschaftsrecht

aa) Allgemeines Diskriminierungsverbot

Gemäß Art. 3 der Charta der Grundrechte und –freiheiten[359] werden die grundlegenden Rechte und Freiheiten allen ohne Unterschied gewährt, das heißt auch ohne Ansicht des Geschlechts.
Art. 3 ist mit Art. 2 Abs. 1 der Richtlinie voll kompatibel, da die unterschiedslose Gewährung der Rechte und Freiheiten ohne Ansicht des Geschlechts jede unmittelbare und mittelbare Diskriminierung verbietet[360].

---

[356] EuGH, 7.2.1991, Rs. C-184/89 (Nimz), Slg. 1991, S. I-297
[357] Art. 5 des Vorschlages der Kommission für eine Richtlinie des Rates zur Beweislast im Bereich des gleichen Entgelts und der Gleichbehandlung von Frauen und Männern, KOM (88)269 endg. v.27.5.1988, ABl. v. 5.7.1988, Nr. C 176, S. 5
[358] Krimphove, Europäisches Arbeitsrecht, 1996, S. 160 f
[359] Verfassungsgesetz Nr. 23/1991 Sb., s.o. S. 7
[360] ISAP, 3.1.97, Teil B, zu Art. 2 Rl. 76/207/EWG

bb) ZP und besondere Schutzregelungen für Frauen

Während das ZP das Diskriminierungsverbot nicht ausdrücklich erwähnt[361], finden sich einschlägige Vorschriften in den §§ 37 Abs. 1 lit. b und f, 154, 154, 155, 156, 157, 161, 47 Abs. 2, 48 Abs. 1 lit. d ZP. Sie beinhalten besondere Schutzregelungen für Frauen im Sinne des Art. 2 Abs. 3 der Richtlinie.

(1) Versetzung auf einen anderen Arbeitsplatz[362]

§ 37 Abs. 1 lit. b ZP verpflichtet den Arbeitgeber, eine Schwangere oder Mutter eines weniger als neun Monate alten Kindes auf einen anderen Arbeitsplatz zu versetzen und andere Arbeit zuzuweisen, wenn diese Frauen Tätigkeiten ausüben, die diese nicht ausüben dürfen oder die nach ärztlichem Attest deren Gesundheit und Schwangerschaft gefährden[363]. § 150 ZP nennt solche Arbeiten, die für alle Frauen verboten sind: Gemäß § 150 Abs. 1 ZP dürfen Frauen grundsätzlich nicht mit körperlich anstrengenden Arbeiten im Bergbau beschäftigt werden. § 150 Abs. 2, Satz 1 ZP erweitert dieses Verbot auf alle Arbeiten, die für Frauen körperlich unangemessen sind, ihrem Organismus oder der Mutterschaft schaden. Gemäß § 150 Abs. 2, Satz 2 ZP hat das Gesundheitsministerium mit Bekanntmachung Nr. 261/1997 Sb. die Arbeiten und Arbeitsplätze bestimmt, die für alle Frauen, schwangeren Frauen und Mütter eines weniger als neun Monate alten Kindes verboten sind.
Betreffend der Nachtarbeit hat der Arbeitgeber gemäß § 37 Abs. 1 lit. f ZP eine schwangere Frau oder Mutter eines weniger als neun Monate alten Kindes, die Nachtarbeit verrichtet, zu versetzen, wenn sie dies verlangt[364]. Die Frau muss dabei keine ärztliche Bestätigung vorlegen. Dieser Grund wurde eingeführt im Zusammenhang mit der Aufhebung des Verbots der Nachtarbeit für Frauen und Mütter minderjähriger Kinder[365].

---

[361] ISAP, 6.1.97, Teil B, zu Art. 2 Rl. 76/207/EWG

[362] Bei der Versetzung hat der Arbeitgeber den Gesundheitszustand, die Fähigkeiten und Qualifikation des Arbeitnehmers zu berücksichtigen, § 37 Abs. 5 ZP.
Eine andere Art von Arbeit, ohne dass dies im Arbeitsvertrag so vereinbart wurde, ist der Arbeitgeber nur ausnahmsweise verpflichtet zuzuweisen und nur in den gesetzlich festgelegten Fällen. Zur Änderung der Art der zu leistenden Arbeit kann es kommen entweder auf Veranlassung durch den Arbeitgeber oder auf Verlangen des Arbeitnehmers, § 40 ZP. Rechtlich können die Gründe für die Zuteilung einer anderen Arbeit im wesentlichen in zwei Gruppen gefasst werden: Die erste Gruppe besteht aus den in § 37 ZP aufgezählten wichtigen Gründen, nach denen der Arbeitgeber verpflichtet ist, andere Arbeit zuzuweisen, auch wenn diese Lösung der Versetzung des Arbeitnehmers auf einen anderen Arbeitsplatz Schwierigkeiten macht. Wenn es dem Arbeitgeber nicht möglich wäre, dem Arbeitnehmer eine andere Arbeit zuzuweisen, weil er keine andere geeignete Arbeit für ihn hat, wäre er verpflichtet, ihm Entgelt in Höhe des Durchschnittsverdienstes gemäß § 130 ZP zu gewähren. Die zweite Gruppe setzt sich aus Gründen zusammen, deren Vorliegen von der Entscheidung des Arbeitgebers abhängt, ob er dem Arbeitnehmer eine andere Arbeit zuweist oder nicht[362]. Das Recht, den Arbeitnehmer zu versetzen, hat der Arbeitgeber in den Fällen der §§ 46 Abs. 1 lit. e und lit. f, 37 Abs. 2 lit. b, 115 Abs. 4 und 129 ZP, die aber nicht in besonderem Zusammenhang mit Frauen stehen, vgl. Tröster, Pracovní právo, Kommentar zu § 37 ZP, lit. f: a-c.
Eine eventuelle Verringerung der Entgelthöhe wird durch Beiträge aus den Mitteln der Krankenversicherung ausgeglichen, vgl. Tröster, Pracovní právo, Kommentar zu § 37 ZP

[363] Der Anwendungsbereich soll auf stillende Frauen ausgedehnt werden, vgl. den Regierungsentwurf vom 15.12.1999, Punkt 20 zu § 37 ZP, in: www.mpsv.cz/scripts/1aktuality/zakonik_prace/default.asp, Abfrage vom 20.1.2000

[364] Auch hier soll der Anwendungsbereich auf stillende Frauen ausgedehnt werden, vgl. den Regierungsentwurf vom 15.12.1999, Punkt 20 zu § 37 ZP, in:
www.mpsv.cz/scripts/1aktuality/zakonik_prace/default.asp, Abfrage vom 20.1.2000

[365] Tröster, Pracovní právo, Kommentar zu § 37 ZP, lit. f

§§ 37 Abs. 1 lit. b und f sind teilweise kompatibel mit Gemeinschaftsrecht[366]. Denn als Ausnahmeregelung vom Gleichbehandlungsgrundsatz sind der allgemeine Frauenarbeitsschutz und der Mutterschutz nach Art. 2 Abs. 3 Rl. 76/207/EWG eng auszulegen. Danach darf nur Sonderschutz aufgrund frauenspezifischer Risiken gewährt werden, nicht aber bei solchen Gefahren, denen Männer und Frauen gleichermaßem ausgesetzt sind[367]. Die in § 150 Abs. 2 ZP enthaltenen Kriterien wie „körperlich anstrengend" bzw. „körperlich unangemessen" erscheinen dabei zu weitgehend und zu unbestimmt, als dass sie die Versetzung auf einen anderen Arbeitplatz rechtfertigen könnten und sind daher mit Gemeinschaftsrecht nicht kompatibel.

(2) Besondere Arbeitsbedingungen für Schwangere und Mütter

§§ 153 bis 161 ZP regeln Arbeitsbedingungen für schwangere Frauen und Mütter, denen erhöhter arbeitsrechtlicher Schutz gewährt wird[368].
Gemäß § 153 ZP müssen Schwangere und Mütter eines weniger als neun Monate alten Kindes auf Arbeitsplätze versetzt werden, die für diese Personengruppe nicht verboten sind und auf denen sie denselben Lohn erzielen. Gegebenenfalls bezahlt die Krankenversicherung einen Ausgleichsbetrag. Nachts arbeitende Frauen sind auf Verlangen tagsüber zu beschäftigen.
§ 154 ZP enthält Einschränkungen für Dienstreisen und Versetzungen. Danach können schwangere Frauen nicht auf Dienstreisen außerhalb des Bezirkes ihrer Arbeitsstätte geschickt und nur auf eigenen Wunsch versetzt werden. Diese Bestimmungen gelten auch für Frauen mit einem Kind unter acht Jahren und für alleinstehende Frauen mit einem Kind unter 15 Jahren. § 270 Abs. 2 ZP erweitert den durch § 154 ZP geschützten Personenkreis auf alle alleinstehenden Arbeitnehmerinnen und Arbeitnehmer, die ständig ein Kind betreuen bzw. nach § 270 Abs. 3 ZP eine überwiegend oder gänzlich hilflose Person betreuen.
Es handelt sich hier um eine Einschränkung des § 38 ZP, der das Recht des Arbeitgebers regelt, den Arbeitnehmer auf Dienstreise zu entsenden[369].
§ 155 ZP gestattet die Auflösung des Arbeitsverhältnisses mit einer Schwangeren bzw. einer Mutter mit einem bis zu drei Jahre alten Kind nur bei Auflösung oder Verlagerung des Unternehmens gemäß § 46 Abs.1 lit. a und b ZP sowie aus Gründen, die eine fristlose Kündigung nach § 53 ZP rechtfertigen.
Nur in diesen Fällen ist damit die Kündigung einer solchen Person möglich. Dies stellt eine Ausnahme vom Kündigungsverbot gemäß § 48 Abs. 1 lit. d ZP dar, wonach einer schwangeren Frau bzw. einer Mutter oder einem alleinstehenden Arbeitnehmer mit einem bis zu drei Jahre altem Kind nicht gekündigt werden darf. § 270 Abs. 2 ZP erweitert den geschützten Personenkreis auf alleinstehende Arbeitnehmer, die ständig ein Kind betreuen.
§ 156 Abs. 1 und 2 ZP enthält Bestimmungen zur Arbeitszeit. Danach ist der Arbeitgeber verpflichtet, dem Ersuchen Schwangerer und Frauen, die ein Kind bis zum Alter von 15 Jahren zu betreuen haben, um eine kürzere Arbeitszeit bzw. günstigere Arbeitszeiten nachzukommen, es sei denn, ernsthafte betriebliche Gründe stehen dem entgegen. Der Begriff „ernsthafte betriebliche Gründe" des Arbeitsgesetzbuchs ist auch in Durchführungsbestimmungen nicht näher definiert. In der Regel handelt es sich um technische oder organisatorische Gründe. In jedem konkreten Fall ist es zur Beurteilung, ob „ernst-

[366] ISAP, 6.1.97, Teil B, zu Art. 2 Rl. 76/207/EWG
[367] Oetker/ Preis-Eichinger, Europäisches Arbeits- und Sozialrecht, Systematische Darstellungen, 2000, B 4200, Rz. 68
[368] Tröster, Pracovní právo, Kommentar zu § 154 ZP
[369] Tröster, a.a.O., Kommentar zu § 38 ZP

hafte betriebliche Gründe" vorliegen, notwendig, den Umfang, die Organisation, Funktionsinhalt und Einteilung der Arbeit der Arbeitnehmerin sowie die Art der Tätigkeit des Arbeitgebers und die Möglichkeit einer Vertretung festzustellen[370].
Gemäß § 156 Abs. 3 ZP dürfen Schwangere und Mütter mit einem unter einjährigem Kind keine Nachtarbeit oder Überarbeit verrichten.
§§ 157 bis 160 ZP regeln den Mutterschaftsurlaub, wobei nach § 157 Müttern besonderer unbezahlter Urlaub bis zum dritten Lebensjahr des Kindes gewährt wird[371].
§161 ZP enthält Bestimmungen zu Pausen am Arbeitsplatz während der Stillzeit.
§§ 154, 154, 155, 156, 157, 161 ZP sind teilweise kompatibel mit Gemeinschaftsrecht[372]. Denn Art. 2 Abs. 3 der Rl. 76/207/EWG rechtfertigt eine Ungleichbehandlung wegen Mutterschutzes nur im Hinblick auf die Mutter-Kind-Beziehung und nicht allgemein im Hinblick auf die familiäre Verpflichtung der Frau schlechthin. Das heißt, dass Frauen nur im Zeitraum von Schwangerschaft und Entbindung sowie der darauf unmittelbar folgenden Zeit vom Schutzzweck der Richtlinie erfasst sind[373]. Damit sind die Bestimmungen der §§ 154, 155, 156 ZP nicht mit Gemeinschaftsrecht kompatibel, da sie besondere Ungleichbehandlungen von Frauen im Hinblick auf deren Kinder bis zum Alter von acht bzw. 15 Jahren gestatten.

(3) Besonderer Kündigungsschutz

§ 47 Abs. 2 ZP verpflichtet den Arbeitgeber, einer alleinstehenden Arbeitnehmerin oder einem alleinstehendem Arbeitnehmer im Falle betriebsbedingter oder personenbedingter Kündigung eine neue Beschäftigung zu gewährleisten, sofern ein jünger als 15 Jahre altes Kind betreut werden muss.
Gemäß § 48 Abs. 1 lit. d ZP besteht besonderer Kündigungsschutz für Schwangere und für die Arbeitnehmerin oder den alleinstehenden Arbeitnehmer bei ständiger Betreuung eines Kindes, das jünger als drei Jahre alt ist.
§§ 47 Abs. 2 und 48 Abs. 1 lit d ZP sind nicht mit Art. 2 Rl.76/207 kompatibel[374]. Denn § 47 Abs. 2 schützt einseitig nur alleinstehende Arbeitnehmerinnen oder Arbeitnehmer und § 48 Abs. 1 lit. d ZP differenziert willkürlich zwischen der Arbeitnehmerin und dem alleinstehenden Arbeitnehmer, indem der verheiratete Arbeitnehmer im Gegensatz zur verheirateten Arbeitnehmerin keinen besonderen Kündigungsschutz erfährt.

cc) Beschäftigungsgesetz

Gemäß § 1 Abs. 1 Gesetz Nr. 1/1991 Sb. hat jeder Bürger ein Recht auf Beschäftigung ohne Rücksicht auf sein Geschlecht.
Dies ist voll kompatibel mit Gemeinschaftsrecht[375]
Gemäß § 9 Abs. 1 lit. c Beschäftigungsgesetz wird bei der Beschäftigungssicherung erhöhte Fürsorge denjenigen Beteiligten an der Beschäftigung gewidmet, die dies aufgrund ihres Gesundheitszustands, Alters, Mutterschaft oder anderen ernsthaften Gründen benötigen. Dies sind neben den Arbeitnehmern, die ihre berufliche Qualifikation gemäß § 21 ändern, insbesondere schwangere Frauen, Arbeitnehmer, die ein weniger als

---

[370] Tröster, Pracovní právo, Kommentar zu § 156 ZP
[371] näher siehe unten zur Rl. 96/34/EG (Elternurlaub), S. 64 ff
[372] ISAP, 6.1.97, Teil B, zu Art. 2 Rl. 76/207/EWG
[373] Oetker/ Preis-Eichinger, Europäisches Arbeits- und Sozialrecht, Systematische Darstellungen, 2000, B 4200, Rz. 69
[374] ISAP, 6.1.97, Teil B, zu Art. 2 Rl. 76/207/EWG und §§ 47, 48 ZP
[375] so ISAP,3.1.97, Teil B, zu Art. 1 Rl. 76/207/EWG und Gesetz Nr. 1/1991 Sb.

15 Jahre altes Kind betreuen oder die über einen längeren Zeitraum ein von Krankheit betroffenes Familienmitglied, welches außergewöhnliche Pflege erfordert, betreuen.
Die gesteigerte Fürsorge zugunsten Schwangerer und Mütter mit einem unter 15 Jahre alten Kind ist mit Art. 2 Abs. 3 Rl.76/207 voll kompatibel[376].

3. Art. 3 (Gleichbehandlung beim u.a. Berufszugang)

a) Gemeinschaftsrecht

Gemäß Art. 3 verbietet der Gleichbehandlungsgrundsatz jede Diskriminierung aufgrund des Geschlechts beim Zugang zur Beschäftigung bzw. zum Arbeitsplatz und zu allen Stufen der beruflichen Rangordnung bzw. beim beruflichen Aufstieg. Berufliches Fortkommen soll also ausschließlich von objektiven Faktoren abhängen, wie berufliche Fähigkeiten und Erfahrungen des Arbeitnehmers. Insbesondere Schwangerschaft und Mutterschaft sollen keine negativen Auswirkungen auf Berufs- und Aufstiegschancen haben[377].

b) Darstellung des tschechischen Rechts und dessen Kompatibilität mit Gemeinschaftsrecht

Gemäß § 1 Abs. 1 Beschäftigungsgesetz Nr. 1/1991 Sb. hat jeder Bürger das Recht auf Beschäftigung ohne Rücksicht u. a. auf das Geschlecht.
Diese Regelung ist nur teilweise kompatibel mit Gemeinschaftsrecht, da nicht alle in Art. 3 der Richtlinie genannten Beschäftigungssituationen genannt werden[378].

4. Art. 4 (Gleichbehandlung bei der Berufsausbildung)

a) Gemeinschaftsrecht

Der Gleichbehandlungsgrundsatz wird gemäß Art. 4 auf den Zugang zu allen Arten und Stufen der Berufsberatung, Berufsbildung, berufliche Weiterbildung und Umschulung erstreckt. Die Berücksichtigung der Berufsausbildung ist Ergebnis eines Memorandums, das eine Analyse der Situation berufstätiger Frauen in der Gemeinschaft beinhaltet[379]. Darin wird festgestellt, dass die im Vergleich zu Männern schlechtere Lage von Frauen am Arbeitsmarkt darauf zurückzuführen ist, dass Mädchen und junge Frauen eine schlechtere Schul- und Vorbildung haben, insbesondere bedingt durch die familiäre Frühsozialisation, wonach die Konzentration von Frauen auf wenige typische Frauenberufe und die Beeinflussung des beruflichen Werdegangs durch Ehe- und Mutterschaft erfolgt[380], sowie durch die Tatsache einer geschlechtsorientierten Berufsberatung und der daraus folgenden Segmentierung des Arbeitsmarkts[381]. Eine Verwirklichung der

---

[376] ISAP, 3.1.97, Teil B, zu Art. 2 Rl. 76/207/EWG
[377] Begründungserwägungen: KOM (75) 36 endg. vom 12.2.1975, im Anschluss an das Memorandum zur Gleichbehandlung von Frauen und Männern im Arbeitsleben, KOM (75) 36 endg. vom 12.2.1975, S. 3
[378] ISAP, 3.1.97, Teil B, zu Art. 3 Rl. 76/207/EWG
[379] Gleichbehandlung von Frauen und Männern im Arbeitsleben, KOM (75) 36 endg. vom 12.2.1975
[380] a.a.O. KOM (75) 36 endg. vom 12.2.1975, S. 2, Punkt 5
[381] a.a.O. KOM (75) 36 endg. vom 12.2.1975, S. 10 f, Punkt 4 ff

Chancengleichheit bei der Beschäftigung könne nur erreicht werden, wenn diese schon bei der Ausbildung gewährleistet werde[382].

b) Darstellung des tschechischen Rechts und dessen Kompatibilität mit Gemeinschaftsrecht

Der sechste Titel des Arbeitsgesetzbuchs, der sich mit der Fürsorge um die Arbeitnehmer befasst, behandelt in seinem ersten Abschnitt die Qualifikation der Arbeitnehmer sowie deren Vertiefung.
Gemäß § 142 Abs. 1, Satz 1 ZP haben die Arbeitgeber die Aufgabe, Arbeitnehmer ohne Qualifikation bei Arbeitsantritt einzuschulen oder anzulernen. Gemäß Satz 2 ist den Arbeitnehmern darüber ein Zeugnis auszustellen.
§ 142 Abs. 2 ZP bestimmt, dass Arbeitnehmer eingeschult bzw. angelernt werden, wenn sie an einem anderen Arbeitsplatz tätig werden, eine andere Arbeit oder eine andere Art der Arbeit erhalten. Insbesondere hat die Umschulung bei Änderungen in der Arbeitsorganisation oder der Vornahme von Rationalisierungsmaßnahmen zu erfolgen.
Diese Regelung ist nur teilweise mit Art. 4 der Richtlinie kompatibel[383]. Denn es sind nicht alle Stufen der Berufsausbildung geregelt, da Bestimmungen zur Berufsberatung fehlen. Voll kompatibel hingegen ist die Berücksichtigung der Berufsbildung und der beruflichen Weiterbildung und Umschulung.

5. Art. 5 (Gleichbehandlung bei Arbeits- und Entlassungsbedingungen)

a) Gemeinschaftsrecht

Art. 5 Abs. 1 bestimmt, dass Männer und Frauen bezüglich der Arbeitsbedingungen wie auch der Entlassungsbedingungen ohne Diskriminierung aufgrund des Geschlechts gleich behandelt werden müssen.

aa) Arbeitsbedingungen

Art. 5 Abs. 2 sieht zu diesem Zweck die von den Mitgliedstaaten zu treffenden Maßnahmen vor. Danach haben die Mitgliedstaaten ihre Rechts- und Verwaltungsvorschriften auf Unvereinbarkeiten mit dem Gleichbehandlungsgrundsatz zu untersuchen (lit. a), sowie dafür zu sorgen, dass solche Unvereinbarkeiten in Tarifverträgen, Einzelarbeitsverträgen, Betriebsordnungen und Statuten der freien Berufe beseitigt werden (lit. b). Schließlich müssen nationale Vorschriften, die aus Schutzgründen eine Ungleichbehandlung bewirken, deren Schutzgedanke inzwischen aber überholt ist, revidiert werden, entsprechend ist bei den Tarifparteien darauf hinzuwirken (lit. c). Nationale Schutzgesetze sind daraufhin zu überprüfen, ob sie tradierte Rollenbilder aufrechterhalten und damit der Gleichberechtigung entgegenwirken[384]. Ferner ist zu hinterfragen, ob eine Schutzregelung trotz technischen Fortschritts und Arbeitsumstrukturierung aufrechterhalten werden muss[385]. Entsprechend hat der EuGH ein generelles Verbot der

[382] Begründunserwägungen: KOM (75) 36 endg. vom 12.2.1975, im Anschluss an das Memorandum, S. 3
[383] ISAP, 3.1.97, Teil B, zu Art. 4 Rl. 76/207/EWG
[384] Simitis, Europäisierung oder Renationalisierung des Arbeitsrechts, in: FS Kissel, 1994, S. 1102
[385] Oetker; Preis, Recht der Gleichbehandlung von Frauen und Männern in der Europäischen Union, 1996, S. 65

Nachtarbeit von Frauen aufgehoben[386]. Auch widerspricht es dem Gleichbehandlungsgrundsatz, Frauen vom bewaffneten Polizeidienst deshalb auszuschließen, weil die öffentliche Meinung einen stärkeren Schutz für Frauen als für Männer fordere[387].

bb) Entlassungsbedingungen

Gemäß Art. 5 Abs. 1 erstreckt sich das Gebot der Gleichbehandlung auch auf die Entlassungsbedingungen. Dies wird in der Richtlinie ausdrücklich erwähnt, da weibliche Arbeitsplätze bei Bedarf als erstes abgebaut würden und dies damit als besondere Geschlechtsdiskriminierung betont wird[388]. Der Begriff der „Entlassung" ist dabei weit auszulegen und umfasst alle Arten der Beendigung eines Arbeitsverhältnisses[389], etwa auch die Beendigung aufgrund einer Regelung über ein freiwilliges Ausscheiden des Arbeitnehmers[390] oder die Gewährung einer vorgezogenen Altersrente im Rahmen einer Massenentlassung[391].

cc) Unmittelbare Geltung

Sollte die Umsetzung dieser Bestimmung durch den Mitgliedstaat nicht ordnungsgemäß erfolgt sein, kann sich der einzelne direkt auf Art. 5 berufen. Denn die Norm ist hinreichend bestimmt, inhaltlich unbedingt und damit unmittelbar anwendbar[392].

b) Darstellung des tschechischen Rechts und dessen Kompatibilität mit Gemeinschaftsrecht

Gemäß der allgemeinen Norm zur Fürsorgepflicht des Arbeitgebers muss dieser nach § 39 Abs. 1 ZP die Arbeits- und Lebensbedingungen der Arbeitnehmer verbessern durch Umsetzung wissenschaftlich-technischer Erkenntnisse, Automatisierung, Vervollkommnung der Arbeitsorganisation, Beseitigung von risikoreichen, anstrengenden und eintönigen Arbeiten und Ausgestaltung von Arbeitsstätte, Maschinen und Arbeitsmitteln sowie durch die Errichtung medizinischer Einrichtungen.
Diese Regelung ist voll kompatibel mit Gemeinschaftsrecht[393].
Für Frauen bestand ein Nachtarbeitsverbot, welches aber aufgehoben wurde. Schwangere Frauen und Mütter eines weniger als neun Monate alten Kindes werden aber weiterhin geschützt, indem sie einen Anspruch gegenüber dem Arbeitgeber auf Versetzung in eine Tagesschicht haben[394].
Diese Regelung ist voll kompatibel mit Gemeinschaftsrecht.

386 EuGH, 25.7.1991, Rs. C-345/89 (Stoeckel), Slg. 1991, S. I-4047; EuGH, 3.2.1994, Rs. 13/93 (Minne), Slg. 1994, S. I-371
387 EuGH, 15.5.1986, Rs. 222/84 (Johnston), Slg. 1986, S. 1651
388 Begründungserwägungen: KOM (75) 36 endg. vom 12.2.1975, im Anschluss an das Memorandum, S. 3
389 EuGH, 16.2.1982, Rs. 19/81 (Burton), Slg. 1982, S. 555; EuGH, 26.2.1986, Rs. 151/84 (Roberts), Slg.1986, S. 703
390 EuGH, 16.2.1982, Rs. 19/81 (Burton), Slg. 1982, S. 555
391 EuGH, 26.2.1986, Rs. 151/84 (Roberts), Slg. 1986, S. 703
392 EuGH, 26.2.1986, Rs. 152/84 (Marshall-I), Slg. 1986, S. 723
393 ISAP, 3.1.97, Teil B, zu Art. 5 Rl. 76/207/EWG
394 Tröster, Pracovní právo, Kommentar zu § 37 ZP, lit. f

6. Art. 6 (Eröffnung des Rechtswegs)

a) Gemeinschaftsrecht

Gemäß Art. 6 muss bei einer möglichen Verletzung der Artt. 3, 4 und 5 der Richtlinie der Rechtsweg für die beschwerte Person offenstehen, damit diese ihre Rechte gerichtlich geltend machen kann[395].
Effektiver Rechtsschutz im Sinne der Richtlinie erfordert darüber hinaus das Vorliegen einer geeigneten Sanktion im Falle eines Verstoßes gegen den Gleichbehandlungsgrundsatz, damit ein tatsächlicher und effektiver Rechtsschutz gewährleistet ist[396]. Die Wahl des Sanktionsmittel steht den Mitgliedstaaten frei[397].

b) Darstellung des tschechischen Rechts und dessen Kompatibilität mit Gemeinschaftsrecht

Gemäß § 207 ZP entscheiden die Gerichte bei Streitigkeiten zwischen Arbeitgeber und Arbeitnehmer bei Ansprüchen aus dem Arbeitsverhältnis.
Hingegen sind keine besonderen Sanktionen aus dem Gesetz ersichtlich, wonach bei Verletzung des Gleichbehandlungsgrundsatzes etwa eine Entschädigung zu zahlen wäre.
§ 207 ZP ist insofern voll kompatibel mit Gemeinschaftsrecht, als überhaupt Stellen bezeichnet sind, an die sich beschwerte Personen wenden können[398]. Nicht kompatibel ist das Fehlen einer gesetzlichen Regelung von Sanktionen[399].

7. Art. 7 (Entlassungsschutz)

a) Gemeinschaftsrecht

Nach Art. 7 sind Arbeitnehmer vor Entlassung zu schützen, die im Zusammenhang mit der Beschwerde oder Klage des Arbeitnehmers wegen Verletzung des Gleichbehandlungsgrundsatzes erfolgen könnte.

b) Darstellung des tschechischen Rechts und dessen Kompatibilität mit Gemeinschaftsrecht

§ 46 ZP enthält eine abschließende Liste mit arbeitgeberseitigen Kündigungsgründen, eine Kündigung wegen gerichtlicher Geltendmachung des Rechts auf Gleichbehandlung ist also ausgeschlossen[400].
Diese Regelung ist voll kompatibel mit Gemeinschaftsrecht[401].

---

395 EuGH, 15.5.1986, Rs. 222/84 (Johnston), Slg. 1986, S. 1651
396 EuGH, 10.4.1984, Rs. 14/83 (Colson und Kamann), Slg. 1984, S. 1891; EuGH, 10.4.1984, Rs. 79/83 (Deutsche Tadax), Slg. 1984, S. 1921
397 EuGH, 10.4.1984, Rs. 14/83 (Colson und Kamann), Slg. 1984, S. 1891; EuGH, 10.4.1984, Rs. 79/83 (Deutsche Tadax), Slg. 1984, S. 1921
398 ISAP, 3.1.97, Teil B, zu Art. 6 Rl. 76/207/EWG
399 vgl. hierzu oben S. 54
400 s.o. S. 53
401 ISAP, 3.1.97, Teil B, zu Art. 7 Rl. 76/207/EWG

8. Art. 8 (Bekanntmachung)

a) Gemeinschaftsrecht

Gemäß Art. 8 sind die sich auf diese Richtlinie beziehenden Vorschriften den Arbeitnehmern in geeigneter Form bekannt zu machen, beispielsweise in den Betrieben.

b) Darstellung des tschechischen Rechts und dessen Kompatibilität mit Gemeinschaftsrecht

Gemäß § 28 ZP ist der Arbeitgeber verpflichtet, den Arbeitnehmer vor Abschluss des Arbeitsvertrags über seine Rechte und Pflichten aus dem Arbeitsvertrag sowie über seine Arbeits- und Lohnbedingungen zu belehren.
§ 35 Abs. 2 ZP sieht die Belehrung des Arbeitnehmers durch den Arbeitgeber über die Vorschriften zum Arbeitnehmerschutz vor.
§§ 122, 18, 22, 23 ZP sehen die Beteiligung der Gewerkschaftsorgane bei der Durchführung der Lohnmaßnahmen und sonstiger Arbeitsbedingungen vor[402].
§§ 28, 35 Abs. 2, 122, 18, 22, 23 ZP sind nur teilweise mit Art. 7 Rl. 75/117/EWG kompatibel[403]. Es müsste ausdrücklich eine Informationspflicht in das Gesetz aufgenommen werden, die sich auf die Rechte der Arbeitnehmer im Zusammenhang mit dem Gleichbehandlungsgrundsatz erstreckt.
Daher sieht der Regierungsentwurf vor, diese Informationspflicht über den Arbeitsvertrag und die Arbeits- und Lohnbedingungen hinaus auf die § 1 Abs. 3 und 4 sowie auf § 7 Abs. 2 bis 6 ZP zu erstrecken[404].
Damit ist der neue § 28 ZP mit Gemeinschaftsrecht voll kompatibel.

III. Tschechisches Arbeitsrecht und Rl. 96/34/EG (Elternurlaub)

Im folgenden sollen die einzelnen Paragrafen der Rahmenvereinbarung untersucht werden. Sie sind als Anhang der eigentlichen Richtlinie beigefügt[405].

1. § 1 (Ziel und Anwendungsbereich)

a) Gemeinschaftsrecht

Die Richtlinie legt Mindestanforderungen fest, um die Vereinbarkeit von Berufs- und Familienleben erwerbstätiger Eltern zu erleichtern, Ziff. 1 der Rahmenvereinbarung. Sie gilt für alle Arbeitnehmer, die über einen Arbeitsvertrag verfügen oder in einem Arbeitsverhältnis stehen, Ziff. 2. Es werden damit von der Richtlinie Arbeitnehmer in privatrechtlichen und öffentlichrechtlichen Arbeitsverhältnissen gleichermaßen erfasst[406].

---

402 s.o. S. 54
403 ISAP, 3.1.97, Teil B, zu Art.8 Rl. 76/207/EWG
404 Regierungsentwurf vom 15.12.1999, Punkt 16 zu § 28 ZP, in: www.mpsv.cz/scripts/1aktuality/zakonik_prace/default.asp, Abfrage vom 20.1.2000, sowie Begründungsbericht, besonderer Teil, zu Punkt 16 zu § 28 ZP des Regierungsentwurfs vom 15.12.1999, in: www.mpsv.cz/scripts/1aktuality/zakonik_prace/zvlastni.asp, Abfrage vom 20.1.2000
405 zur Einführung s.o. S. 43
406 Blanpain, European Labour Law, 1999, S. 314, Rz. 509

b) Darstellung des tschechischen Rechts und dessen Kompatibilität mit Gemeinschaftsrecht

Das geltende tschechische Arbeitsrecht kennt kein vom Mutterschutz getrenntes Institut des Elternurlaubs[407]. Dies ist nicht kompatibel mit Gemeinschaftsrecht. Daher soll gemäß dem Regierungsentwurf[408] ins ZP eine neue Überschrift eingefügt werden, „Mutterschafts- und Elternurlaub“, §§ 157 – 160 ZP, mit entsprechenden einschlägigen Regelungen. Daher werden allgemein Probleme bei der Umsetzung der Richtlinie in die tschechische Rechtsordnung erwartet, da es sich um ein völlig neues Rechtsinstitut handelt[409].

2. § 2 Zif. 1 (Recht auf Elternurlaub)

a) Gemeinschaftsrecht

Zif. 1 der Vereinbarung räumt erwerbstätigen Männern und Frauen ein individuelles Recht auf Elternurlaub ein für den Fall der Geburt oder Adoption eines Kindes. Zweck des Urlaubs ist, dass sich die Eltern mindestens für drei Monate um das Kind kümmern können. Begrenzt ist dieser Anspruch bis zu einem bestimmten Alter des Kindes, wobei das Alter des Kindes bis zu acht Jahren gehen kann, je nach mitgliedstaatlicher Regelung.

b) Darstellung des tschechischen Rechts und dessen Kompatibilität mit Gemeinschaftsrecht

Im geltenden Recht ist bisher nur der Mutterschaftsurlaub geregelt (aa), der Elternurlaub soll neu ins ZP eingefügt werden (bb). Vergleichbar zum Elternurlaub war der sog. erweiterte Mutterschaftsurlaub, § 157 Abs. 2 ZP, wonach der Mutter auf Verlangen vom Arbeitgeber Urlaub zur mütterlichen Pflege des Kindes gewährt werden musste und dies bis zum Alter des Kindes von drei Jahren. Dieser erweiterte Mutterschaftsurlaub soll durch den Elternurlaub ersetzt werden[410].

aa) Mutterschaftsurlaub

Gemäß § 157 Abs. 1 ZP hat eine Frau im Zusammenhang mit der Geburt und der Betreuung ihres Kindes Anspruch auf Mutterschaftsurlaub für eine Dauer von 28 Wochen, wobei sich dieser Zeitraum auf 37 Wochen verlängert, wenn die Frau zwei oder mehr Kinder geboren hat oder es sich um eine alleinstehende Frau handelt.
Auf Verlangen der Mutter ist ihr weiterer Mutterschaftsurlaub zur Pflege des Kindes bis zu dessen Alter von drei Jahren zu gewähren, Abs. 2.

---

[407] ISAP, 15.5.97, Teil A zu Rl. 96/34/EG
[408] Regierungsentwurf vom 15.12.1999, Punkt 97, in: www.mpsv.cz/scripts/1aktuality/zakonik_prace/default.asp, Abfrage vom 20.1.2000
[409] ISAP, 12.5.97, Teil A
[410] Begründungsbericht zum Regierungsentwurf vom 15.12.1999, Besonderer Teil, Punkte 96 und 97, in: www.mpsv.cz/scripts/1aktuality/zakonik_prace/default.asp, Abfrage vom 20.1.2000

Gemäß Abs. 3 hat die Mutter für die Zeit des Mutterschaftsurlaub nach Abs. 1 und des Mutterschaftsurlaubs nach Abs. 2 keinen Anspruch auf Lohn. Ihre materielle Versorgung übernimmt in dieser Zeit die Krankenversicherung.
Die Ansprüche nach § 157 Abs. 1 und 2 ZP hat gemäß § 160 ZP auch eine Frau, die kraft Entscheidung der zuständigen Behörde ein Adoptivkind übernimmt oder ein Kind übernimmt, dessen Mutter gestorben ist, Abs. 1. Gemäß Abs. 2 beträgt der Mutterschaftsurlaub eine Länge von 22 Wochen ab Übernahme eines Kindes. Übernimmt die Mutter zwei oder mehr Kinder oder ist sie alleinstehend, so erhöht sich der Mutterschaftsurlaub auf 31 Wochen ab Übernahme, höchstens jedoch bis zum Alter des Kindes von acht Monaten.
Im Zusammhang mit der Regelung des Lohnes bei Arbeitsverhinderung des Arbeitnehmers[411] ist die Arbeitnehmerin für die Zeit des Mutterschaftsurlaubes für die Abwesenheit vom Arbeitsplatz entschuldigt, § 127 Abs. 1 ZP, ebenso für die Zeit des weiteren Mutterschaftsurlaubs bis zum Alter des Kindes von drei Jahren, Abs. 2. In beiden Fällen hat die Mutter keinen Anspruch auf Lohn.
Diese Regelung ist nur teilweise kompatibel mit Gemeinschaftsrecht[412]. Nicht kompatibel ist, dass Väter von dieser Regelung ausgeschlossen sind, Elternurlaub mithin nicht geregelt ist.
Der Regierungsentwurf[413] sieht eine Neufassung des § 157 ZP vor. Abs. 1 soll unverändert bleiben, das heißt die Dauer des Mutterschaftsurlaub beträgt weiterhin 28 bzw. 37 Wochen. Gemäß Abs. 2 beginnt der Mutterschaftsurlaub sechs Wochen vor dem erwarteten Tag der Entbindung, frühestens aber acht Wochen vor diesem Tag. Abs. 3 bis 5 enthalten weitere Einzelbestimmungen zur Länge des Mutterschaftsurlaubs. Mutterschaftsurlaub wird auch im Falle der Annahme eines Kindes gewährt, § 160 Abs. 1 ZP. Dieser beträgt ab Übernahme des Kindes 22 Wochen, begrenzt durch das Höchstalter des Kindes von acht Monaten; nimmt die Frau mehr als ein Kind an, erhöht er sich auf 31 Wochen, § 160 Abs. 2 ZP[414].

bb) Neuregelung des Elternurlaubs

§ 158 ZP-Entwurf[415] trägt die Überschrift „Elternurlaub". Gemäß Satz 1 ist der Arbeitgeber verpflichtet, der Arbeitnehmerin oder dem Arbeitnehmer auf deren bzw. dessen Gesuch Elternurlaub zu gewähren. Zweck des Elternurlaubs ist die vertiefte Sorge um das Kind. Elternurlaub wird dabei bis zu einem Alter des Kindes von drei Jahren gewährt. Gemäß Satz 2 wird Elternurlaub der Mutter des Kindes nach Beendigung des Mutterschaftsurlaubs gewährt[416]. Der Vater erhält Elternurlaub nach Geburt des Kindes. Der Umfang des Elternurlaubs bestimmt sich nach dem Verlangen der Eltern.
Gemäß § 159 ZP-Entwurf (Mutterschafts- und Elternurlaub bei der Annahme eines Kindes) steht Elternurlaub auch der Arbeitnehmerin bzw. dem Arbeitnehmer zu bei Annahme eines Pflegekindes aufgrund der Entscheidung des zuständigen Organs oder bei Annahme eines Kindes, dessen Mutter verstorben ist, § 159 Abs. 1 ZP-Entwurf. Der

[411] §§ 124-130 ZP
[412] ISAP, 12.5.97, Teil B, zu § 2 Zif.1 der Vereinbarung
[413] Regierungsentwurf vom 15.12.1999, Punkt 97, in: www.mpsv.cz/scripts/1aktuality/zakonik_prace/default.asp, Abfrage vom 20.1.2000
[414] Die geplante Neufassung des § 160 ZP als § 159 ZP-Entwurf führt inhaltlich zu keinen Änderungen, vgl. den Regierungsentwurf vom 15.12.1999, Punkt 97, in: www.mpsv.cz/scripts/1aktuality/zakonik_prace/default.asp, Abfrage vom 20.1.2000
[415] Regierungsentwurf vom 15.12.1999, Punkt 97, in: www.mpsv.cz/scripts/1aktuality/zakonik_prace/default.asp, Abfrage vom 20.1.2000
[416] gemäß § 157 Abs. 1 ZP ist dies regelmäßig nach 28 Wochen ab der Geburt des Kindes

Elternurlaub beginnt mit Annahme des Kindes und dauert höchstens bis zum Alter des Kindes von drei Jahren, § 159 Abs. 3 ZP-Entwurf.
Diese Neuregelung ist voll kompatibel mit Gemeinschaftsrecht. Insbesondere erfüllt sie die Mindestanforderungen gemäß § 2 Zif. 1 der Vereinbarung, wonach Elternurlaub Männern und Frauen als individuelles Recht für den Fall der Geburt oder Adoption und für eine Dauer von mindestens drei Monaten zusteht.

3. § 2 Zif. 2 (Nichtübertragbarkeit des Elternurlaubs)

a) Gemeinschaftsrecht

Das Recht auf Elternurlaub ist grundsätzlich nicht übertragbar. Nimmt also ein Elternteil seinen dreimonatigen Urlaub nicht in Anspruch, so verfällt dieser[417]. Damit soll die Chancengleichheit und Gleichbehandlung von Männern und Frauen gefördert werden, indem jeder Elternteil seinen Teil des Urlaubs nimmt und nicht etwa die Frau oder der Mann allein einen sechsmonatigen Urlaub[418].

b) Darstellung des tschechischen Rechts und dessen Kompatibilität mit Gemeinschaftsrecht

Im tschechischen Recht gibt es keine entsprechende Regelung[419]. Auch aus dem Regierungsentwurf ist nicht ersichtlich, dass Elternurlaub nicht übertragen werden darf. Diese nicht ausdrücklich festgeschriebene Unübertragbarkeit des Elternurlaubs ist mit Gemeinschaftsrecht nicht kompatibel, da ein Elternteil alleine den gesamten Urlaub nehmen könnte und dies dem Grundsatz der Chancengleichheit widerspräche.

4. § 2 Zif. 3 (Voraussetzungen und Modalitäten für die Inanspruchnahme des Elternurlaubs)

a) Gemeinschaftsrecht

§ 2 Zif. 3 lit. a-f überlassen es den Mitgliedstaaten, per Gesetz und/oder tarifvertraglich die Umstände für die Inanspruchnahme des Elternurlaubs unter Beachtung der Mindestanforderungen der Richtlinie zu regeln.

b) Darstellung des tschechischen Rechts und dessen Kompatibilität mit Gemeinschaftsrecht

Besondere Regelungen im Sinne der Richtlinie wurden im Regierungsentwurf zur Regelung des Elternurlaubs nicht gesetzlich festgelegt. Dies ist auch nicht nötig im Hinblick auf die Kompatibilitätsuntersuchung, da Voraussetzungen und Modalitäten für die Inanspruchnahme des Elternurlaubs den Mitgliedstaaten zu regeln vorbehalten bleibt, vgl. § 2, Zif. 3 der Vereinbarung.

---

[417] Schiek, Europäisches Arbeitsrecht, 1997, S. 208
[418] Blanpain, European Labour Law, 1999, S. 313, Rz. 506
[419] ISAP, 12.5.97, Teil B, zu § 2 Zif.2 der Vereinbarung

5. § 2 Zif. 4 (Schutz vor Entlassungen)

a) Gemeinschaftsrecht

Zur Sicherung des Rechts auf Elternurlaub müssen die Mitgliedstaaten Maßnahmen treffen, die Arbeitnehmer schützen, welche einen Antrag auf Elternurlaub oder dessen Inanspruchnahme gestellt haben.

b) Darstellung des tschechischen Rechts und dessen Kompatibilität mit Gemeinschaftsrecht

§ 46 ZP enthält eine abschließende Liste mit arbeitgeberseitigen Kündigungsgründen. Eine Kündigung wegen gerichtlicher Geltendmachung des Rechts auf Elternurlaub wäre deshalb ausgeschlossen, weil sich kein entsprechender Kündigungsgrund in § 46 ZP findet[420].

Ein besonderes Kündigungsverbot besteht gemäß § 48 Abs. 1 lit. d ZP für Arbeitnehmerinnen und alleinstehende Arbeitnehmer, die dauerhaft mindestens ein Kind betreuen, das jünger als drei Jahre ist. Würde bei einer erfolgten Kündigung vor Beginn der Schutzzeit die Kündigung in den Zeitraum der Schutzzeit fallen, so unterbricht die Schutzzeit den Lauf der Kündigungsfrist, so dass die Kündigung erst nach Ende der Schutzzeit wirksam wird, Abs. 2.

Ausnahmen von diesem besonderen Kündigungsverbot des § 48 ZP enthält § 49 ZP. Gemäß § 49 lit. a ZP sind Arbeitnehmerinnen und Arbeitnehmer für Fälle der Kündigung aufgrund organisatorischer Änderungen, vgl. § 46 Abs. 1, lit. a, b ZP, nicht geschützt. Hingegen bleiben Arbeitnehmerinnen im Mutterschaftsurlaub vor Kündigungen, die aus Gründen erfolgen, in denen eine fristlose Kündigung gerechtfertigt ist, geschützt, können also nicht fristlos gekündigt werden, § 49 lit. b ZP.

Ebenso sind Arbeitnehmerinnen oder Arbeitnehmer, die ein Kind im Alter bis zu drei Jahren betreuen, nicht kündbar aus Gründen der Verletzung der Arbeitsdisziplin, § 46 Abs. 1 lit. f ZP.

Diese Regelungen sind nur teilweise kompatibel mit Gemeinschaftsrecht[421], da eine Bestimmung fehlt, die auch Väter in den Schutzbereich des Kündigungsverbots des § 48 Abs. 1 lit. d ZP aufnimmt, mit anderen Worten auch ein Kündigungsverbot im Elternurlaub ausspricht.

Entsprechend sieht der Regierungsentwurf vor, § 48 Abs. 1 lit. d ZP dahingehend zu ergänzen, dass das besondere Kündigungsverbot auch für die Zeit gilt, in der der Arbeitnehmer oder die Arbeitnehmerin für mindestens ein jünger als drei Jahre altes Kind sorgt[422].

---

[420] s.o. S. 53

[421] ISAP, 12.5.97, Teil B, zu § 2 Zif. 4 der Vereinbarung

[422] Regierungsentwurf vom 15.12.1999, Punkt 94, in: www.mpsv.cz/scripts/1aktuality/zakonik_prace/default.asp, Abfrage vom 20.1.2000

6. § 2 Zif. 5 (Recht auf Rückkehr an den Arbeitplatz)

a) Gemeinschaftsrecht

Nach Ende des Elternurlaubs hat der Arbeitnehmer Anspruch auf Rückkehr an seinen alten Arbeitsplatz, hilfsweise Anspruch auf gleichwertige oder ähnliche Arbeit entsprechend seinem Arbeitsvertrag oder Arbeitsverhältnis.

b) Darstellung des tschechischen Rechts und dessen Kompatibilität mit Gemeinschaftsrecht

Nach § 35 Abs. 1 lit. a ZP ist der Arbeitgeber mit Beginn des Arbeitsverhältnisses u. a. verpflichtet, dem Arbeitnehmer Arbeit entsprechend seinem Arbeitsvertrag zuzuweisen und die durch Gesetz, Tarif- oder Arbeitsvertrag festgelegten Arbeitsbedingungen einzuhalten.
Gemäß § 147, Satz 1 ZP hat der Arbeitgeber der aus dem Mutterschaftsurlaub zurückkehrenden Arbeitnehmerin ihren ursprünglichen Arbeitsplatz zuzuweisen. Ist dies nicht möglich, so ist der Arbeitnehmerin eine andere, dem Arbeitsvertrag vergleichbare Arbeit zuzuweisen, Satz 2.
Diese Bestimmung ist nur teilweise kompatibel mit Gemeinschaftsrecht[423], da die Regelung des Elternurlaubs nicht berücksichtigt ist. Entsprechend sieht der Regierungsentwurf vor, das Recht der Rückkehr auf den alten Arbeitsplatz, hilfsweise die Zuweisung vergleichbarer Arbeit, auf Arbeitnehmer nach Beendigung des Elternurlaubs auszudehnen[424].

7. § 2 Zif. 6 (Erhalt erworbener Rechte)

a) Gemeinschaftsrecht

Die Rechte, die der Arbeitnehmer oder die Arbeitnehmerin zu Beginn des Elternurlaubs erworben hat oder im Begriff zu erwerben war, bleiben danach bis zum Ende des Elternurlaubs bestehen.

b) Darstellung des tschechischen Rechts und dessen Kompatibilität mit Gemeinschaftsrecht

Diesbezüglich ist keine Regelung im tschechischen Recht ersichtlich. Dies ist nicht kompatibel mit Gemeinschaftsrecht. Daher sollte § 147 ZP dahingehend ergänzt werden, dass neben des Rechts auf Rückkehr an den Arbeitsplatz auch die erworbenen Rechte aufrechterhalten werden.

---

[423] ISAP, 12.5.97, Teil B, zu § 2 Zif. 5 der Vereinbarung
[424] Regierungsentwurf vom 15.12.1999, Punkt 93, in: www.mpsv.cz/scripts/1aktuality/zakonik_prace/default.asp, Abfrage vom 20.1.2000

8. § 2 Zif. 7 (Status des Arbeitsvertrages oder –verhältnisses während des Elternurlaubs)

a) Gemeinschaftsrecht

Es bleibt den Mitgliedstaaten überlassen, den Status zu bestimmen, den der Arbeitsvertrag oder das Arbeitsverhältnis während des Elternurlaubs einnimmt.

b) Darstellung des tschechischen Rechts und dessen Kompatibilität mit Gemeinschaftsrecht

§ 127 ZP regelt wichtige persönliche Arbeitsverhinderungen auf Arbeitnehmerseite, wonach der Arbeitnehmer für die Abwesenheit am Arbeitsplatz entschuldigt ist und er vom Arbeitgeber keinen Entgeltanspruch hat. Im geltenden Recht ist u.a. die Zeit des Mutterschaftsurlaubes eine solche Arbeitsverhinderung. Gemäß dem Regierungsentwurf soll auch der Elternurlaub als solche Arbeitsverhinderung gelten[425].

9. § 2 Zif. 8 (Sozialversicherungstechnische Fragen)

a) Gemeinschaftsrecht

Sozialversicherungstechnische Fragen bestimmen sich nach nationalem Recht, wobei eine Kontinuität bezüglich der Deckung der Ansprüche aus den verschiednenen Sozialversicherungen herzustellen ist, was insbesondere die Gesundheitsfürsorge betrifft.

b) Darstellung des tschechischen Rechts und dessen Kompatibilität mit Gemeinschaftsrecht

Gemäß § 127 ZP wird die materielle Versorgung für die Zeit des Mutterschaftsurlaubs nach den Rechtsvorschriften über die Krankenversicherung geregelt. Der Regierungsentwurf sieht eine Änderung dahingehend vor, als der Anspruch auf Leistungen aus der Krankenversicherung und der staatlichen Sozialfürsorge für die Zeit des Elternurlaubs gemäß besonderer Rechtsvorschriften geregelt wird[426].

10. § 3 (Fernbleiben von der Arbeit aufgrund höherer Gewalt)

a) Gemeinschaftsrecht

Nach § 3, Zif. 1 der Vereinbarung ist der Arbeitnehmer berechtigt, von der Arbeit aus dringenden familiären Gründen bei Krankheiten oder Unfällen (höhere Gewalt) fernzubleiben, wenn diese die sofortige Anwesenheit des Arbeitnehmers erfordern.

---

[425] Regierungsentwurf vom 15.12.1999, Punkt 78, in: www.mpsv.cz/scripts/1aktuality/zakonik_prace/default.asp, Abfrage vom 20.1.2000

[426] Regierungsentwurf vom 15.12.1999, Punkt 79, in: www.mpsv.cz/scripts/1aktuality/zakonik_prace/default.asp, Abfrage vom 20.1.2000

Zif. 2 eröffnet die Möglichkeit u.a. einer Begrenzung der Dauer der Abwesenheit von der Arbeit pro Jahr und Fall.

b) Darstellung des tschechischen Rechts und dessen Kompatibilität mit Gemeinschaftsrecht

Nach § 127 Abs. 1, Satz 1 ZP ist der Arbeitnehmer im Falle der Abwesenheit von der Arbeit entschuldigt, u.a. wegen Krankheit, Unfall, Kuraufenthalt, Aufnahme in eine Gesundheitsanstalt, Quarantäne, Pflege eines kranken Familienmitglieds, Betreuung eines jünger als zehn Jahre alten Familienmitglieds, sofern eine anderweitige Betreuung durch die Erziehungseinrichtung oder sonstiger, das Kind normalerweise betreuender Personen, nicht möglich ist.
Diese Bestimmung ist voll kompatibel mit Gemeinschaftsrecht[427].

[427] ISAP, 12.5.97, Teil B, zu § 3 der Vereinbarung; vgl. auch die zusammenfassende Schlussbetrachtung, S. 221

Fünftes Kapitel: Sozialer Schutz der Arbeitnehmer bei Strukturänderungen von Unternehmen

A. Einführung in die maßgeblichen Rechtsnormen des Gemeinschaftsrechts und des tschechischen Rechts

I. Gemeinschaftsrecht

1. Einführung

Strukturänderungen von Unternehmen[428] können als Umstrukturierungen, Fusionen, Übernahmen, Massenentlassungen oder Konkursen auftreten bzw. diese zur Folge haben. Diese Begleiterscheinungen des größer werdenden gemeinsamen Marktes bzw. der heutigen Globalisierung sollte für die Arbeitnehmer sozial verträglicher gestaltet werden[429]. So verpflichtete sich der Rat gemäß der Entschließung vom 21.1.1974[430], über eine Richtlinie zur Angleichung der Rechtsvorschriften der Mitgliedstaaten über Massenentlassungen zu entscheiden. Ferner sprach sich der Rat in dieser Entschließung für den Schutz der Arbeitnehmerinteressen aus, insbesondere in bezug auf die Aufrechterhaltung der Ansprüche und Vergünstigungen bei Zusammenschlüssen, Konzentrationen und Rationalisierungsmaßnahmen.

Die Gemeinschaftscharta der sozialen Grundrechte der Arbeitnehmer vom 9.12.1989[431] sieht vor, bestimmte Bereiche des Arbeitsrechts wie die Verfahren bei Massenentlassungen oder bei Konkursen auszugestalten und damit zu einer Verbesserung der Lebens- und Arbeitsbedingungen beizutragen, Zif. 7 der Charta. Nach Zif. 17 der Gemeinschaftscharta müssen Unterrichtung, Anhörung und Mitwirkung der Arbeitnehmer weiterentwickelt werden, insbesondere für Unternehmen und Unternehmenszusammenschlüsse mit Betriebsstätten bzw. Unternehmen in mehreren Mitgliedstaaten der Gemeinschaft. Zif. 18 der Gemeinschaftscharta sieht die rechtzeitige Unterrichtung, Anhörung und Mitwirkung u.a. bei der Umstrukturierung oder Verschmelzung von Unternehmen, wenn dadurch die Beschäftigung der Arbeitnehmer berührt wird, sowie bei Massenentlassungen, vor.

Im Aktionsprogramm der Kommission der Europäischen Gemeinschaften zur Anwendung der Gemeinschaftscharta der sozialen Grundrechte vom 29.11.1989[432] nimmt die Kommission u.a. Stellung zur Verbesserung der Lebens- und Arbeitsbedingungen, Zif. 3, und zu Unterrichtung, Anhörung und Mitwirkung der Arbeitnehmer, Zif. 7. Diese Ziele werden auch mittels nachfolgendem abgeleiteten Gemeinschaftsrecht verwirklicht.

---

[428] vgl. Blanpain, European Labour Law 1999, S. 334: Restructuring of Enterprises

[429] Blanpain, European Labour Law, 1999, S. 334, Rz. 548 = Blanpain; Schmidt, Europäisches Arbeitsrecht, 1996, S. 315, Rz. 439

[430] Entschließung des Rates Y74/0212/01/EWG über ein sozialpolitisches Aktionsprogramm, ABl. C 13, 12.2.1974, S.13

[431] KOM (89) 248 endg.

[432] KOM (89) 568 endg.

2. *Abgeleitetes Gemeinschaftsrecht*

Im Zuge der sog. „golden years for European labour law“[433] der 70er Jahre wurden zur Umsetzung der obengenannten Ziele im Bereich des Arbeitsrechts zwei Richtlinien erlassen[434]:

Rl. 98/59/EG[435] (entspricht Rl. 75/129/EWG) des Rates vom 20.7.1998 zur Angleichung der Rechtsvorschriften der Mitgliedstaaten über Massenentlassungen,

Rl. 77/187/EWG[436] des Rates vom 14.2.1977 zur Angleichung der Rechtsvorschriften der Mitgliedstaaten über die Wahrung von Ansprüchen der Arbeitnehmer beim Übergang von Unternehmen, Betrieben oder Betriebsteilen

a) Rl. 98/59/EG (Massenentlassung)

Die Richtlinie hat primär zum Ziel, den Wettbewerb vor Verfälschungen zu schützen. Das geht zum einen aus der Rechtsgrundlage für die Richtlinie hervor, Art. 94 EGV[437]. Zum anderen wird in den Erwägungsgründen der Präambel festgehalten, dass sich die unterschiedlichen innerstaatlichen Vorschriften bezüglich der Voraussetzungen und des Verfahrens für Massenentlassungen sowie bezüglich der Maßnahmen, die die Folgen der Massenentlassungen für die Arbeitnehmer mildern können, unmittelbar auf das Funktionieren des Binnenmarktes auswirken[438]. Der Rat erhoffte sich bei der Verabschiedung der Richtlinie positive Auswirkungen im Hinblick auf eine ausgewogene Global- und Regionalentwicklung[439]. Denn unterschiedliche arbeitsrechtliche Rahmenbedingungen können zu künstlichen Produktionsverlagerungen führen[440], die weniger auf wirtschaftliche Standortbewertungen als auf unterschiedliche rechtliche Rahmenbedingungen basieren, wie seinerzeit die Verlagerung von Produktionsstätten innerhalb des AKZO-Konzerns gezeigt hat[441]. Sekundär soll jedoch auch die Verbesserung des Arbeitnehmerschutzes in den Ländern erreicht werden, in denen der Gesetzgeber aufgrund der Richtlinie tätig werden muss[442]. So verweist die Präambel der Rl. 98/59/EG auf Art. 117 EGV, wonach eine Rechtsangleichung auf dem Wege des Fortschritts erreicht werden soll[443]. Ferner sollen die Lebens- und Arbeitsbedingungen der Arbeitnehmer in der EG verbessert werden, indem bestimmte Verfahren bei Massenentlassungen ausgestaltet und den Arbeitnehmern Unterrichtungs-, Anhörungs- und Mitwir-

---

433 Blanpain, European Labour Law, 1999, S. 334, Rz. 548

434 ferner wurde bezüglich des Arbeitnehmerschutzes bei der Umstrukturierung von Unternehmen die Rl. 80/987/EWG des Rates vom 20.10.1980 zur Angleichung der Rechtsvorschriften der Mitgliedstaaten über den Schutz der Arbeitnehmer bei Zahlungsunfähigkeit des Arbeitgebers erlassen, ABl. L 283, 28.10.80, S. 23. Die Richtlinie ist überwiegend sozialrechtlichen Inhalts, da sie die finanzielle Absicherung der Arbeitnehmer bezweckt. So erstreckt sich der Arbeitnehmerschutz auf die Sicherung des Arbeitsentgelts bei Zahlungsunfähigkeit des Arbeitgebers, die Sicherung der Arbeitnehmeransprüche aus betrieblicher Altersversorgung sowie der Arbeitnehmeransprüche aus der gesetzlichen Sozialversicherung bei arbeitgeberseitigem Ausfall, vgl. Schiek, Europäisches Arbeitsrecht, 1997, S. 27, 162. Die Richtlinie ist aufgrund des sozialrechtlichen Gehalts nicht Untersuchungsgegenstand der vorliegenden Arbeit, s.o. S. 2

435 ABl. L 225, 12.8.98, S. 16

436 ABl. L 61, 5.3.77, S. 26

437 vgl. die Präambel der Rl. 98/59/EG mit Verweis auf ex-Art. 100 EGV

438 Präambel der Rl. 98/59/EG, dritte und vierte Begründungserwägung

439 Becker, Die EG-Richtlinie zur Angleichung des Massenkündigungsschutzes, NJW 1976, S. 2057

440 Groeben; Thiesing; Ehlermann/ Pipkorn, EWGV, Vorbemerkung zu Artt. 117-122, Rz. 35

441 vgl. näher Steinmeyer, Harmonisierung des Arbeits- und Sozialrechts in der Europäischen Gemeinschaft. Eine Konsequenz aus der Schaffung eines einheitlichen Binnenmarktes, ZIAS 1989, S. 216

442 Stöckli, Schweizerisches Arbeitsrecht und europäische Integration, ZSR-NF, Bd. 112, 1993, S. 81

443 Präambel der Rl. 98/59/EG Abs. 7

kungsrechte eingeräumt werden[444]. Die sozialpolitische Zielsetzung der Richtlinie ergibt sich schließlich daraus, dass die Präambel der Rl. 98/59/EG in Abs. 5 auf die Entschließung des Rates vom 21.1.1974 über ein sozialpolitisches Aktionsprogramm verweist, welches die Angleichung der Rechtsvorschriften der Mitgliedstaaten über Massenentlassungen vorsieht[445].

b) Rl. 77/187/EWG (Betriebsübergang)

Die Richtlinie hat zunächst wettbewerbsrechtlichen Charakter und bezweckt die Vermeidung bzw. Verringerung von Wettbewerbsverfälschungen[446]. Dies kommt dadurch zum Ausdruck, dass die Richtlinie auf die Rechtsgrundlage des Art. 94 EGV gestützt wurde im Hinblick auf das Funktionieren des Binnenmarktes[447]. Ziel der Richtlinie ist, Unterschiede im Arbeitnehmerschutz in den verschiedenen Mitgliedstaaten abzubauen. Denn diese Unterschiede wirken sich nachteilig auf das Funktionieren des Gemeinsamen Marktes aus[448]. Daneben soll die Richtlinie aber auch die Wahrung der Arbeitnehmerrechte gewährleisten[449]. So wird Art. 117 EGV erwähnt, wonach die Rechtsvorschriften auf dem Wege des Fortschritts angeglichen werden sollen[450], wobei Art. 117 EGV keine eigenständige Kompetenzgrundlage ist[451]. Auch kann Art. 118a EGV nicht als Beleg dafür herangezogen werden, dass die Richtlinie primär den Arbeitnehmerschutz bei Betriebsübergang bezweckt, da Art. 118a EGV nur den Arbeitsschutz im Sinne der Sicherheit und Gesundheitsschutz der Arbeitnehmer regelt. Der Arbeitnehmerschutz wird als eigenes Ziel erst unter Zif. 3 des Aktionsprogramms zur Anwendung der Gemeinschaftscharta als Verbesserung der Lebens- und Arbeitsbedingungen der Arbeitnehmer genannt[452]. Dennoch wurde die Schutzfunktion der Richtlinie zugunsten der Arbeitnehmer vom EuGH dahingehend festgestellt, wonach die Richtlinie verhindern soll, dass sich Strukturänderungen des Binnenmarktes zum Nachteil der betroffenen Unternehmen auswirken[453].

II. Tschechisches Recht

1. Einführung

Im Zuge der wirtschaftlichen Transformation der ČR lagen die Hauptprobleme nicht auf dem Gebiet der Beschäftigung. Anfang der 1990er Jahre betrug die Arbeitslosigkeit zwischen 3 und 4 %, was beinahe Vollbeschäftigung bedeutete. Dennoch musste von einer hohen Rate bei der Überbesetzung von Arbeitsplätzen ausgegangen werden, also

---

[444] Präambel der Rl. 98/59/EG, sechste Begründungserwägung, unter Verweis auf die Gemeinschaftscharta der sozialen Grundrechte der Arbeitnehmer, Zif. 7 und Zif. 18, KOM (89) 248 endg.
[445] ABl. C 13 vom 12.2.1974, S. 1
[446] Stöckli, Schweizerisches Arbeitsrecht und europäische Integration, ZSR-NF, Bd. 112, 1993, S. 89
[447] Präambel der Rl. 77/187/EWG
[448] Dritte Begründungserwägung der Präambel der Rl. 77/187/EWG
[449] Zweite Begründungserwägung der Präambel der Rl. 77/187/EWG
[450] Fünfte Begründungserwägung der Präambel der Rl. 77/187/EWG
[451] Grabitz; Hilf/ Jansen, EGV, Art. 117, Rz. 3
[452] Grabitz; Hilf/ Jansen, EGV, Art. 117, Rz. 2 f
[453] EuGH, 7.2.1998, Rs. 135/83 (Abels), Slg. 1985, S. 469

von „versteckter" Arbeitslosigkeit[454]. Für das Jahr 2000 wird zwar mit einer Arbeitslosigkeit von ca. 7 % gerechnet, die aber als niedrigste Arbeitslosenquote aller MOEL kein ernstes wirtschaftliches oder politisches Problem der wirtschaftlichen Transformation darstelle[455]. Dennoch zeigt die Zunahme bei der Arbeitslosenstatistik, dass es sozialen Schutz für Arbeitnehmer im Falle von Massenentlassungen oder Betriebsübergang wohl bedarf.

2. *Maßgebliche Normen*

Einschlägige Vorschriften finden sich vor allem in folgenden Gesetzen:
Gesetz Nr. 65/1965 Sb. (ZP),
Gesetz Nr. 1/1991 Sb. (Beschäftigungsgesetz),
Gesetz Nr. 9/1991 Sb. (über Beschäftigung und Befugnisse der Organe der Tschechischen Republik im Bereich der Beschäftigung),
Gesetz Nr. 513/1991 Sb. (Handelsgesetzbuch)

B. Darstellung des tschechischen Rechts anhand der einzelnen Artikel der Richtlinien und Kompatibilitätsuntersuchung

I. Tschechisches Arbeitsrecht und Rl. 98/59/EG (Massenentlassung)

1. *Art.1 (Begriffsbestimmungen und Anwendungsbereich)*

a) Massenentlassungen

aa) Gemeinschaftsrecht

Der Begriff „Massenentlassungen" bestimmt den sachlichen Geltungsbereich der Richtlinie. Gemäß Art. 1 Abs. 1 lit. a liegt eine Massenentlassung vor, wenn innerhalb eines bestimmten Referenzzeitraums ein bestimmter Schwellenwert von entlassenen Arbeitnehmern überschritten wird. Dabei dürfen die Entlassungsgründe nicht in der Person des Arbeitnehmers liegen, was neben personenbedingten auch verhaltensbedingte Entlassungen erfasst[456]. Bezüglich der Referenzzeiträume können die Mitgliedstaaten wählen. Entscheiden sie sich für einen Referenzzeitraum von 90 Tagen, so liegt eine Massenentlassung vor, wenn mindestens 20 Arbeitnehmer entlassen werden. Bei der Wahl des Referenzzeitraums von 30 Tagen hängt der Schwellenwert von der Betriebsgröße ab, das heißt, bei Betrieben mit in der Regel mehr als 20 und weniger als 100 Arbeitnehmern liegt der Schwellenwert bei mindestens zehn Entlassungen, bei mehr als 100 und weniger als 300 Arbeitnehmern liegt der Schwellenwert bei mindestens 10 % der Beschäftigten und bei mehr als 300 Arbeitehmern ist der Schwellenwert bei mindestens 30 Entlassungen erreicht.

---

[454] Kosta, Die Transformation des Wirtschaftssystems in der Tschechoslowakei und den beiden Nachfolgestaaten, in: Pradetto, August (Hrsg.), Die Rekonstruktion Ostmitteleuropas, 1994, S. 185
[455] so Tröster, Wirtschaftliche, soziale und rechtliche Aspekte des Eintritts der Tschechischen Republik in die Europäische Union, in: JOR XL (1/1999), S. 28 f
[456] Schiek, Europäisches Arbeitsrecht, 1997, S. 143

Gemäß Art. 1 Abs. 1 der Richtlinie sind Beendigungen des Arbeitsvertrags auf Veranlassung des Arbeitgebers Massenentlassungen gleichzustellen, wenn sie zum einen nicht aus Gründen in der Person des Arbeitnehmers vorgenommen wurden und zum anderen mindestens fünf Personen betreffen[457]. Das heißt, bei der Berechnung der Anzahl der Massenentlassungen nach Art. 1 Abs. 1 lit. a werden nun auch vom Arbeitgeber veranlasste Aufhebungsverträge sowie Eigenkündigungen der Arbeitnehmer im Zusammenhang mit der Massenentlassung mitgezählt[458].

bb) Darstellung des tschechischen Rechts und dessen Kompatibilität mit Gemeinschaftsrecht

(1) Darstellung

Gemäß § 46 Abs. 1 lit. a-c ZP kann der Arbeitgeber dem Arbeitnehmer nur aus folgenden Gründen kündigen: bei Auflösung oder Verlagerung des Unternehmens oder eines Unternehmensteiles (lit. a), bei Unternehmensauflösung oder Übernahme eines Unternehmensteils, wenn das übernehmende Unternehmen keine Möglichkeit hat, den Arbeitnehmer gemäß dem Arbeitsvertrag weiter zu beschäftigen (lit. b), oder aufgrund der Änderung des Betriebszwecks oder der technischen Ausstattung, wegen Verringerung der Beschäftigtenzahl zur Erhöhung der Arbeitsproduktivität und schließlich aus anderen organisatorischen Gründen (alles lit. c).
Nach § 18 Abs. 2 lit. c ZP berät der Arbeitgeber mit dem zuständigen Gewerkschaftsorgan insbesondere Maßnahmen, die eine größere Anzahl von Arbeitnehmern betreffen.
Nach § 20 Abs. 1 Gesetz Nr. 1/1991 Sb. hat der Arbeitgeber, der beabsichtigt, einen strukturellen Wandel bzw. eine organisatorische oder Rationalisierungsmaßnahme durchzuführen, mit dem Ziel, Arbeitnehmer zu entlassen, rechtzeitig, das heißt regelmäßig drei Monate vor Durchführung der Maßnahme, das zuständige Gewerkschaftsorgan zu informieren. Dabei ist die Gewerkschaft insbesondere zu informieren über die Gründe der beabsichtigten Maßnahmen und über die Anzahl und Struktur der betroffenen Arbeitnehmer. Ferner sind mit der Gewerkschaft vorbeugende oder die beabsichtigte Entlassung von Arbeitnehmern begrenzende Maßnahmen, sowie Maßnahmen zur Milderung der Folgen einer Entlassung für die Arbeitnehmer, insbesondere die Möglichkeit deren Unterbringung auf einem anderen Arbeitsplatz mit einer anderen geeigneten Beschäftigung, zu erörtern. Der Arbeitgeber hat das zuständige Arbeitsamt darüber zu informieren.

(2) Kompatibilität

Die oben beschriebenen Regelungen sind nur teilweise kompatibel mit Gemeinschaftsrecht.
Voll kompatibel ist § 46 Abs. 1 lit. a-c ZP, wonach eine Kündigung aus nicht in der Person des Arbeitnehmers liegenden Gründen gerechtfertigt sein kann, was Art. 1 Abs. 1, lit. a der Richtlinie entspricht. Der Begriff „Massenentlassung" wird im Arbeitsgesetzbuch zwar nicht ausdrücklich erwähnt, fällt aber unter den Begriff der „Maßnahmen, die eine größere Anzahl von Arbeitnehmern betreffen" gemäß § 18 Abs. 2 lit. c

[457] Diese Erweiterung des Begriffs „Massenentlassung" erfolgte durch Änderung der Massenentlassungsrl. aufgrund Rl. 92/65/EWG, ABl. L 245, 26.8.1992, S. 3; vgl. zu den Änderungen Weiss, Die europarechtliche Regelung der Massenentlassung, RdA 1992, S. 367
[458] Schiek, Europäisches Arbeitsrecht, 1997, S. 144 f

ZP[459]. Ebenso nicht ausdrücklich erwähnt wird der Begriff „Massenentlassungen" in § 20 Abs. 1 Gesetz Nr. 1/1991 Sb., wo von der Durchführung des strukturellen Wandels bzw. einer organisatorischen oder Rationalisierungsmaßnahme mit dem Ziel, Arbeitnehmer zu entlassen, die Rede ist.
Das tschechische Arbeitsrecht genügt den Anforderungen der Richtlinie nur insoweit, als unter „Massenentlassungen" solche Entlassungen fallen, die ein Arbeitgeber aus Gründen, die nicht in der Person der Arbeitnehmer liegen, vornimmt.
Nicht kompatibel ist das Fehlen des in Art. 1 Abs. 1 lit.a der Richtlinie geforderten Referenzzeitraumes sowie des Schwellenwertes. Daher muss gesetzlich noch die Anzahl der Arbeitnehmer, bei der eine Massenentlassung vorliegt, eingearbeitet werden[460].

(3) Neuregelung

Der Regierungsentwurf sieht vor, Massenentlassungen im völlig neu zu schaffenden § 2 ZP zu regeln[461]. § 52 Abs. 1, Satz 1 ZP-Entwurf definiert zunächst die Massenentlassung. Danach liegt diese vor, wenn innerhalb eines Zeitraums von 30 Kalendertagen eine bestimmte Anzahl von Arbeitsverhältnissen beendet wird durch eine arbeitgeberseitige Kündigungserklärung aus den in § 46 Abs. 1 lit. a–c ZP genannten Gründen. Der Schwellenwert, bei dem die Kündigung von Arbeitnehmern als Massenentlassung eingestuft wird, liegt bei entweder zehn Arbeitnehmern bei Unternehmen von 20 bis 100 Beschäftigten (lit. a) oder bei 10 % der Arbeitnehmer bei Unternehmen von 101 bis 300 Beschäftigten (lit. b) oder schließlich bei 30 Arbeitnehmern bei Unternehmen mit mehr als 300 Beschäftigten (lit. c). Gemäß § 52 Abs. 1, Satz 2 ZP-Entwurf werden auch solche Beendigungen des Arbeitsverhältnisses bei der Berechnung des Schwellenwertes in Satz 1 lit. a–c mitgezählt, bei denen mindestens fünf Arbeitnehmer betroffen sind und mit denen der Arbeitgeber die Auflösung aus ähnlichen wie in Satz 1 genannten Gründen vereinbart.

b) Arbeitnehmervertreter

aa) Gemeinschaftsrecht

Der Begriff der Arbeitnehmervertreter wird in der Richtlinie nicht definiert, sondern es wird auf die Rechtsvorschriften oder die Praxis der Mitgliedstaaten verwiesen, Art. 1 Abs. 1 lit. b.

bb) Darstellung des tschechischen Rechts und dessen Kompatibilität mit Gemeinschaftsrecht

Gemäß § 18 Abs. 2 ZP ist der Arbeitnehmervertreter das jeweilige zuständige Gewerkschaftsorgan. Gemäß § 20 Abs. 1 Gesetz Nr. 1/1991 Sb. ist nur das zuständige Gewerkschaftsorgan zu informieren, andere Vertreter der Arbeitnehmer gibt es nicht[462].

---

[459] ISAP, 15.5.97, Teil B, zu Art. 1 Rl. 98/59/EG
[460] ISAP,15.5.97, Teil A, zu den Problemen der Abgleichung mit dem Gemeinschaftsrecht und den Konsequenzen aus der Überführung in die Tschechische Rechtsordnung.
[461] Regierungsentwurf vom 15.12.1999, Punkt 27, in: www.mpsv.cz/scripts/1aktuality/zakonik_prace/default.asp, Abfrage vom 20.1.2000; sowie Begründungsbericht, besonderer Teil, zu § 52 ZP des Regierungsentwurfs vom 15.12.1999, in: www.mpsv.cz/scripts/1aktuality/zakonik_prace/zvlastni.asp, Abfrage vom 20.1.2000
[462] ISAP, 15.5.97, Teil B, zu Art. 1 Rl. 98/59/EG

Dies ist insoweit voll kompatibel mit der Richtlinie, als gemäß Art. 1 Abs. 1 lit. b Rl. 98/59/EG sich der Begriff der „Arbeitnehmervertreter" nach den Rechtsvorschriften bzw. der Praxis der Mitgliedstaaten richtet.
Gibt es jedoch im Betrieb gar keine Gewerkschaft, so ist § 18 Abs. 2 ZP nicht anwendbar[463], das heißt der Arbeitgeber verhandelt mit niemandem und entscheidet selbst ohne Mitwirkung der Belegschaft[464]. Dies ist nicht mit Gemeinschaftsrecht kompatibel, da nach Rechtsprechung des EuGH in diesem Falle Arbeitnehmervertretungen zu schaffen sind[465].

c) Betrieb

aa) Gemeinschaftsrecht

Nicht legaldefiniert ist der Begriff des Betriebes nach Art.1 Abs. 1 lit. a. Hier hat der EuGH zu der Frage entschieden, wann mehrere Betriebe als ein einheitlicher Betrieb im Sinne der Richtlinie gelten. Danach wird „Betrieb" definiert als Einheit, der die von der Entlassung betroffenen Arbeitnehmer zur Erfüllung ihrer Aufgabe angehören[466].

bb) Darstellung des tschechischen Rechts und dessen Kompatibilität mit Gemeinschaftsrecht

In § 8 ZP wird im Zusammenhang mit der Definition des „Arbeitgebers" der Begriff „Betrieb" genannt, aber nicht ausdrücklich definiert.
Dies ist mit Gemeinschaftsrecht kompatibel, da auch die Richtlinie den Begriff des „Betriebes" nicht definiert, sondern voraussetzt.

d) Anwendungsausschluss

aa) Gemeinschaftsrecht

Gemäß Art. 1 Abs. 2 findet die Richtlinie keine Anwendung auf Massenentlassungen im Rahmen von Arbeitsverträgen, die für eine bestimmte Zeit oder Tätigkeit geschlossen werden, es sei denn, dass diese Entlassungen vor Ablauf oder Erfüllung dieser Verträge erfolgen (lit. a), ferner gilt die Richtlinie nicht für Arbeitnehmer öffentlicher Verwaltungen oder Einrichtungen des öffentlichen Rechts (lit. b) sowie für Besatzungen von Seeschiffen (lit. c).

---

[463] Tröster, Pracovní právo, Kommentar zu § 18, Gesetz Nr. 65/1965 Sb.
[464] Kostečka, Neues Arbeitsrecht in der Tschechischen Republik, AuR 1994, S. 437
[465] EuGH, 8.6.1994, Rs. C-383/92 (Kommission der Europäischen Gemeinschaften/ Vereinigtes Königreich), Slg. 1994, S. I-2479, vgl. näher Kapitel 8, Mitwirkung von Arbeitnehmern, S. 191 ff
[466] EuGH, 7.12.1995, Rs. C-449/93 (Rockfon/ Specialarbejderforbundet i Danmark), Slg. 1995, S. I-4291

bb) Darstellung des tschechischen Rechts und dessen Kompatibilität mit Gemeinschaftsrecht

§ 18 Abs. 2 ZP und § 20 Abs. 1 Gesetz Nr. 1/1991 Sb. gelten für alle Gruppen von Arbeitnehmern. Insbesondere wird die Anwendung von § 18 Abs. 2 ZP sowie § 54 ZP-Entwurf auf befristete Beschäftigungsverhältnisse im ZP nicht ausgeschlossen[467].
Dies ist mit Gemeinschaftsrecht voll kompatibel, weil hier eine für die Arbeitnehmer günstigere nationale Regelung besteht und dies aufgrund Art. 5 der Richtlinie gestattet ist.

3. Art. 3 (Anzeige der Massenentlassung)[468]

a) Anzeige

aa) Gemeinschaftsrecht

Die Rolle des Staates im Falle von Massenentlassungen ist im wesentlichen beschränkt auf die Information, Festsetzung einer Frist, innert derer die Kündigungen unwirksam sind, und auf die Suche nach Lösungen der im Zusammenhang mit der Massenentlassung auftretenden Probleme[469]. Gemäß Art. 3 Abs. 1 hat der Arbeitgeber alle beabsichtigten Massenentlassungen der zuständigen Behörde schriftlich anzuzeigen, wobei die Mitgliedstaaten im Falle einer Massenentlassung aufgrund einer Gerichtsentscheidung vorsehen können, dass diese Anzeige nur auf Verlangen der Behörde zu erfolgen hat.

bb) Darstellung des tschechischen Rechts und dessen Kompatibilität mit Gemeinschaftsrecht

Gemäß § 20 Abs. 2 Gesetz Nr. 1/1991 Sb. muss ein Arbeitgeber, der beabsichtigt, Arbeitnehmer zu entlassen, vor Beendigung deren Arbeitsverhältnisse das zuständige Gebietsarbeitsamt informieren.
Die Regelung setzt die Richtlinie nicht vollständig um und ist daher nur teilweise kompatibel mit Gemeinschaftsrecht[470]. So fehlt in der tschechischen Regelung das Erfordernis der Schriftform. Entsprechend sieht der Regierungsentwurf vor, dass der Arbeitgeber verpflichtet ist, das zuständige Arbeitsamt schriftlich über die beabsichtigten Massenentlassung zu informieren, § 52 Abs. 3, Satz 1 ZP-Entwurf[471].

---

[467] vgl. etwa § 30 Abs. 2 ZP (Regelung befristeter Arbeitsverhältnisse), der kein Ausschluss der Vorschriften über die Massenentlassung enthält
[468] Art. 2 (Information und Konsultation der Arbeitnehmervertreter): siehe Kapitel 8, S. 211 ff
[469] Blanpain; Schmidt, Europäisches Arbeitsrecht, 1996, S. 320
[470] ISAP, 15.5.97, zu Art. 3 Rl. 98/59/EG
[471] Regierungsentwurf vom 15.12.1999, Punkt 27, in:
www.mpsv.cz/scripts/1aktuality/zakonik_prace/default.asp, Abfrage vom 20.1.2000

b) Inhalt der Anzeige

aa) Gemeinschaftsrecht

Nach Art. 3 Abs. 1 muss die Anzeige alle zweckdienlichen Angaben über die beabsichtigte Massenentlassung enthalten, insbesondere die Gründe der Entlassung, die Zahl der zu entlassenden Arbeitnehmer, die Zahl der in der Regel beschäftigten Arbeitnehmer und den Zeitraum der Vornahme der Entlassungen, sowie Angaben über die Konsultation der Arbeitnehmervertreter gemäß Art. 2 der Richtlinie.

bb) Darstellung des tschechischen Rechts und dessen Kompatibilität mit Gemeinschaftsrecht

Nach § 20 Abs. 2 Gesetz Nr. 1/1991 Sb. muss die Anzeige über die in Abs. 1 genannten Umstände[472] auch die Anzahl der zu entlassenden Arbeitnehmer sowie deren Qualifikationsstruktur (Kategorie) enthalten.
Die Regelung ist nur teilweise kompatibel mit Gemeinschaftsrecht, da die Richtlinie über die im tschechischen Recht geregelten Umstände hinaus verlangt, dass die Anzeige Angaben enthält über die Zahl der in der Regel beschäftigten Arbeitnehmer und den Zeitraum, in dem die Entlassungen vorgenommen werden sollen.
Entsprechend bestimmt § 52 Abs. 4, Satz 1 ZP-Entwurf, dass der Arbeitgeber verpflichtet ist, dem zuständigen Arbeitsamt einen schriftlichen Bericht über seinen Entschluss der Massenentlassung und die Konsultation mit dem zuständigen Gewerkschaftsorgan oder Betriebsrat zu übermitteln. Gemäß Abs. 4, Satz 2 muss er darüberhinaus im Bericht die gesamte Anzahl der Beschäftigten und die Anzahl und Struktur der von der Massenentlassung betroffenen Arbeitnehmer anführen.

c) Rolle der Arbeitnehmervertreter

aa) Gemeinschaftsrecht

Den Arbeitnehmervertretern ist gemäß Art. 3 Abs. 2, Satz 1 der Richtlinie eine Abschrift der in Abs. 1 genannten Anzeige zu übermitteln. Ferner können Sie nach Abs. 2, Satz 2 Bemerkungen an die zuständige Behörde richten.

bb) Darstellung des tschechischen Rechts und dessen Kompatibilität mit Gemeinschaftsrecht

Nicht geregelt ist die Pflicht der Arbeitgeber, den Arbeitnehmern eine Abschrift der Anzeige zu übermitteln sowie das Recht der Arbeitnehmer, Bemerkungen an die zuständige Behörde richten zu können.
Dies ist nicht kompatibel mit Gemeinschaftsrecht[473].

---

[472] Gemäß § 20 Abs. 1 Gesetz Nr. 1/1991 Sb. muss der Arbeitgeber das zuständige Gewerkschaftsorgan über die Gründe der beabsichtigten Maßnahmen informieren, also über die mit Enlassungen verbundenen Maßnahmen zum strukturellen Wandel, zu Organisation und Rationalisierung und über Zahl und Kategorien der zu entlassenden Arbeitnehmer

[473] ISAP, 15.5.97, zu Art. 3 Rl. 98/59/EG

Daher sieht § 52 Abs. 4, Satz 3 ZP-Entwurf[474] vor, dass der Arbeitgeber eine Ausfertigung der Mitteilung (Anzeige) an das zuständige Gewerkschaftsorgan oder an den Betriebsrat übermitteln muss. Gemäß § 52 Abs. 4, Satz 4 ZP-Entwurf hat das zuständige Gewerkschaftsorgan oder der Betriebsrat das Recht, unabhängig vom schriftlichen Bericht des Arbeitgebers ein Gutachten zu erstellen und dieses an das zuständige Arbeitsamt zu übermitteln.

4. Art. 4 (Wirksamwerden der Massenentlassungen)

a) Frist

aa) Gemeinschaftsrecht

Gemäß Art. 4 Abs. 1 werden Massenentlassungen frühestens 30 Tage nach Eingang der Anzeige gemäß Art. 3 Abs. 1 wirksam, wobei die Mitgliedstaaten der zuständigen Behörde die Möglichkeit einräumen können, die Frist zu verkürzen, Abs. 1, oder auf 60 Tage zu verlängern, wenn die Frist nach Regelung der Mitgliedstaaten weniger als 60 Tage ab Eingang der Anzeige beträgt, Abs. 3. Der zuständigen Behörde können weitergehende Fristverlängerungen eingeräumt werden. Verlängert sie die ursprüngliche Frist, ist dies dem Arbeitgeber vor Ablauf der Frist mitzuteilen und zu begründen, Abs. 3.
Abs. 4 räumt den Mitgliedstaaten die Möglichkeit ein, Art. 4 nicht anzuwenden, wenn die Einstellung des Betriebes aufgrund gerichtlicher Entscheidung erfolgt.

bb) Darstellung des tschechischen Rechts und dessen Kompatibilität mit Gemeinschaftsrecht

Eine Frist für das Wirksamwerden von Massenentlassungen ist bisher gesetzlich nicht verankert, was nicht kompatibel ist mit Gemeinschaftsrecht[475].
§ 52 Abs. 6 ZP-Entwurf sieht vor, dass die durch die Massenkündigungen beendeten Arbeitsverhältnisse frühestens 30 Tage nach Übermittlung der schriftlichen Anzeige des Arbeitgebers an das zuständige Arbeitsamt enden, es sei denn, dass der Arbeitnehmer ankündigt, auf dem Fortbestand des Arbeitsverhältnisses zu bestehen.

b) Zweck der Frist

aa) Gemeinschaftsrecht

Die Frist soll der zuständigen Behörde ermöglichen, nach Lösungen für die mit der Massenentlassung verbundenen Probleme zu suchen, Abs. 2. Können die Probleme nicht in der ursprünglichen Frist gelöst werden, kann diese nach Abs. 3 auch verlängert werden.

---

[474] Regierungsentwurf vom 15.12.1999 zur Änderung des ZP, Punkt 27, in: www.mpsv.cz/scripts/1aktuality/zakonik_prace/default.asp, Abfrage vom 20.1.2000
[475] ISAP, 15.5.97, zu Art. 4 Rl. 98/59/EG

bb) Darstellung des tschechischen Rechts und dessen Kompatibilität mit Gemeinschaftsrecht

§ 12 Gesetz Nr. 9/1991 Sb.[476] regelt den Aufgabenbereich der Arbeitsämter. Gemäß § 12 Abs. 1 lit. m Gesetz Nr. 9/1991 Sb. erörtert das Arbeitsamt mit dem Arbeitgeber auf der Grundlage der vom Arbeitgeber gelieferten Informationen die Unterbringung der Arbeitnehmer bei strukturellen Änderungen, Rationalisierungen und anderen Maßnahmen. In wichtigen Fällen arbeitet das Arbeitsamt mit dem Arbeitgeber und anderen zuständigen staatlichen Organen zusammen, um Maßnahmeprogramme zur anderweitigen Unterbringung entlassener Arbeitnehmer aufzustellen.
Die Regelung ist voll kompatibel mit Art. 4 Abs. 2 der Richtlinie, da es die Pflicht der zuständigen Behörde regelt, nach Lösungen im Zusammenhang mit Massenentlassungen zu suchen.

5. Art. 5 (Günstigere Regelungen)

a) Gemeinschaftsrecht

Nach Art. 5 der Richtlinie stehen für die Arbeitnehmer günstigere Regelungen aufgrund Rechts- oder Verwaltungsvorschriften bzw. tarifvertraglicher Vereinbarungen Gemeinschaftsrecht nicht entgegen.

b) Darstellung des tschechischen Rechts und dessen Kompatibilität mit Gemeinschaftsrecht

Eine für Arbeitnehmer günstigere Regelung ist beispielsweise die Erfassung aller Gruppen von Arbeitnehmern bei der Frage der Anwendbarkeit der Richtlinie, vgl. § 18 ZP und § 20 Abs. 2 Gesetz Nr. 1/1991 Sb..
Dies ist mit Gemeinschaftsrecht voll kompatibel.

6. Art. 6 (administrative und/ oder gerichtliche Durchsetzung)

a) Gemeinschaftsrecht

Gemäß Art. 6 müssen den Arbeitnehmervertretern bzw. Arbeitnehmern administrative bzw. gerichtliche Verfahren zur Durchsetzung der in der Richtlinie festgelegten Verpflichtungen offenstehen.

b) Darstellung des tschechischen Rechts und dessen Kompatibilität mit Gemeinschaftsrecht

Nach § 207 ZP entscheiden die Gerichte über Streitigkeiten bzw. Ansprüche aus dem Arbeitsverhältnis zwischen Arbeitgeber und Arbeitnehmer.

[476] s.o. S. 12

Gemäß § 22 ZP achten die Gewerkschaftsorgane auf die Einhaltung der arbeitsrechtlichen Vorschriften durch die Arbeitgeber. Sie haben dazu das Recht, sich an die zuständigen Organe zu wenden.
Gemäß § 9 Abs. 1 Gesetz Nr. 9/1991 Sb. hat das Arbeitsamt die Möglichkeit der Kontrolle gegenüber dem Arbeitgeber.
Diese Regelungen sind voll kompatibel mit Gemeinschaftsrecht.

II. Tschechisches Arbeitsrecht und Rl. 77/187/EWG (Betriebsübergang)

1. Art. 1 (Anwendungsbereich der Richtlinie)

Art. 1 regelt vor allem den sachlichen, aber auch den örtlichen Anwendungsbereich der Richtlinie. Der sachliche Anwendungsbereich der Richtlinie ist eröffnet bei Übergang von Unternehmen, Betrieben oder Betriebsteilen auf einen anderen Inhaber durch vertragliche Übertragung oder Verschmelzung, Abs. 1, wobei Seeschiffe von der Regelung ausgenommen sind, Abs. 3. Der sachliche Anwendungsbereich wird in den folgenden Ausführungen a–g dargestellt, Punkt h befasst sich mit dem örtlichen Anwendungsbereich.

a) Begriffe: Unternehmen, Betrieb und Betriebsteil

aa) Gemeinschaftsrecht

Diese Begriffe werden in der Richtlinie nicht definiert. Gemäß der Rechtsprechung des EuGH ist eine Unterscheidung nicht nötig, da sie nur beispielhaft den Oberbegriff der wirtschaftlichen Einheit konkretisieren[477]. Denn Zeck der Richtlinie sei, Kontinuität der im Rahmen einer wirtschaftlichen Einheit bestehenden Arbeitsverhältnisse unabhängig von einem Inhaberwechsel zu gewährleisten[478]. Es ist also auf den Übergang der wirtschaftlichen Einheit abzustellen.

bb) Darstellung des tschechischen Rechts und dessen Kompatibilität mit Gemeinschaftsrecht

(1) Geltende Rechtslage

Das tschechische Arbeitsrecht regelt nicht allgemein den rechtsgeschäftlichen oder sonstigen Übergang von Unternehmen, Betrieben oder Betriebsteilen[479]. Entsprechend bestimmt § 251 b ZP, dass der Übergang der Rechte und Pflichten aus dem Arbeitsverhältnis nur in den gesetzlich festgelegten Fällen stattfindet[480]. Die einschlägigen §§ 249-251 b ZP regeln die Übertragung der Rechte und Pflichten aus arbeitsrechtlichen Beziehungen bei Wechseln auf Seiten des Arbeitgebers. Nach allgemeiner tschechischer

---

[477] EuGH, 18.1.1985, Rs. 24/85 (Spijkers), Slg. 1986, S. 1119 ff
[478] EuGH, a.a.O., S. 1128
[479] Gerauer; Baron; Britz, Arbeitsrecht in der Tschechischen Republik, 1999, Rz. 199
[480] Der Regierungsentwurf sieht die Streichung des § 251b ZP und dessen Übertragung in § 249 Abs. 1 ZP vor. Dabei wird konkretisiert, dass der Übergang der Rechte und Pflichten nur in den festgelegten Fällen des ZP oder besonderer Rechtsvorschriften stattfindet, vgl. Regierungsentwurf vom 15.12.1999, Punkt 101, in: www.mpsv.cz/scripts/1aktuality/zakonik_prace/default.asp, Abfrage vom 20.1.2000

Rechtstheorie handelt es sich beim Arbeitgeberwechsel um eine Änderung des Vertragssubjektes[481]. Für diesen Fall regeln die §§ 249 ff ZP den Übergang der Rechte und Pflichten aus den arbeitsrechtlichen Beziehungen (Arbeitsverhältnis). Zweck dieser Regelungen ist es, bei Wechseln des Arbeitgebers den einzelnen Arbeitsplatz oder den Arbeitsinhalt hiervon unberührt zu lassen[482]. Der Wechsel des Arbeitgebers tritt verhältnismäßig häufig auf im Zusammenhang mit der Umstrukturierung der staatlichen Wirtschaft, der Privatisierung staatlicher Betriebe oder der Errichtung neuer Betriebe[483].
§ 249 Abs. 1 ZP regelt den Übergang der Rechte und Pflichten aus dem Arbeitsverhältnis im Falle der Fusion bzw. der Verschmelzung. Dabei gehen die Rechte und Pflichten vom erlöschenden Unternehmen voll auf den Erwerber über.
§ 249 Abs. 2 ZP regelt den Fall der Unternehmensaufspaltung und Unternehmensumwandlung und bestimmt auch hier, dass die Rechte und Pflichten aus dem Arbeitsverhältnis voll auf den Erwerber übergehen. Im Falle einer Umwandlung gehen diese Rechte und Pflichten dann nicht auf den neu entstandenen Arbeitgeber über, wenn aufgrund Gesetz anderes festgelegt ist, § 249 Abs. 4 ZP[484]. Im Falle der Aufteilung bestimmt die Behörde, die über die Aufteilung des Unternehmens entschieden hat, auf welches daraus neu entstandene Unternehmen die Rechte und Pflichten aus den Arbeitsverhältnissen der erloschenen Unternehmen übergehen. § 249 Abs. 3 ZP regelt die Fälle der Unternehmensauflösung durch Zeitablauf oder Erfüllung der Aufgaben, für die es gegründet worden war. So bestimmt die zuständige Behörde, welcher Arbeitgeber die Rechte und Pflichten aus den arbeitsrechtlichen Beziehungen übernimmt, § 249 Abs. 3 ZP.
§ 250 ZP regelt den Fall, dass ein Teil eines Unternehmens zu einem anderen Arbeitgeber überführt wird. Danach gehen die Rechte und Pflichten aus den arbeitsrechtlichen Beziehungen auf das neue Unternehmen über.

(2) Kompatibilität

Das tschechische Recht kennt also die Begriffe des Unternehmens bzw. Unternehmensteils. Da keine gemeinschaftsrechtliche Definition der Begriffe Unternehmen, Betrieb oder Betriebsteil vorgegeben ist und der EuGH an den Begriff der wirtschaftlichen Einheit anknüpft, sind §§ 249 ff ZP mit Gemeinschaftsrecht voll kompatibel. Denn die Normen stellen die Kontinuität in den arbeitsrechtlichen Beziehungen sicher[485].

---

[481] Galvas, Prácovni právo, 1997, S. 72
[482] Galvas, a.a.O., S. 73-76
[483] Galvas, a.a.O., S. 136
[484] vgl. beispielsweise Gesetz Nr. 247/1990 Sb. zur Überführung von staatlichem Eigentum an bestimmten Sachen auf andere juristische und natürliche Personen.
[485] Der Regierungsentwurf sieht eine völlige Neuordnung der §§ 249ff ZP vor. [485]. So wird der Übergang der wirtschaftlichen Einheit allgemein ins tschechische Recht eingefügt, § 249, Abs. 2 ZP-Entwurf[485]. Davon wird dann auch die Verschmelzung bzw. Fusion sowie der teilweise Übergang der wirtschaftlichen Einheit erfasst werden, noch geregelt in § 249 Abs. 1 ZP bzw. § 250 ZP, vgl. den Begründungsbericht zum Regierungsentwurf vom 15.12.1999, besonderer Teil, zu den Punkten 101–104, in: www.mpsv.cz/scripts/1aktuality/zakonik_prace/zvlastni.asp, Abfrage vom 20.1.2000.
Die Unternehmensaufspaltung und Unternehmensumwandlung des § 249 Abs. 2 ZP findet ihre Neugestaltung in § 251 Abs. 1 ZP-Entwurf[485], vgl. den Regierungsentwurf vom 15.12.1999, Punkt 101, in: www.mpsv.cz/scripts/1aktuality/zakonik_prace/default.asp, Abfrage vom 20.1.2000.
§ 251 Abs. 2 ZP-Entwurf erfasst allgemein die Auflösung des Unternehmens, worunter der jetzige § 249 Abs. 3 ZP fällt, vgl. den Regierungsentwurf vom 15.12.1999, Punkt 103, in: www.mpsv.cz/scripts/1aktuality/zakonik_prace/default.asp, Abfrage vom 20.1.2000

b) Wechsel des Inhabers

aa) Gemeinschaftsrecht

Ein Inhaberwechsel liegt vor, wenn die wirtschaftliche Einheit von einem neuen Inhaber tatsächlich weitergeführt wird, wobei es mit Blick auf den Arbeitnehmerschutz nicht auf die rechtliche Befugnis zur Geschäftsführung ankommt[486] oder auf die Übertragung des Eigentums, so dass beispielsweise auch der Pächter eines Betriebes neuer Inhaber sein kann[487].

bb) Darstellung des tschechischen Rechts und dessen Kompatibilität mit Gemeinschaftsrecht

(1) Geltende Rechtslage

§§ 249 ff ZP regeln den Übergang der wirtschaftlichen Einheit vom bisherigen zum neuen Arbeitgeber aufgrund Zusammenschluss, Fusion, Erlöschen durch Teilung, Zeitablauf, Aufgabenerfüllung, Umwandlung oder teilweiser Überführung an einen neuen Arbeitgeber.
§ 480 Gesetz Nr. 513/1991 Sb. (Handelsgesetzbuch) bestimmt, dass im Rahmen des Unternehmenskaufs die Rechte und Pflichten aus Arbeitsverhältnissen auf den Erwerber übergehen.

(2) Kompatibilität

Es fehlt eine umfassende Einbeziehung des Betriebsübergangs im ZP[488], was nicht kompatibel mit Gemeinschaftsrecht ist[489]. Denn hier tut sich eine Schutzlücke für Arbeitnehmer etwa bei Übergängen der wirtschaftlichen Einheit unter natürlichen Personen oder bei der Unternehmenspacht auf. So regeln §§ 249 ff ZP grundsätzlich nur den Übergang von Rechten und Pflichten des Arbeitgebers als juristischer Person. Lediglich § 251 a ZP betrifft den Arbeitgeberwechsel bei natürlichen Personen (Tod des Arbeitgebers)[490]. Denn Vorgänge wie Fusion, Teilung und Umwandlung können nur juristische Arbeitgeberpersonen betreffen, auch wenn der Begriff des Arbeitgebers einheitlich in den §§ 249ff ZP verwendet wird und gemäß § 8 Abs. 1 ZP juristische und natürliche Personen umfasst. Bei Betriebsübergängen, die somit weder unter §§ 249 ff ZP fallen und die auch keinen Unternehmenskauf nach § 480 Gesetz Nr. 513/1991 Sb. darstellen, beispielsweise bei Unternehmenspacht, sind die Arbeitnehmer also nicht ausreichend geschützt.

(3) Neuregelung

Der Regierungsentwurf will mit der Neuformulierung des § 249 Abs. 2 ZP bezwecken, dass immer dann ein Übergang im Sinne der Richtlinie vorliegt, wenn ein Wechsel in der für den bisherigen Betrieb verantwortlichen juristischen oder natürlichen Person stattfindet, und das ohne Rücksicht darauf, ob dem Erwerber besondere Rechte übertra-

---

[486] EuGH, 18.1.1985, Rs. 24/85 (Spijkers), Slg. 1986, S. 1128
[487] EuGH, 17.12.1987, Rs. 287/86 (Ny Molle Kro), Slg. 1987, S. 5479, 5483
[488] vgl. § 251 b ZP, s.o. S. 83
[489] ISAP, 15.5.97, Teil B, zur vergleichenden materiellrechtlichen Analyse
[490] Galvas, Pracovní právo, 1997, S. 74

gen werden. Entscheidendes Kriterium für den Unternehmens- bzw. Betriebsübergang soll sein, dass der Erwerber in der Lage ist, das Unternehmen gleich oder ähnlich zum früheren Betrieb fortzusetzen[491].
Entsprechend bestimmt § 249 Abs. 2, Satz 1 ZP-Entwurf, dass beim Übergang des Unternehmens oder Unternehmensteils oder beim Übergang der Funktion oder der Tätigkeit des Unternehmens oder Teile hiervon auf einen anderen Arbeitgeber, die Rechte und Pflichten aus den arbeitsrechtlichen Beziehungen in vollem Umfang auf den übernehmenden Arbeitgeber übergehen. § 249 Abs. 2, Satz 2 ZP-Entwurf umschreibt den Begriff der „Funktion oder Tätigkeit des Unternehmens“ (§ 249 Abs. 2, Satz 1 ZP-Entwurf). Darunter werden insbesondere Aufgaben im Zusammenhang mit der Sicherstellung der Produktion oder der Gewährleistung von Diensten und ähnlichen Tätigkeiten gemäß den besonderen Rechtsvorschriften verstanden, die die juristische oder natürliche Person in für diese Tätigkeit bestimmten Anlagen oder an für diese Leistung üblichen Orten durchführt, und zwar im eigenen Namen und auf eigene Verantwortung.
Satz 3 ZP-Entwurf definiert den übernehmenden Arbeitgeber in Satz 1. Danach ist übernehmender Arbeitgeber jede juristische oder natürliche Person, die in der Lage ist, das Unternehmen als Arbeitgeber nach §§ 8, 8a ZP in vollem Umfang fortzuführen, oder die Tätigkeit des früheren Unternehmens bzw. die Tätigkeit in ähnlicher Weise auszuüben.
Diese Neuregelung ist voll kompatibel mit Gemeinschaftsrecht.

c) Wahrung der Identität der wirtschaftlichen Einheit

aa) Gemeinschaftsrecht

Das Erfordernis der Wahrung der Identität der wirtschaftlichen Einheit folgt vor allem aus einer teleologischen Auslegung der Richtlinie. Denn die Arbeitsverhältnisse sollen nur innerhalb der fortbestehenden identischen wirtschaftlichen Einheit in ihrem Bestand geschützt werden, da nur dann der Erwerber die Arbeitnehmer in gleicher Weise wie der Veräußerer weiterbeschäftigen kann. Legt der Erwerber die wirtschaftliche Einheit still oder nutzt er die Betriebsmittel anderweitig, ist somit auch der Übergang der Arbeitsverhältnisse nicht geboten[492].
Gemäß der Rechtsprechung des EuGH muss ein tatsächlicher Übergang vorliegen, das heißt, es kommt auf die tatsächliche und nicht die bloß mögliche Fortführung des Betriebes an[493].

bb) Darstellung des tschechischen Rechts und dessen Kompatibilität mit Gemeinschaftsrecht

Das tschechische Arbeitsgesetzbuch enthält keine besonderen Regelungen, wonach ein Übergang der Rechte und Pflichten aus dem Arbeitsverhältnis nur bei tatsächlicher Fortführung des Betriebes stattfinden soll, vgl. §§ 249 ff ZP.
Im tschechischen Recht dürfte damit eine Universalsukzession auch in Fällen erfolgen, in denen der übernehmende Arbeitgeber den Betrieb stilllegt oder anderweitig fortführt.

---

491 Begründungsbericht zum Regierungsentwurf vom 15.12.1999, besonderer Teil, Punkt 101, in: www.mpsv.cz/scripts/1aktuality/zakonik_prace/zvlastni.asp, Abfrage vom 20.1.2000
492 Alvensleben, Die Rechte der Arbeitnehmer bei Betriebsübergang im Europäischen Gemeinschaftsrecht, 1992, S. 180
493 EuGH, 18.1.1985, Rs. 24/85 (Spijkers), Slg. 1986, S. 1128 f

Für die Arbeitnehmer stellt dies dann eine günstigere Regelung dar, was gemäß Art. 7 der Richtlinie ausdrücklich erlaubt ist und damit voll kompatibel mit Gemeinschaftsrecht ist.

d) Übergang durch Vertrag

aa) Gemeinschaftsrecht

Eine vertragliche Übertragung der wirtschaftlichen Einheit wird vom EuGH beispielsweise auch bejaht bei Rückübertragung aufgrund Pachtvertrag oder aufgrund eines einseitigen Gestaltungsrechts, aufgrund Übertragung der wirtschaftlichen Einheit durch einen Dritten oder aufgrund eines Bündels von Rechtsgeschäften[494].

bb) Darstellung des tschechischen Rechts und dessen Kompatibilität mit Gemeinschaftsrecht

Gemäß § 251 b ZP findet ein Übergang der Rechte und Pflichten in den arbeitsrechtlichen Beziehungen nur in den gesetzlich geregelten Fällen statt. Zweck dieser Bestimmung ist, den Übergang arbeitsvertraglicher Rechte und Pflichten nur in den gesetzlich geregelten Fällen zuzulassen und andere vertragliche Übertragungen arbeitsvertraglicher Rechte und Pflichten auszuschließen[495]. Daher ordnet § 480 Gesetz Nr. 513/1991 Sb. (Handelsgesetzbuch) für den Unternehmenskauf ausdrücklich an, dass die Rechte und Pflichten aus Arbeitsverhältnissen beim Unternehmenskauf auf den neuen Eigentümer übergehen[496].
Die Regelung des § 251 b ist nur teilweise kompatibel mit Gemeinschaftsrecht[497], da nicht generell der vertragliche Übergang der wirtschaftlichen Einheit erfasst wird[498].

e) Übergang durch Fusion bzw. Verschmelzung

aa) Gemeinschaftsrecht

Der Begriff der Fusion bzw. der der Verschmelzung ist in der Richtlinie nicht definiert. Er läßt sich jedoch aus Artt. 3 und 4 der Fusionsrichtlinie[499] herleiten, wonach eine Verschmelzung entweder durch Aufnahme[500] oder durch Neubildung[501] erfolgt[502].

---

[494] vgl. näher Alvensleben, Die Rechte der Arbeitnehmer bei Betriebsübergang im Europäischen Gemeinschaftsrecht, 1992, S. 188-207
[495] Galvas, Pracovní právo, 1997, S. 74
[496] Loges, Die Haftung für Verbindlichkeiten beim „Asset Deal" nach tschechischem Recht, WiRO 1999, S. 14 f
[497] ISAP, 15.5.97, Teil B, zu Art. 1 Rl. 77/187/EWG und § 251b ZP
[498] Galvas, Pracovní právo, 1997, S. 74; zur Neuregelung des § 249 Abs. 2 ZP durch den Regierungsentwurf s.o. FN 485
[499] Dritte gesellschaftsrechtliche Richtlinie 78/855/EWG, 9.10.1978, ABl. L 295, 20.10.98, S. 36
[500] Verschmelzung durch Aufnahme erfolgt durch Übertragung des Vermögens der übertragenden Gesellschaft auf die übernehmende Gesellschaft gegen Gewährung von Geschäftsanteilen bzw. Aktien der übertragenden Gesellschaft
[501] Verschmelzung durch Neubildung erfolgt durch Übertragung des gesamten Vermögens einer Gesellschaft auf eine neu zu bildende Gesellschaft gegen Gewährung von Geschäftsanteilen bzw. Aktien der neuen Gesellschaft an die neuen Gesellschafter bzw. Aktionäre der übertragenden Gesellschaft
[502] Vgl. Alvensleben, Die Rechte der Arbeitnehmer bei Betriebsübergang im Europäischen Gemeinschaftsrecht, 1992, S. 208-210

bb) Darstellung des tschechischen Rechts und dessen Kompatibilität mit Gemeinschaftsrecht

Gemäß § 249 Abs. 1 ZP gehen die einzelnen Rechte und Pflichten aus dem arbeitsrechtlichen Verhältnis in vollem Umfang auf den übernehmenden Arbeitgeber über, wenn der vorherige Arbeitgeber durch Fusion bzw. Verschmelzung erlischt[503].
Diese Regelung ist voll kompatibel mit Gemeinschaftsrecht.

f) Anwendung der Richtlinie bei Konkurs und Vergleich

aa) Gemeinschaftsrecht

Der EuGH verneint eine Pflicht der Mitgliedstaaten, die Richtlinie auf Übergänge in einem Konkursverfahren anzuwenden, da das Konkursverfahren in den Mitgliedstaaten zu unterschiedlich ausgeprägt sei[504]. Hingegen bejaht er die Frage nach der Anwendbarkeit im Vergleichsverfahren, da dieses in erster Linie die Vermögensmasse sichern will und die Weiterführung des Betriebes bezweckt[505].

bb) Darstellung des tschechischen Rechts und dessen Kompatibilität mit Gemeinschaftsrecht

Gemäß § 251 ZP bestimmt bei Auflösung eines Unternehmens die zuständige Behörde, welcher Arbeitgeber die Ansprüche der Arbeitnehmer befriedigt bzw. geltend zu machen hat. Im Falle einer Liquidation gemäß Gesetz Nr. 328/1991 Sb. kommt diese Pflicht dem Liquidator zu. Befriedigt der Liquidator bis zu Ende der Liquidation die Ansprüche der Arbeitnehmer nicht, kommt diese Pflicht dem Staat zu.
Da bezüglich der Liquidation die Richtlinie keine Pflichten für die Mitgliedstaaten entfaltet, ist diese Regelung voll mit Gemeinschaftsrecht kompatibel.

g) Anwendbarkeit der Richtlinie bei Privatisierungsvorgängen

aa) Gemeinschaftsrecht

Wird ein öffentlich-rechtliches Unternehmen durch Rechtsgeschäft auf einen privaten Rechtsträger übertragen, so stellt sich die Frage der Anwendbarkeit der Richtlinie. Die Zielsetzung der Richtlinie, Arbeitnehmer bei einem Inhaberwechsel zu schützen, spricht für die Anwendung der Richtlinie auf diese Vorgänge[506].

bb) Darstellung des tschechischen Rechts und dessen Kompatibilität mit Gemeinschaftsrecht

[503] Galvas, Pracovní právo, 1997, S. 74
[504] EuGH, 7.2.1985, Rs.135/83 (Abels), Slg. 1985, S. 469, 483 ff
[505] EuGH, a.a.O., S. 469, 486
[506] Alvensleben, Die Rechte der Arbeitnehmer bei Betriebsübergang im Europäischen Gemeinschaftsrecht, 1992, S. 227 f

Wird ein staatlicher Betrieb privatisiert, so ist dies ein Wechsel des Arbeitgebers[507], worauf §§ 249ff ZP Anwendung finden.
Dies ist voll kompatibel mit Gemeinschaftsrecht.

h) Örtlicher Anwendungsbereich

aa) Gemeinschaftsrecht

Gemäß Art. 1 Abs. 2 der Richtlinie ist der örtliche Anwendungsbereich eröffnet, wenn sich die übergehende wirtschaftliche Einheit innerhalb des territorialen Geltungsbereichs der EGV, also innerhalb des von Art. 227 EGV beschriebenen Gebietes, befindet. Die Richtlinie gilt sowohl bei rein innerstaatlichen Vorgängen als auch bei grenzüberschreitenden Übergängen[508] innerhalb des territorialen Geltungsbereichs des EGV. Sie gilt nicht bei Verlagerung der wirtschaftlichen Einheit in einen Drittstaat[509].

bb) Darstellung des tschechischen Rechts und dessen Kompatibilität mit Gemeinschaftsrecht

§§ 249 ff ZP verwenden den Begriff des Arbeitgebers gemäß der Legaldefinition in § 8 ZP. Danach wird zwischen ausländischen und inländischen Arbeitgebern nicht differenziert. Gemäß § 6 Abs. 1 ZP richten sich die Arbeitsverhältnisse zwischen ausländischen Arbeitgebern und inländischen Arbeitnehmern auf dem Gebiet der Tschechischen Republik grundsätzlich nach tschechischem Recht, sofern das Gesetz über das internationale Privat- und Prozessrecht nichts anderes bestimmt[510]. Nach § 6 Abs. 3 ZP werden auch Arbeitnehmer von Unternehmen mit ausländischer Beteiligung vom Geltungsbereich des Arbeitsgesetzbuches erfasst, sofern diese Arbeitnehmer in der Tschechischen Republik arbeiten und wohnen[511].
Diese Regelung ist voll kompatibel mit Gemeinschaftsrecht, da somit Arbeitnehmer auch bei grenzüberschreitenden Übergängen gemäß §§ 249ff iVm §§ 8 und 6 ZP geschützt werden.

2. Art. 2 (Begriffsbestimmungen)

a) Veräußerer und Erwerber

aa) Gemeinschaftsrecht

Gemäß Art. 2 lit. a und b der Richtlinie ist Veräußerer bzw. Erwerber jede natürliche oder juristische Person, die aufgrund des Überganges der wirtschaftlichen Einheit als Inhaber ausscheidet bzw. als Inhaber eintritt.

---

507 Galvas, Pracovní právo, 1997, S. 136
508 entgegen dem Wortlaut will Däubler zumindest die grenzüberschreitende Verlagerung von Unternehmen, Betrieben und Betriebsteilen ausschließen: Däubler, Grenzüberschreitende Fusion und Arbeitsrecht, DB 1988, S. 1851
509 Alvensleben, Die Rechte der Arbeitnehmer bei Betriebsübergang im Europäischen Gemeinschaftsrecht, 1992, S. 156-159
510 Gesetz Nr. 97/1963 Sb.
511 vgl. Gesetz Nr. 173/1988 Sb. über Unternehmen mit ausländischer Vermögensbeteiligung

bb) Darstellung des tschechischen Rechts und dessen Kompatibilität mit Gemeinschaftsrecht

Gemäß §§ 249ff, 8, 8a ZP kann zwar jede natürliche oder juristische Person Arbeitgeber sein. Unter Wechsel des Arbeitgebers fällt jedoch nur der Wechsel des Arbeitgebers als juristischer Person[512], Ausnahme hiervon ist nur der Tod des Arbeitgebers, vgl. § 250a ZP.
Die grundsätzliche Herausnahme natürlicher Personen aus den Regelungen zum Arbeitgeberwechsel ist nicht kompatibel mit Gemeinschaftsrecht. Daher sieht der Regierungsentwurf eine Regelung vor, die den Übergang der wirtschaftlichen Einheit generell erfasst und insbesondere auf Erwerberseite ausdrücklich den Arbeitgeber als juristische und natürliche Personen erwähnt, § 249 Abs. 2, Satz 3 ZP-Entwurf[513].

b) Arbeitnehmervertreter

aa) Gemeinschaftsrecht

Der Begriff der Arbeitnehmervertreter wird in der Richtlinie nicht definiert, sondern es wird auf die Rechtsvorschriften oder die Praxis der Mitgliedstaaten verwiesen, Art. 2 lit. c. Das bedeutet aber nicht, dass diese Bestimmung dann leerläuft, wenn ein Mitgliedstaat über kein allgemeines System der Arbeitnehmervertretung verfügt[514]. In einem solchen Falle sind Arbeitnehmervertretungen einzurichten[515].

bb) Darstellung des tschechischen Rechts und dessen Kompatibilität mit Gemeinschaftsrecht

Gemäß § 18 Abs. 2 ZP ist der Arbeitnehmervertreter das jeweilige zuständige Gewerkschaftsorgan.
Dies ist voll kompatibel mit der Richtlinie, da sich gemäß der Richtlinie der Begriff der „Arbeitnehmervertreter" nach den Rechtsvorschriften bzw. der Praxis der Mitgliedstaaten richtet. Gibt es jedoch im Betrieb gar keine Gewerkschaft, so ist § 18 Abs. 2 nicht anwendbar[516], das heißt der Arbeitgeber verhandelt mit niemandem und entscheidet selbst ohne Mitwirkung der Belegschaft[517]. Dies ist nicht mit Gemeinschaftsrecht kompatibel, da nach Rechtsprechung des EuGH in diesem Falle Arbeitnehmervertretungen zu schaffen sind[518].

---

[512] Galvas, Pracovní právo, 1997, S. 74, s.o. S. 85
[513] zur Neuregelung des § 249 Abs. 2 ZP s.o. FN 485, vgl. auch den Regierungsentwurf vom 15.12.1999, Punkt 101, in: www.mpsv.cz/scripts/1aktuality/zakonik_prace/default.asp, Abfrage vom 20.1.2000
[514] Blanpain/ Schmidt, Europäisches Arbeitsrecht, 1996, S. 317
[515] EuGH, 8.6.1994, Rs. C-383/92 (Kommission der Europäischen Gemeinschaften/ Vereinigtes Königreich), Slg. 1994, S. I-2479
[516] Tröster, Pracovní právo, Kommentar zu § 18 Gesetz Nr. 65/1965 Sb.
[517] Kostečka, Neues Arbeitsrecht in der Tschechischen Republik, AuR 1994, S. 437
[518] vgl. näher Kapitel 8, S. 191 ff

c) Arbeitnehmer

aa) Gemeinschaftsrecht

Der Begriff des Arbeitnehmers ist für die Frage, wer durch die Richtlinie geschützt wird, von Bedeutung und findet sich neben der Präambel in fast allen Bestimmungen der Richtlinie. Er wird aber in der Richtlinie selbst nicht definiert. Gemäß der Rechtsprechung des EuGH ist der Arbeitnehmerbegriff nicht gemeinschaftsrechtlich, sondern nach den Vorschriften des betreffenden Mitgliedstaates zu bestimmen[519].

bb) Darstellung des tschechischen Rechts und dessen Kompatibilität mit Gemeinschaftsrecht

(1) Arbeitsverhältnis

Das tschechische Recht geht davon aus, dass Arbeitnehmer ist, wer ein Arbeitsverhältnis eingegangen hat. Daher spielt der Arbeitnehmerbegriff im tschechischen Recht keine besondere Rolle, da an das Arbeitsverhältnis angeknüpft wird[520]. § 27 Abs. 1 ZP zählt die Merkmale eines Arbeitsverhältnisses auf. Danach zeichnet sich das Arbeitsverhältnis dadurch aus, dass sich der Arbeitnehmer an der Erfüllung der Aufgaben des Arbeitgeber beteiligt, indem er gegen Entgelt und nach dessen Weisungen arbeitet[521].

(2) Arbeitsrechtliche Befähigung

Der Begriff des Arbeitnehmers wird in § 11 ZP näher bestimmt und knüpft an die sog. arbeitsrechtliche Befähigung an. Arbeitsrechtliche Befähigung bedeutet die Berechtigung, einen Arbeitsvertrag abzuschließen. Eine natürliche Person erlangt die arbeitsrechtliche Befähigung mit Vollendung des 15. Lebensjahres. Der im Arbeitsvertrag vereinbarte Arbeitsantritt darf jedoch nicht vor Ende der neunjährigen Schulpflicht liegen, Abs. 1. Ist diese Schulpflicht schon früher beendet, so kann bereits mit Vollendung des 14. Lebensjahres ein Arbeitsvertrag abgeschlossen und die Arbeit angetreten werden, Abs. 2. Für nicht voll Geschäftsfähige schließt der gesetzlich Vertreter den Arbeitsvertrag ab[522].

(3) Kompatibilität

Da der Begriff des Arbeitnehmers national zu bestimmen ist, ist diese Regelung voll kompatibel mit Gemeinschaftsrecht.

---

[519] EuGH, 11.7.1985, Rs. 105/84 (Mikkelsen), Slg. 1985, S. 2653, Rz. 28; vgl. die kritische Beurteilung der EuGH-Rechtsprechung durch Alvensleben, Die Rechte der Arbeitnehmer bei Betriebsübergang im Europäischen Gemeinschaftsrecht, 1992, S. 164-170

[520] Gerauer/Baron/Britz, Arbeitsrecht in der Tschechischen Republik, 1999, Rz. 34

[521] vgl. auch zum Geltungsbereich des ZP und öffentlichen Arbeitsverhältnissen unten S. 168 ff

[522] Barancova; Schronk, Tschechisch-Slowakisches Arbeitsrecht, 1993, S. 17

3. Art. 3 (Rechsfolgen des Betriebsübergangs)

a) Übergang der Rechte und Pflichten auf den Erwerber

aa) Gemeinschaftsrecht

Gemäß Art. 3 Abs. 1 der Richtlinie gehen die arbeitsvertraglichen Rechte und Pflichten aufgrund des Übergangs vom Veräußerer auf den Erwerber über, und zwar ex lege, also ohne weitere Rechtshandlung der Beteiligten[523].

bb) Darstellung des tschechischen Rechts und dessen Kompatibilität mit Gemeinschaftsrecht

Gemäß § 249 ff ZP gehen die Rechte und Pflichten aus den arbeitsrechtlichen Beziehungen auf den neuen Arbeitgeber über, wenn das bisherige Unternehmen durch Zusammenschluss bzw. Fusion (Abs. 1) oder durch Teilung (Abs. 2) untergeht. Bei Untergang des Unternehmens aufgrund Zeitablauf oder Zweckerreichung entscheidet die zuständige Behörde, auf welchen Arbeitgeber die Rechte und Pflichten übergehen (Abs.3). Im Gegensatz zu § 27 Abs. 2 ZP, wonach das Arbeitsverhältnis durch Vertrag zwischen Arbeitgeber und Arbeitnehmer begründet wird, entsteht dieses nach §§ 249ff ZP kraft Gesetzes.
§§ 249ff ZP sind mit Art. 3 der Richtlinie voll kompatibel[524].

b) Mithaftung des Veräußerers

aa) Gemeinschaftsrecht

Gemäß Art. 3 Abs. 1 UA 2 können die Mitgliedstaaten bestimmen, dass auch der Veräußerer nach dem Übergang für die Rechte und Pflichten einzustehen hat.

bb) Darstellung des tschechischen Rechts und dessen Kompatibilität mit Gemeinschaftsrecht

Im tschechischen Recht findet eine Universalsukzession statt, das heißt aufgrund gesetzlich festgelegter Tatbestände tritt ein neuer Arbeitgeber an die Stelle des bisherigen Arbeitgebers[525]. Eine Mithaftung des Veräußerers ist somit nicht vorgesehen, auch nicht im Regierungsentwurf zur Änderung des ZP[526].
Dies ist mit Gemeinschaftsrecht voll kompatibel, da die Mithaftung des Veräußerers für die Mitgliedstaaten fakultativer Natur ist.
Hiervon zu unterscheiden ist die Haftung des ehemaligen Arbeitgebers für die Arbeitnehmer, deren Arbeitsverhältnisse am Tag des Übergangs der wirtschaftlichen Einheit enden. Gemäß § 249 Abs. 3 ZP-Entwurf bestehen die Rechte und Pflichten aus den Ar-

---

[523] Stöckli, Schweizerisches Arbeitsrecht und Europäische Integration, ZSR-NF, Bd. 112, 1993, S. 88
[524] ISAP, 15.5.97, Teil B, zu Art. 3 Rl. 77/187/EWG und § 249 ZP
[525] Galvas, Pracovní právo, 1997, S. 74
[526] Regierungsentwurf vom 15.12.1999, Punkt 101, in: www.mpsv.cz/scripts/1aktuality/zakonik_prace/default.asp, Abfrage vom 20.1.2000

beitsverhältnissen zwischen diesen Arbeitnehmern und dem ehemaligen Arbeitgeber fort[527].

c) Kollektivverträge

aa) Begriff

(1) Gemeinschaftsrecht

Der Begriff des Kollektivvertrages ist in weitem Sinne zu bestimmen und betrifft alle Vereinbarungen zwischen den Arbeitnehmern und Arbeitgebern auf betrieblicher Ebene oder zwischen der (gewerkschaftlich) organisierten Arbeitnehmerschaft auf überbetrieblicher Ebene und dem Arbeitgeber bzw. Arbeitgeberverband[528].

(2) Darstellung des tschechischen Rechts und dessen Kompatibilität mit Gemeinschaftsrecht

Gemäß § 2 Gesetz Nr. 2/1991 Sb. (Tarifverhandlungsgesetz)[529] ist ein Kollektivvertrag ein zweiseitiger arbeitsrechtlicher Vertrag, der zwischen einer Gewerkschaftsorganisation, einer höheren Gewerkschaftsorganisation oder einem Gewerkschaftsverband einerseits und einem Arbeitgeber oder einer Arbeitgeberorganisation andererseits abgeschlossen wird. Gemäß § 20 Abs. 1 ZP ist zwischen Kollektivverträgen höherer Stufe und Kollektivverträgen auf Unternehmensebene zu unterscheiden.
Während das Gesetz Nr. 2/1991 Sb. vorwiegend das Verfahren zum Abschluß von Tarifverträgen regelt, bestimmt § 20 Abs. 2 ZP materiellrechtlich, dass in Tarifverträgen Lohnansprüche und andere arbeitsrechtliche Ansprüche für die Arbeitnehmer zu regeln sind[530]. Dabei werden auch Arbeitnehmer erfasst, die nicht gewerkschaftlich organisiert sind, § 5 Abs. 3 Gesetz Nr. 2/1991 Sb., § 2 Gesetz Nr. 20/1990 Sb[531].
Diese Regelung ist voll kompatibel mit Gemeinschaftsrecht.

bb) Aufrechterhaltung der Arbeitsbedingungen

(1) Gemeinschaftsrecht

Gemäß Art. 3 Abs. 2 der Richtlinie hat der Erwerber die in einem Kollektivvertrag vereinbarten Arbeitsbedingungen bis zu dessen Ablauf bzw. Kündigung oder zur Anwendung eines anderen Kollektivvertrages aufrecht zu erhalten. Dabei kann der Zeitraum für die Aufrechterhaltung der bisherigen Arbeitsbedingungen begrenzt werden, jedoch nicht auf weniger als ein Jahr seit Übergang.
Fraglich ist, ob der Begriff der Arbeitsbedingungen eng oder weit zu verstehen ist. Bei engem Verständnis wäre der Erwerber nur an die Arbeitsbedingungen gebunden, die das individuelle Arbeitsverhältnis bestimmen, wie beispielsweise Lohn, Gehalt, Arbeitszeit,

---

[527] Regierungsentwurf vom 15.12.1999, Punkt 101, in: www.mpsv.cz/scripts/1aktuality/zakonik_prace/default.asp, Abfrage vom 20.1.2000
[528] Alvensleben, Die Rechte der Arbeitnehmer bei Betriebsübergang im Europäischen Gemeinschaftsrecht, 1992, S. 241
[529] vgl. zum Tarifverhandlungsgesetz oben S. 15
[530] Fuchs; Tröster, Das Arbeitsrecht der Tschechischen Republik (Kollektives Arbeitsrecht), ArbuSozPol 1998, S. 60 f
[531] Lang, Das tschechische Tarifvertragsgesetz, OstEurR 1995, S. 225

Urlaub, Kündigung oder Zeugniserteilung[532]. Bei weitem Verständnis müsste der Erwerber darüberhinaus etwa Regelungen zur Organisation des Betriebsablaufs wie Sicherheits-, Gesundheits- und sonstiger Ordnungsvorschriften, also die Gesamtheit der kollektivrechtlich geregelten Beziehungen übernehmen[533].

(2) Darstellung des tschechischen Rechts und dessen Kompatibilität mit Gemeinschaftsrecht

Gemäß § 20 Abs. 3 ZP werden Ansprüche, die einzelnen Arbeitnehmern aus dem Kollektivvertrag entstanden, wie Ansprüche aus dem Arbeitsverhältnis geltend gemacht und erfüllt. Daher gehen Ansprüche aus dem Kollektivvertrag gemäß §§ 249ff ZP vom Veräußerer auf den Erwerber über, da sie den Rechten und Pflichten aus dem Arbeitsverhältnis gleichgestellt werden[534].
Dies ist voll kompatibel mit Gemeinschaftsrecht.
Gemäß § 2 Abs. 1 Gesetz Nr. 2/1991 Sb. regeln Tarifverträge die individuellen und tariflichen Beziehungen zwischen Arbeitgebern und Arbeitnehmern sowie deren Rechte und Pflichten.
§ 5 Gesetz Nr. 2/1991 Sb. regelt die Bindungswirkung von Tarifverträgen, wonach diese sich gemäß Abs. 3 auch auf gewerkschaftlich nicht organisierte Arbeitnehmer erstreckt. Gemäß § 5 Abs. 1 sind Tarifverträge für die Vertragsparteien bindend bzw. nach Abs. 2 lit. a für die Arbeitgeber, für die deren Arbeitgeberverband den Tarifvertrag abgeschlossen hat.
Gemäß § 6 Abs. 1, Satz 1 Gesetz Nr. 2/1991 Sb. entfaltet ein Tarifvertrag Bindungswirkung für den in ihm bestimmten Zeitraum. Ist keine Dauer bestimmt, so ordnet Abs. 1, Satz 2 die Dauer eines Jahres an. Tarifverträge werden in der ČR grundsätzlich für ein Jahr abgeschlossen[535].
§§ 20 Abs. 3, 249 ff ZP sind nur teilweise kompatibel mit Art. 3 Abs. 2 der Richtlinie, da nur eine Gleichstellung mit den Ansprüchen aus dem Arbeitsverhältnis erfolgt, aber keine eigenständige Regelung zur Aufrechterhaltung tarifvertraglicher Ansprüche vorliegt.
§§ 2, 5, 6 Gesetz Nr. 2/1991 Sb. sind nur teilweise mit Art. 3 Abs. 2 der Richtlinie kompatibel[536]. Es fehlt eine Regelung in § 5, die die Bindungswirkung bezüglich tarifvertraglicher Ansprüche auf den Erwerber erstreckt, falls dieser nicht im selben Arbeitgeberverband mitvertreten ist wie der veräußernde Arbeitgeber. Ferner müsste eine Bestimmung in § 6 eingefügt werden, wonach der Tarifvertrag seine Gültigkeit trotz Veräußerung des Betriebes behält.
Bezüglich des Umfangs der übergehenden Arbeitsbedingungen ist von einem engen Begriff auszugehen, da das Gesetz an Ansprüche einzelner Arbeitnehmer aus dem Kollektivvertrag anzuknüpfen scheint, also an das individuelle Arbeitsverhältnis und nicht die Gesamtheit der kollektivrechtlich geregelten Beziehungen. Dies ist mit Gemeinschaftsrecht kompatibel, folgt man der herrschenden Meinung in der deutschen Literatur[537].

---

[532] So die überwiegende deutsche arbeitsrechtliche Literatur, siehe Hinweis bei Alvensleben, Die Rechte der Arbeitnehmer bei Betriebsübergang im Europäischen Gemeinschaftsrecht, 1992, S. 243, FN 527
[533] So Alvensleben, Die Rechte der Arbeitnehmer bei Betriebsübergang im Europäischen Gemeinschaftsrecht, 1992, S. 242-249
[534] ISAP, 15.5.97, Teil B, zu Art. 3 Abs. 2 Rl. 77/187/EWG und §§ 20, 249 ZP
[535] Lang, Das tschechische Tarifvertragsgesetz, OstEurR 1995, S. 225
[536] ISAP, 15.5.97, Teil B, zu Art. 3 Abs. 2 Rl. 77/187/EWG und §§ 2, 5, 6 Gesetz Nr. 2/1991 Sb.
[537] s.o. FN 532

d) Soziale Sicherheit

aa) Gemeinschaftsrecht

Gemäß Art. 3 Abs. 3 der Richtlinie gelten die Grundsätze zum Übergang der Rechte und Pflichten vom Veräußerer auf den Erwerber nicht für Leistungen bei Alter, Invalidität, für Hinterbliebene aus betrieblichen oder überbetrieblichen Zusatzversorgungseinrichtungen.

bb) Darstellung des tschechischen Rechts und dessen Kompatibilität mit Gemeinschaftsrecht

Nach §§ 249ff ZP gehen nur die Rechte und Pflichten aus arbeitsvertraglichen Beziehungen über, also nicht solche sozialversicherungsrechtlicher Art.
Dies ist voll kompatibel mit Gemeinschaftsrecht.

4. Art. 4 (Verbot der Kündigung wegen des Übergangs)

a) Gemeinschaftsrecht

Art. 4 Abs. 1 UA 1, Satz 1 der Richtlinie bekräftigt, dass der Übergang der wirtschaftlichen Einheit kein Grund zur Kündigung ist und verhindert damit eine Umgehung des in Art. 3 Abs. 1 geregelten Bestandschutzes für das Arbeitsverhältnis des Arbeitnehmers. Eingeschränkt wird das Kündigungsverbot jedoch durch Art. 4 Abs. 1 UA 1, Satz 2, wonach Kündigungen aus wirtschaftlichen, technischen oder organisatorischen Gründen möglich sind. Jedoch trägt der Erwerber bzw. Veräußerer die Darlegungs- und Beweislast dafür, dass die erfolgten Kündigungen nicht aufgrund des Übergangs, sondern aufgrund betriebsbedingter Gründe erfolgt sind[538].
Abs. 1 UA 2 eröffnet den Mitgliedstaaten die Möglichkeit, solche Arbeitnehmer vom Kündigungsschutz der Richtlinie auszunehmen, für die auch sonst kein Kündigungsschutz nach dem Recht des jeweiligen Mitgliedstaats besteht.

b) Darstellung des tschechischen Rechts und dessen Kompatibilität mit Gemeinschaftsrecht

§ 46 Abs. 1 ZP enthält eine abschließende Aufzählung möglicher Kündigungsgründe[539]. Danach ist eine Kündigung aus den hier relevanten Gründen nur erlaubt, wenn das Unternehmen bzw. der Unternehmensteil aufgelöst bzw. verlegt wird (lit. a) oder erlischt durch Übernahme und der übernehmende Arbeitgeber keine Möglichkeit hat, den Arbeitnehmer gemäß dessen Arbeitsvertrag zu beschäftigen (lit. b), schließlich aufgrund der Änderung des Betriebszwecks oder der technischen Ausstattung, ferner wegen Verringerung der Beschäftigtenzahl zur Erhöhung der Arbeitsproduktivität oder aus anderen organisatorischen Gründen (lit. c).

---

[538] Alvensleben, Die Rechte der Arbeitnehmer bei Betriebsübergang im Europäischen Gemeinschaftsrecht, 1992, S. 250 f

[539] s.o. S. 53

§ 46 Abs. 1 lit. a und c sind voll kompatibel mit Gemeinschaftsrecht, da den Ausnahmen vom Kündigungsschutz in Art. 4 Abs. 1 UA 1, Satz 2 der Richtlinie entsprochen wird.
§ 46 Abs. 1 lit. b ZP ist dagegen nicht kompatibel mit Gemeinschaftsrecht[540], da die Kündigung des Arbeitnehmers mangels Möglichkeit, ihn gemäß dessen Arbeitsvertrag zu beschäftigen, eine Kündigung gerade wegen des Übergangs wäre. Daher sieht der Regierungsentwurf die Streichung des § 46 lit. b ZP vor[541]. Somit ist eine Kündigung wegen des Unternehmensübergangs nicht mehr erlaubt, was mit Gemeinschaftsrecht voll kompatibel ist.

5. Art. 5 (Arbeitnehmervertretung)

a) Erhaltung von Rechtsstellung und Funktion der Arbeitnehmervertreter

aa) Gemeinschaftsrecht

Gemäß des Aufrechterhaltungsgebots[542] nach Art. 5 Abs. 1 UA 1 der Richtlinie bleiben die Rechtsstellung und Funktion der Arbeitnehmervertretung beim Übergang erhalten, sofern auch der übergehende Betrieb seine Selbständigkeit erhält.
Der missverständlich formulierte Art. 5 Abs. 1 UA 2 schließt die Anwendung des UA 1 dann aus, wenn es im jeweiligen Mitgliedstaat sowieso, also unabhängig vom Betriebsübergang, zu einem Wechsel der Arbeitnehmervertreter gekommen wäre. UA 2 gestattet also nicht etwa eine generelle Regelung, wonach mit dem Betriebsübergang die Auflösung der Arbeitnehmervertretung verbunden wäre, da dies dem Regelungszweck des Art. 5 widerspricht, wonach die Kontinuität der Arbeitnehmervertretung beim Übergang gewährleistet werden soll[543].

bb) Darstellung des tschechischen Rechts und dessen Kompatibilität mit Gemeinschaftsrecht

In der tschechischen Rechtsordnung existiert keine entsprechende Regelung zur Erhaltung der Rechtsstellung der Arbeitnehmervertretung beim Übergang. Dies ist nicht kompatibel mit Gemeinschaftsrecht[544].
Der Regierungsentwurf sieht jedoch im neu zu schaffenden § 25 Abs. 5 ZP-Entwurf[545] eine entsprechende Regelung vor.

---

540 ISAP, 15.5.97, Teil B, zu Art. 4 Rl. 77/187/EWG
541 Regierungsentwurf vom 15.12.1999, Punkt 24, in: www.mpsv.cz/scripts/1aktuality/zakonik_prace/default.asp, Abfrage vom 20.1.2000
542 Alvensleben, Die Rechte der Arbeitnehmer bei Betriebsübergang im Europäischen Gemeinschaftsrecht, 1992, S. 117
543 Alvensleben, a.a.O., S. 118
544 ISAP, 15.5.97, Teil B, zu Art. 5 Rl. 77/187/EWG
545 Regierungsentwurf vom 15.12.1999, Punkt 24, in: www.mpsv.cz/scripts/1aktuality/zakonik_prace/default.asp, Abfrage vom 20.1.2000

b) Nachwirkender Schutz für die Arbeitnehmervertreter

aa) Gemeinschaftsrecht

Gemäß Art. 5 Abs. 2 genießen Arbeitnehmervertreter, die ihr Mandat aufgrund des Übergangs verlieren, beispielsweise wenn der Betrieb seine Selbständigkeit verliert, nachwirkenden Schutz so, als wenn ihr Mandat erloschen wäre. Ihnen ist damit beispielsweise nachwirkender Kündigungsschutz zu gewähren oder zu gewährleisten, dass die Höhe des Lohnes oder der bisherige Tätigkeitsbereich für eine bestimmte Zeit unverändert bleibt[546].

bb) Darstellung des tschechischen Rechts und dessen Kompatibilität mit Gemeinschaftsrecht

Es existieren noch keine Regelungen zum nachwirkenden Schutz der Arbeitnehmervertreter bei Erlöschen ihres Mandats.
Dies ist nicht kompatibel mit Gemeinschaftsrecht[547].

---

[546] Alvensleben, Die Rechte der Arbeitnehmer bei Betriebsübergang im Europäischen Gemeinschaftsrecht, 1992, S. 119

[547] ISAP, 15.5.97, Teil B, zu Art. 5 Rl. 77/187/EWG, zum Regierungsentwurf zur Änderung des ZP s.u. S. 205; zu den Unterrichtungs- und Beratungsrechten der Arbeitnehmer nach Art. 6 Rl. 77/187/EWG s.u. Kapitel 8, Mitwirkung von Arbeitnehmern, S. 210; vgl. auch die zusammenfassende Schlussbetrachtung, S. 221

Sechstes Kapitel: Sicherheit und Gesundheitsschutz von Arbeitnehmern

A. Einführung in die maßgeblichen Rechtsnormen des Gemeinschaftsrechts und des tschechischen Rechts

I. Gemeinschaftsrecht

1. Einführung

a) Entwicklung des Arbeitsschutzrechts

Die Harmonisierung auf dem Gebiet des Europäischen Arbeitsrechts ist am weitesten im Bereich des Arbeitsschutzrechts fortgeschritten[548]. Ein Ausgangspunkt hierzu war die Entschließung des Rates vom 21.1.1974[549], in der der Rat erklärte, die notwendigen Maßnahmen erlassen zu wollen, um die Sicherheit und den Gesundheitsschutz am Arbeitsplatz zu verbessern und um die Humanisierung der Arbeits- und Lebensbedingungen der Arbeitnehmer zu fördern. Dieser Entschließung folgte eine Reihe von Maßnahmen insbesondere auf dem Gebiet der Gefahrstoffe[550]. Die Entwicklung zum Arbeitsumweltrecht wurde durch die Einfügung des Art. 138[551] EGV durch die EEA besiegelt, womit eine ausdrückliche Rechtsgrundlage für Rechtsvorschriften zur Verbesserung der Arbeitsumwelt geschaffen wurde[552]. Dabei ist der Begriff der Arbeitsumwelt weiter zu verstehen als der der Sicherheit und Gesundheitsschutz am Arbeitsplatz, da er auch die Organisation der Arbeitsabläufe, den Umgang mit Werkzeugen und –stoffen des Arbeitnehmers sowie die Beziehungen zu den anderen Arbeitnehmern mit umfasst[553]. Die Gemeinschaftscharta der sozialen Grundrechte der Arbeitnehmer vom 9.12.1989[554] bestimmt, dass die Arbeitsumwelt der Arbeitnehmer von zufriedenstellenden Bedingungen für Gesundheitsschutz und Sicherheit geprägt sein muss, Zif. 19. Die Kommission betont in ihrem Aktionsprogramm zur Anwendung der Gemeinschaftscharta der sozialen Grundrechte vom 29.11.1989[555], dass Gesundheitsschutz und Sicherheit am Arbeitsplatz einerseits durch technische Vorschriften über von den Arbeitnehmern benutzte Stoffe und Ausrüstungen und andererseits durch Vorschriften zum Schutz des Arbeitnehmers in seiner Arbeitsumwelt, Zif. 10 der Charta, gewährleistet werden.

---

548 Partikel, Europäische Arbeitschutzpolitik – Risiko und Chance, SozSich 1989, S. 146; Wank, Der Einfluss des europäischen Arbeitsschutzrechts auf die Rechtslage in der Bundesrepublik Deutschland, in: von Maydell/ Schnapp, Die Auswirkungen des EG-Rechts auf das Arbeits- und Sozialrecht der Bundesrepublik, 1992, S. 63

549 Entschließung des Rates Y74/0212/01/EWG über ein sozialpolitisches Aktionsprogramm, ABl. C 13, 12.2.1974, S. 13

550 Bücker; Feldhoff; Kohte, Vom Arbeitsschutz zur Arbeitumwelt, 1994, Rz. 118; vgl. zu den einzelnen Maßnahmen Blanpain/ Schmidt, Europäisches Arbeitsrecht, 1996, Rz. 416

551 ex-Art. 118a EGV

552 Bücker; Feldhoff; Kohte, Vom Arbeitsschutz zur Arbeitumwelt, 1994, Rz. 120

553 Grabitz; Hilf/ Jansen, EGV, Art. 118a, Rz. 23, in Anlehnung an das dänische Recht (Arbeijdsmiljo),wonach der Begriff der Arbeitsumwelt aus Dänemark stamme und daher nach dänischem Recht interpretiert werden müsse

554 KOM (89) 248 endg.

555 KOM (89) 568 endg.

b) Systematik

Die Normen des Europäischen Arbeitsschutzrechts können in drei Gruppen eingeteilt werden, als produktbezogener Arbeitsschutz mit Vorschriften über Maschinen und Anlagen, als betrieblicher Arbeitsschutz mit Vorschriften über das Verhalten am Arbeitsplatz, die Sicherheitsaufsicht und den Einsatz der Arbeitsmittel und schließlich als sozialer Arbeitsschutz[556] mit Schutzvorschriften für bestimmte Arbeitnehmergruppen[557]. Der grundsätzliche Unterschied zwischen den beiden ersten Gruppen besteht darin, dass im produktbezogenen Arbeitsschutz eine Rechtsvereinheitlichung angestrebt wird, während im betrieblichen Arbeitsschutz nur Mindestnormen vorgeschrieben werden[558]. Entsprechend unterscheiden sich die beiden Gruppen dahingehend, dass Normen des produktbezogenen Arbeitsschutzes auf Art. 95 EGV[559] gestützt werden, da sie sich auf das Funktionieren des Binnenmarktes auswirken und als wirtschaftspolitisch orientierter Gesundheitsschutz bezeichnet werden können[560]. Normen des betrieblichen Arbeitsschutzes fußen dagegen auf Art. 138 EGV[561] und dienen der Verbesserung der Arbeitsumwelt[562].

2. *Sekundärrecht*

a) Überblick

Von den zahlreichen Rechtsvorschriften im Bereich des Arbeitsumweltrechts sind folgende Richtlinien von besonderer Bedeutung: Auf dem Gebiet des betrieblichen bzw. technischen Arbeitsschutzes die Rahmenrichtlinie 89/391/EWG[563] des Rates vom 12.6.1989 über die Durchführung von Maßnahmen zur Verbesserung der Sicherheit und des Gesundheitsschutzes der Arbeitnehmer; im Bereich des produktbezogenen Arbeits-

---

[556] vgl. hierzu die Richtlinie 94/33/EG des Rates vom 22.6.1994 über den Jugendschutz, ABl. L 216, 20.8.94, S. 12-18; die Richtlinie 92/85/EWG des Rates vom 19.10.1992 über die Durchführung von Maßnahmen zur Verbesserung der Sicherheit und des Gesundheitsschutzes von schwangeren Arbeitnehmerinnen, Wöchnerinnen und stillenden Arbeitnehmerinnen am Arbeitsplatz (zehnte Einzelrichtlinie im Sinne des Art. 16 Abs. 1 der Rl. 89/391/EWG), ABl. L 348, 28.11.1992, S. 1-8, vgl. hierzu auch den Bericht der Kommission vom 15.3.1999 über die Durchführung der Richtlinie 92/85/EWG, KOM (1999) 100 endg; die Richtlinie 91/383/EWG des Rates vom 25.6.1881 zur Ergänzung der Maßnahmen zur Verbesserung der Sicherheit und des Gesundheitsschutzes von Arbeitnehmern mit befristetem Arbeitsverhältnis oder Leiharbeitsverhältnis, Abl. L 206, 29.7.91, S. 19-21; sowie die Richtlinie 97/81/EG des Rates vom 15.12.1997 zu der von UNICE, CEEP und EGB geschlossenen Rahmenvereinbarung über Teilzeitarbeit, ABl. L 14, 20.1.1998, S. 9-14; vgl. zum Komplex der sog. atypischen Arbeitsverhältnisse: Schmidt, Die Richtlinienvorschläge der Kommission der Europäischen Gemeinschaften zu den atypischen Arbeitsverhältnissen, 1992.

[557] Hanau, EG-Binnenmarkt und deutsches Arbeitsrecht, 1989, S. 26; vgl. auch die Einteilung in vier Gruppen nach Vorbild der deutschen Systematik in: Organisatorische Sicherstellung des Arbeitsschutzes, Arbeitsstätten, Geräte- und Anlagesicherheit und schließlich Gefahrstoffbereich, vgl. in: Wank; Börgmann, Deutsches und Europäisches Arbeitsschutzrecht, 1992, S. 86 ff; ferner die Einteilung in drei Gruppen nach dem Inhalt der Normen in Technischer Arbeitsschutz, Gefahrstoffrecht und sozialer Arbeitsschutz, vgl. Junghanns, in: Lenz, EG-Vertrag, Kommentar, 1994, Art. 118 EGV, Rz. 17

[558] Stöckli, Schweizerisches Arbeitsrecht und europäische Integration, , ZSR-NF, Bd. 112, 1993, S. 65

[559] ex-Art. 100a EGV

[560] Birk, Die Gesetzgebungszuständigkeit der Europäischen Gemeinschaft im Arbeitsrecht, RdA 1992, S. 72

[561] ex-Art. 118a EGV

[562] Birk, Die Gesetzgebungszuständigkeit der Europäischen Gemeinschaft im Arbeitsrecht, RdA 1992, S. 70

[563] ABl. L 183, 29.6.89, S. 1

schutzes bzw. Gefahrstoffrechts die Rahmenrichtlinie 80/1107/EWG[564] des Rates vom 27.11.1980 zum Schutze der Arbeitnehmer vor der Gefährdung durch chemische, physikalische und biologische Arbeitsstoffe bei der Arbeit sowie die hierzu ergangenen vier Einzelrichtlinien[565]. Dieses Kapitel befasst sich ausschliesslich mit der Richtlinie 89/391/EWG. Nicht untersucht werden die Normen des technischen Arbeitsschutzes. Denn die überwiegende Anzahl technischer Normen des tschechischen Arbeitsrechts ist bereits mit den technischen Normen des Gemeinschaftsrechts harmonisiert worden[566].

b) Richtlinie 89/391/EWG (Sicherheit und Gesundheitsschutz der Arbeitnehmer)

aa) Einführung

Die Rahmenrichtlinie 89/391/EWG[567] des Rates vom 12.6.1989 über die Durchführung von Maßnahmen zur Verbesserung der Sicherheit und des Gesundheitsschutzes der Arbeitnehmer mitsamt der sie konkretisierenden 13 Einzelrichtlinien kann als „corpus Europaeicum des Arbeitsschutzes“[568] oder als „Grundgesetz des betrieblichen Arbeitsschutzes[569] bezeichnet werden. Die Richtlinie enthält allgemeine Grundsätze zur Verhütung berufsbedingter Gefahren, zu Sicherheit und Gesundheitsschutz, sie will Risiko- und Unfallfaktoren ausschalten und sieht die Information, Anhörung, Beteiligung und Unterweisung der Arbeitnehmer und deren Vertreter vor. Zur Durchführung dieser Grundsätze sind allgemeine Richtlinien vorgesehen[570]. Die Richtlinie geht über den klassischen Begriff des Arbeitsschutzes hinaus und bezieht Aspekte der Humanisierung der Arbeitswelt mit ein[571]. Somit werden nicht nur die medizinische Gesundheit des Arbeitnehmers und die technische Sicherheit seines Arbeitsplatzes geregelt, sondern in Anlehnung an das Arbeitsschutzsystem der ILO und der skandinavischen Länder die Arbeitsumwelt umfassend geregelt[572].

bb) Aufbau der Richtlinie

Die Richtlinie besteht aus dem sachlichen Teil von 19 Artikeln sowie der für die Umsetzung der Richtlinie wichtigen Präambel[573].
In der Präambel wird die Pflicht der Arbeitgeber geregelt, sich über den neuesten Stand der Technik und der wissenschaftlichen Erkenntnisse auf dem Gebiet der Gestaltung von Arbeitsplätzen, unter Berücksichtigung der in ihrem Unternehmen bestehenden Risiken, zu informieren. Diese Kenntnisse haben die Arbeitgeber an die Arbeitnehmer-

---

564 ABl. L 327, 3.12.1980, S. 8
565 vgl. hierzu Wank; Börgmann, Deutsches und europäisches Arbeitsschutzrecht, 1992, S. 122–132
566 Galvas, Pracovní právo, 1997, S. 81
567 ABl. L 183, 29.6.89, S. 1
568 so Birk, Die Rahmenrichtlinie über die Sicherheit und den Gesundheitsschutz am Arbeitsplatz – Umorientierung des Arbeitsschutzes und bisherige Umsetzung in den Mitgliedstaaten der Europäischen Union, in: FS Wlotzke, S. 645; Wank; Börgmann, Deutsches und Europäisches Arbeitsschutzrecht, 1992, S. 87
569 Wlotzke, EG-Binnenmarkt und Arbeitsrechtsordnung – Eine Orientierung, NZA 1990, S. 419
570 Blanpain/ Schmidt, Europäisches Arbeitsrecht, 1996, S. 307
571 Wlotzke, EG-Binnenmarkt und Arbeitsrechtsordnung - eine Orientierung, NZA 1990, S. 420
572 Birk, FS Wlotzke, S. 646-658; Bücker; Feldhoff; Kohte, Vom Arbeitsschutz zur Arbeitsumwelt, S. 75 - 77
573 Die Verankerung umsetzungsrelevanter Bestimmungen in der Präambel ist ungewöhnlich und wird als systematisch verfehlt angesehen, so Wank; Börgmann, Deutsches und Europäisches Arbeitsschutzrecht, 1992, S. 87

vertreter weiterzugeben[574]. Desweiteren ist in der Präambel festgehalten, dass die Verbesserung von Sicherheit, Arbeitshygiene und Gesundheitsschutz der Arbeitnehmer am Arbeitsplatz nicht rein wirtschaftlichen Überlegungen untergeordnet werden darf[575].
Der sachliche Teil ist in vier Abschnitte untergliedert. Der erste Abschnitt enthält allgemeine Bestimmungen, Artt. 1–4, der zweite Abschnitt regelt die Arbeitgeberpflichten, Artt. 5–12, der dritte Abschnitt bestimmt die Arbeitnehmerpflichten, Art. 13, der vierte Abschnitt enthält sonstige Bestimmungen, Artt. 14–19[576].

I. Tschechisches Recht

1. Geschichtliche Entwicklung der Sicherheit und des Gesundheitsschutzes bei der Arbeit (BOZP)[577]

a) Zeitraum bis 1918

Auf dem Gebiet der heutigen ČR enhielten das allgemeine Obergesetz von 1854 und die Gewerbeordnung von 1859 Schutzregelungen für Arbeiter. Zahlreiche Schutzgesetze wurden in den Jahren 1883-1885 erlassen. Sie führten zu einer wesentlichen Verbesserung der Arbeits- und Sozialbedingungen der Arbeiter. Von großer Bedeutung war das Gesetz über die Errichtung der Gewerbeaufsicht, durch das besondere Inspektoren eingesetzt wurden, die die Einhaltung gesetzlicher Vorschriften zum Schutz von Leben und Gesundheit der Arbeiter in Gewerbe, Handwerk und Handelsbetrieben überwachten. Wichtig war auch die neue Gewerbeordnung von 1885, die insbesondere den Schutz der Lohnzahlung, Das Verbot der Kinderarbeit von Kindern unter 12 Jahren in Handwerksbetrieben und von Kindern unter 14 Jahren bei der Fertigung festlegte, ferner wurde die Arbeit von Kindern von 12 bis 14 Jahren auf acht Stunden täglich begrenzt. Weiterhin wurde die Sonntagsruhe in gewerblichen und handwerklichen Betrieben eingeführt, die Höchstarbeitszeit in der Fertigung auf 11 Stunden festgesetzt und die Bedingungen für den Erlass einer Arbeitsordnung festgelegt. Im weiteren Verlauf wurden Vorschriften zum Arbeitsschutz erlassen, die hauptsächlich den Schutz von Leben und Gesundheit bei der Arbeit im Bergbau und im Bauwesen bezweckten. Diese Entwicklung wurde 1914-1918 durch den Ersten Weltkrieg unterbrochen und dann nach Gründung des tschechoslowakischen Staates 1919 fortgesetzt[578].

b) Zeitraum von 1919 bis 1948

Die weltweite Entwicklung auf dem Gebiet der Arbeitssicherheit wurde insbesondere durch die Tätigkeit der ILO beeinflußt. Die Übereinkünfte, die den Gesundheitsschutz der Arbeitnehmer im Arbeitsprozess beinhalteten, wurden schon 1921 angenommen. Einzelne Staaten, einschließlich der Tschechoslowakei, übernahmen dann den Inhalt dieser Übereinkünfte in ihre nationale Gesetzgebung[579].

---

[574] vgl. 14. Begründungserwägung der Präambel zur Richtlinie 89/391/EWG
[575] vgl. 13. Begründungserwägung der Präambel zur Richtlinie 89/391/EWG
[576] vgl. auch Wank; Börgmann, Deutsches und Europäisches Arbeitsschutzrecht, 1992, S. 87 f
[577] BOZP (tschech.: Bezpečnost a ochrana zdraví při práci), deutsch: Sicherheit und Gesundheitsschutz bei der Arbeit
[578] Bělina, Pracovní právo, 1994, S. 22
[579] Galvas, pracovní právo, 1997, S. 279

c) Zeitraum von 1948 bis 1989

Nach 1948 zeichnete sich in der ČSSR auf dem Gebiet der BOZP eine neue Entwicklung ab. So sei ein administratives und völlig formalisiertes System geschaffen worden mit demotivierenden Folgen sowohl für Arbeitnehmer als auch für Arbeitgeber. Die BOZP als grundlegender Wert im Arbeitsprozess sei so nicht mehr respektiert worden. Der Arbeitnehmer sei als passives Objekt aufgefasst worden, das ständig belehrt, kontrolliert und gegebenenfalls bestraft worden sei. Das System entbehrte jedweder materieller und moralischer Anreize für Arbeitgeber und Arbeitnehmer, um deren Interesse an der BOZP zu erwecken. Über die Notwendigkeit von Veränderungen wurde wohl unter allen Beteiligten, die mit der BOZP zu tun hatten, diskutiert, aber das kommunistische Regime sei aufgrund seines wirtschaftlichen Systems nicht fähig gewesen, ausreichende Mittel für einen radikalen Wechsel aufzubringen[580].

d) Entwicklung seit 1989

Auch wenn nach 1989 die Möglichkeit für einen völligen Neuanfang auf dem Gebiet der BOZP bestand, dauert das oben erwähnte Desinteresse und die Gleichgültigkeit bezüglich der BOZP bis heute an. So entspreche der gegenwärtigen Stand der BOZP nicht dem gegenwärtigen Stand der Entwicklung der wirtschaftlichen Verhältnisse und der erreichten Ziele bei den wirtschaftlichen Reformen[581]. Für diese ungünstige Lage werden zwei grundsätzliche Ursachen benannt, einmal die Haltung von Arbeitgebern und Arbeitnehmern zum Gesundheitsschutz, und zum anderen das gegenwärtige Niveau der Gesetzgebung zur BOZP. So sei die Haltung von Arbeitgebern und Arbeitnehmern als völlige Geringschätzung der menschlichen Gesundheit zu bezeichnen, ein Überrest aus vergangenen Zeiten. Arbeitnehmer seien sich nicht klar über die schwerwiegenden physischen und finanziellen Folgen von Gesundheitsschäden. Arbeitgeber seien sich grundlegender Prinzipien nicht bewusst, wie der Tatsache, dass Investitionen in die Schaffung sicherer Arbeitsbedingungen nur einen finanziellen Bruchteil dessen darstellten, was für die Beseitigung der Folgen von Arbeitsunfällen und Berufskrankheiten nötig sei.
Die erwähnten Probleme hingen ferner eng zusammen mit dem nicht zufriedenstellenden Stand der Gesetzgebung. Die rechtliche Regelung der BOZP sei veraltet, der vornovemberlichen Art der Wirtschaftsführung verpflichtet und die teilweise durchgeführten Änderungen beseitigten bei weitem nicht die meisten Mängel. Nötig sei ein Regelungswerk, das einen funktionierenden Schutz von Leben und Gesundheit der Arbeitnehmer vor Risiken und negativen Wirkungen der Arbeit gewährleistet[582]. Immerhin wurde 1994 durch Gesetz Nr. 74/1994 Sb. das ganze 5. Kapitel des ZP über die Sicherheit und den Gesundheitsschutz bei der Arbeit, §§ 132 ff ZP, vollständig neu gefasst. Dabei werden die Pflichten von Arbeitgebern und Arbeitnehmern detailliert umschrieben und dem Arbeitgeber die grundlegende Pflicht auferlegt, Die Sicherheit am Arbeitsplatz zu gewährleisten, während der Arbeitnehmer verpflichtet ist, die aufgestellten Sicherheitsbestimmungen zu beachten[583].

[580] so die Kritik von Galvas, Pracovní právo, 1997, S. 279
[581] Galvas, a.a.O., S. 280
[582] Galvas, a.a.O., S. 279 f
[583] Thaeter, Zur Novellierung des tschechischen Arbeitsgesetzbuchs von 1965, in: WiRO 1994, S. 402

2. *Begriff, Funktion und Bedeutung von Sicherheit und des Gesundheitsschutzes bei der Arbeit (BOZP)*

a) Begriff

Der Begriff der BOZP wird im tschechischen Recht umschrieben als Gruppe von Rechtspflichten, subjektiven Rechten und Rechtsbeziehungen, mittels derer alle beteiligten Rechtssubjekte auf die Schaffung von Bedingungen hinwirken, die die Gesundheit der Arbeitnehmer schützen und schädigende Einflüsse für die Gesundheit der am Arbeitsprozess Beteiligten beseitigen[584]. Die BOZP wird im ZP legaldefiniert. Gemäß § 273 Abs. 1 ZP umfasst dieser Begriff Vorschriften zum Schutz von Leben und Gesundheit, Hygiene- und Epidemievorschriften, Bestimmungen über die Sicherheit technischer Einrichtungen und technischer Normen, Verkehrsvorschriften, Vorschriften über den Brandschutz und über den Umgang mit brennbaren (Spreng-) Stoffen, Waffen, radioaktiven Stoffen, Giften und anderen gesundheitsschädlichen Stoffen, soweit sie den Schutz von Leben und Gesundheit betreffen[585]. Charakteristisch für die Gewährleistung der BOZP ist, dass dieser Regelungskomplex neben bestimmten wechselseitigen Pflichten der am Arbeitsverhältnis Beteiligten auch zahlreiche Rechte und Pflichten anderer Subjekte als der unmittelbar am Arbeitsverhältnis Beteiligten enthält. Das betrifft besonders die Organe, die auf dem Gebiet der BOZP die Kontrolle oder die Aufsicht ausüben, und dies nicht nur im Arbeitsablauf, sondern auch bei der Planung und Errichtung von Produktionsanlagen[586].

b) Funktion

Der BOZP kommen drei Hauptfunktionen zu, und zwar die Prävention, der Schutz im Rahmen der Produktion und generell der Schutz im Rahmen der Arbeitsumwelt.
Die Prävention ist die wichtigste Funktion und geht vom Prinzip aus, dass entsprechend der heutigen wissenschaftlich-technischen Entwicklung es möglich sein muss, Arbeitsunfälle in höchstmöglichem Ausmaße zu verhindern. Hierzu wird die Gewährleistung sicherer und hygienischer Arbeitsbedingungen überwacht. Ferner ist der Entstehung von Arbeitsunfällen und Erkrankungen, insbesondere Berufskrankheiten, vorzubeugen.
Im Rahmen der Produktion soll durch die Gewährleistung der BOZP ein kontinuierlicher und qualitativer Prozess in der Arbeitsorganisation gesichert werden, der unmittelbaren Einfluss auf die Steigerung des Produktionsniveaus haben soll[587]. Eine weitere wichtige Funktion ist die Beseitigung schwieriger und anstrengender Arbeit, wie auch die Schaffung einer angenehmeren und wenn möglich auch attraktiveren Arbeitsumwelt, die Bestandteil einer menschlichen Umwelt ist.
In bestimmten Bereichen des Arbeitsprozesses könnten aber auch modernste technische und hygienische Sicherheitsvorrichtungen Gesundheitsschäden nicht ausschließen, die im Zusammenhang mit der Art der Arbeit bzw. der Arbeitsumwelt verursacht werden. Zur Lösung der mit der BOZP verbundenen Probleme sollte einigen Arbeitnehmergruppen höchste Aufmerksamkeit gewidmet werden, beispielsweise Frauen, Schwangeren und Müttern mit Kindern bis zu einem bestimmten Alter, Jugendlichen, behinderten oder auch älteren Arbeitnehmern. Eine wirksame Lösung der Probleme der BOZP er-

[584] Bělina, Pracovní právo, 1994, S. 212
[585] vgl. Bělina, a.a.O., S. 215
[586] Bělina, a.a.O., 1994, S. 212
[587] Galvas, Praconví právo, 1997, S. 279

fordere den Einsatz aller am Arbeitsprozess beteiligten Subjekte sowie die Möglichkeit, Standpunkte und die Wahl der besten Lösungsvariante seitens der Beteiligten abzugeben, gleichfalls unterstützt von Seiten der zuständigen staatlichen Organe. Neues Elemente auf diesem Gebiet ist die effiziente Durchführung der internationalen Zusammenarbeit[588].

c) Bedeutung der BOZP

Der BOZP kommt eine besondere Stellung in der inhaltlichen Ausgestaltung des Arbeitsverhältnisses im tschechischen Recht zu. So zielt die Mehrzahl der Rechte und Pflichten der am Arbeitsverhältnis Beteiligten auf die Umsetzung von Ruhe nach erbrachter Arbeit, Recht auf Vergütung für erbrachte Arbeit und eben Recht auf die Gewährung von BOZP. Die rechtliche Regelung des Inhalts des Arbeitsverhältnisses umfasst also drei grundlegende thematische Komplexe, von denen einer die Problematik der BOZP darstellt[589].

3. Maßgebliche Normen im Hinblick auf die BOZP

a) Überblick

Die Problematik der BOZP wird vor allem, aber nicht nur im ZP geregelt. Allgemeine Regelungen wie die Verfassungscharta, das ZP und einzelne Gesetze beinhalten Regelungen für die Arbeitssicherheit, die gemeinsam für alle Wirtschaftszweige und für alle Arten von Arbeiten und Tätigkeiten gelten[590]. Es ist jedoch unvermeidlich, selbständig Spezialbereiche zu regeln, inbesondere technische Probleme der Arbeitssicherheit. Diese Einzelregelungen sind im Rahmen besonderer Vorschriften verankert, besonders in Bekanntmachungen des ČÚBP[591] und des MPSV[592], wie beispielsweise die Bekanntmachungen über die fachliche Befähigung in der Elektronik oder die Bekanntmachung über Arbeitssicherheit im Bauwesen[593]. Eine besondere Rolle bei der Gewährleistung der Arbeitssicherheit spielen auch technische Normen. Fragen zu Erlass, Anwendung

[588] Bělina, Pracovní právo, 1994, S. 212 f
[589] Bělina, a.a.O., S. 212
[590] vgl. den Überblick über die Normen betreffend die BOZP bei Galvas, Pracovní právo, 1997, S. 280 f, sowie oben S. 10
[591] Český úřad bezpečnosti práce (Tschechisches Amt für Arbeitssicherheit)
[592] Ministerstvo práce a sociálních věcí (Ministerium für Arbeit und soziale Angelegenheiten der Tschechischen Republik)
[593] Gesetz Nr. 174/1968 Sb. über die staatliche Fachaufsicht betreffend die Arbeitssicherheit, Gesetz Nr. 133/1985 Sb., über den Brandschutz, Gesetz Nr. 20/1966 Sb., über Volksfürsorge und –gesundheit, Gesetz Nr. 44/1988 Sb., über Schutz und Nutzung der Mineralvorkommen (Bergbaugesetz),Gesetz Nr. 61/1988 Sb., über Bergwerkstätigkeiten, Sprengstoffe und die staatliche Bergbauverwaltung, Verordnung des ČÚBP und des Bergbauamts Nr. 110/1975 Sb., über die Aufzeichnung und Meldung von Arbeitsunfällen und die Meldung von Betriebsunfällen (Havarien) sowie Störung von technischen Einrichungen, Bekanntmachung Nr. 324/1990 Sb., über Arbeitssicherheit und und Sicherheit bautechnischer Anlagen, Verordnung des MPSV Nr. 204/1994 Sb., welche Umfang und nähere Voraussetzungen für die zur Verfügung zu stellenden persönlichen Arbeitsschutzmittel sowie für Wasch-, Reinigungs- und Desinfektionsmittel festlegt, Regierungsverordnung Nr. 26/1989 Sb., über Sicherheit und Gesundheitsschutz bei der Arbeit und über Betriebssicherheit bei Tätigkeiten Untertage, Bekanntmachung Nr. 51/1989 Sb., über Sicherheit und Gesundheitsschutz bei der Arbeit und über die Betriebssicherheit bei der Bearbeitung und Veredlung von Mineralien

und Verbindlichkeit technischer Normen behandelt das Gesetz über technische Normen Nr. 142/1991 Sb.[594].

b) ZP

aa) Übersicht

Der fünfte Titel des ZP ist überschrieben mit „Sicherheit und Gesundheitsschutz bei der Arbeit“ und umfasst die §§ 132–138 ZP. Darin werden die Pflichten der Arbeitgeber und der Arbeitnehmer im Rahmen der BOZP sowie die Kontrolle über die Gewährleistung der BOZP durch die Gewerkschaften geregelt[595].

bb) Neufassung des ZP

Der Regierungsentwurf zur Änderung des ZP[596] sieht eine umfangreiche Neufassung und Erweiterung der §§ 132 ff ZP vor. Bis auf § 136 ZP (Kontrolle der BOZP durch die Gewerkschaftsorgane) werden alle Paragrafen des fünften Teils des ZP neu gefasst.
Danach werden die Grundsätze zur BOZP in der einleitenden Bestimmung des § 132 ZP-Entwurf genannt. § 132a ZP-Entwurf regelt die Gefahrenverhütung, § 132b ZP-Entwurf enhält diesbezüglich Bestimmungen zur fachlichen Befähigung.
Den größten Raum nimmt die detaillierte Benennung der Arbeitgeberpflichten ein, §§ 133 - 134e ZP-Entwurf. § 133 ZP-Entwurf nennt eine Reihe einzelner Pflichten des Arbeitgebers auf dem Gebiet der BOZP. § 133 a-c ZP-Entwurf nennt weitere Pflichten des Arbeitgebers betreffend persönlicher Arbeitsschutzmittel, Arbeitskleidung und –schuhe, Reinigungs- und Desinfektionsmittel (§ 132a ZP-Entwurf), Sicherheitskennzeichnung und –signale (§ 132b ZP-Entwurf), schließlich Arbeitsunfälle und Berufskrankheiten (§ 132c ZP-Entwurf). § 134 ZP-Entwurf enthält Arbeitgeberpflichten betreffend Arbeitsplatz und Arbeitsumwelt. Weitere Arbeitgeberpflichten regeln die §§ 134 a-e ZP-Entwurf. Danach hat der Arbeitgeber Pflichten bezüglich der Produktions- und Arbeitsmittel und –einrichtungen (§ 134a ZP-Entwurf), § 134b ZP-Entwurf enthält Vorschriften zum Einsatz nur besonders fachlich befähigter Arbeitnehmer, § 134c ZP-Entwurf enthält Arbeitgeberpflichten bezüglich Risikofaktoren bestimmter Arbeiten sowie einschlägiger Kontrollvorschriften, § 134d ZP-Entwurf enthält einige Arbeitsverbote, § 134e ZP-Entwurf legt dem Arbeitgeber die Pflicht zur Organisation der Arbeit und des Arbeitsablaufs auf.
Auf Arbeitnehmerseite regelt § 135 ZP-Entwurf die Rechte und Pflichten der Arbeitnehmer und bestimmt 136a ZP-Entwurf die Beteiligung der Arbeitnehmer bei der Lösung von die BOZP betreffenden Fragen.

[594] Bělina, Pracovní právo, 1994, S. 212
[595] vgl. Tröster, u.a. „Approximation of Legislation“, 1996, S. 28 f
[596] Regierungsentwurf vom 15.12.1999 zur Änderung des ZP, Punkte 84-91 in: www.mpsv.cz/scripts/1aktuality/zakonik_prace/default.asp, Abfrage vom 20.1.2000, sowie Punkt 1.C. des Allgemeinen Teils des Begründungsberichts zum Regierungsentwurf, in: www.mpsv.cz/scripts/1aktuality/zakonik_prace/duvod.asp, Abfrage vom 20.1.2000, sowie Punkte 84–91 des Besonderen Teils des Begründungsberichts zum Regierungsentwurf, in: www.mpsv.cz/scripts/1aktuality/zakonik_prace/zvlastni.asp, Abfrage vom 20.1.2000

B. Darstellung des tschechischen Rechts anhand der einzelnen Artikel der Richtlinie 89/391/EWG (Sicherheit und Gesundheitsschutz der Arbeitnehmer)

I. Art. 1 (Ziel der Richtlinie)

1. Gemeinschaftsrecht

Ziel der Richtlinie ist, die Sicherheit und den Gesundheitsschutz der Arbeitnehmer zu verbessern, Abs. 1. Dazu enthält die Richtlinie Grundsätze für die Verhütung berufsbedingter Gefahren, für die Sicherheit und den Gesundheitsschutz, für die Ausschaltung von Risiko- und Unfallfaktoren, für die Information, Anhörung, die Beteiligung und Unterweisung der Arbeitnehmer und ihrer Vertreter sowie allgemeine Durchführungsgrundsätze, Abs. 2. Darüber hinausgehende günstigere Vorschriften für die Arbeitnehmer werden durch die Richlinie nicht berührt, Abs. 3.

2. Darstellung des tschechischen Rechts und dessen Kompatibilität mit Gemeinschaftsrecht

a) Geltende Rechtslage

Gemäß § 132 Abs. 1 ZP ist die Gewährleistung der BOZP sowie die ständige Verbesserung der Arbeitsumwelt untrennbarer Bestandteil der Produktions- und Arbeitsaufgaben. Daraus folgt, dass die Sorge um die BOZP integrierter Bestandteil der Organisation und der Produktionsleitung sein muss, und dass die wirtschaftlichen und arbeitsbezogenen Aufgaben des Arbeitgebers nicht Vorrang vor den Maßnahmen zur Gewährleistung der Arbeitssicherheit haben dürfen[597]. § 132 ZP ist eine einleitende Bestimmung, die keine weitere Rechtsangleichung auf tschechischer Seite erfordert, mithin mit Gemeinschaftsrecht voll kompatibel ist[598].

b) Neufassung

Gemäß § 132 Abs. 1 ZP-Entwurf bleibt die geltende Rechtslage inhaltlich unverändert, nur die Formulierung erfolgt zeitgemäßer. So ist der Arbeitgeber verpflichtet, die BOZP des Arbeitnehmers angesichts möglicher das Leben und die Gesundheit gefährdender Risiken zu gewährleisten[599].

---

[597] Galvas, Pracovní právo, 1997, S. 281

[598] ISAP, 12.12.96, Teil B, zu Art. 1 Rl. 89/391/EWG und § 132 ZP

[599] Regierungsentwurf vom 15.12.1999 zur Änderung des ZP, Punkt 84 zu § 132 ZP, in: www.mpsv.cz/scripts/1aktuality/zakonik_prace/default.asp, Abfrage vom 20.1.2000

II. Art. 2 (Anwendungsbereich)

1. Gemeinschaftsrecht

Der Anwendungsbereich ist eröffnet bei allen privaten oder öffentlichen Tätigkeitsbereichen, Abs. 1. Erfasst werden gemäß Abs. 1 insbesondere gewerbliche, landwirtschaftliche, kaufmännische, verwaltungsmäßige, dienstleistungsbezogene, ausbildungsbezogene sowie kulturelle Tätigkeiten. Aus dem Anwendungsbereich der Richtlinie herausgenommen werden können gemäß Abs. 2 spezifische Tätigkeiten im öffentlichen Dienst, wie beispielsweise bei den Streitkräften, der Polizei oder bei Katastrophenschutzdiensten. In diesem Falle haben die Mitgliedstaaten jedoch zu gewährleisten, dass unter Berücksichtigung der Ziele der Richtlinie eine größtmögliche Sicherheit und ein größtmöglicher Gesundheitsschutz der Arbeitnehmer gewährleistet sind, Abs. 2, UA 2. Die Richtlinie ist also als einheitliches Schutzrecht für alle privaten und öffentlichen Tätigkeitsbereiche konzipiert. Ähnlich wie in Art. 39[600] Abs. 4 EGV[601] ist die Bereichsausnahme von der Richtlinie nach Abs. 2 eng auszulegen[602].

2. Darstellung des tschechischen Rechts und dessen Kompatibilität mit Gemeinschaftsrecht

a) Geltungsbereich des ZP

§§ 1 ff ZP[603] bestimmen den Geltungsbereich des ZP und damit die Anwendbarkeit der Vorschriften zur Sicherheit und Gesundheit der Arbeitnehmer gemäß §§ 132 ff ZP. Gemäß § 1 Abs. 1 ZP entstehen zwischen Arbeitnehmern und Arbeitgebern arbeitsrechtliche Beziehungen. Damit erfasst und regelt das ZP die überwiegende Mehrzahl der Arbeitsverhältnisse[604]. Das tschechische Recht geht also davon aus, dass Arbeitnehmer ist, wer ein solches Arbeitsverhältnis eingegangen hat[605].

b) Öffentliche Arbeitsverhältnisse

Bezüglich eines öffentlichen Tätigkeitsbereiches bestimmt das Delegationsprinzip[606] des § 2 ZP, wann diese Tätigkeit vom ZP erfasst wird. Nach § 2 Abs. 1 ZP fällt die Ausübung einer öffentlichen Funktion dann unter das ZP, wenn es entweder ausdrücklich im ZP oder durch Sondervorschriften angeordnet wird. Der Begriff der „öffentlichen Funktion" wird im ZP selbst nicht definiert. Beispiele hierfür sind aber in § 14

---

600 ex-Art. 48 EGV

601 EuGHE 1986, S. 2121 (Lawrie-Blum), wonach der EuGH den Arbeitnehmerbegriff weit auslegt durch die enge und funktionale Bestimmung der Bereichsausnahme der „öffentlichen Verwaltung" nach Art. 48 Abs. 4 EGV, worunter nur noch die klassische Eingriffsverwaltung gehört wie die Rechtsprechung, Diplomatie, Militär und Polizei, nicht aber Tätigkeiten innerhalb der öffentlichen Daseinsvorsorge oder im Schuldienst, vgl. Bücker; Feldhoff; Kohte, Vom Arbeitsschutz zur Arbeitsumwelt, 1994, Rz. 154

602 Bücker; Feldhoff; Kohte, Vom Arbeitsschutz zur Arbeitsumwelt, 1994, Rz. 255

603 §§ 1 ff tragen die Überschrift „Erster Titel, Geltungsbereich des ZP", siehe auch oben S. 11 ff sowie unten S. 170 ff

604 Tröster, Pracovní právo, Kommentar zu § 1 ZP

605 Gerauer; Baron; Britz, Arbeitsrecht in der Tschechischen Republik, 1999, Rz. 34; vgl. zum Begriff des Arbeitnehmers auch oben S. 5

606 Tröster, Pracovní právo, Kommentar zu § 2 ZP

Abs. 2 der RegierungsVO Nr. 108/1994 Sb. enthalten. So üben beispielsweise die Mitglieder des Abgeordnetenhauses und die Mitglieder der Gemeindevertretungen eine öffentliche Funktion aus. Keine öffentliche Funktion im Sinne des ZP üben die Funktionsträger in bürgerlichen Vereinigungen, Gewerkschaftsorganisationen, Gesellschaften oder Genossenschaften aus[607].

Ferner unterliegt gemäß § 2 Abs. 2 ZP die Ausübung einer öffentlichen Funktion dem Geltungsbereich des ZP, wenn sie innerhalb eines Arbeitsverhältnisses ausgeübt wird. Die Tätigkeit im Öffentlichen Dienst wird regelmäßig von „staatlichen Arbeitnehmern“[608] ausgeübt, also nicht von Amtsträgern wie in § 4 ZP[609]. Daher ist auf die Gruppe der staatlichen Arbeitnehmer das ZP anwendbar.

Nach § 4 ZP regelt das ZP die Arbeitsbeziehungen der Staatsanwälte und der Angehörigen der Streitkräfte nur, wenn es entweder in den einzelnen Vorschriften des ZP ausdrücklich angeordnet oder in Sondervorschriften festgelegt ist, so beispielsweise nach § 226 des Handelsgesetzbuches[610]. Nach § 23 Abs. 1 des Gesetzes über die Staatsanwaltschaft[611] regelt das ZP die Arbeitsbeziehungen der Staatsanwälte, soweit das Gesetz über die Staatsanwaltschaft nichts anderes bestimmt.

Nach § 5 werden die arbeitsrechtlichen Beziehungen der Feuerwehrangehörigen, Hochschullehrer, wissenschaftlichen und künstlerischen Anwärter, der durch Sondervorschrift zu bestimmenden Arbeitnehmer im Verkehrswesen sowie der Mitglieder der Hochseeflotte grundsätzlich durch das ZP geregelt, es sei denn, gesetzlich ist etwas anderes angeordnet[612].

c) Kompatibilität

Die Regelungen sind nur teilweise kompatibel mit Gemeinschaftsrecht[613]. Denn die teilweise Herausnahme aus dem Anwendungsbereich des ZP von Hochschullehrern, Anwärtern in Wissenschaft und Kunst sowie Arbeitnehmern im Verkehrswesen gemäß § 5 ZP entspricht nicht den Anforderungen von Art. 2 der Richtlinie. Denn danach werden auch die genannten öffentliche Tätigkeiten vom Geltungsbereich der Richtlinie erfasst, da Bereichsausnahmen nur für die klassische Eingriffsverwaltung wie die in Abs. 2 genannten Bereiche wie Streitkräfte, Polizei und Katastrophenschutz vorbehalten sind. Im Regierungsentwurf ist zwar die Herausnahme der wissenschaftlichen Anwärtern von § 5 ZP vorgesehen, aber die Hochschullehrer beispielsweise werden weiterhin vom Geltungsbereich des ZP ausgenommen, wenn besondere Vorschriften dies vorsehen[614], was nicht kompatibel mit Gemeinschaftsrecht ist.

---

[607] Tröster, a.a.O., Kommentar zu § 2 ZP

[608] tschechisch: státní zaměstnanci

[609] Gerauer/Baron/Britz, Arbeitsrecht in der Tschechischen Republik, 1999, Rz. 40

[610] Gesetz Nr. 513/1991 Sb. (obchodní zákoník, deutsch: Handelsgesetzbuch)

[611] Gesetz Nr. 283/1993 Sb., o státnim zastupitelství

[612] vgl. hierzu folgende einschlägigeVorschriften: Gesetz Nr. 133/1985 Sb., über den Brandschutz, Gesetz Nr. 172/1990 Sb., Hochschulgesetz, Gesetz Nr. 39/1977 Sb., über die Ausbildung der neuen wissenschaftlichen Beschäftigten und weitere höhere Qualifikationen der wissenschaftlichen Beschäftigten, Bekanntmachung Nr. 53/1977 Sb., über die Ausbildung der neuen wissenschaftlichen Beschäftigten und über Studienaufenthalte, Bekanntmachung Nr. 54/1977 Sb., welche einige Einzelheiten der arbeitsrechtlichen Beziehungen der Teilnehmer an wissenschaftlicher Ausbildung und an Studienaufenthalten regelt, und über die Stipendiengewährung, Gesetz Nr. 61/1952 Sb., über die Seeschiffahrt, Bekanntmachung Nr. 89/1985 Sb., über die Regelung einiger Rechte und Pflichten, die aus den arbeitsrechtlichen Beziehungen als Besatzungsmitglied eines tschechoslowakischen Seeschiffs folgen

[613] ISAP, 12.12.96, Teil B, zu Art. 2 Rl. 89/391/EWG und Art. 1 ff ZP

[614] Regierungsentwurf vom 15.12.1999 zur Änderung des ZP, Punkt 2 in: www.mpsv.cz/scripts/1aktuality/zakonik_prace/default.asp, Abfrage vom 20.1.2000

III. Art. 3 (Definitionen)

Art. 3 definiert die Begriffe der Arbeitnehmer, Arbeitgeber, Arbeitnehmervertreter mit einer besonderen Funktion bei der Sicherheit und beim Gesundheitsschutz der Arbeitnehmer sowie der Gefahrenverhütung.

1. Arbeitnehmer

a) Gemeinschaftsrecht

Nach Art. 3 lit. a der Richtlinie gilt als Arbeitnehmer jede Person, die von einem Arbeitgeber beschäftigt wird, einschließlich Praktikanten und Lehrlinge, nicht aber Hausangestellte. Diese Legaldefinition schließt beispielsweise auch Beamte und Leiharbeitnehmer ein[615]

b) Darstellung des tschechischen Rechts und dessen Kompatibilität mit Gemeinschaftsrecht

Das tschechische Recht kennt einen weiten Arbeitnehmerbegriff. So ist jeder Arbeitnehmer, der ein Arbeitsverhältnis eingegangen ist[616].
Dies ist mit Gemeinschaftsrecht teilweise kompatibel[617] Zur vollen Kompatibilität müsste der Begriff des Arbeitnehmers im Sinne der Richtlinie im ZP definiert werden, Hochschullehrer und andere Amtsträger dürfen also nicht von der Anwendung des ZP ausgeklammert werden[618].

2. Arbeitgeber

a) Gemeinschaftsrecht

Nach Art. 3 lit. b der Richtlinie ist Arbeitgeber jede natürliche oder juristische Person, die als Vertragspartei des Beschäftigungsverhältnisses mit dem Arbeitnehmer für das Unternehmen bzw. den Betrieb verantwortlich ist.

b) Darstellung des tschechischen Rechts und dessen Kompatibilität mit Gemeinschaftsrecht

Von allen nach Art. 3 der Richtlinie erforderlichen Begriffen ist im ZP nur der des Arbeitgebers definiert[619]. Gemäß § 8 Abs. 1 ZP wird unter Arbeitgeber im Sinne des ZP jede natürliche oder juristische Person verstanden, die natürliche Personen in arbeits-

---

[615] Wank; Börgmann, Deutsches und europäisches Arbeitsschutzrecht, 1992, S. 89, FN 35
[616] s.o. zum Begriff des Arbeitnehmers S. 5
[617] von voller Kompatibilität ausgehend: ISAP, 12.12.96, Teil B, zu Art. 3 Rl. 89/391/EWG
[618] s.o. S. 107
[619] ISAP, 12.12.96, Teil B, zu Art. 3 Rl. 89/391/EWG

rechtlichen Verhältnissen beschäftigt[620]. Dies ist mit Gemeinschaftsrecht voll kompatibel[621].

3. Arbeitnehmervertreter mit einer besonderen Funktion bei der Sicherheit und beim Gesundheitsschutz der Arbeitnehmer

a) Gemeinschaftsrecht

Nach Art. 3 lit. c wird unter Arbeitnehmervertreter mit einer besonderen Funktion bei der Sicherheit und beim Gesundheitsschutz der Arbeitnehmer jede Person verstanden, die gemäß nationalen Rechtsvorschriften bzw. Praxis die Arbeitnehmer in diesen Fragen vertritt.

b) Darstellung des tschechischen Rechts und dessen Kompatibilität mit Gemeinschaftsrecht

aa) Geltende Rechtslage

Einen derartigen Arbeitnehmervertreter gibt es im tschechischen Recht nicht[622]. Das ist nicht kompatibel mit Gemeinschaftsrecht.

bb) Neufassung

Der Regierungsentwurf sieht als neue Einrichtung den „Arbeitnehmervertreter auf dem Gebiet der BOZP" vor. Diese Art von Arbeitnehmervertretung steht selbständig neben den Betriebsräten und soll für die Durchführung der BOZP sorgen, sollte es in einem Betrieb kein zuständiges Gewerkschaftsorgan geben[623]. Entsprechend sieht die Neufassung des § 18 Abs. 1, Satz 2 ZP-Entwurf vor, dass es drei verschiedene Arten der Arbeitnehmervertreter geben kann, die der Arbeitgeber gegebenenfalls zu informieren hat, einmal, wie bisher, das zuständige Gewerkschaftsorgen, ferner, neu, den Betriebsrat oder, ebenfalls neu, die Vertreter auf dem Gebiet der BOZP[624].

4. Gefahrenverhütung

a) Gemeinschaftsrecht

Nach Art. 3 lit. d der Richtlinie umfasst die Gefahrenverhütung sämtliche Bestimmungen und Maßnahmen, die im Unternehmen zur Vermeidung oder Verringerung berufsbedingter Gefahren vorgesehen sind.

---

[620] s.o. zum Begriff des Arbeitgebers S. 5
[621] ISAP, 12.12.96, Teil B, zu Art.3 Rl.89/391/EWG
[622] ISAP, 12.12.96, Teil B, zu Art. 3 Rl. 89/391/EWG
[623] Punkt 1.C. des allgemeinen Teils des Begründungsberichts zum Regierungsentwurf vom 15.12.1999 zur Änderung des ZP, in: www.mpsv.cz/scripts/1aktuality/zakonik_prace/duvod.asp, Abfrage vom 20.1.2000, sowie Punkte 6-15 des Besonderen Teils des Begründungsberichts zum Regierungsentwurf, in: www.mpsv.cz/scripts/1aktuality/zakonik_prace/zvlastni.asp, Abfrage vom 20.1.2000
[624] Regierungsentwurf vom 15.12.1999 zur Änderung des ZP, Punkt 6 in: www.mpsv.cz/scripts/1aktuality/zakonik_prace/default.asp, Abfrage vom 20.1.2000

b) Darstellung des tschechischen Rechts und dessen Kompatibilität mit Gemeinschaftsrecht

aa) Geltende Rechtslage

Der Begriff der Gefahrenverhütung ist im tschechischen Recht nicht legaldefiniert[625]. Dies ist nicht kompatibel mit Gemeinschaftsrecht, da insbesondere die Reichweite des Begriffs der Gefahrenverhütung nicht klar bestimmt ist und das Gemeinschaftsrecht die Vermeidung und Verringerung von Gefahren verlangt.

bb) Neufassung

Der Regierungsentwurf sieht eine Legaldefinition vor. So wird gemäß dem neuen § 132a Abs. 2 ZP-Entwurf unter Gefahrenverhütung alle Maßnahmen verstanden zur Erfüllung von Rechts- und sonstigen Vorschriften zur Gewährleistung der BOZP sowie die Maßnahmen des Arbeitgebers, die zum Ziel haben, Gefahren vorzubeugen, Gefahren zu beseitigen oder die Folgen unvermeidlicher Gefahren zu minimalisieren[626].
Diese Umschreibung ist mit Gemeinschaftsrecht voll kompatibel.

IV. Art. 4 (Sanktionierung durch die Mitgliedstaaten)

1. Gemeinschaftsrecht

Gemäß Art. 4 Abs. 1 der Richtlinie haben die Mitgliedstaaten zu sicherzustellen, dass die Arbeitgeber und Arbeitnehmervertreter den für die Anwendung der Richtlinie erforderlichen Rechtsvorschriften unterliegen. Dabei haben nach Abs. 2 die Mitgliedstaaten für eine angemessene Kontrolle und Überwachung zu sorgen. Ansonsten enthält die Richtlinie keine näheren Bestimmungen zu den Sanktionsarten. Diese obliegen dem Ermessen der Mitgliedstaaten, die nach Art. 249 Abs. 3 EGV die Mittel und Sanktionsarten bestimmen, um die Erreichung des Richtlinienziels zu gewährleisten[627].

2. Darstellung des tschechischen Rechts und dessen Kompatibilität mit Gemeinschaftsrecht

a) Überblick zur Kontrolle und Überwachung der BOZP

Im tschechischen Recht wird der Einhaltung der Pflichten in bezug auf die BOZP heute große Bedeutung beigemessen, da es dabei nicht nur um den Schutz von Leben und Gesundheit der Arbeitnehmer, sondern auch den Schutz der übrigen Bürger geht. Daher besteht ein zweigleisiges Kontrollsystem, einerseits durch die Kontrolle der Gewerkschaftsorgane und andererseits durch die Kontrolle der staatlichen Fachaufsicht über die

---

[625] ISAP, 12.12.96, Teil B, zu Art.3 Rl.89/391/EWG
[626] Regierungsentwurf vom 15.12.1999 zur Änderung des ZP, Punkt 85 zu § 132a ZP, in: www.mpsv.cz/scripts/1aktuality/zakonik_prace/default.asp, Abfrage vom 20.1.2000
[627] Wank; Börgmann, Deutsches und europäisches Arbeitsschutzrecht, 1992, S. 94

Arbeitssicherheit[628]. Die Einhaltung der Vorschriften über die BOZP wird in der ČR einmal durch die unmittelbare Kontrolle beim Arbeitgeber durchgeführt, und zwar systematisch durch die leitenden Angestellten auf allen Führungsebenen, § 133 Abs. 4 ZP, und durch die Gewerkschaftsorgane, § 136 ZP. Zum anderen findet eine weitere gewerkschaftliche Kontrolle durch die Inspektoren für Arbeitssicherheit statt. Ferner besteht eine staatliche Fachaufsicht über die Arbeitssicherheit, durchgeführt von den staatlichen Fachaufsichtsorganisationen, sowie die Hygieneaufsicht, durchgeführt von den Organen der Hygienedienste, und die Bergbauaufsicht, durchgeführt von den Bergbaubehörden.[629]

b) Akteure der Kontrolle und Überwachung

Die Kontrolle und Überwachung der BOZP wird in drei Gesetzen geregelt. So enthalten das ZP, das Gesetz Nr. 174/1968 Sb. (Gesetz über die staatliche Fachaufsicht über die Arbeitssicherheit) und das Gesetz Nr. 61/1988 Sb. (Gesetz über Bergwerkstätigkeiten, Sprengstoffe und die staatliche Bergbauverwaltung) im folgenden zu erläuternde einschlägige Vorschriften.

aa) Gewerkschaften

§ 136 ZP regelt das Recht der Gewerkschaften, den Stand der BOZP zu kontrollieren. In dieser Bestimmung ist zugleich eine umfangreiche Liste von Maßnahmen enthalten, mittels derer die Gewerkschaftsorgane die Kontrollen durchführen können. Zu den wichtigsten Mitteln gehört das Recht, vom Arbeitgeber verbindliche Hinweise zur Beseitigung von Mängeln an Maschinen und Anlagen sowie bei Arbeitsverfahren zu verlangen, § 136 Abs. 1 ZP. Bei der Durchführung dieser Maßnahmen sind die Gewerkschaftsorgane verpflichtet, unverzüglich die zuständigen Organe der staatlichen Fachaufsicht zu benachrichtigen. Auf Verlangen der Arbeitgebers ist das Organ der staatlichen Fachaufsicht verpflichtet, die Maßnahmen des Gewerkschaftsorgans nachzuprüfen, bis zu dessen Entscheidung bleibt die Maßnahme des Gewerkschaftsorgans wirksam, § 136 Abs. 2 ZP[630].

bb) Arbeitgeber

(1) Geltende Rechtslage

(a) Allgemeine Verpflichtung

Der Arbeitgeber ist gemäß § 133 Abs. 1, Satz 1 ZP verpflichtet, in seinem Wirkungskreis dafür zu sorgen, dass die Arbeit in einem sicheren und für die Gesundheit der Arbeitnehmer unschädlichen Umfeld erfolgt, in Übereinstimmung mit den Vorschriften über die Arbeitssicherheit, über die Sicherheit der technischen Einrichtungen und über den Gesundheitsschutz. § 133 Abs. 1, Satz 2 ZP zählt hierzu 16 Einzelpflichten auf, die aber nicht abschließend sind[631].

---

[628] Bělina, Pracovní právo, 1994, S. 217
[629] Galvas, Pracovní právo, 1997, S. 284
[630] Bělina, Pracovní právo, 1994, S. 217
[631] vgl. den Wortlaut, wonach die Arbeitgeber „insbesondere (!) verpflichtet" sind, § 133 Abs. 1, S. 2 ZP

(b) Einzelne Kontroll- und Überwachungsaufgaben

Zu den hier einschlägigen Kontroll- und Überwachungsaufgaben des Arbeitgebers gehört einmal, die einschlägigen Vorschriften zur BOZP sowie neue Erkenntnisse bei der Sicherheitstechnik den Arbeitnehmern bekanntzumachen, sowie deren Einhaltung und den Wissensstand der Arbeitnehmer hierüber zu kontrollieren, § 133 Abs. 1, Satz 2, lit. f ZP. Ferner obliegt dem Arbeitgeber die Kontrolle und gegebenenfalls die Abhilfe von Mängeln bei der BOZP, die Kontrolle des Zustands der technischen Vorbeugemaßnahmen und der Arbeitssicherheit sowie technischer Einrichtungen, § 133 Abs. 1, Satz 2, lit. g ZP. Desweiteren muss er die Ursachen von Arbeitsunfällen und Berufserkrankungen unverzüglich feststellen, diese beseitigen, Buch darüber führen, und schließlich an die zuständigen Behörden bekanntgeben, § 133 Abs. 1, Satz 2, lit. h ZP. Schließlich hat er jährlich die Überprüfung der BOZP zusammen mit dem zuständigen Gewerkschaftsorgan durchzuführen und die festgestellten Mängel zu beseitigen, § 133 Abs. 1, Satz 2, lit. 1 ZP.
Diese Bestimmungen sind voll kompatibel mit Gemeinschaftsrecht[632].

(2) Neufassung

Der Regierungsentwurf nimmt eine Neuordnung der Arbeitgeberpflichten vor, die insgesamt detaillierter ausformuliert werden. So sieht bezüglich der Gefahrenvermeidung § 132a ZP-Entwurf zahlreiche Arbeitgeberpflichten vor, wie die regelmäßig Kontrolle des Stands der BOZP, § 132a Abs. 3, Satz 2 ZP-Entwurf, oder die Dokumentationspflicht zu einschlägigen Kontrollmaßnahmen, § 132a Abs. 5 ZP-Entwurf[633].
Bezüglich allgemeiner Arbeitgeberpflichten bestimmt § 133 Abs. 1, lit. a ZP-Entwurf, dass der Arbeitgeber nicht zulassen darf, dass der Arbeitnehmer Arbeit ausübt, für die er nicht befähigt ist oder für die er nicht den entsprechenden Gesundheitszustand aufweist, § 133[634]. Ferner muss der Arbeitgeber den Arbeitnehmer informieren, in welcher Kategorie dieser seine Arbeit erbringt, § 133 Abs. 1, lit. b ZP-Entwurf. Desweiteren hat der Arbeitgeber dafür zu sorgen, dass in den gesetzlich besonderen Fällen nur solche Arbeitnehmer bestimmte Arbeiten ausführen, die einen entsprechenden Gesundheitsnachweis vorlegen können, § 133 Abs. 1, lit. c ZP-Entwurf. Ferner muss der Arbeitgeber den Arbeitnehmer über Gesundheitsuntersuchungen bzw. Impfungen informieren, § 133 Abs. 1, lit. d ZP-Entwurf. Wichtig ist die Pflicht des Arbeitgebers, den Arbeitnehmer zu seinen Rechten und Pflichten im Bereich der BOZP zu schulen, § 133 Abs. 1, lit. e ZP-Entwurf. § 133 Abs. 1, lit. g ZP-Entwurf verpflichtet den Arbeitgeber, dem Arbeitnehmer zu ermöglichen, seine Kenntnisse im Zusammenhang mit der BOZP darzulegen. Gemäß § 133 Abs. 1, lit. j ZP-Entwurf muss der Arbeitgeber die Einhaltung des Rauchverbots gemäß besonderer gesetzlicher Vorschriften gewährleisten.
§ 133a Abs. 4 ZP-Entwurf legt dem Arbeitgeber Kontrollpflichten zu persönlichen Schutzmitteln auf[635].

---

632 ISAP, 12.12.96, Teil B, zu Art. 4 Rl. 89/391/EWG und §§ 132, 133 ZP

633 Regierungsentwurf vom 15.12.1999 zur Änderung des ZP, Punkt 85 zu § 132a ZP, in: www.mpsv.cz/scripts/1aktuality/zakonik_prace/default.asp, Abfrage vom 20.1.2000

634 Regierungsentwurf vom 15.12.1999 zur Änderung des ZP, Punkt 86 zu § 133 ZP, in: www.mpsv.cz/scripts/1aktuality/zakonik_prace/default.asp, Abfrage vom 20.1.2000

635 Regierungsentwurf vom 15.12.1999 zur Änderung des ZP, Punkt 87 zu § 133a ZP, in: www.mpsv.cz/scripts/1aktuality/zakonik_prace/default.asp, Abfrage vom 20.1.2000

Die Pflicht des Arbeitgebers zur Aufklärung und Dokumentation von Arbeitsunfällen und Berufskrankheiten wird im neuen § 133c ZP-Entwurf geregelt[636].
Weitere Arbeitgeberpflichten zur Gewährleistung der BOZP sind in den Bereichen Arbeitsplatz und Arbeitsumwelt, § 134 ZP-Entwurf, Produktions- und Arbeitsmittel sowie Anlagen, § 134a ZP-Entwurf, Risikofaktoren bezüglich bestimmter Gefahrenstoffe, § 134d ZP-Entwurf, vorgesehen. Dem Arbeitgeber wird insgesamt aufgegeben, die Arbeitsorganisation und die Arbeitsabläufe im Interesses der Gewährleistung der BOZP zu gestalten, § 134e ZP-Entwurf.

cc) Staatliche Fachaufsicht über die Arbeitssicherheit

Das Gesetz Nr. 174/1968 Sb. regelt die staatliche Fachaufsicht über die Arbeitssicherheit. Diese Aufsicht wird durchgeführt von der tschechischen Behörde für Arbeitssicherheit[637] und der Inspektion für Arbeitssicherheit. Die Organe der staatlichen Fachaufsicht sind Organe der Staatsverwaltung. Die staatliche Fachaufsicht über die Sicherheit, vorbehaltlich der technischen Einrichtungen, wird durchgeführt von der Organisation der staatlichen Fachaufsicht, errichtet vom MPSV. Die Zuständigkeit der Organe und Organisationen der staatlichen Fachaufsicht erstreckt sich auf alle Unternehmen und natürlichen Personen, die eine betriebliche Tätigkeit ausüben. Neben der Kontrolle der BOZP können insbesondere Geldstrafen verhängt werden, und zwar für Arbeitgeber und Arbeitnehmer, sofern sie ihre Pflichten verletzt haben[638].
Gemäß § 3 des Gesetzes üben die staatlichen Kontrollorgane die Kontrolle über sämtliche Unternehmen und natürliche Personen aus, die einer betrieblichen Tätigkeit nachgehen, wobei teilweise Ausnahmen gelten für die Bereiche Bergbau, Verteidigung, Inneres, Beförderung und Verkehrsverbindungen.
Diese Bestimmung ist voll kompatibel mit Gemeinschaftsrecht[639].

dd) Bergbau

Einschlägige Bestimmungen enthält auch das Gesetz Nr. 61/1988 Sb. (Bergwerkstätigkeiten, Sprengstoffe und die staatliche Bergbauverwaltung).
Nach § 6 Abs. 1 ist der Arbeitgeber verpflichtet, die Einhaltung und Kontrolle der Vorschriften über Sicherheit und Gesundheitsschutz bei der Arbeit zu gewährleisten.
Gemäß § 39 führen die Organe der staatlichen Bergbauverwaltung die Oberaufsicht über die Einhaltung der Vorschriften über Sicherheit und Gesundheitsschutz bei der Arbeit.
Diese Bestimmungen sind voll kompatibel mit Gemeinschaftsrecht[640].

---

636 Regierungsentwurf vom 15.12.1999 zur Änderung des ZP, Punkt 86 zu § 133c ZP, in: www.mpsv.cz/scripts/1aktuality/zakonik_prace/default.asp, Abfrage vom 20.1.2000, dies entspricht dem jetzigen § 133 Abs. 1 lit.h ZP, vgl. Punkt 86 zu § 133c des besonderen Teils des Begründungsberichts zum Regierungsentwurf, in: www.mpsv.cz/scripts/1aktuality/zakonik_prace/zvlastni.asp, Abfrage vom 20.1.2000

637 ČÚBP, Český úřad bezpečnosti práce (Tschechische Behörde für Arbeitssicherheit)

638 Bělina, Pracovní právo, 1994, S. 218

639 ISAP, 12.12.96, Teil B, zu Art. 4 Rl.89/391/EWG und Gesetz Nr. 174/1968 Sb.

640 ISAP, 12.12.96, Teil B, zu Art. 4 Rl. 89/391/EWG und Gesetz Nr. 61/1988 Sb.

V. Art. 5 (Verantwortung des Arbeitgebers)

1. Vorrangige Verantwortlichkeit des Arbeitgebers

a) Gemeinschaftsrecht

Gemäß der allgemeinen Vorschrift des Art. 5 Abs. 1 ist der Arbeitgeber verpflichtet, für die Sicherheit und den Gesundheitsschutz der Arbeitnehmer zu sorgen. Damit steht der Arbeitgeber im Mittelpunkt der Rahmenrichtlinie. Er ist Normadressat und hat vorrangig die Pflichten bezüglich Sicherheit und Gesundheitsschutz der Arbeitnehmer zu erfüllen[641]. Daher bleibt der Arbeitgeber auch in der Pflicht, wenn er außerbetriebliche Fachleute hinzuzieht. Dies enthebt ihn nach Art. 5 Abs. 2 ebensowenig seiner Verantwortung wie der Umstand, dass auch die Arbeitnehmer Pflichten in Fragen der Sicherheit und des Gesundheitsschutzes am Arbeitsplatz haben, Art. 5 Abs. 3.

b) Darstellung des tschechischen Rechts und dessen Kompatibilität mit Gemeinschaftsrecht

Die allgemeine Verantwortung des Arbeitgebers ist in zwei Gesetzen geregelt, zum einen im ZP und zum anderen im Gesetz Nr. 20/1966 Sb. (Gesetz über die Volksfürsorge und –gesundheit).

aa) ZP

Nach § 132 Abs. 1 ZP ist die Sorge um die Sicherheit und den Gesundheitsschutz bei der Arbeit Teil der Produktions- und Arbeitsaufgaben des Arbeitgebers.
§ 133 Abs. 1 ZP enthält eine enumerative Aufzählung verschiedenster Pflichten des Arbeitgebers. Im tschechischen Recht sind die Arbeitgeber die entscheidenden Subjekte bei der Schaffung sicherer und für die Gesundheit unschädlicher Arbeitsbedingungen. Sie sind danach verpflichtet, Maßnahmen zu ergreifen, um Schäden für Leben und Gesundheit der Arbeitnehmer zu vermeiden[642].
Dies ist voll kompatibel mit Gemeinschaftsrecht[643].

bb) Gesetz Nr. 20/1966 Sb. (Gesetz über die Volksfürsorge und –gesundheit)

Gemäß § 1 Abs. 1 Gesetz Nr. 20/1966 Sb. sind alle Organisationen verpflichtet, gesunde Lebensbedingungen zu schaffen.
Dies ist voll kompatibel mit Gemeinschaftsrecht[644].

---

641 Bücker; Feldhoff; Kohte, Vom Arbeitsschutz zur Arbeitsumwelt, 1994, S. 83; Wank; Börgmann, Deutsches und europäisches Arbeitsschutzrecht, 1992, S. 89; Pieper, Arbeitsschutz im Umbruch? Verzögerungen bei der Umsetzung des EG-Arbeitsumweltrechts, AuR 1993, S. 357
642 Begründungsbericht zum ZP, abgedruckt in: Tröster, Pracovní právo, zu § 133 ZP
643 ISAP, 12.12.96, Teil B, zu Art. 5 Rl. 89/391/EWG und § 133 ZP
644 ISAP, 12.12.96, Teil B, zu Art. 5 Rl. 89/391/EWG und § 1 Gesetz Nr. 20/1966 Sb.

2. *Ausnahmen von der Verantwortlichkeit des Arbeitgebers*

a) Gemeinschaftsrecht

Art. 5 Abs. 4 eröffnet den Mitgliedstaaten die Möglichkeit, die Verantwortung des Arbeitgebers bei anomalen und unvorhersehbaren Umständen oder bei außergewöhnlichen Ereignissen einzuschränken oder auszuschließen.

b) Darstellung des tschechischen Rechts und dessen Kompatibilität mit Gemeinschaftsrecht

Im geltenden Recht sind solche Ausnahmen nicht ersichtlich. Dies ist voll kompatibel mit Gemeinschaftsrecht.

VI. Art. 6 (Allgemeine Pflichten des Arbeitgebers)

1. *Grundlegende Pflichten des Arbeitgebers*

a) Gemeinschaftsrecht

Nach Art. 6 Abs. 1, Satz 1 der Richtlinie muss der Arbeitgeber alle erforderlichen Maßnahmen treffen, um die in Art. 5 der Richtlinie enthaltene Verpflichtung zu erfüllen, für die Sicherheit und den Gesundheitsschutz der Arbeitnehmer zu sorgen. Diese Maßnahmen umfassen die Verhütung berufsbedingter Gefahren, die Information und Unterweisung der Arbeitnehmer sowie die Bereitstellung einer geeigneten Organsisation und der erforderlichen Mittel. Dabei muss der Arbeitgeber seine Maßnahmen entsprechend den sich ändernden Gegebenheiten anpassen und eine Verbesserung der Arbeitsbedingungen anstreben, Art. 6 Abs. 1, Satz 2.

b) Darstellung des tschechischen Rechts und dessen Kompatibilität mit Gemeinschaftsrecht

Einschlägige Regelungen sind insbesondere im ZP enthalten (aa), aber auch in anderen Rechtsnormen (bb)

aa) ZP

(1) Grundlegende Pflichten des Arbeitgebers

Die grundlegenden Pflichten des Arbeitgebers zur Gewährleistung der BOZP sind vor allem in § 133 ZP enthalten[645]. Allgemein ist hier die Pflicht des Arbeitgebers festge-

---

[645] Galvas, Pracovní právo, 1997, S. 281; weitere einschlägige Regelungen finden sich in folgenden Normen: Bekanntmachung Nr. 324/1990 Sb. (Arbeitssicherheit und Sicherheit bautechnischer Anlagen), Verordnung des MPSV Nr. 204/1994 Sb., welche Umfang und weitere Bedingungen für die zur Verfügung zu stellenden persönlichen Arbeitsschutzmittel sowie für Wasch-, Reinigungs- und Desinfektionsmittel festlegt, Gesetz Nr. 20/1966 Sb. (Volksfürsorge und -gesundheit), Gesetz Nr. 44/1988 Sb. (Schutz

legt, Bedingungen für eine sichere und für die Gesundheit ungefährliche Arbeit in Übereinstimmung mit den Vorschriften zur BOZP zu schaffen. Diese allgemeine Bestimmung wird durch eine Reihe von Pflichten konkretisiert[646]. So beschreibt § 133 ZP eine umfangreiche Liste von Pflichten des Arbeitgebers auf dem Gebiet der BOZP. Diese Liste wurde umfangreich erweitert mit der Novelle des ZP 1994, als alle wichtigen Bestimmungen der ILO-Übereinkunft Nr. 155[647] ins tschechische Recht übernommen wurden[648]. Die Einzelbestimmungen des § 133 Abs. 1 lit. a, d und g ZP sollen die hier erörterte Richtlinie 89/391 EWG, die Einzelbestimmungen des § 133 Abs. 1 lit. b, h und i ZP sollen die Übereinkunft der ILO Nr. 155 umsetzen, vgl. Gesetz Nr. 20/1989 Sb.
Zur Erzielung einer geschützten Arbeitsumwelt für die Arbeitnehmer wurde die Pflicht der Arbeitgeber in § 133 Abs. 2, Satz 3 ZP hervorgehoben, in tatsächlicher Weise Erfüllung zu leisten, also die Gewährung von persönlichen Arbeitsschutzmitteln nicht durch finanzielle Leistungen zu ersetzen[649].

(2) Einzelne Pflichten im tschechischen Recht entsprechend Art. 6 Abs. 1 der Richtlinie und Kompatibilität

(a) Verhütung berufsbedingter Gefahren

§ 133 ZP ist insgesamt nur teilweise mit Gemeinschaftsrecht kompatibel[650].
Bezüglich der Verhütung berufsbedingter Gefahren ist nicht mit Gemeinschaftsrecht kompatibel, dass die Arbeitgeberpflichten hinsichtlich der BOZP nicht präventiv genug ausgestaltet sind. Denn Art. 6 Abs. 1, Satz 1 der Richtlinie verlangt die Verhütung berufsbedingter Gefahren[651].

(b) Information und Unterweisung der Arbeitnehmer

Gemäß § 133 Abs. 1, lit. f ZP muss der Arbeitgeber den Arbeitnehmern die Sicherheitsvorschriften bezüglich Arbeit und technischer Anlagen und die Gesundheitsvorschriften vermitteln, regelmäßig deren Kenntnisse überprüfen und die Einhaltung der Vorschriften verlangen und kontrollieren.
Dies ist voll kompatibel mit Gemeinschaftsrecht, da das ZP hier Art. 6 Abs. 1, Satz 1 der Richtlinie entspricht, wonach der Arbeitgeber die Arbeitnehmer hinsichtlich Sicherheits- und Gesundheitsschutz zu informieren und zu unterweisen hat.

---

und Nutzung der Mineralvorkommen, Bergbaugesetz), Gesetz Nr. 61/1988 Sb. (Bergwerkstätigkeiten, Sprengstoffe und die staatliche Bergbauverwaltung), Bekanntmachung Nr. 51/1989 Sb. (Sicherheit und Gesundheitsschutz bei der Arbeit und über die Betriebssicherheit bei der Bearbeitung und Veredlung von Mineralien), Verordnung Nr. 26/1989 Sb. (Sicherheit und Gesundheitsschutz bei der Arbeit und über Betriebssicherheit bei Bergwerkstätigkeiten und Tätigkeiten Untertage), Gesetz Nr. 133/1985 Sb. (Brandschutz)

646 Galvas, Pracovní právo, 1997, S. 282

647 ILO-Übereinkunft über Sicherheit und Gesundheit der Arbeitnehmer und über die Arbeitsumwelt

648 Die ILO-Übereinkunft wurde von der ČSSR bereits 1988 ratifiziert, Galvas, Pracovní právo, 1997, S. 282

649 Begründungsbericht, Tröster, Pracovní právo, zu § 133 ZP

650 ISAP, 12.12.96, Teil B, zu Art. 6 Rl. 89/391/EWG und § 133 ZP; zu den Einzelheiten vgl. die Ausführungen zu Art. 6 Abs. 2 der Richtlinie (allgemeine Grundsätzen der Gefahrenverhütung) unten S. 119 ff

651 näher siehe unten S. 119 ff zu den allgemeinen Grundsätzen der Gefahrenverhütung

(c) Bereitstellung von Organisation und Mittel

Gemäß § 133 Abs. 4 ZP sind die leitenden Angestellten auf allen Führungsebenen und im Rahmen ihrer Funktion dafür verantwortlich, dass die Gewährleistung von Sicherheits- und Gesundheitsschutz sichergestellt ist.
Dies ist nicht kompatibel mit Gemeinschaftsrecht, da gemäß Art. 6 Abs. 1 der Richtlinie eine schlüssige Sicherheitskonzeption nach den Grundsätzen des Art. 6 Abs. 2 der Richtlinie zu erstellen ist[652]. Die bloße Einbeziehung leitender Angestellter zur Sicherung der BOZP genügt dem Erfordernis einer Bereitstellung von Organisation und Mittel nicht.

(d) Ständige Anpassung der Maßnahmen und Kompatibilität

Gemäß § 132 Abs. 1 ZP müssen die Maßnahmen des Arbeitgebers ständig angepasst werden an die sich verändernden Bedingungen, um die Arbeitsbedingungen und die Arbeitsumwelt zu verbessern[653].
Dies ist voll kompatibel mit Art. 6 Abs. 1, Satz 2 der Richtlinie[654], wonach der Arbeitgeber seine Maßnahmen entsprechend den sich ändernden Gegebenheiten anpassen und eine Verbesserung der Arbeitsbedingungen anstreben muss.

bb) Sonstige Normen

(1) Gesetz Nr. 20/1966 (Volksfürsorge und -gesundheit)

Gemäß § 1 Abs. 1, 3 lit. c, d Gesetz Nr. 20/1966 Sb. trägt der Arbeitgeber die Sorge um gesunde Lebensbedingungen, namentlich bei Leitung und Organisation der Arbeit und bei deren Kontrolle.
Diese Regelung ist teilweise kompatibel mit Art. 6 Abs. 1, Abs. 2 lit. d, g der Richtlinie[655].

(2) Gesetz Nr. 44/1988 (Schutz und Nutzung der Mineralvorkommen, Bergbaugesetz)

Gemäß § 35 Gesetz Nr. 44/1988 Sb. sind die Unternehmen und deren Organe verpflichtet, die Sicherheit und den Gesundheitsschutz bei der Arbeit zu gewährleisten.
Dies ist voll kompatibel mit Art. 6 Abs. 1[656].

(3) Gesetz Nr. 61/1988 Sb. (Bergwerkstätigkeiten, Sprengstoffe und die staatliche Bergbauverwaltung)

Gemäß § 6 Abs. 2 Gesetz Nr. 61/1988 Sb. ist das Unternehmen verpflichtet, Maßnahmen zur Gewährleistung des Schutzes von Leben und menschlicher Gesundheit zu ergreifen.
Dies ist voll kompatibel mit Art. 6 Abs. 1, Abs. 2 lit. d der Richtlinie[657].

---

[652] Bücker; Feldhoff; Kohte, Vom Arbeitsschutz zur Arbeitsumwelt, 1994, Rz. 251
[653] Begründungsbericht, Tröster, Pracovní právo, zu § 133 ZP
[654] ISAP, 12.12.96, Teil B, zu Art. 6 Rl. 89/391/EWG und § 132 ZP
[655] ISAP, 12.12.96, Teil B, zu Art. 6 Rl. 89/391/EWG und Gesetz Nr. 20/1966 Sb.
[656] ISAP, 12.12.96, Teil B, zu Art. 6 Rl. 89/391/EWG und § 35 Gesetz Nr. 44/1988 Sb.
[657] ISAP, 12.12.96, Teil B, zu Art. 6 Rl. 89/391/EWG und Gesetz Nr. 61/1988 Sb.

2. Allgemeine Grundsätze der Gefahrenverhütung

a) Gemeinschaftsrecht

aa) Darstellung der Grundsätze

Gemäß Art. 6 Abs. 2 der Richtlinie muss der Arbeitgeber bei der Umsetzung der Maßnahmen nach Art. 6 Abs. 1 folgende allgemeine Grundsätze der Gefahrenverhütung beachten: Vermeidung von Risiken (Art. 6 Abs. 2, lit. a), Abschätzung nichtvermeidbarer Risiken (lit. b), Gefahrenbekämpfung an der Quelle (lit. c), Berücksichtigung des Faktors „Mensch“ insbesondere bei der Gestaltung von Arbeitsplätzen, Auswahl von Arbeitsmitteln sowie Arbeits- und Fertigungsverfahren, hier insbesondere bei eintöniger Arbeit und maschinenbestimmtem Arbeitsrhythmus und Verminderung ihrer gesundheitsschädigenden Auswirkungen (lit. d), Berücksichtigung des Stands der Technik (lit. e), Ausschaltung oder Verringerung von Gefahrenmomenten (lit. f), Gefahrenverhütung mit dem Ziel einer kohärenten Verknüpfung von Technik, Arbeitsorganisation, Arbeitsbedingungen, sozialen Beziehungen und Einfluss der Umwelt auf den Arbeitsplatz (lit. g), Vorrang des kollektiven vor dem individuellen Gefahrenschutz (lit. h) und schließlich die Erteilung geeigneter Anweisungen an die Arbeitnehmer (lit. i).

bb) Bewertung

Diese detaillierte Auflistung zeigt, dass Gefahren für Sicherheit und Gesundheit der Arbeitnehmer bereits im Vorfeld auszuräumen sind. Es sollen also präventiv Gesundheitsrisiken vermieden bzw. eingedämmt werden[658]. Orientierungspunkt ist dabei der Faktor Mensch, eine rein technische Sicht bei der Umsetzung der präventiven Gefahrenpolitik soll vermieden werden, Art. 6 Abs. 2 lit. g[659]. Die menschengerechte Arbeitsgestaltung als Teil der Humanisierung des Arbeitslebens beeinflusst damit auch den Arbeitsschutz[660].

Die Auflistung steht in einem hierarchischen Verhältnis zueinander, das heißt, die Vermeidung von Risiken (lit. a) hat Vorrang vor der Abschätzung nicht vermeidbarer Risiken (lit. b) usw.[661]

Ein weiterer Grundsatz ist der Vorrang technischer vor personellen Maßnahmen. Dies ist gemeint, wenn kollektivem Gefahrenschutz Vorrang vor individuellem Gefahrenschutz eingeräumt wird, Art. 6 Abs. 2, lit. h[662]. Entsprechend wird vom Arbeitgeber gemäß Art. 6 Abs. 2 der Richtlinie eine schlüssige Sicherheitskonzeption mittels Vermeidung von Risiken durch technische und organisatorische Maßnahmen erwartet[663].

---

658 Bücker; Feldhoff; Kohte, Vom Arbeitsschutz zur Arbeitsumwelt, 1994, Rz. 251

659 Bücker; Feldhoff; Kohte, a.a.O., Rz. 252

660 Wank; Börgmann, Deutsches und europäisches Arbeitsschutzrecht, 1992, S. 90

661 Schiek, Europäisches Arbeitsrecht, 1997, S. 220; Wank; Börgmann, 1992, Deutsches und europäisches Arbeitsrecht, S. 90

662 Kohte, Neue Impulse aus Brüssel zur Mitbestimmung im betrieblichen Gesundheitsschutz, in: FS Gnade, 1992, S. 679

663 Bücker; Feldhoff; Kohte, Vom Arbeitsschutz zur Arbeitsumwelt, 1994, Rz. 251

b) Darstellung des tschechischen Rechts und dessen Kompatibilität mit Gemeinschaftsrecht

Einschlägige Regelungen sind insbesondere im ZP (aa), aber auch in sonstigen Normen (bb) enthalten.

aa) ZP

(1) Geltende Rechtslage

Gemäß § 133 Abs. 1 ZP haben die Arbeitgeber insbesondere folgende Pflichten: Mögliche Gefahren für Sicherheit und Gesundheit der Arbeitnehmer zu ermitteln, zu beurteilen und zu bewerten (lit. a), Maschinen, Anlagen sowie technologische Verfahren einzuführen und zu betreiben, die den Anforderungen für Sicherheit und Gesundheitsschutz bei der Arbeit entsprechen (lit. b), notwendige Schutzeinrichtungen zu errichten, instandzuhalten oder zu verbessern (lit. c), nicht zuzulassen, dass ein Arbeitnehmer Arbeiten verrichtet, für die er nicht befähigt oder gesundheitlich nicht geeignet ist (lit. e), den Arbeitnehmern die Sicherheitsvorschriften bezüglich Arbeit und technischer Einrichtungen sowie ihnen die Gesundheitsvorschriften zu vermitteln, regelmäßig deren Kenntnisse zu überprüfen und die Einhaltung der Vorschriften zu verlangen und zu kontrollieren (lit. f), körperlich anstrengende Arbeiten sowie Arbeiten unter erschwerten Bedingungen durch neue technologische Arbeitsverfahren und durch Nutzung der Mechanisierung, Automatisierung, Hermetisierung u.ä. zu ersetzen (lit. j), sowie die Anforderungen an Sicherheit und Gesundheitsschutz bei der Arbeit geltend zu machen bei Importvereinbarungen bezüglich Maschinen, Anlagen, Gerätschaften, Technologien und Materialien (lit. k).

(2) Kompatibilität

§ 133 ZP ist insgesamt nur teilweise kompatibel mit Gemeinschaftsrecht[664]. Nicht kompatibel mit Gemeinschaftsrecht ist die nicht vollständige Verankerung der in der Richtlinie genannten Grundsätze im ZP. So fehlt im ZP insbesondere die ausdrückliche gesetzliche Verankerung der Arbeitgeberpflicht, Risiken zu vermeiden. Insgesamt ist der Katalog der Arbeitgeberpflichten nicht präventiv genug ausgestaltet. Dies ist nicht kompatibel mit Art. 6 Abs. 2 lit. a der Richtlinie.

Voll kompatibel ist hingegen insbesondere die Berücksichtigung des Faktors „Mensch" bei der Arbeit (Art. 6 Abs. 2 lit. d der Richtlinie). So bestimmt § 133 Abs. 1, lit. j ZP, dass körperlich anstrengende Arbeiten sowie Arbeiten unter erschwerten Bedingungen durch neue technologische Arbeitsverfahren und durch Nutzung der Mechanisierung, Automatisierung, Hermetisierung u.ä. zu ersetzen sind. Das entspricht Art. 6 Abs. 2 lit. d der Richtlinie, wonach bei der Arbeit der „Faktor Mensch" bei der Gestaltung von Arbeitsplätzen, Auswahl von Arbeitsmitteln sowie Arbeits- und Fertigungsverfahren, hier insbesondere bei eintöniger Arbeit und maschinenbestimmtem Arbeitsrhythmus und Verminderung ihrer gesundheitsschädigenden Auswirkungen, zu berücksichtigen ist. Ferner entspricht lit. j ZP Art. 6 Abs. 2 lit. f der Richtlinie, wonach Gefahrenmomente auszuschalten bzw. zu verringern sind.

---

[664] ISAP, 12.12.96, Teil B, zu Art. 6 Rl. 89/391/EWG und § 133 ZP

(3) Neufassung des ZP

Der Regierungsentwurf sieht die Übernahme des Kataloges zur Gefahrenverhütung nach Art. 6 Abs. 2 der Richtlinie vor. Hierzu soll ein neuer § 132a ZP geschaffen werden, überschrieben mit „Gefahrenverhütung“[665]. Gemäß § 132a Abs. 6 ZP-Entwurf muss der Arbeitgeber bei Errichtung und Durchführung von technischen, technologischen, organisatorischen und sonstigen Maßnahmen zur Gefahrenverhütung den Präventionsgrundsatz beachten. Darunter versteht der Gesetzentwurf insgesamt zehn Punkte: Erstens die Verringerung von Risiken, lit. a, zweitens die Risikobekämpfung an der Quelle, lit. b., drittens die Anpassung der Arbeitsbedingungen an die Bedürfnisse der Arbeitnehmer mit dem Ziel der Verringerung negativer Einflüsse der Arbeit auf deren Gesundheit, lit. c, viertens die Ersetzung physisch anstrengender Arbeit und Arbeit unter erschwerten Bedingungen durch neue Technologien und Arbeitsverfahren, lit. d, fünftens den Austausch von gefährlichen Technologien, Arbeitsmitteln und Rohstoffen durch weniger gefährliche oder weniger risikoreiche im Einklang mit dem neuesten Erkenntnisstand von Wissenschaft und Technik, lit. e, sechstens die Verringerung der Anzahl von Arbeitnehmern auf die geringstmögliche Anzahl, die notwendig ist zur Gefahrvermeidung, wenn diese Arbeitnehmer dem Einfluss schädlicher Faktoren ausgesetzt sind, lit. f, siebtens die Planung der Gefahrenverhütung mittels Technik, Arbeitsorganisation, Arbeitsbedingungen, sozialen Beziehungen und Einfluss der Arbeitsumwelt, lit. g, achtens den Geltungsvorrang des kollektiven Gefahrenschutzes vor dem individuellen Schutz[666], lit. h, neuntens Maßnahmen, um schädliche Emissionen aus Maschinen und Anlagen bezüglich bestimmter Rechtsvorschriften zu vermeiden, lit. i[667], und schließlich zehntens die Erteilung geeigneter Anweisungen zur Gewährleistung der BOZP.

bb) Sonstige Normen

(1) Bekanntmachung Nr. 324/1990 Sb. (Arbeitssicherheit und Sicherheit bautechnischer Anlagen)

Gemäß § 50 Abs. 1 der Bekanntmachung ist persönlicher Schutz bei Arbeiten in der Höhe oder in der Tiefe erst dann zu verwenden, soweit kollektiver Schutz nicht gewährt werden kann.
Dies ist teilweise kompatibel mit Art. 6 Abs. 2 lit. h ZP[668].

---

665 Regierungsentwurf vom 15.12.1999 zur Änderung des ZP, Punkt 85, in: www.mpsv.cz/scripts/1aktuality/zakonik_prace/default.asp, Abfrage vom 20.1.2000

666 In Entsprechung zum Gemeinschaftsrecht fallen unter den Begriff des kollektiven Gefahrenschutzes insbesondere Hilfsmittel technischer, technologischer oder organisatorischer Art, die sichere Arbeitsbedingungen für die Arbeitnehmer insgesamt gewährleisten, vgl. Punkt 85 zu § 132a ZP, besonderer Teil des Begründungsberichts zum Regierungsentwurf zur Änderung des ZP, in: www.mpsv.cz/scripts/1aktuality/zakonik_prace/zvlastni.asp, Abfrage vom 20.1.2000

667 beispielsweise VO Nr. 324/1990 Sb. (Arbeitssicherheit und Sicherheit bautechnischer Anlagen)

668 ISAP, 12.12.96, Teil B, zu Art. 6 Rl. 89/391/EWG und Bekanmachung Nr. 324/1990 Sb.

(2) Verordnung Nr. 204/1994 Sb., welche Umfang und einzelne Bedingungen für die gewährten persönlichen Arbeitsschutzmittel sowie für Wasch-, Reinigungs- und Desinfektionsmittel festlegt

Gemäß § 3 Abs. 1 der VO gewährt der Arbeitgeber dann Schutzmittel, wenn man die Risiken nicht mit technischen kollektiven Schutzmitteln oder anderen Mitteln ausschließen oder beschränken kann.
Dies ist voll kompatibel[669] mit Art. 6 Abs. 2 lit. h der Richtlinie.

(3) Bekanntmachung Nr. 51/1989 Sb. (Sicherheit und Gesundheitsschutz bei der Arbeit und über die Betriebssicherheit bei der Bearbeitung und Veredlung von Mineralien)

Gemäß §§ 11 Abs. 1, 12 Abs. 1, 2 der Bekanntmachung ist die Organisation verpflichtet, den Beschäftigten mit den Vorschriften über Sicherheit und Gesundheitsschutz bei der Arbeit bekannt zu machen. Der Beschäftigte soll auf seinen Arbeitsplatz zugeteilt werden nach Bekanntmachung mit den Vorschriften über die Sicherheit und den Gesundheitsschutz bei der Arbeit. Das Unternehmen ist verpflichtet, den Beschäftigten über spezifische Gefahren aufzuklären.
Dies ist voll kompatibel mit der Richtlinie[670].

(4) Verordnung Nr. 26/1989 Sb. (Sicherheit und Gesundheitsschutz bei der Arbeit und über Betriebssicherheit bei Tätigkeiten Untertage)

Das Unternehmen ist verpflichtet, den Beschäftigten mit den Vorschriften über Sicherheit und Gesundheitsschutz bei der Arbeit bekannt zu machen, § 11 Abs. 1 der VO. Dem Beschäftigten darf Arbeit erst nach der Bekanntmachung mit den Vorschriften über Sicherheit und Gesundheitsschutz bei der Arbeit zugewiesen werden, das Unternehmen hat die Pflicht, den Beschäftigten über spezifische Gefahren aufzuklären, § 12 Abs. 1, 2.
Dies ist voll kompatibel mit der Richtlinie[671].

(5) Gesetz Nr. 133/1985 Sb. (Brandschutz)

Die Schulung zum Brandschutz erfasst neben den Arbeitnehmern auch solche Personen, die sich mit Wissen des Arbeitgebers an seinen Arbeitsplätzen aufhalten, § 16 Abs. 2.
Dies ist voll kompatibel mit der Richtlinie[672].

3. Weitere allgemeine Pflichten des Arbeitgebers

Gemäß Art. 6 Abs. 3 der Richtlinie hat der Arbeitgeber je nach Art der Unternehmensbzw. Betriebstätigkeit weitere Verpflichtungen, unbeschadet der sonstigen Verpflichtungen nach der Richtlinie.

[669] ISAP, 12.12.96, Teil B, zu Art. 6 Rl. 89/391/EWG und Verordnung Nr. 204/1994 Sb.
[670] ISAP, 12.12.96, Teil B, zu Art. 6 Rl. 89/391/EWG und Bekanntmachung Nr. 51/1989 Sb.
[671] ISAP, 12.12.96, Teil B, zu Art. 6 Rl. 89/391/EWG und Verordnung Nr. 26/1989 Sb.
[672] ISAP, 12.12.96, Teil B, zu Art. 6 Rl.89/391/EWG und Gesetz Nr. 133/1985 Sb.

a) Beurteilung von Gefahren für die Sicherheit und die Gesundheit der Arbeitnehmer

aa) Gemeinschaftsrecht

Nach Art. 6 Abs. 3 lit. a der Richtlinie muss der Arbeitgeber bei der Auswahl von Arbeitsmitteln, chemischen Stoffen oder Zubereitungen und bei der Gestaltung der Arbeitsplätze Gefahren für Sicherheit und Gesundheit für die Arbeitnehmer beurteilen. Die aufgrund dieser Beurteilung getroffenen Maßnahmen zur Gefahrenverhütung sowie die Arbeits- und Produktionsverfahren müssen einen höheren Grad an Sicherheit und einen besseren Gesundheitsschutz für die Arbeitnehmer gewährleisten und in alle Tätigkeiten des Unternehmens bzw. Betriebes sowie auf allen Führungsebenen einbezogen werden. Diesem Leitbild entsprechend ist es nicht zulässig, ohne verherige spezielle Gesundheitsplanung zu produzieren. Diese vor Aufnahme einer Produktion erforderlichen Analysen sind inzwischen prägendes Merkmal des Arbeitsumweltrechts, und beispielsweise auch zu finden in der sog. Arbeitsplatzanalyse der Bildschirmrichtlinie zu finden[673].

bb) Darstellung des tschechischen Rechts und dessen Kompatibilität mit Gemeinschaftsrecht

Überwiegend kompatibel mit Gemeinschaftsrecht sind § 133 Abs. 1, lit. a ZP, wonach der Arbeitgeber mögliche Gefahren für Sicherheit und Gesundheit der Arbeitnehmer ermitteln, beurteilen und bewerten muss, ferner § 133 Abs. 1 lit. b ZP, wonach der Arbeitgeber Maschinen, Anlagen sowie technologische Verfahren einzuführen und so zu betreiben hat, dass den Anforderungen an Sicherheit und Gesundheitsschutz bei der Arbeit entsprochen wird, und schließlich § 133 Abs. 1, lit. c ZP, wonach er die notwendigen Schutzeinrichtungen errichten, instandhalten und verbessern muss.
Diese drei Arbeitgeberpflichten enstprechen Art. 6 Abs. 3 lit. a der Richtlinie, wonach der Arbeitgeber Sicherheits- und Gesundheitsgefahren beurteilen und aufgrund dieser Beurteilung Verbesserungen vornehmen muss. Es wäre angebracht, den präventiven Sicherheits- und Gesundheitsschutz auch hier noch stärker zu betonen.
§ 133 Abs. 3 ZP, wonach die leitenden Angestellten auf allen Leitungsebenen und im Rahmen ihrer Funktion dafür verantwortlich sind, dass die Gewährleistung von Sicherheits- und Gesundheitsschutz sichergestellt ist, ist voll kompatibel mit Gemeinschaftsrecht. Denn gemäß Art. 6 Abs. 3 lit. a der Richtlinie sind die Maßnahmen des Arbeitgebers zur Umsetzung der Sicherheits- und Gesundheitsvorschriften auf allen Leitungsebenen zu verwirklichen.

b) Berücksichtigung der Eignung des Arbeitnehmers

aa) Gemeinschaftsrecht

Bei der Übertragung von Aufgaben an einen Arbeitnehmer muss der Arbeitgeber dessen Eignung bezüglich Sicherheit und Gesundheit berücksichtigen (Art. 6 Abs. 3 lit. b).

[673] Bücker; Feldhoff; Kohte, Vom Arbeitsschutz zur Arbeitsumwelt, 1994, Rz. 250, 305

bb) Darstellung des tschechischen Rechts und dessen Kompatibilität mit Gemeinschaftsrecht

§ 133 Abs. 1, lit. e ZP, wonach der Arbeitgeber es nicht zulassen darf, dass ein Arbeitnehmer Arbeiten verrichtet, für die er nicht befähigt oder gesundheitlich nicht tauglich ist, ist voll kompatibel mit Gemeinschaftsrecht. Er entspricht der Regelung des Art. 6 Abs. 3, lit. b der Richtlinie, wonach der Arbeitgeber bei der Übertragung von Aufgaben an einen Arbeitnehmer dessen Eignung bezüglich Sicherheit und Gesundheit zu berücksichtigen hat.

c) Anhörung zu den Auswirkungen bei Planung und Einführung neuer Technologien

aa) Gemeinschaftsrecht

Bei Planung und Einführung neuer Technologien hat der Arbeitgeber die Arbeitnehmer bzw. deren Vertreter zu Auswirkungen der Auswahl der Arbeitsmittel, der Gestaltung der Arbeitsbedingungen und der Umwelteinwirkungen auf den Arbeitplatz zu hören, Art. 6 Abs. 3 lit. c.

bb) Darstellung des tschechischen Rechts und dessen Kompatibilität mit Gemeinschaftsrecht

Ein diesbezügliches Anhörungsrecht ist im tschechischen Recht nicht ersichtlich. Dies ist nicht kompatibel mit Gemeinschaftsrecht.

4. Fremdfirmen

a) Gemeinschaftsrecht

Bezüglich des Umgangs mit Fremdfirmen regelt Art. 6 Abs. 4 der Richtlinie den Fall, dass an einem Arbeitsplatz Arbeitnehmer mehrerer Unternehmer anwesen sind. Danach müssen die Arbeitgeber bei der Durchführung der Sicherheits-, Hygiene- und Gesundheitsschutzbestimmungen zusammenarbeiten bzw. beim Gefahrenschutz und Verhütung berufsbedingter Gefahren ihre Tätigkeiten koordinieren sowie ihre jeweiligen Arbeitnehmer bzw. deren Vertreter über diese Gefahren informieren.

b) Darstellung des tschechischen Rechts und dessen Kompatibilität mit Gemeinschaftsrecht

§ 133 Abs. 6 ZP sieht für den Fall vor, dass auf einem Arbeitsplatz Aufgaben für mehrere Arbeitgeber verrichtet werden, diese Arbeitgeber verpflichtet sind, ein Koordinierungsverfahren zur Gewährleistung von Sicherheit und Gesundheitsschutz bei der Arbeit einzurichten.
§ 133 Abs. 6 ZP ist voll mit Gemeinschaftsrecht kompatibel. Denn er entspricht Art. 6 Abs. 4 der Richtlinie, wonach sich die Arbeitgeber im beschriebenen Falle koordinieren müssen.

5. Kosten

a) Gemeinschaftsrecht

Nach Art. 6 Abs. 5 der Richtlinie dürfen Kosten für Sicherheits-, Hygiene- und Gesundheitsschutzmaßnahmen nicht zu Lasten der Arbeitnehmer gehen.

b) Darstellung des tschechischen Rechts und dessen Kompatibilität mit Gemeinschaftsrecht

Gemäß § 133 Abs. 7 ZP trägt der Arbeitgeber sämtliche mit der Gewährleistung der BOZP verbundenen Kosten.
Die Regelung ist voll kompatibel mit Art. 6 Abs. 5 der Richtlinie[674].

VII. Art. 7 (Beauftragte Dienste zum Schutz und zur Gefahrverhütung)

Art. 7 der Richtlinie regelt die betriebliche Sicherheitsorganisation. Denn die Umsetzung der umfangreichen Arbeitgeberpflichten lässt sich ohne Beratung und Unterstützung durch Sachverständige nicht verwirklichen[675].

1. Pflicht zur Bestellung von Sicherheitsexperten und Ausnahmen

a) Gemeinschaftsrecht

aa) Pflicht zur Bestellung von Sicherheitsexperten

Gemäß Art. 7 Abs. 1 muss der Arbeitgeber innerbetriebliche bzw. außerbetriebliche Sicherheitsexperten bestellen. Hierzu hat er Arbeitnehmer zu benennen, die er mit Schutz- und Gefahrverhütungsmaßnahmen betraut. Besteht hierzu innerbetrieblich keine Möglichkeit, so muss er außerbetriebliche Fachleute (Personen und Dienste) hinzuziehen, Abs. 3. Hierbei ist zu beachten, dass diese Bestellung die Pflichtenstellung des Arbeitgebers hinsichtlich Sicherheit und Gesundheitsschutz nicht schmälert, Art. 7 Abs. 1. Den benannten Arbeitnehmern dürfen keine Nachteile aus ihrer Tätigkeit entstehen und sie müssen über die entsprechende Zeit verfügen können, um ihren aus der Richtlinie folgenden Verpflichtungen nachzukommen, Abs. 2. Außerbetriebliche Fachleute sind vom Arbeitgeber über Faktoren mit Auswirkungen auf Sicherheit und Gesundheit der Arbeitnehmer zu informieren. Ihnen ist Zugang zu den in Art. 10 Abs. 2 der Richtlinie genannten Informationen zu beschaffen, Abs. 4.

bb) Ausnahmen

Art. 7 Abs. 7 der Richtlinie erlaubt den Mitgliedstaaten, die Sparten von Unternehmen festzulegen, in denen der Arbeitgeber die Aufgaben nach Abs. 1 selbst übernehmen kann, sofern er die erforderlichen Fähigkeiten besitzt. Das bedeutet, dass auch für klei-

---

674 ISAP, 12.12.96, Teil B, zu Art. 6 Rl. 89/391/EWG und § 133 ZP
675 Bücker; Feldhoff; Kohte, Vom Arbeitsschutz zur Arbeitsumwelt, 1994, Rz. 259

nere und mittlere Unternehmen (KMU) eine solche Sicherheitsstruktur grundsätzlich erforderlich ist, sie also für alle Betriebe vorgeschrieben wird[676]. Nur wenn der Arbeitgeber eines KMU selbst die einschlägigen fachlichen Kenntnisse besitzen sollte, kann er die Aufgaben einer Sicherheitsfachkraft selbst übernehmen. Dies wird aber in der Regel nicht der Fall sein[677].

b) Darstellung des tschechischen Rechts und dessen Kompatibilität mit Gemeinschaftsrecht

aa) Einführung

Im tschechischen Recht fehlt eine alle Unternehmen und Betriebe erfassende Sicherheitsstruktur. Zwar sieht die Regierungsverordnung Nr. 223/1988 Sb. vor, dass Arbeitgeber zur Erfüllung ihrer Aufgaben auf dem Gebiet der BOZP Facharbeiter ernennen müssen, sog. Sicherheitstechniker. Deren Aufgabe ist es, die leitenden Angestellten bei der Sicherung der BOZP[678] zu unterstützen, auf Mängel aufmerksam zu machen, Vorschläge zu deren Beseitigung unterbreiten und den Stand der BOZP beim Arbeitgeber zu kontrollieren. Jedoch ist die gegenwärtige Regelung nicht umfassend und sind Stellung und Tätigkeit der Sicherheitstechniker gesetzlich nicht geregelt[679].

bb) ZP

Im ZP finden sich keine verbindlichen Rechtsregeln zur Einsetzung von Sicherheitsexperten gemäß Art. 7 Abs. 1 der Richtlinie. Die aus der Richtlinie hervorgehenden Verpflichtungen übernimmt die Gewerkschaft. Dies ist nur teilweise kompatibel mit Gemeinschaftsrecht[680].

cc) Gesetz Nr. 61/1988 Sb. (Gesetz über Bergwerkstätigkeiten, Sprengstoffe und die staatliche Bergbauverwaltung)

Gemäß § 6 Abs. 4 des Gesetzes ist das Unternehmen verpflichtet, eine Abteilung zu errichten bzw. Beschäftigte zu ernennen auf dem Gebiet der Sicherheit und des Gesundheitsschutzes bei der Arbeit. Das tschechische Amt für Arbeitssicherheit (ČÚBP) setzt hierzu allgemeine Rechtspflichten mit den erforderlichen Vorschriften zur Gewährleistung der BOZP fest, § 6 Gesetz Nr. 61/1988 Sb.
Diese Regelung ist voll kompatibel mit Gemeinschaftsrecht[681].

[676] Bücker; Feldhoff; Kohte, Vom Arbeitsschutz zur Arbeitsumwelt, 1994, Rz. 260
[677] Bücker; Feldhoff; Kohte, a.a.O., Rz. 597
[678] Gemäß Art. 133 Abs. 4 ZP sind die leitenden Angestellten neben dem Arbeitgeber verpflichtet, die BOZP zu gewährleisten, s.o. S. 118
[679] Galvas, Pracovní právo, 1997, S. 282
[680] ISAP, 12.12.96, Teil B, zu Art. 7 Rl. 89/391/EWG und Gesetz Nr. 65/1965 Sb.
[681] ISAP, 12.12.96, Teil B, zu Art. 7 Rl. 89/391/EWG und Gesetz Nr. 61/1988 Sb.

2. *Qualifikation der Sicherheitsexperten*

a) Gemeinschaftsrecht

Gemäß Art. 7 Abs. 5 müssen die benannten Arbeitnehmer über die erforderlichen Fähigkeiten und Mittel, die außerbetrieblichen Fachleute über die erforderliche Eignung und personellen und berufsspezifischen Mittel verfügen, um die Schutz- und Gefahrverhütungsaufgaben übernehmen zu können. Art. 7 Abs. 8 überlässt es den Mitgliedstaaten, Festlegungen hinsichtlich Fähigkeiten und Eignungen der Sicherheitsexperten sowie der ausreichenden Personalausstattung bezüglich der Sicherheitsexperten zu treffen.

b) Darstellung des tschechischen Rechts und dessen Kompatibilität mit Gemeinschaftsrecht

Hierzu finden sich keine einschlägigen Regelungen im tschechischen Recht. Insbesondere fehlt es an Regelungen zu Stellung und Tätigkeit der Sicherheitstechniker[682].
Dies ist nicht kompatibel mit Gemeinschaftsrecht.

VIII. Art. 8 (Notfälle, Evakuierung, Entfernungsrecht, Selbsthilfe)

1. *Arbeitgeberpflichten bei Notfällen*

a) Gemeinschaftsrecht

Gemäß Art. 8 Abs. 1, 1. Spiegelstrich der Richtlinie hat der Arbeitgeber für Fälle der Ersten Hilfe, Brandbekämpfung, Evakuierung der Arbeitnehmer sowie anderer anwesender Personen entsprechende Maßnahmen zu ergreifen. Hierzu hat er die erforderlichen Verbindungen zu außerbetrieblichen Stellen zu organisieren, beispielsweise im Bereich der medizinischen Notversorgung, 2. Spiegelstrich.
Zur Umsetzung dieser Pflicht verlangt Art. 8 Abs. 2 der Richtlinie, dass der Arbeitgeber entsprechende Arbeitnehmer benennt, die für die Notfallmaßnahmen zuständig sind. Diese Arbeitnehmer müssen entsprechend ausgebildet und ausgerüstet sowie zahlenmäßig stark genug sein.
Gemäß Art. 8 Abs. 3 der Richtlinie hat der Arbeitgeber bezüglich solcher Arbeitnehmer, die einer ernsten und unmittelbaren Gefahr ausgesetzt sind, folgende Pflichten: Er muss sie hierüber und über die getroffenen bzw. zu treffenden Schutzmaßnahmen unterrichten (Abs. 3 lit. a), er muss ihnen ermöglichen, bei Gefahr ihren Arbeitsplatz sofort verlassen zu können (lit. b) und er darf sie bei Forbestehen einer ernsten und unmittelbaren Gefahr nicht zum Arbeiten anhalten (lit. c).

682 Galvas, Pracovní právo, 1997, S. 282

b) Darstellung des tschechischen Rechts und dessen Kompatibilität mit Gemeinschaftsrecht

Einschlägige Regelungen finden sich im ZP sowie in sonstigen Normen[683].

aa) Arbeitgeberpflichten im tschechischen Recht entsprechend Art. 8 Abs. 1 und 2 der Richtlinie und Kompatibilität

(1) ZP

Gemäß § 133 Abs. 1 lit. d ZP gehört zu den Arbeitgeberpflichten, Maßnahmen für Fälle der Erste-Hilfe-Leistung, Havarien, Brände, Evakuierung von Arbeitnehmern und anderer ernster Gefahren zu ergreifen.
§ 133 ZP ist nur teilweise kompatibel mit Gemeinschaftsrecht[684]. Zum einen entspricht § 133 Abs.1 lit.d ZP nicht vollständig Art. 8 Abs. 1 der Richtlinie. So fehlt die Festschreibung, dass der Arbeitgeber in den genannten Fällen die Verbindungen zu außerbetrieblichen Stellen zu organisieren hat. Dies betrifft Fälle der Ersten Hilfe, der medizinischen Notversorgung, der Bergung und der Brandbekämpfung, vgl. Art. 8 Abs. 1, 2. Spiegelstrich der Richtlinie. Zum anderen fehlt im tschechischen Recht die in Art. 8 Abs. 2 der Richtlinie statuierte Pflicht des Arbeitgebers, Arbeitnehmer zu benennen, die zuständig sind für Erste Hilfe, Brandbekämpfung und Evakuierung der Arbeitnehmer.
Gemäß § 139 Abs. 1 ZP ist es Teil der Fürsorgepflicht der Arbeitgeber, den Arbeitnehmern Arbeitsbedingungen zu schaffen, die ihnen eine sichere Ausübung der Arbeit ermöglichen. Dazu dürfte auch die Pflicht des Art. 8 Abs. 2 lit.b ZP gehören, wonach den Arbeitnehmern ermöglicht werden muss, bei Gefahr ihren Arbeitsplatz sofort verlassen zu können.
§ 139 ZP ist voll kompatibel mit Gemeinschaftsrecht.

(2) Gesetz Nr. 61/1988 Sb. (über Bergwerkstätigkeiten, Sprengstoffe und die staatliche Bergbauverwaltung)

Gemäß § 6 Abs. 4, 6, und § 7 Abs. 1, 2 und 4 Gesetz Nr. 61/1988 Sb. ist das Unternehmen verpflichtet, die Bergrettungsdienste für die Rettung von Menschenleben und Besitz bereitzustellen sowie die Durchführung der Aufgaben im Bereich der Sicherheit und des Gesundheitsschutzes bei der Arbeit zu gewährleisten.
Diese Regelung ist voll kompatibel mit Gemeinschaftsrecht[685].

(3) Gesetz Nr. 133/1985 Sb. (Brandschutz)

Die Pflichten des Arbeitgebers im Bereich des Brandschutzes sind in § 2 Abs. 1 des Gesetzes geregelt. Sie sind nur teilweise kompatibel mit Art. 8 Abs. 1 der Richtlinie[686]. Die Pflichten des Arbeitgebers, Brandwachen gemäß § 13 Gesetz Nr. 133/1985 Sb. zu errichten, sind ebenfalls nur teilweise kompatibel mit Art. 8 Abs. 2 der Richtlinie[687].

---

683 Gesetz Nr. 61/1988 Sb. (über Bergwerkstätigkeiten, Sprengstoffe und die staatliche Bergbauverwaltung), Gesetz Nr. 133/1985 Sb. (Brandschutz)
684 ISAP, 12.12.96, Teil B, zu Art. 8 Rl. 89/391/EWG und § 133 ZP
685 ISAP, 12.12.96, Teil B, zu Art. 8 Rl. 89/391/EWG und Gesetz Nr. 61/1988 Sb.
686 ISAP, 12.12.96, Teil B, zu Art. 8 Rl. 89/391/EWG und Gesetz Nr. 133/1985 Sb.
687 ISAP, 12.12.96, Teil B, zu Art. 8 Rl. 89/391/EWG und Gesetz Nr. 133/1985 Sb.

bb) Unterrichtungspflicht entsprechend Abs. 3 der Richtlinie

(1) ZP

Gemäß § 135 Abs. 1, Satz 1 ZP haben die Arbeitnehmer das Recht auf Gewährleistung von Sicherheit und Gesundheitsschutz bei der Arbeit, auf Information über unvermeidbare Risiken und über Maßnahmen zum Schutz gegen solche Risiken.
Dies entspricht der Unterrichtungspflicht des Art. 8 Abs. 3 lit. a ZP und ist mit Gemeinschaftsrecht voll kompatibel.

(2) Gesetz Nr. 133/1985 Sb. (Brandschutz)

Die Verpflichtung des Arbeitgebers, regelmäßige Schulungen zum Brandschutz abzuhalten, ist nur teilweise kompatibel mit Art. 8 Abs. 3 lit. a der Richtlinie[688].

2. Entfernungsrecht des Arbeitnehmers

a) Gemeinschaftsrecht

Verlässt ein Arbeitnehmer seinen Arbeitsplatz bei ernster, unmittelbarer und nicht vermeidbarer Gefahr, so dürfen ihm hieraus keine Nachteile entstehen, Art. 8 Abs. 4 der Richtlinie. Dieses Entfernungsrecht des Arbeitnehmers drückt die Zielsetzung der Richtlinie aus, wonach die Arbeitnehmer befähigt werden sollen, als handelnde Subjekte und nicht als Objekte hoheitlicher Arbeitsschutzmaßnahmen zu fungieren[689]. Das Entfernungsrecht findet sich auch wieder in Art. 13 des ILO-Übereinkommens Nr. 155 über Arbeitsschutz und Arbeitsumwelt[690].
Entsprechend bestimmt Art. 8 Abs. 3 lit. b der Richtlinie, dass der Arbeitgeber die Arbeitnehmer in die Lage zu versetzen hat, damit sie von ihrem Entfernungsrecht nach Abs. 4 Gebrauch machen können[691].

b) Darstellung des tschechischen Rechts und dessen Kompatibilität mit Gemeinschaftsrecht

Gemäß § 133 Abs. 1 lit. ch ZP stellt es keine Nichterfüllung von Arbeitspflichten dar, wenn der Arbeitnehmer seine Arbeit nicht verrichtet, weil er begründeterweise annimmt, dass damit eine unmittelbare Gefährdung von Leben und Gesundheit seiner selbst oder einer anderen Person verbunden ist. Es ist also die Pflicht des Arbeitgebers, die Nichtleistung durch den Arbeitnehmer nicht als Nichterfüllung seiner Arbeitspflichten anzusehen. Daraus folgt, dass der Arbeitgeber in solch einer Gefahrensituation den Arbeitnehmer nicht zum Arbeiten anhalten darf. Dies ist voll kompatibel mit Art. 8 Abs. 3 lit. c der Richtlinie.
Auf Seiten des Arbeitnehmers regelt § 135 Abs. 2 ZP entsprechend, dass er berechtigt ist, die Ausübung einer Arbeit bei begründeter Annahme der Gefährdung seines Lebens

[688] ISAP, 12.12.96, Teil B, zu Art. 8 Rl.89/391/EWG und Gesetz Nr. 133/1985 Sb.
[689] Bücker; Feldhoff; Kohte, Vom Arbeitsschutz zur Arbeitsumwelt, 1994, Rz. 264
[690] Bücker; Feldhoff; Kohte, a.a.O., Rz. 608
[691] Bücker; Feldhoff; Kohte, a.a.O., Rz. 607

oder seiner Gesundheit bzw. der Gefährdung von Leben und Gesundheit anderer Personen abzulehnen.
Dies entspricht dem ILO-Übereinkommen Nr. 155 und der vorliegenden Richtlinie und ist damit voll kompatibel mit Gemeinschaftsrecht[692].

3. Selbsthilfe durch den Arbeitnehmer

a) Gemeinschaftsrecht

Nach Art. 8 Abs. 5 der Richtlinie trägt der Arbeitgeber im Gefahrenfall dafür Sorge, dass jeder Arbeitnehmer in der Lage ist, zur Gefahrenvermeidung die geeigneten Maßnahmen zu treffen, sofern er seinen Vorgesetzten nicht erreichen kann. Dabei dürfen dem Arbeitnehmer, sofern er nicht unüberlegt oder grob fahrlässig handelt, keine Nachteile entstehen.

b) Darstellung des tschechischen Rechts und dessen Kompatibilität mit Gemeinschaftsrecht

aa) ZP

Eine Art. 8 Abs. 5 der Richtlinie entsprechende konkrete Pflicht des Arbeitgebers, die Arbeitnehmer in die Lage zu versetzen, bei Gefahr geeignete Maßnahmen zu ergreifen, fehlt im ZP. Es findet sich lediglich eine Schadensabwendungspflicht auf Seiten des Arbeitnehmers gemäß § 171 Abs. 2 ZP. Eine dazu korrespondierende Pflicht des Arbeitgebers, die Arbeitnehmer zur Erfüllung dieser Pflicht vorzubereiten, ist nicht gegeben. Dies ist nicht kompatibel mit Gemeinschaftsrecht[693].

bb) Sonstige Normen

Weitere einschlägige Regelungen finden sich in den folgenden beiden speziellen Normen.

(1) Bekanntmachung Nr. 51/1989 Sb. (über Sicherheit und Gesundheitsschutz bei der Arbeit und über die Betriebssicherheit bei Bearbeitung und Veredlung von Mineralien)

Gemäß § 16 der Bekanntmachung besteht die Pflicht für die Arbeitnehmer, Gefahren anzuzeigen. Eine entsprechende Verpflichtung des Arbeitgebers, die Arbeitnehmer in die Lage zu versetzen, bei Gefahr geeignete Maßnahmen zu ergreifen, fehlt.
Dies entspricht nicht Art. 8 Abs. 5 der Richtlinie und ist mit Gemeinschaftsrecht nicht kompatibel[694].

---

[692] ISAP, 12.12.96, Teil B, zu Art. 8 Rl. 89/391/EWG und §§ 133, 135 ZP
[693] ISAP, 12.12.96, Teil B, zu Art. 8 Rl. 89/391/EWG und ZP
[694] ISAP, 12.12.96, Teil B, zu Art. 8 Rl. 89/391/EWG und Bekanntmachung Nr. 51/1989 Sb.

(2) Verordnung Nr. 26/1989 Sb. (über Sicherheit und Gesundheitsschutz bei der Arbeit und über Betriebssicherheit bei Bergwerkstätigkeiten und Tätigkeiten Untertage)

Gemäß § 16 der VO besteht die Pflicht für die Arbeitnehmer, Gefahren anzuzeigen. Eine entsprechende Verpflichtung des Arbeitgebers, die Arbeitnehmer in die Lage zu versetzen, bei Gefahr geeignete Maßnahmen zu ergreifen, fehlt auch hier.
Dies entspricht nicht Art. 8 Abs. 5 der Richtlinie und ist mit Gemeinschaftsrecht nicht kompatibel[695].

IX. Art. 9 (Dokumentationspflicht des Arbeitgebers)

1. Gemeinschaftsrecht

Art. 9 der Richtlinie legt dem Arbeitgeber eine Dokumentationspflicht auf. Damit soll die betriebliche Sicherheitspolitik sowohl innerbetrieblich als auch für die Aufsichtsbehörden transparent gemacht werden[696].
Gemäß Art. 9 Abs. 1 umfassen die Dokumentationspflichten zunächst die Evaluierung der am Arbeitsplatz bestehenden Gefahren für die Sicherheit und die Gesundheit besonders gefährderter Arbeitnehmergruppen (Abs. 1 lit. a). Dies erfordert also eine Gefahrenbeurteilung[697]. Ferner muss der Arbeitgeber die durchzuführenden Schutzmaßnahmen und verwendeten Schutzmittel festlegen (Abs. 1 lit. b). Schließlich muss er eine Liste mit Arbeitsausfällen von mehr als drei Tagen aufgrund Arbeitsunfall führen (lit. c) sowie Berichte über Arbeitsunfälle ausarbeiten (lit. d).

2. Darstellung des tschechischen Rechts und dessen Kompatibilität mit Gemeinschaftsrecht

Neben dem ZP enthalten auch andere Normen[698] einschlägige Bestimmungen zum Regelungskomplex des Art. 9 der Richtlinie.

a) ZP

§ 133 Abs. 1 lit. a ZP regelt die Evaluierungs- und Handlungspflicht des Arbeitgebers. Danach muss er Risiken einer möglichen Gefährdung der Arbeitnehmer nachgehen, sie einschätzen, bewerten und entsprechende Schutzmaßnahmen ergreifen. Gemäß § 133 Abs. 1 lit. b ZP muss der Arbeitgeber die notwendigen Schutzeinrichtungen errichten, instandhalten und verbessern.

---

[695] ISAP, 12.12.96, Teil B, zu Art. 8 Rl. 89/391/EWG und Verordnung Nr. 26/1989 Sb.
[696] Bücker; Feldhoff; Kohte, Vom Arbeitsschutz zur Arbeitsumwelt, 1994, Rz. 254
[697] Bücker; Feldhoff; Kohte, a.a.O., Rz. 254
[698] Verordnung des ČÚBP und des Bergbauamts Nr. 110/1975 Sb. über die Aufzeichnung und Meldung von Arbeitsunfällen und die Meldung von Betriebsunfällen (Havarien) und Störungen technischer Einrichtungen, Bekanntmachung Nr. 51/1989 Sb. (über Sicherheit und Gesundheitsschutz bei der Arbeit und Betrieb und über die Betriebssicherheit bei Einrichung und Veredlung von Mineralien), sowie Verordnung Nr. 26/1989 Sb. (über Sicherheit und Gesundheitsschutz bei der Arbeit und über Betriebssicherheit bei Bergwerkstätigkeiten und Tätigkeiten Untertage)

Dies entspricht Art. 9 Abs. 1 lit. a und b der Richtlinie und ist voll kompatibel mit Gemeinschaftsrecht[699].
Nach einem Arbeitsunfall ist der Arbeitgeber nach § 133 Abs. 1 lit. h ZP verpflichtet, unverzüglich dessen Ursachen festzustellen, darüber Buch zu führen, die zuständigen Behörden davon zu unterrichten und die zur Abhilfe notwendigen Maßnahmen zu ergreifen.
Dies entspricht Art. 9 Abs. 1 lit.c und d der Richtlinie und ist voll kompatibel mit Gemeinschaftsrecht[700].

b) Sonstige Normen

(1) Verordnung des ČÚBP und des Bergbauamts Nr. 110/1975 Sb. (über die Aufzeichnung und Meldung von Arbeitsunfällen und die Meldung von Betriebsunfällen (Havarien) und Störungen technischer Einrichtungen)

Gemäß § 3 Abs. 5 der Verordnung ist das Unternehmen verpflichtet, Buch zu führen über Arbeitsunfälle. § 7 verpflichtet das Unternehmen, Zweitschriften von Berichten über Unfälle an die zuständigen Organe zu senden.
Diese Regelungen sind voll kompatibel mit Gemeinschaftsrecht[701].

(2) Verordnung Nr. 51/1989 Sb. (über Sicherheit und Gesundheitsschutz bei der Arbeit und über die Betriebssicherheit bei der Bearbeitung und Veredlung von Mineralien)

Gemäß § 7 Abs. 3 der VO sind die Sicherheitstechniker verpflichtet, die Beachtung der Betriebsdokumentation und den Zustand der Sicherheitseinrichtungen zu kontrollieren.
Dies ist voll kompatibel mit Gemeinschaftsrecht[702].

(3) Verordnung Nr. 26/1989 Sb. (über Sicherheit und Gesundheitsschutz bei der Arbeit und über die Betriebssicherheit bei Tätigkeiten Untertage)

Gemäß § 7 Abs. 5 sind die Sicherheitstechniker auch hier verpflichtet, die Beachtung der Betriebsdokumentation und den Zustand der Sicherheitseinrichtungen zu kontrollieren.
Dies ist voll kompatibel mit Gemeinschaftsrecht[703].

X. Art. 13 (Pflichten des Arbeitnehmers)[704]

1. Gemeinschaftsrecht

Art. 13, zugleich Abschnitt III der Richtlinie, legt auch dem einzelnen Arbeitnehmer Pflichten auf. Damit wird die aktive Rolle des Arbeitnehmers im Gesundheitsschutz

---

[699] ISAP, 12.12.96, Teil B, zu Art. 9 Rl. 89/391/EWG und § 133 ZP
[700] ISAP, 12.12.96, Teil B, zu Art. 9 Rl. 89/391/EWG und § 133 ZP
[701] ISAP, 12.12.96, Teil B, zu Art. 9 Rl. 89/391/EWG und Verordnung Nr. 110/1975 Sb.
[702] ISAP, 12.12.96, Teil B, zu Art. 9 Rl. 89/391/EWG und Verordnung Nr. 51/1989 Sb.
[703] ISAP, 12.12.96, Teil B, zu Art. 9 Rl. 89/391/EWG und Verordnung Nr. 26/1989 Sb.
[704] zu den die Mitwirkung von Arbeitnehmern betreffenden Artt. 10, 11 und 12 Rl. 89/391/EWG s.u. Kapitel 8, S. 216 ff

unterstrichen, wie auch das Entfernungsrecht des Arbeitnehmers nach Art. 8 Abs. 4 der Richtlinie zeigt[705].

Gemäß Art. 13 Abs. 1 ist jeder Arbeitnehmer verpflichtet, für seine eigene Sicherheit und Gesundheit sowie für die Sicherheit und Gesundheit anderer Personen Sorge zu tragen. Hierzu muss der Arbeitnehmer gemäß Art. 13 Abs. 2 lit. a-c klassische Arbeitnehmerpflichten erfüllen: So muss er seine Arbeitsmittel und persönliche Schutzausrüstung ordnungsgemäß benutzen bzw. lagern (Abs. 2 lit. a und b), ferner darf er die Schutzvorrichtungen nicht außer Betrieb setzen, willkürlich verändern bzw. umstellen und muss diese ordnungsgemäß benutzen (Abs. 2 lit. c).

Art. 13 Abs. 2 lit. d-f enthält darüberhinaus weitere Arbeitnehmerpflichten, in Anlehnung an das dänische und niederländische Modell[706]: So muss der Arbeitnehmer Gefahren für die Sicherheit und Gesundheit sowie Defekte an Schutzsystemen unverzüglich melden (Abs. 2 lit. d), gemeinsam mit dem Arbeitgeber bzw. den Arbeitnehmern mit einer besonderen Funktion bei der Sicherheit und beim Gesundheitsschutz der Arbeitnehmer auf die Ausführung aller Aufgaben und Einhaltung aller Auflagen, die von der zuständigen Behörde vorgeschrieben sind, hinwirken (lit. e), schließlich gemeinsam mit dem Arbeitgeber bzw. den Arbeitnehmern mit einer besonderen Funktion bei der Sicherheit und beim Gesundheitsschutz der Arbeitnehmer auf ein sicheres Arbeitsumfeld mit sicheren Arbeitsbedingungen hinwirken (lit. f).

Diese Pflichten setzen voraus, dass dem Arbeitnehmer die Auflagen der Behörden bekannt sind, worin Transparenz als Leitbild der Richtlinie zum Vorschein kommt[707].

2. *Darstellung des tschechischen Rechts und dessen Kompatibilität mit Gemeinschaftsrecht*

Arbeitnehmerpflichten finden sich im tschechischen Recht vor allem im ZP[708], aber auch in sonstigen Normen.

a) ZP

Nach § 135 Abs. 3 ZP ist jeder Arbeitnehmer verpflichtet, auf seine eigene Sicherheit und Gesundheit sowie auf die Sicherheit und Gesundheit anderer Personen, die von seinen Handlungen bzw. Unterlassungen betroffen sind, zu achten. Dabei ist er insbesondere verpflichtet, die Rechtsvorschriften zur Gewährleistung der Sicherheit bei der Arbeit, der technischen Anlagen und des Gesundheitsschutzes bei der Arbeit, die Grundlagen sicheren Verhaltens am Arbeitsplatz sowie die festgelegten Arbeitsverfahren einzuhalten (Abs. 3 lit. a), bei der Arbeit persönliche Arbeitsschutzmittel und Schutzeinrichtungen zu verwenden (Abs. 3 lit. b) und schließlich dem Vorgesetzten oder der Behörde zur Überwachung von Sicherheit der Arbeit und technischen Einrichtungen Mängel bzw. Schäden zu melden, die die Sicherheit oder den Gesundheitsschutz bei der Arbeit gefährden, und bei ihrer Beseitigung mitzuwirken (lit. e).

§ 136 Abs. 1 ZP ermächtigt die zuständigen Gewerkschaftsorgane, den Stand von Sicherheit und Gesundheitsschutz bei der Arbeit bei den einzelnen Arbeitgebern zu kontrollieren, wobei die Gewerkschaftsorgane insbesondere berechtigt sind, an Verhand-

[705] Bücker; Feldhoff; Kohte, Vom Arbeitsschutz zur Arbeitsumwelt, 1994, Rz. 265; vgl. oben S. 129
[706] Bücker; Feldhoff; Kohte, a.a.O., Rz. 265
[707] Bücker; Feldhoff; Kohte, a.a.O., Rz. 266
[708] vgl. Galvas, Pracovní právo, 1997, S. 283 f

lungen zu Fragen von Sicherheit und Gesundheitsschutz bei der Arbeit teilzunehmen (lit. e).
Die Regelungen sind teilweise kompatibel mit Gemeinschaftsrecht[709]. Zwar entspricht § 135 Abs. 3 ZP überwiegend der ILO-Übereinkunft Nr. 155 und der Rl. 391/89/EWG[710]. Dennoch fehlt es am Institut des Arbeitnehmers mit einer besonderen Funktion bei der Sicherheit und beim Gesundheitsschutz der Arbeitnehmer. Das ist nicht kompatibel mit Gemeinschaftsrecht[711].

b) Sonstige Normen

aa) Verordnung Nr. 51/1989 Sb. (über Sicherheit und Gesundheitsschutz bei der Arbeit und über die Betriebssicherheit bei der Bearbeitung und Veredlung von Mineralien)

Gemäß §§ 15 Abs. 3 der VO ist der Beschäftigte verpflichtet, seine persönliche Schutzausrüstung zu verwenden. Gemäß § 16 der VO muss er Gefahren anzeigen.
Dies ist voll kompatibel mit Art. 12 Abs. 2 lit. b und lit. d der Richtlinie[712].

bb) Verordnung Nr. 26/1989 Sb. (über Sicherheit und Gesundheitsschutz bei der Arbeit und über die Betriebssicherheit bei Tätigkeiten Untertage)

Gemäß §§ 15 Abs. 3 VO ist der Beschäftigte auch hier verpflichtet, seine persönliche Schutzausrüstung zu verwenden. Gemäß § 16 der VO muss er Gefahren anzeigen.
Dies ist voll kompatibel mit Art. 12 Abs. 2 lit. b und d der Richtlinie[713].

XI. Art. 14 (präventivmedizinische Überwachung)

1. Gemeinschaftsrecht

Vorsorgeuntersuchungen sind gemeinschaftsrechtlich als Recht der Arbeitnehmer und nicht als Pflicht ausgestaltet. Entsprechend soll deren Umsetzung freiheitlich erfolgen, also unter freier Wahl des Arztes[714].
Gemäß Abs. 1 werden Maßnahmen zur Gewährleistung einer geeigneten Überwachung der Gesundheit der Arbeitnehmer nach mitgliedstaatlichen Rechtsvorschriften bzw. Praktiken getroffen.
Nach Abs. 2 sind diese Maßnahmen so zu konzipieren, dass jeder Arbeitnehmer auf Wunsch an einer regelmäßigen präventivmedizinischen Überwachung teilnehmen kann.
Abs. 3 eröffnet die Möglichkeit, diese Überwachung als Bestandteil des nationalen Gesundheitsfürsorgesystems zu konzipieren.

---

709 ISAP, 12.12.96, Teil B, zu Art. 13 Rl. 89/391/EWG und Gesetz Nr. 65/1965 Sb.
710 Tröster, Pracovní právo, Kommentar zu § 135 ZP
711 s.o. S. 110
712 ISAP, 12.12.96, Teil B, zu Art.13 Rl. 89/391/EWG und Verordnung Nr. 51/1989 Sb.
713 ISAP, 12.12.96, Teil B, zu Art.13 Rl. 89/391/EWG und Verordnung Nr. 26/1989 Sb.
714 Bücker; Feldhoff; Kohte, Vom Arbeitsschutz zur Arbeitsumwelt, 1994, Rz. 271

2. Darstellung des tschechischen Rechts und dessen Kompatibilität mit Gemeinschaftsrecht

aa) ZP

Nach § 99 Abs. 3 ZP haben nur Nachtarbeiter Anspruch auf regelmäßige ärztliche Untersuchung.
Dies ist nur teilweise kompatibel mit Gemeinschaftsrecht[715], da nicht allen Arbeitnehmern das Recht auf regelmäßige ärztliche Untersuchung eingeräumt wird.

bb) Gesetz Nr. 20/1966 Sb. (über Volksfürsoge und -gesundheit)

§ 18a des Gesetzes regelt die präventive betriebliche Fürsorge. Gemäß § 40 ist der Arbeitgeber verpflichtet, dem Arbeitnehmer präventive betriebliche Fürsorge zu gewähren.
Dies ist voll kompatibel mit Gemeinschaftsrecht[716].

XII. Art. 15 (Schutz besonderer Risikogruppen)

1. Gemeinschaftsrecht

Gemäß Art. 15 müssen besonders gefährdete Risikogruppen gegen sie speziell bedrohende Gefahren geschützt werden.

2. Darstellung des tschechischen Rechts und dessen Kompatibilität mit Gemeinschaftsrecht

Diesbezüglich existieren keine Regelungen im tschechischen Arbeitsrecht.
Dies ist nicht kompatibel mit Gemeinschaftsrecht[717].

[715] ISAP, 12.12.96, Teil B, zu Art. 14 Rl. 89/391/EWG und Gesetz Nr. 65/1965 Sb.
[716] ISAP, 12.12.96, Teil B, zu Art. 14 Rl. 89/391/EWG und Gesetz Nr. 20/1966 Sb.
[717] ISAP, 12.12.96, Teil B, zu Art. 15 Rl.89/391/EWG und Gesetz Nr. 65/1965 Sb.; vgl. auch die zusammenfassende Schlussbetrachtung, S. 221

Siebtes Kapitel: Verbesserung der Lebens- und Arbeitsbedingungen

A. Einführung in die maßgeblichen Rechtsnormen des Gemeinschaftsrechts und des tschechischen Rechts

I. Gemeinschaftsrecht

1. Einführung

Die Verbesserung der Lebens- und Arbeitsbedingungen wurden als eines der großen und prioritär zu verfolgenden Ziele der Europäischen Gemeinschaft eingestuft[718]. Die Gemeinschaftscharta der sozialen Grundrechte der Arbeitnehmer vom 9.12.1989[719] regelt die Verbesserungen der Lebens- und Arbeitsbedingungen in den Zif. 7, 8 und 9. Danach sollen die Lebens- und Arbeitsbedingungen zum einen durch eine Angleichung der Arbeitszeit und der Arbeitszeitgestaltung und zum anderen durch die Angleichung von anderen Arbeitsverhältnissen als dem unbefristeten Arbeitsverhältnis verbessert werden, Zif. 7[720]. Gemäß Zif 8 der Gemeinschaftscharta wird den Arbeitnehmern Anspruch auf wöchentliche Ruhezeit und bezahlten Jahresurlaub eingeräumt. Auch hierin soll eine Annäherung unter den Mitgliedstaaten erfolgen. Gemäß Zif. 9 der Gemeinschaftscharta müssen die Arbeitsbedingungen der Arbeitnehmer entweder durch Gesetz, Tarifvertrag oder Beschäftigungsvertrag geregelt sein. Bezüglich der Umsetzung der Verbesserung der Lebens- und Arbeitsbedingungen betonte die Kommission in ihrem Aktionsprogramm zur Anwendung der Gemeinschaftscharta der sozialen Grundrechte vom 29.11.1989[721] zwar den Vorrang der Tarifbeziehungen oder innerstaatlicher Rechtsvorschriften[722]. Gleichzeitig forderte sie aber auch die Einführung von für alle Mitgliedstaaten verbindlichen Mindestvorschriften. Damit sollte zum einen der in allen Mitgliedstaaten auftretenden Problematik der Flexibilisierung der Arbeit begegnet und zum anderen die Freizügigkeit der Arbeitnehmer erleichtert werden[723].

2. Sekundärrecht

Zur Umsetzung der obengenannten Ziele wurden inbesondere folgende Richtlinien erlassen:
Rl. 93/104/EG[724] des Rates vom 23.11.1993 über bestimmte Aspekte der Arbeitszeitgestaltung,

---

718 vgl. Die Entschließung des Rates Y 74/0212/01/EWG vom 21.1.1974 über ein sozialpolitisches Aktionsprogramm, ABl. C 13, 12.2.1974, S. 13

719 KOM (89) 248 endg.

720 Andere Arbeitsverhältnisse als das unbefristete sind beispielsweise das befristete Arbeitsverhältnis, Teilzeitarbeit, Leiharbeit und Saisonarbeit, vgl. Zif. 7 der Gemeinschaftscharta, siehe auch oben S. 99, FN 556 zum sozialen Arbeitnehmerschutz.

721 KOM (89) 568 endg.

722 Zif. 3 des Aktionsprogramms

723 vgl. KOM (89) 568 endg.

724 ABl. L 307, 13.12.93, S. 18

sowie die Rl. 91/533/EWG[725] des Rates vom 14.10.1991 über die Pflicht des Arbeitgebers zur Unterrichtung des Arbeitnehmers über die für seinen Arbeitsvertrag oder sein Arbeitsverhältnis geltenden Bedingungen[726].

a) Rl. 93/104/EG (Arbeitszeitrichtlinie)

Ursprüngliches Ziel im Regelungsbereich der Arbeitszeit war, die Beschäftigungsprobleme Mitte der siebziger Jahre zu lösen. Denn durch Arbeitszeitreduktionen sollte die verfügbare Beschäftigung besser auf die Arbeitnehmer verteilt werden[727]. Man wollte so der demographischen Entwicklung, dem reduziertem Wirtschaftswachstum und den Problemen aufgrund der Einführung neuer Technologien begegnen[728]. Entsprechend wurde in der Arbeitszeitentschließung die Überstundenarbeit eingeschränkt, flexible Altersgrenzen eingeführt und das jährliche Arbeitsvolumen reduziert. Dem war 1975 eine Empfehlung des Rates über den Grundsatz der 40-Stunden-Woche und eines vierwöchigen bezahlten Jahresurlaubs[729] mit entsprechender Zielsetzung vorangegangen.
Über die nun vorliegende Arbeitszeitrichtlinie Nr. 93/104/EG wurde mehr als drei Jahre verhandelt, bis der Richtlinienentwurf der Kommission vom August 1990[730] 1993 angenommen wurde[731]. Das Vereinigte Königreich hat der Richtlinie dabei nicht zugestimmt[732].
Die Arbeitszeitrichtlinie hat nun primär zum Ziel, die Lebens- und Arbeitsbedingungen der betroffenen Arbeitnehmer zu verbessern[733]. Die Verbesserung von Sicherheit, Arbeitshygiene und Gesundheitsschutz der Arbeitnehmer darf dabei nicht wirtschaftlichen Überlegungen untergeordnet werden[734].

b) Rl. 91/533/EWG (Nachweisrichtlinie)

Die Richtlinie regelt die „Pflicht des Arbeitgebers zur Unterrichtung des Arbeitnehmers über die für seinen Arbeitsvertrag oder sein Arbeitsverhältnis geltenden Bedingungen“[735]. Damit soll auf die mangelnde Mobilität der Arbeitskräfte im Binnenmarkt, insbesondere aus anderen Mitgliedstaaten der Gemeinschaft, reagiert werden. Denn die Ursache mangelnder Mobilität kann die mangelnde Kenntnis der Arbeitsbedingungen sein[736]. Mit der Richtlinie soll auf die aufkommenden Vielfalt von Arbeitsverhältnissen mittels bestimmter Formerfordernisse reagiert werden, um neben dem Schutz der Arbeitnehmer mittels Nachweis durch den Arbeitgeber auch den Arbeitsmarkt transparenter zu gestalten[737]. Die Richtlinie wird somit auf die Rechtsgrundlage des Art. 94 EGV

---

[725] ABl. L 288, 18.10.91, S. 32
[726] vgl. Ferner die Rl. 91/383/EWG des Rates vom 25.6.1991 zur Ergänzung der Maßnahmen zur Verbesserung der Sicherheit und des Gesundheitsschutzes von Arbeitnehmern mit befristetem Arbeitsverhältnis oder Leiharbeitsverhältnis, ABl. L 206, 29.7.91, S. 19, s.o. S. 99, FN 556
[727] Stöckli, Schweizerisches Arbeitsrecht und europäische Integration, ZSR-NF, Bd. 112, 1993, S. 114
[728] vgl. die Begründungserwägung der Entschließung des Rates Nr. 80/104/EWG über die Anpassung der Arbeitszeit v.18.12.1979 (Arbeitszeitentschließung)
[729] Empfehlung Nr. 75/457/EWG, ABl. L 199, 30.7.1975
[730] KOM (90) 317
[731] Schiek Europäisches Arbeitsrecht, 1997, S. 222 f
[732] Lörcher, Die Arbeitszeitrichtlinie der EU, AuR 1994, S. 49 ff
[733] 4. und 7. Begründungserwägung zur Richtlinie
[734] 5. Begründungserwägung zur Richtlinie
[735] so aus der amtlichen Bezeichnung der Richtlinie, im folgenden „Nachweisrichtlinie“
[736] Schiek, Europäisches Arbeitsrecht, 1997, S. 139
[737] 1. und 2. Begründungserwägung zur Richtlinie

gestützt[738]. Politisch nimmt sie bezug auf Zif. 9 der Gemeinschaftscharta der sozialen Grundrechte der Arbeitnehmer[739], wonach die Arbeitsbedingungen der Arbeitnehmer durch Gesetz, Tarifvertrag oder Beschäftigungsvertrag zu regeln sind. Entsprechend sieht das Aktionsprogramm der Kommission zur Umsetzung der Gemeinschaftscharta vor, dass die konkreten Arbeitsbedingungen schriftlich im einzelnen festzuhalten sind[740]. Zu solch einer umfassenden Dokumentation ist es allerdings nicht gekommen, da die Nachweisrichtlinie nur die Unterrichtungspflicht bezüglich der wesentlichen Punkte des Arbeitsvertrages bzw. –verhältnisses vorschreibt[741].

II. Tschechisches Recht

Maßgebliche Vorschriften im Hinblick auf die Verbesserungen der Lebens- und Arbeitsbedingungen sind in folgenden Gesetzen enthalten:
Gesetz Nr. 65/1965 Sb (ZP),
Gesetz Nr. 9/1991 Sb. über Beschäftigung und Befugnisse der Organe der Tschechischen Republik im Bereich der Beschäftigung,
Gesetz Nr. 119/1992 Sb. über den Ersatz von Reisekosten

B. Darstellung des tschechischen Rechts anhand der einzelnen Artikel der Richtlinien und Kompatibilitätsuntersuchung

I. Tschechisches Arbeitsrecht und Rl. 93/104/EG (Arbeitszeitrichtlinie)

1. Art. 1 (Gegenstand und Anwendungsbereich)

a) Gemeinschaftsrecht

Die Richtlinie enthält Mindestvorschriften für die Sicherheit und den Gesundheitsschutz der Arbeitnehmer bei der Arbeitszeitgestaltung, Art. 1 Abs. 1. Unter Arbeitszeitgestaltung im Sinne der Richtlinie sind die täglichen und wöchentlichen Mindestruhezeiten, den Mindestjahresurlaub, die Ruhepausen, die wöchentliche Höchstarbeitszeit sowie Teilbereiche der Nacht- und Schichtarbeit und des Arbeitsrhytmusses zu verstehen, Art. 1 Abs. 2 der Richtlinie.
Die Richtlinie hat mit Ausnahme des Verkehrs zu Lande, in der Luft und zu Wasser sowie für andere Tätigkeiten auf See und für Tätigkeiten der Ärzte in der Ausbildung den gleichen Geltungsbereich wie die Rahmenrichtlinie 89/391/EWG, Art. 1 Abs. 3[742].

---

[738] vgl. die Präambel und die 4. Begründungserwägung, in der auf das Funktionieren des Gemeinsamen Marktes durch Unterschiede in den Rechtsvorschriften der Mitgliedstaaten bezug genommen wird; vgl. auch Birk, Das Nachweisgesetz zur Umsetzung der Richtlinie 91/533/EWG in das deutsche Recht, NZA 1996, S. 281
[739] 6. Begründungserwägung zur Richtlinie
[740] KOM (89) 568 endg. v. 29.11.89
[741] Lörcher, Die EG-Nachweis-Richtlinie (91/533/EWG) und ihre Umsetzung in innerstaatliches Recht, ArbuR 1994, S. 450 f; wegen der vermeintlichen Bedeutungslosigkeit der Richtlinie wurde diese als „Cinderella Directive" bezeichnet, so Clark/ Hall, The Cinderella Directive? Employee rights to information about conditions applicable to their contract or employment relationship, ILJ 1992, S. 106
[742] vgl. Kapitel 6, S. 98 ff

Abs. 4 regelt die volle Anwendung der Rahmenrichtlinie 89/391/EWG auf die durch die Richtlinie genannten Bereiche, soweit die Richtlinie nicht selbst spezifischere oder strengere Regelungen enthält.

b) Darstellung des tschechisches Rechts und dessen Kompatibilität mit Gemeinschaftsrecht

Einschlägige Regelungen finden sich vor allem im dritten Kapitel (Arbeitszeit und Ruhezeit) des zweiten Teils des ZP (zum Arbeitsverhältnis), §§ 83–110c ZP. Das dritte Kapitel enthält drei Abschnitte, wobei im ersten Abschnitt die Arbeitszeit und Ruhepausen und im zweiten Abschnitt Überarbeit und Nachtarbeit geregelt werden, der dritte Abschnitt befasst sich mit dem Erholungsurlaub.
Da Art. 1 nur Bestimmungen zu Anwendungs- und Geltungsbereich der Richtlinie enthält, bedarf es keiner Umsetzung in die tschechische Rechtsordnung.

2. Art. 2 (Begriffsbestimmungen)

a) Arbeitszeit

aa) Gemeinschaftsrecht

Art. 2 Zif. 1 der Richtlinie definiert die Arbeitszeit als Zeitspanne, während der ein Arbeitnehmer arbeitet, dem Arbeitgeber dabei zur Verfügung steht und seine Tätigkeit ausübt oder Aufgaben wahrnimmt. Dabei unterscheidet der Wortlaut zwischen der Ausübung einer Tätigkeit und der Wahrnehmung von Aufgaben durch den Arbeitnehmer. Daraus folgt, dass nicht nur die Vollarbeit im engeren Sinne, sondern auch die Wahrnehmung anderer Aufgaben durch den Arbeitnehmer durch die Richtlinie erfasst wird, wie beispielsweise Dienstreisen oder die Arbeitsbereitschaft des Arbeitnehmers[743].

bb) Darstellung des tschechischen Rechts und dessen Kompatibilität mit Gemeinschaftsrecht

(1) Keine Definition

Der Begriff der Arbeitszeit wird in § 35 ZP im Rahmen der aus dem Arbeitsverhältnis hervorgehenden Verpflichtungen erwähnt. Danach ist der Arbeitnehmer nach § 35 Abs. 1 lit. b ZP verpflichtet, seine Arbeit in der festgelegten Arbeitszeit auszuüben. Eine Definition der Arbeitszeit gibt es im tschechischen Arbeitsrecht aber nicht[744].

(2) Herleitung und Umschreibung des Begriffs der Arbeitszeit

Der Begriff der Arbeitszeit wird in der tschechischen Lehre[745] von zwei Gesichtspunkten aus betrachtet: Einmal als Zeit, zu der der Arbeitnehmer tatsächlich Arbeit erbringt, und zum anderen als Zeit, in der der Arbeitnehmer dem Arbeitgeber zur Verfügung

[743] Eine solche Arbeitsbereitschaft liegt beispielsweise vor, wenn ein Tankwart an der Kasse auf den nächsten Kunden wartet, vgl. Klein, Die Arbeitszeitrichtlinie der EU, DRdA 1994, S. 190 f
[744] Tröster u.a., Approximation of Legislation, 1996, S. 39
[745] Galvas, Pracovní právo, 1997, S. 249

steht, unabhängig davon, ob er auch tatsächlich arbeitet. Normiert wurde im tschechischen Arbeitsrecht der zweite Gesichtspunkt. Die Arbeitszeit wird definiert als Zeitabschnitt, in dem der Arbeitgeber befugt ist, den Arbeitnehmer zur Arbeit anzuleiten und seine Arbeitskraft zu verwenden. Dies folgt unter Berufung auf § 35 Abs. 1 lit. b ZP, wonach der Arbeitnehmer verpflichtet ist, „dem Arbeitgeber zur Verfügung zu stehen" und damit bereit zu sein hat, gemäß den Anweisungen des Arbeitgebers zu arbeiten. Die tatsächliche Erbringung der (Arbeits-) Leistung ist nicht Merkmal der Arbeitszeit. Bestandteil der Arbeitszeit sind daher auch Zeitabschnitte, an denen der Arbeitnehmer nicht arbeitet, beispielsweise Arbeitspausen oder Hindernisse auf Seiten des Arbeitsgebers. Arbeitszeit ist damit die Zeit, deren Länge festgelegt ist durch eine bestimmte Anzahl von Stunden zu einem bestimmten Kalenderabschnitt und die regelmäßig unterbrochen wird durch Pausen[746].

(3) Grundlegendes zur Arbeitszeit

(a) Rechte und Pflichten im Zusammenhang mit der Arbeitszeit

Der Großteil der gegenseitigen Rechte und Pflichten der am Arbeitsverhältnis Beteiligten wird während der Arbeitszeit erbracht[747]. Das Arbeitsverhältnis erschöpft sich also nicht in der einmaligen Erfüllung bestimmter Arbeitspflichten, sondern durch sich periodisch wiederholende Tätigkeiten. Die Arbeitszeit stellt sich hier somit als eine Zeitdimension dar, in der man die Rechte und Pflichten aus dem Arbeitsverhältnis verwirklicht.

Aber auch außerhalb der Arbeitszeit sind die am Arbeitsverhältnis Beteiligten an Rechte und Pflichten gebunden, wobei die Qualität dieser Rechte und Pflichten eine andere ist. So müssen Arbeitgeber und Arbeitnehmer gewisse Verhaltensweisen beachten. Der Arbeitgeber darf außerhalb der Arbeitszeit dem Arbeitnehmer keine Arbeit zuweisen, der Arbeitnehmer darf seine Kenntnisse über staatliche oder geschäftliche Geheimnisse, die er bei Ausübung seiner Tätigkeit erhalten hat, nicht weitergeben[748].

(b) Länge der Arbeitszeit

Die Regelung der Länge der Arbeitszeit und weiterer damit zusammenhängender Fragen, insbesondere die Einteilung der Arbeitszeit, die Arbeitsbereitschaft und die Überarbeit, ist entweder in arbeitsrechtlichen Vorschriften oder in Kollektivverträgen festgehalten[749]. Die rechtliche Bedeutung der Festlegung der Länge der Arbeitszeit beruht darauf, dass die Rechte und Pflichten der am Arbeitsverhältnis Beteiligten grundlegend innerhalb der Arbeitszeit als quantitativer Abgrenzung erbracht werden. Die Arbeitsaufgaben damit so zugeteilt werden, dass es möglich ist, sie in den Arbeitszeitabschnitten zu erfüllen. Die Bewältigung der Arbeitsaufgaben muss an die Arbeitszeit angepasst werden und keineswegs umgekehrt die Arbeitszeit an die Erfüllung der Arbeitsaufgaben[750].

[746] Bělina, Pracovní právo, 1994, S. 171
[747] Bělina, a.a.O., S. 171
[748] Galvas, Pracovní právo, 1997, S. 249
[749] Bělina, Pracovní právo, S. 171
[750] Bělina, a.a.O., S. 171

(4) Kompatibilität

§ 35 Abs. 1 lit. b ZP ist in der vorgenommenen Auslegung zumindest teilweise kompatibel mit Art. 1 Zif. 1 der Richtlinie[751], da insbesondere auch die Arbeitsbereitschaft zur Arbeitszeit gerechnet wird.

(5) Neuregelung

Der Regierungsentwurf zur Änderung des ZP[752] sieht jedoch die Einfügung eines neuen § 83 ZP vor, der allein Begriffsdefinitionen enthält. Danach wird unter Arbeitszeit die Zeit verstanden, in der der Arbeitnehmer verpflichtet ist, für den Arbeitgeber Arbeit zu erbringen, § 83 Abs. 1 ZP-Entwurf. Durch diese eindeutige Definition sollen Rechtsunsicherheiten in der Anwendung der Rl. 93/104/EG vermieden werden[753].

b) Ruhezeit

aa) Gemeinschaftsrecht

Gemäß Art. 2 Zif. 2 gilt als Ruhezeit jede Zeitspanne außerhalb der Arbeitszeit. Die sog. Rufbereitschaft dürfte auch Ruhezeit im Sinne der Richtlinie sein, da sich der Arbeitnehmer bei dieser nicht am Arbeitsplatz aufhält[754]. Anders verhält es sich bei der Arbeitsbereitschaft, die als Arbeitszeit gemäß Art. 2 Zif. 1 der Richtlinie anzusehen ist[755].

bb) Darstellung des tschechischen Rechts und dessen Kompatibilität mit Gemeinschaftsrecht

Im tschechischen Arbeitsrecht gibt es gibt keine Definition des Begriffs der Ruhezeit[756]. Die Ruhezeit wird zwar in § 90 ZP erwähnt, die Kenntnis des genauen Begriffs aber vorausgesetzt.
Dies ist mit Gemeinschaftsrecht nur teilweise kompatibel[757], da es an einer generellen Definition des Begriffs der Ruhezeit fehlt, was zu Anwendungsschwierigkeiten bezüglich der Richtlinie führen kann[758]. Entsprechend sieht der Regierungsentwurf die Definition des Begriffs der Ruhezeit vor. Ruhezeit ist danach die Zeit, die nicht Arbeitszeit ist, § 83 Abs. 2 ZP-Entwurf[759].

---

751 ISAP, 10.2.98, Teil B, zu Art. 1 Rl. 93/104/EG und ZP
752 Regierungsentwurf vom 15.12.1999, Punkt 37 zu § 83 ZP, in: www.mpsv.cz/scripts/1aktuality/zakonik_prace/default.asp, Abfrage vom 20.1.2000,
753 Begründungsbericht, besonderer Teil, zu Punkt 37 des Regierungsentwurfs vom 15.12.1999, in: www.mpsv.cz/scripts/1aktuality/zakonik_prace/zvlastni.asp, Abfrage vom 20.1.2000
754 Balze, Die Richtlinie über die Arbeitszeitgestaltung, EuZW 1994, S. 206
755 s.o. Zur Abgrenzung von Arbeitsbereitschaft und Rufbereitschaft vgl. Denecke/Neumann, AZO, 11. Aufl. (1991), § 7 Rz. 23 ff
756 Tröster u.a., Approximation of Legislation, 1996, S. 39
757 ISAP, 10.2.98, Teil B, zu Art. 2 Rl. 93/104/EG und ZP
758 vgl. Begründungsbericht, besonderer Teil, zu Punkt 37 des Regierungsentwurfs vom 15.12.1999, in: www.mpsv.cz/scripts/1aktuality/zakonik_prace/zvlastni.asp, Abfrage vom 20.1.2000
759 Regierungsentwurf vom 15.12.1999, Punkt 37 zu § 83 ZP, in: www.mpsv.cz/scripts/1aktuality/zakonik_prace/default.asp, Abfrage vom 20.1.2000,

c) Nachtzeit

aa) Gemeinschaftsrecht

Art. 2 Zif. 3 der Richtlinie definiert die Nachtzeit als von den Mitgliedstaaten festzulegende Zeitspanne von mindestens sieben Stunden, wobei die Zeit zwischen 24 Uhr und 5 Uhr immer mitumfasst sein muss. Damit gibt die Richtlinie keine bestimmte Mindestdauer für das Vorliegen von Nachtarbeit vor, so dass auch der Arbeitnehmer vom Schutz der Richtlinie erfasst wird, der einen geringeren Teil seiner täglichen Arbeitszeit in der Nachtzeit verbringt[760].

bb) Darstellung des tschechischen Rechts und dessen Kompatibilität mit Gemeinschaftsrecht

Es gibt im tschechischen Arbeitsrecht keine unmittelbare Definition des Begriffs der Nachtzeit, sondern nur eine Definition von Nachtarbeit[761]. So ist gemäß § 99 Abs. 1 ZP unter Nachtarbeit die Arbeit zwischen 22 Uhr und 6 Uhr zu verstehen. Diese Regelung geht aus der ILO-Übereinkunft Nr. 171 über die Nachtarbeit hervor[762]. Nachtarbeit ist dabei von der Arbeit in der Nacht zu unterscheiden. Während die Nachtarbeit den beschriebenen Zeitraum zwischen 22 Uhr abends und 6 Uhr morgens umfasst, betrifft die Arbeit in der Nacht einen Zeitraum von mindestens vier aufeinanderfolgenden Stunden zwischen 22 Unr abends und 6 Uhr morgens, § 99 Abs. 2 ZP. Die Nachtarbeit nach § 99 Abs. 1 ZP kann daher beispielsweise auch nur eine Stunde betragen, die Arbeit in der Nacht muss aber mindestens vier Stunden dauern[763].
§ 99 Abs. 1 ZP nur teilweise kompatibel mit Art. 2 Zif. 3 der Richtlinie[764]. Denn es fehlt eine klare Definition der Nachtzeit. Entsprechend sieht der Regierungsentwurf eine Definition der Nachtzeit vor. So ist die Nachtzeit die Zeit zwischen 22 Uhr und 6 Uhr, § 99 Abs. 1, Satz 2 ZP-Entwurf[765]. Nachtarbeit hingegen ist die Arbeit, die in der Nachtzeit geleistet wird, § 99 Abs. 1, Satz 1 ZP-Entwurf.

d) Nachtarbeiter

aa) Gemeinschaftsrecht

Gemäß Art. 2 Zif. 4 der Richtlinie ist Nachtarbeiter, wer entweder normalerweise mindestens drei Stunden seiner täglichen Arbeitszeit während der Nachtzeit verrichtet, oder wer, nach Anhörung der Sozialpartner oder gemäß Kollektivvereinbarungen, einen bestimmten Teil seiner jährlichen Arbeitszeit während der Nachtzeit verrichtet.

---

[760] Klein, Die Arbeitszeitrichtlinie der EU, DRdA 1994, S. 293
[761] Tröster u.a., Approximation of Legislation, 1996, S. 39
[762] Tröster, Pracovní právo, Begründungsbericht zu §§ 99, 99a ZP
[763] Galvas, Pracovní právo, 1997, Anmerkung S. 257, mit Verweis auf den unklaren Sinn einer Unterscheidung von Nachtarbeit und Arbeit in der Nacht
[764] ISAP, 10.2.98, Teil B, zu Art. 2 Rl. 93/104/EG und ZP
[765] Regierungsentwurf vom 15.12.1999, Punkt 55 zu § 99 ZP, in: www.mpsv.cz/scripts/1aktuality/zakonik_prace/default.asp, Abfrage vom 20.1.2000

bb) Darstellung des tschechischen Rechts und dessen Kompatibilität mit Gemeinschaftsrecht

Nachtarbeiter ist, wer regelmäßig nachts an mindestens vier aufeinanderfolgenden Stunden Nachtarbeit ausübt, § 99 Abs. 2 ZP. Für die von den Gesetzen Nr. 1/1992 Sb. (Lohngesetz) und Nr. 143/1992 Sb. (Gehaltsgesetz) erfassten Arbeitnehmer gelten die dortigen Sonderregelungen, vgl. § 99 Abs. 2, 2. Hs. ZP[766].
Dies ist nicht kompatibel mit Gemeinschaftsrecht[767]. Denn gemäß Art. 1 Zif. 4 der Richtlinie ist Nachtarbeiter bereits, wer drei Stunden Nachtarbeit erbringt, während § 99 Abs. 2 ZP auf eine vierstündige Nachtarbeit abstellt.
Entsprechend bestimmt der Regierungsentwurf, dass unter Nachtarbeiter im Sinne des ZP verstanden wird, wer regelmäßig während der Nachtzeit mindestens drei Stunden seiner Arbeitszeit erbringt, § 99 Abs. 2 ZP-Entwurf[768].

e) Schichtarbeit

aa) Gemeinschaftsrecht

Art. 2 Zif. 5 definiert Schichtarbeit als Arbeitsgestaltung, bei der Arbeitnehmer nach einem bestimmten Zeitplan, auch rotierend, an den gleichen Arbeitsstellen eingesetzt werden und ihre Arbeit innerhalb eines Zeitraums von Tagen oder Wochen zu unterschiedlichen Zeiten verrichten.

bb) Darstellung des tschechischen Rechts und dessen Kompatibilität mit Gemeinschaftsrecht

Im tschechischen Arbeitsrecht fehlt eine Definition des Begriffs der Schichtarbeit[769]. Dies ist nicht kompatibel mit Gemeinschaftsrecht[770].
Daher sieht der Regierungsentwurf eine Definition der Schichtarbeit vor[771]. Danach ist unter Schicht(arbeit) der Teil der wöchentlich festgelegten Arbeitzeit zu verstehen, die der Arbeitnehmer aufgrund eines im voraus festgelegten Schichtplans erbringen muss, § 83 Abs. 3 ZP-Entwurf.

f) Schichtarbeiter

aa) Gemeinschaftsrecht

Nach Art. 2 Zif. 6 der Richtlinie ist Schichtarbeiter jeder in einem Schichtplan eingesetzte Arbeitnehmer.

---

[766] Tröster, Pracovní právo, Kommentar zu § 99 ZP
[767] ISAP, 10.2.98, Teil B, zu Art. 2 Rl. 93/104/EG und ZP
[768] Regierungsentwurf vom 15.12.1999, Punkt 55 zu § 99 ZP, in: www.mpsv.cz/scripts/1aktuality/zakonik_prace/default.asp, Abfrage vom 20.1.2000
[769] Tröster u.a., Approximation of Legislation, 1996, S. 40
[770] ISAP, 10.2.98, Teil B, zu Art. 2 Rl. 93/104/EG und ZP
[771] Regierungsentwurf vom 15.12.1999, Punkt 37 zu § 83 ZP, in: www.mpsv.cz/scripts/1aktuality/zakonik_prace/default.asp, Abfrage vom 20.1.2000

bb) Darstellung des tschechischen Rechts und dessen Kompatibilität mit Gemeinschaftsrecht

Es fehlt im tschechischen Arbeitsrecht eine Definition des Begriffs des Schichtarbeiters[772]. Dies ist nicht kompatibel mit Gemeinschaftsrecht[773].
Der Regierungsentwurf sieht zwar keine ausdrückliche Definition des Schichtarbeiters vor. Aus § 83 Abs. 3 ZP-Entwurf folgt jedoch, dass die Schichtarbeit dann vorliegt, wenn sie von Arbeitnehmern aufgrund eines im voraus festgelegten Schichtplans erbracht wird. Daher ist Schichtarbeiter umgekehrt, wer Schichtarbeit erbringt. Dies ist voll kompatibel mit Gemeinschaftsrecht.

3. Art. 3 (tägliche Ruhezeit)

a) Gemeinschaftsrecht

Jedem Arbeitnehmer ist nach Art. 3 grundsätzlich je 24-Stunden-Zeitraum eine Mindestruhezeit von elf zusammenhängenden Stunden zu gewähren. Zu beachten ist hier jedoch Art. 17 der Richtlinie, wonach für zahlreiche Arbeitnehmergruppen die Ruhezeit verkürzende Abweichungen möglich sind. Gemäß Art. 17 der Richtlinie sind diesen Arbeitnehmern dann gleichwertige Ausgleichsruhezeiten oder angemessener Schutz einzuräumen, wenn ersteres aus objektiven Gründen nicht möglich ist[774].

b) Darstellung des tschechischen Rechts und dessen Kompatibilität mit Gemeinschaftsrecht

aa) Einführung in das System der Ruhezeiten im tschechischen Arbeitsrecht

Im tschechischen Arbeitsrecht wird die Zeit des Menschen unterteilt in Arbeitszeit und Zeit außerhalb der Arbeit. Die Arbeitszeit ist die Zeit, in der der Arbeitnehmer dem Arbeitgeber zur Verfügung steht, die Zeit außerhalb der Arbeit ist die Zeit, die zur Disposition des Arbeitnehmers steht. Letzteres sind im arbeitsrechtlichen Sinn die Ruhezeiten. Dabei geht es nicht um die Zeiten, in denen sich der Arbeitnehmer nur ausruht, sondern um die Zeiten, in denen der Arbeitnehmer dem Arbeitgeber nicht zur Verfügung stehen darf. Ausnahmen hiervon sind die Arbeitsbereitschaft und die Überarbeit. Die Aufteilung der Arbeitszeit bestimmt zugleich die Aufteilung der Ruhezeit. Die Regelungen zur Arbeitszeit haben damit auch grundlegende Bedeutung für die Verwirklichung des Rechts auf Ruhezeiten. Dabei gilt, dass die Ruhezeit von einer bestimmen Dauer sein muss, damit in deren Rahmen nicht nur die reine Reproduktion der Arbeitskraft, sondern auch die menschliche und soziale Entwicklung des Arbeitnehmers erfolgen kann.
Bezüglich der Ruhezeiten werden diese unterschieden nach Dauer, Zweck und zeitlicher Positionierung zur Arbeitszeit. Die Ruhezeiten müssen dabei innerhalb der Arbeitszeiten positioniert werden, wenn sie die Arbeitsleistung bedeutend unterbrechen, ferner unmittelbar an die Arbeitsleistung anknüpfen und schließlich unmittelbar der Arbeitsleistung vorausgehen[775].

---

[772] Tröster u.a., Approximation of Legislation, 1996, S. 40
[773] ISAP, 10.2.98, Teil B, zu Art. 2 Rl. 93/104/EG und Gesetz Nr.65/1965 Sb.
[774] Klein, Die Arbeitszeitrichtlinie der EU, DRdA 1994, S. 191
[775] Galvas, Pracovní právo, 1997, S. 258

bb) Regelung im ZP

Im ZP sind folgende Ruhezeiten geregelt: Arbeitspausen, ununterbrochene Ruhe zwischen zwei Schichten, ununterbrochene Ruhe des Arbeitnehmers in der Woche sowie der Erholungsurlaub[776].

cc) Ununterbrochene Ruhe zwischen zwei Schichten, § 90 ZP

(1) Einführung

Die tägliche Ruhezeit wird im tschechischen Arbeitsrecht meist als ununterbrochene Ruhe zwischen zwei Schichten bezeichnet. Sie ist die Ruhezeit, die zeitlich am meisten Raum für die Kräfteregeneration schafft. Die Länge der Ruhezeit wird unmittelbar beeinflußt von der Länge der Arbeitsschichten und der Einteilung der Arbeitszeit.
Im Laufe der Ruhezeit darf der Arbeitnehmer keine Arbeit leisten. Die arbeitsrechtlichen Normen lassen aber zu, dass der Arbeitgeber Überarbeit oder Arbeitsbereitschaft anordnet.
Im Interesse des Gesundheitsschutzes des Arbeitnehmers ist eine Mindestruhezeit zwischen zwei Schichten festgelegt. Denn der Arbeitnehmer soll seine Arbeit ausgeruht antreten und hierfür seine Arbeitskraft regenerieren können. Darüberhinaus ist es notwendig, dass er im täglichen Rahmen Raum hat, um seine besonderen Bedürfnisse und Interessen zu verwirklichen[777].

(2) Grundsatz des § 90 Abs. 1 ZP

Gemäß § 90 Abs. 1 ZP gilt der Grundsatz, dass dem Arbeitnehmer zwischen zwei Schichten eine ununterbrochene Ruhepause von mindestens zwölf Stunden gewährt wird. Die Ausnahmen davon sind in § 90 Abs. 2 und 3 ZP geregelt[778].

(3) Ausnahmen

Gemäß § 90 Abs. 2 ZP kann die Ruhezeit bestimmter männlicher Arbeitnehmer, die älter als 18 Jahre alt sind, bis auf acht Stunden gekürzt werden. Bei Frauen ist eine Kürzung auf allenfalls elf Stunden erlaubt, § 90 Abs. 2, Satz 2 ZP.
Gemäß § 90 Abs. 2, Satz 1, lit. a ZP betrifft diese Kürzung zunächst Arbeitnehmer bei ununterbrochenem Betrieb und bei Turnusarbeit. Turnusarbeit kommt am häufigsten bei Transportunternehmen oder bei der Objektüberwachung vor. Die Einteilung regelt Anfangs- und Beendigungszeit des Dienstes, regelmäßig in länger als acht Stunden dauernden Schichten (12- oder 16-stündigen Schichten) oder auch die Erholungsfreizeit[779].
Gemäß Abs. 2, Satz 1, lit. b ZP kann auch in der Landwirtschaft länger gearbeitet werden. Die dogmatische Erklärung dieser Bestimmung im ZP kann aus der Folgerung gezogen werden, dass es sich um alle Arbeiten in der Landwirtschaft handelt, also um die pflanzliche und tierische Erzeugung ebenso wie auch um administrative Aufgaben[780].
Kürzere Ruhezeiten sind ferner erlaubt bei Tätigkeiten in der Gastronomie, kulturellen Einrichtungen und der Gewährung sonstiger Dienstleistungen für die Bevölkerung,

---

[776] Galvas, Pracovní právo, 1997, S. 259
[777] Galvas, a.a.O., S. 261
[778] vgl. auch Tröster u.a., Approximation of Legislation, 1996, S. 40
[779] Galvas, Pracovní právo, 1997, S. 262
[780] Galvas, a.a.O., S. 262

lit. c, bei dringenden, zur Abwendung einer Gefahr für Leben oder Gesundheit der Arbeitnehmer erforderlichen Reparaturarbeiten, lit. d, und bei Elementarereignissen und anderen außerordentlichen Fällen, lit. e.
§ 90 Abs. 3 ZP gestattet die Verkürzung der Ruhezeit für Arbeitnehmer der Zentralbehörden in den Bereichen Verkehr, Post- und Fernmeldewesen sowie Energie. Dabei kann die Ruhezeit zwischen zwei Schichten auf bis zu sechs Stunden gekürzt werden. Bei Arbeitnehmern mit unregelmäßigem Arbeitsbeginn und ungleicher Schichtlänge kann eine Kürzung auch auf weniger als sechs Stunden erfolgen, wobei die Dauer der Ruhezeit mindestens der Länge der vorhergehenden Schicht entsprechen muss. Eine Arbeitsunterbrechung unter drei Stunden wird dabei nicht mehr als Ruhezeit angesehen. Hierbei ist zu beachten, dass entsprechende Durchführungsvorschriften, hier in Form einer sog. arbeitsrechtlichen Vorschrift, bisher nicht erlassen wurden. Aber allein die Möglichkeit, die Ruhezeit zwischen zwei Schichten auf drei Stunden zu verkürzen, wird aus physiologischen Gründen abgelehnt und als höchst verfehlt bezeichnet[781].

dd) Kompatibilität

Die Regelungen sind nur teilweise kompatibel mit Gemeinschaftsrecht[782].
Voll kompatibel mit Art. 3 der Richtlinie ist der Grundsatz der täglichen Ruhezeit von mindestens zwölf Stunden, § 90 Abs. 1 ZP. Denn die Richtlinie schreibt nur eine Mindestruhezeit von elf Stunden vor. Da die Richtlinie nur Mindestvorschriften gemäß Art. 137 EGV[783] vorsieht[784], sind für die Arbeitnehmer günstigere nationale Regelungen entsrpechend, Art. 15 der Richtlinie erlaubt. Nicht kompatibel ist das Fehlen eines Bezugszeitraums von 24 Stunden, vgl. Art. 3 der Richtlinie.
Die in § 90 Abs. 2 ZP aufgezählten möglichen Verkürzungen der Ruhezeit entsprechen zwar den durch Art. 17 Abs. 2 der Richtlinie aufgezählten Bereichsausnahmen im einzelnen. Nicht kompatibel ist aber das Fehlen entsprechender Ausgleichsruhezeiten bzw. anderweitiger Schutzvorschriften.
§ 90 Abs. 3 ZP sieht für die betroffenen Arbeitnehmer der dort genannten Versorgungsbetriebe zwar gleichwertige Ausgleichsruhezeiten vor. Nicht kompatibel erscheint aber die Kürzungsmöglichkeit auf bis zu drei Stunden, da dann die nach Art. 17 der Richtlinie geforderte Beachtung der allgemeinen Grundsätze zum Schutz von Sicherheit und Gesundheit nicht mehr gewährleistet ist.

ee) Neuregelung

Gemäß dem Regierungsentwurf soll für alle Ruhepausen ausdrücklich der Bezugszeitraum von 24 Stunden eingefügt werden, so nach § 90 Abs. 1 ZP-Entwurf[785], § 90 Abs. 2 ZP-Entwurf im Falle einer verkürzten Ruhezeit.[786]. Ferner muss gemäß § 90 Abs. 2, Satz 2 ZP-Entwurf im Falle der Verkürzung der Ruhepause für Frauen ihnen die nachfolgende Ruhepause um die vorher erfolgte Verkürzung verlängert werden. Dies gilt ebenfalls für einen 24-Stunden-Zeitraum. Schließlich wird § 90 Abs. 3 ZP gestrichen, so

---

781 Galvas, a.a.O., S. 262
782 ISAP, 10.2.98, Teil B, zu Art. 3 Rl. 93/104/EG und Gesetz Nr. 65/1965 Sb.
783 ex-Art. 118 EGV
784 Erste Begründungserwägung zur Richtlinie
785 Regierungsentwurf vom 15.12.1999, Punkt 47 zu § 90 Abs. 1 ZP, in: www.mpsv.cz/scripts/1aktuality/zakonik_prace/default.asp, Abfrage vom 20.1.2000
786 Regierungsentwurf vom 15.12.1999, Punkt 48 zu § 90 Abs. 2 ZP, in: www.mpsv.cz/scripts/1aktuality/zakonik_prace/default.asp, Abfrage vom 20.1.2000

dass bei den betroffenen Arbeitnehmergruppen verkürzte Ruhezeiten nicht mehr gestattet sind[787].

4. Art. 4 (Ruhepause)

a) Gemeinschaftsrecht

Gemäß Art. 4 der Richtlinie ist jedem Arbeitnehmer bei einer täglichen Arbeitszeit von mehr als sechs Stunden eine Ruhepause zu gewähren. Die Einzelheiten wie Dauer und Voraussetzungen für die Gewährung der Ruhepause wird den Mitgliedstaaten überlassen. Zu regeln sind die Ruhepausen in Kollektivvereinbarungen oder hilfsweise in innerstaatlichen Rechtsvorschriften. Der Vorrang der Regelung durch die Tarifpartner kann als Leitprinzip auch für andere Regelungen in der Arbeitszeitrichtlinie betrachtet werden[788].

b) Darstellung des tschechischen Rechts und dessen Kompatibilität mit Gemeinschaftsrecht

aa) Einführung

Die sog. Arbeitsruhepausen stellen im tschechischen Arbeitsrecht die kürzesten aller Ruhezeiten dar. Sie sind innerhalb der Arbeitszeit gelegen, also Bestandteil der Arbeitszeit. Die Notwendigkeit von Arbeitsruhepausen ergibt sich daraus, dass der menschliche Organismus nicht fähig ist, den ganzen Tag die gleiche Arbeitsleistung, wie etwa eine Maschine, zu erbringen. Die Ruhepause hat soll der Müdigkeit des Arbeitnehmers entgegenwirken und seine Arbeitsleistung positiv beeinflussen. Nach fünf Stunden ununterbrochener Arbeit steigt die Müdigkeit deutlich an, sinkt die Aufmerksamkeit des Arbeitnehmers, wird die Arbeitsleistung vermindert und daraus resultiert das Ansteigen der Unfallhäufigkeit. Ruhepausen sollten daher nicht später gewährt werden. Die Dauer der Arbeitspausen muss so lange sein, damit deren Zweck erreicht werden kann, das Ausgeruhtsein des Arbeitnehmers. Die arbeitsrechtlichen Normen regeln daher unmittelbar die Länge der Pausen oder bestimmen deren Mindestdauer.
Rechtlich muss die wechselseitige Beziehung von Arbeitszeit und Ruhepausen geregelt werden. Es sind hier zwei Ansätze denkbar, einmal können Ruhepausen auf die Arbeitszeit angerechnet werden, oder es findet zum anderen diese Anrechnung nicht statt. Das tschechische Recht folgt dem ersten Ansatz und rechnet die Ruhbepausen auf die Arbeitszeit an.
Ruhepausen können als Freizeit gewährt werden, die voll zur Verfügung des Arbeitnehmers steht (beispielsweise die Essens- und Ruhepause). Sie können aber auch auf bestimmte Ziele hin gerichtet sein und der Arbeitnehmer ist verpflichtet, nur diese zu verfolgen, beispielsweise die Pause zur Säuglingspflege. Die Pause kann beispielsweise zum Essen und zur Erholung bestimmt sein, damit der Arbeitnehmer weiter seiner Arbeit nachkommen kann. Zu beachten ist aber, dass der Arbeitnehmer nicht während der Essenspause essen muss, der Arbeitgeber hat diesbezüglich kein Kontrollrecht und er darf nicht bestimmen, wie der Arbeitnehmer die Pausen verbringt. Der Arbeitgeber hat

[787] Regierungsentwurf vom 15.12.1999, Punkt 49 zu § 90 Abs. 3 ZP, in: www.mpsv.cz/scripts/1aktuality/zakonik_prace/default.asp, Abfrage vom 20.1.2000,
[788] Balze, Die Richtlinie über die Arbeitszeitgestaltung, EuZW 1994, S. 206

auch kein Recht, dem Arbeitnehmer in der Pausenzeit Arbeit zuzuweisen. Einige Arbeitgeber halten etwa das Fließband an oder schalten den Strom ab, damit es dem Arbeitnehmer nicht möglich ist, in der Pausenzeit zu arbeiten. In der Vergangenheit organisierten einige Arbeitgeber in den Ruhepausen Freiluftübungen, um die beanspruchten Muskelpartien zu trainieren. Von dieser Praxis wird heute Abstand genommen.[789].
Ruhepausen sind teil der Arbeitszeit[790]. Der Arbeitnehmer darf sie entweder am Arbeitsplatz oder zumindest im Betrieb des Arbeitgebers verbringen. Der Arbeitgeber darf auch bestimmen, wo der Arbeitnehmer die Pausen zu verbringen hat. Er darf beispielsweise bestimmen, dass die Arbeitnehmer im Verlauf der Pause den Arbeitsraum zu verlassen haben. Die Pause darf aber nicht am Ende oder zu Beginn der Arbeitszeit liegen, da dies faktisch eine Verkürzung der Arbeitszeit bedeuten würde und so der Sinn der Pause nicht erfüllt wäre.Der Arbeitgeber muss Pausen auch dann gewähren, wenn der Arbeitnehmer nicht ununterbrochene Arbeit erbringt. Die Pause kann auch in mehrere Teile aufgespalten werden[791].

bb) Gesetzliche Regelung

Im ZP sind ausdrücklich nur die Ruhepausen zum Essen und zur Erholung gemäß § 89 ZP sowie die Stillpausen nach § 161 ZP geregelt. Daneben gibt es aber eine Reihe weiterer Vorschriften, die Ruhepausen regeln, vor allem im Zusammenhang mit Fragen der Sicherheit und des Gesundheitsschutzes bei der Arbeit, beispielsweise die Bekanntmachung Nr. 213/1991 Sb.[792].
Gemäß § 89 Abs. 1 ZP werden Ruhepausen dem Arbeitnehmer nach spätestens fünf Stunden Arbeit für eine Mindestdauer von 30 Minuten gewährt. Das ZP verbietet dabei gemäß § 89 Abs. 4 ausdrücklich, die Essens- und Erholungspausen am Beginn und am Ende der Arbeitsschicht zu gewähren. Eine Ausnahme hiervon gilt für Arbeiten, die nicht unterbrochen werden können. Hier sieht das Gesetz nur die Gewährung einer angemessenen Ruhepause vor, § 89 Abs. 1, Satz 2 ZP[793].
Nach § 89 Abs. 5 ZP werden die Pausen im Umfang von 30 Minuten in die Arbeitszeit eingerechnet. Kollektivvertraglich kann bei einer mehr als zehneinhalb Stunden dauernden Arbeit die Einrechnung weiterer maximal fünfzehn Minuten vereinbart werden.

cc) Kompatibilität

Die Regelungen sind mit Gemeinschaftsrecht nur teilweise kompatibel[794]. Zwar sind Einzelheiten der Umsetzung gemäß Art. 4 der Richtlinie durch die Mitgliedstaaten festzulegen. Jedoch sieht die Richtlinie keine Ausnahmen von der Ruhezeit vor, wie in § 89 Abs. 1, Satz 2 ZP, was nicht kompatibel mit Gemeinschaftsrecht ist[795].

---

[789] vgl. Galvas, Pracovní právo, 1997, S. 260
[790] s.o. S. 147 ff
[791] Galvas, Pracovní právo, 1997, S. 260
[792] vgl. Galvas, a.a.O., S. 260
[793] Tröster, u.a., Approximation of Legislation, 1996, S. 40
[794] anders ISAP, 10.2.98, Teil B, zu Art. 4 Rl. 93/104/EG und § 89 ZP, wo von voller Kompatibilität ausgegangen wird.
[795] Tröster, u.a., Approximation of Legislation, 1996, S. 40

5. Art. 5 (Wöchentliche Ruhezeit)

a) Gemeinschaftsrecht

Gemäß Art. 7, Satz 1 der Richtlinie steht jedem Arbeitnehmer grundsätzlich pro Siebentagezeitraum eine kontinuierliche Mindestruhezeit von 24 Stunden zuzüglich zu der gemäß Art. 3 der Richtlinie täglichen elfstündigen Ruhezeit zu. Daraus ergibt sich also eine wöchentliche Ruhezeit von 35 Stunden. Diese wöchentliche Ruhezeit schließt den Sonntag grundsätzlich ein, Art. 7, Satz 2[796].
Hiervon gibt es zwei wichtige Ausnahmen. Einmal kann eine Mindestruhezeit von 24 Stunden gewählt werden, wenn objektive, technische oder arbeitsorganisatorische Umstände dies rechtfertigen. Hintergrund der Regelung sind praktische Schwierigkeiten bei der Schichtarbeit. So könnte ein Arbeitnehmer bei Ende der Spätschicht am Samstag um 22 Uhr nicht am Montag um 6 Uhr in der Frühschicht eingesetzt werden, da die Ruhezeit dann nur 32 Stunden betragen würde[797]. Daher wäre eine Verkürzung der Ruhezeit hier zulässig. Zum anderen kann gemäß Art. 16 Zif. 1 der Richtlinie der Bezugszeitraum verlängert werden, so dass sich ein Durchrechnungszeitraum für die wöchentliche Ruhezeit von 14 Tagen ergibt. Weitere Ausnahmen finden sich in Art. 17 der Richtlinie.

b) Darstellung des tschechischen Rechts und dessen Kompatibilität mit Gemeinschaftsrecht

aa) Einführung

Die ununterbrochene wöchentliche Ruhezeit des Arbeitnehmers im tschechischen Arbeitsrecht wird auch Wochenendfreizeit genannt. Als Pause zwischen zwei Wochen hat sie zum einen die klassische Funktion, die Arbeitskraft zu regenieren. Zum anderen dient sie zur Verwirklichung weiterer Interessen und Bedürfnissen der Arbeitnehmer und deren Familien[798].

bb) Gesetzliche Regelung

(1) Regel

Im ZP ist die ununterbrochene wöchentliche Ruhepause etwas versteckt in § 91 ZP geregelt, überschrieben mit „Sonn- und Feiertage". Darunter versteht man gemäß § 91 Abs. 1 ZP Tage der ununterbrochenen Ruhezeit des Arbeitnehmers gemäß § 92 ZP, also in der Regel der Sonntag sowie Feiertage. Nach der historischen Entwicklung der ČR richtet sich die ununterbrochene Ruhezeit am Ende der Woche nach folgenden grundlegenden Regeln: Erstens wird sie einmal in der Woche gewährt, zweitens bildet sie eine zusammenhängende Einheit, so darf sie im Unterschied zu Arbeitspausen (Ruhezeiten) nicht aufgeteilt werden, drittens beträgt die Mindestdauer gemäß § 92 Abs. 1 ZP 32 Stunden, zu dieser Regel gibt es aber eine Reihe von Ausnahmen[799], viertens wird die

[796] Der Einschluss des Sonntags in die Mindestruhezeit erfolgte auf Betreiben Deutschlands, vgl. Balze, Die Richtlinie über die Arbeitszeitgestaltung, EuZW 1994, S. 207
[797] Balze, Die Richtlinie über die Arbeitszeitgestaltung, EuZW 1994, S. 207
[798] Galvas, Pracovní právo, 1997, S. 263
[799] siehe im Anschluss

Freizeit grundsätzlich „massenhaft" gewährt, das heißt nach Möglichkeit von den Arbeitgebern allen Arbeitnehmern auf einmal, und schließlich fünftens im Hinblick auf die kulturelle Überlieferung in der ČR muss die Freizeit so gewährt werden, dass sie möglichst auf einen Sonntag fällt, vgl. § 92 Abs. 2 ZP[800]. Die Bedingungen bezüglich der ununterbrochenen wöchentlichen Ruhezeit werden entweder durch Regierungsverordnung festgelegt, § 92 Abs. 3 ZP, oder sie werden stattdessen vereinbart, § 92 Abs. 4 ZP.

(2) Ausnahmen

Gemäß § 91 Abs. 3 ZP können an einem Tag der Arbeitsruhe nur bestimmte notwendige Arbeiten ausgeführt werden, sofern dies an Werktagen nicht möglich ist. Solche Arbeiten sind dringende Reparaturarbeiten, § 91 Abs. 3, lit. a ZP, Auf- und Abladearbeiten, § 91 Abs. 3 lit. b ZP, Inventur- und Abschlussarbeiten, § 91 Abs. 3 lit. c ZP, Arbeiten für nicht erschienene Schichtarbeiter in Unternehmen mit ununterbrochenem Betrieb, § 91 Abs. 3 lit. d ZP, Arbeiten zur Abwendung drohender Gefahren für Leben oder Gesundheit, bei Elementarereignissen oder sonstigen außerordentlichen Fällen, Abs. § 91 Abs. 3 lit. e ZP, ferner notwendige Arbeiten zur die Befriedigung von Lebens- und Gesundheitsbedürfnissev sowie kulurellen Bedürfnissen der Bevölkerung, § 91 Abs. 3 lit. f ZP, die Arbeit von Schiffsbesatzungen, § 91 Abs. 3 lit. g ZP, schließlich die Fütterung und Betreuung wirtschaftlich genutzter Tiere, § 91 Abs. 3 lit. h ZP.
Wenn aus diesen Gründen die Gewährung einer ununterbrochenen Ruhezeit von 32 Stunden nicht möglich ist, muss der Arbeitgeber die Arbeitszeit so einteilen, dass eine Ruhezeit von mindestens 24 Stunden gewährt werden kann, vgl. § 92 Abs. 3 lit. a ZP. Der Arbeitgeber muss Vereinbarungen treffen für folgende Fälle, die eine Aufstockung der Arbeitnehmeranzahl notwendig machen, wie für Saisonarbeit von maximal fünf Monaten im Kalenderjahr, für Arbeiten im Transport- und Verkehrswesen, in Kultureinrichtungen, in Gesundheitseinrichtungen, in Einrichtungen der Sozialfürsorge (wie Altersheime oder Sozialanstalten) und in Unternehmen mit ununterbrochenem Betrieb. In diesen Fällen muss den einzelnen Arbeitnehmern mindestens alle drei Wochen eine ununterbrochene Ruhezeit von mindestens 32 Stunden gewährt werden[801].
Weitere Ausnahmen enthält § 92 Abs. 3 lit. a ZP, wonach die Ruhezeit für Arbeitnehmer im Post- und Fernmeldewesen sowie für Besatzungsmitglieder tschechoslowakischer Seeschiffe in außerordentlichen Fällen auf 24 Stunden sowie bei kürzerer Arbeitszeit auf 18 Stunden und noch weiter verkürzt werden kann, vgl. weiter § 5 VO Nr. 108/1994 Sb.
Gemäß § 92 Abs. 3 lit. b ZP kann für Arbeitnehmer in der Landwirtschaft und Arbeitnehmer mit ungleichmäßig verteilter Arbeitszeit die wöchentliche Ruhezeit auch nur einmal in zwei Wochen gewährt werden.
Insgesamt gibt es so viele und auch vage formulierte Ausnahmen, dass beinahe jede denkbare Tätigkeit davon betroffen sein kann, wie beispielsweise die Formulierung der „notwendigen Arbeit für die kulturellen Bedürfnisse der Bürger" zeigt[802].

cc) Kompatibilität

§§ 91, 92 ZP sind insgesamt nur teilweise kompatibel mit Gemeinschaftsrecht[803].

[800] Galvas, Pracovní právo, 1997, S. 263
[801] Galvas, a.a.O., S. 263
[802] Galvas, a.a.O., S. 263
[803] ISAP, 10.2.98, Teil B, zu Art. 5 Rl. 93/104/EG und ZP

(1) Mindestruhezeit von 35 Stunden

§ 92 Abs. 1 ZP ist nicht mit Art. 5 der Richtlinie kompatibel, da die Mindestruhezeit von 32 Stunden zu kurz ist, denn sie muss mindestens insgesamt 35 Stunden betragen. Entsprechend sieht der Regierungsentwurf vor, dass der Arbeitgeber verpflichtet ist, die Arbeitszeit so einzuteilen, dass der Arbeitgeber eine ununterbrochene Arbeitspause von mindestens 35 Stunden innerhalb der siebentätigen Kalenderwoche hat, § 92 Abs. 1 ZP-Entwurf[804].

(2) Ausnahmetatbestände nach § 92 Abs. 3 ZP

Bezüglich der in § 92 Abs. 3 ZP geregelten Ausnahmetatbestände gilt:

(a) Verkürzung in außerordentlichen Fällen

§ 92 Abs. 3 lit. a ZP ist insofern nicht kompatibel mit Gemeinschaftsrecht, als Art. 17 der Richtlinie keine Abweichung aufgrund einer kürzeren Wochenarbeitszeit vorsieht. Insbesondere Art. 5 der Richtlinie gewährt jedem Arbeitnehmer, also auch einem Teilzeitarbeitnehmer, eine wöchentliche Ruhezeit von 35 Stunden. Auch fehlen in § 92 ZP für den Fall der verkürzten Ruhezeit ausgleichende Schutzmaßnahmen.
Entsprechend sieht der Regierungsentwurf eine Neufassung vor, dass in gesetzlich bestimmten Fällen der Arbeitgeber nach Erörterung mit dem zuständigen Gewerkschaftsorgan die Arbeitszeit der mindestens 18 Jahre alten Arbeitnehmer so einteilen kann, dass sich die ununterbrochene wöchentliche Ruhezeit auf wenigstens 24 Stunden beläuft und ihm diese Ruhezeit in einem Zeitraum von zwei Wochen für eine Dauer von mindestens 70 Stunden gewährt wird, § 92, Abs. 3, lit. a–c ZP-Entwurf[805]. Dies ist dann voll kompatibel mit Gemeinschaftsrecht, vgl. Art. 17 Abs. 3 der Richtlinie[806].

(b) Arbeitnehmer in der Landwirtschaft

§ 92 Abs. 3 lit. b ZP ist mit der Richtlinie voll kompatibel, als in Übereinstimmung mit Art. 16 Zif. 1 der Richtlinie der Bezugszeitraum für die Gewährung der wöchentlichen Ruhezeit auf 14 Tage verlängert werden kann.
Gemäß dem Regierungsentwurf soll für Arbeitnehmer in der Landwirtschaft der Bezugszeitraum durch Kollektivvertrag auf drei Wochen ausgedehnt werden können, sofern die Ruhezeit nicht weniger als 105 Stunden beträgt[807]. Dies ist voll kompatibel mit Gemeinschaftsrecht, da Art. 17 Abs. 3 Ausnahmen von Art. 5 zulässt, sofern sie durch Einigung der Tarifpartner zustandekommen und gleichwertige Ausgleichsruhezeiten vorgesehen sind, was hier zutrifft[808].

[804] Regierungsentwurf vom 15.12.1999, Punkt 50 zu § 92 ZP, in: www.mpsv.cz/scripts/1aktuality/zakonik_prace/default.asp, Abfrage vom 20.1.2000
[805] Regierungsentwurf vom 15.12.1999, Punkt 50 zu § 92 ZP, in: www.mpsv.cz/scripts/1aktuality/zakonik_prace/default.asp, Abfrage vom 20.1.2000
[806] Begründungsbericht, besonderer Teil, zu Punkt 50 des Regierungsentwurfs vom 15.12.1999, in: www.mpsv.cz/scripts/1aktuality/zakonik_prace/zvlastni.asp, Abfrage vom 20.1.2000
[807] Regierungsentwurf vom 15.12.1999, Punkt 50 zu § 92 ZP, in: www.mpsv.cz/scripts/1aktuality/zakonik_prace/default.asp, Abfrage vom 20.1.2000
[808] Begründungsbericht, besonderer Teil, zu Punkt 50 des Regierungsentwurfs vom 15.12.1999, in: www.mpsv.cz/scripts/1aktuality/zakonik_prace/zvlastni.asp, Abfrage vom 20.1.2000

(c) Abweichungen von der Sonn- und Feiertagsruhe

§ 91 ZP ist voll kompatibel mit Gemeinschaftsrecht. Zwar gestattet § 91 Abs. 3 ZP zahlreiche notwendige Arbeiten auch an Tagen der ununterbrochenen Ruhezeit, also am Sonntag gemäß § 92 Abs. 2 ZP. Art. 5, Satz 2 der Richtlinie verlangt aber nur den grundsätzlichen Einschluss des Sonntags in die wöchentliche Ruhezeit. Schließlich wäre auch bei einer zu ausgedehnten Anwendung des § 91 Abs. 3 ZP wäre tschechische Regelung kompatibel mit Gemeinschaftsrecht, da die Fallgruppen des § 91 Abs. 3 ZP von den in Art. 17 der Richtlinie gestatteten Abweichungen gedeckt sind.

6. Art. 6 (wöchentliche Höchstarbeitszeit)

a) Gemeinschaftsrecht

Die Festlegung der wöchentlichen Höchstarbeitszeit gehörte zum umstrittensten Bereich beim Erlass der Richtlinie[809]. Gemäß Art. 6 Zif. 2 der Richtlinie beträgt die durchschnittliche Wochenarbeitszeit maximal 48 Stunden, einschließlich der Überstunden. Gemäß Art. 16 Zif. 2 der Richtlinie kann der Bezugszeitraum von sieben Tagen auf maximal vier Monate verlängert werden, wobei Zeiten des bezahlten Jahresurlaubs und Krankheitszeiten nicht berücksichtigt werden, ferner darf die durchschnittliche Wochenarbeitszeit nicht über 48 Stunden liegen. Daraus folgt, dass die Wochenarbeitszeit bei Beachtung der Grenzen gemäß Art. 3 (tägliche Höchstarbeitszeit von 13 Stunden) und Art. 5 der Richtlinie (wöchentliche Mindestruhezeit von 35 Stunden) in einigen Wochen theoretisch bei über 70 Stunden liegen kann[810]. Gemäß Art. 17 Abs. 3 und 4 der Richtlinie können die Mitgliedstaaten bzw. die nationalen Tarifpartner sogar einen Bezugszeitraum von bis zu sechs bzw. zwölf Monaten vereinbaren, letzteres aus objektiven, technischen oder arbeitsorganisatorischen Gründen. Trotz dieser für die Mitgliedstaaten flexiblen Abweichungsmöglichkeiten besteht darüberhinaus gemäß Art. 18 Abs. 1 lit. b, lit. i) der Richtlinie die Möglichkeit, völlig von der Anwendung des Art. 6 Abstand zu nehmen[811], soweit der Mitgliedstaat dann anderweitig Sorge trägt, dass der Arbeitnehmer innerhalb eines Bezugszeitraums von vier Monaten nicht mehr als 48 Stunden arbeitet, es sei denn, der Arbeitnehmer erklärt sich hierzu bereit[812].
Die Umsetzung der wöchentlichen Höchstarbeitszeit soll durch innerstaatliche Rechts- und Verwaltungsvorschriften oder Kollektivvereinbarungen erfolgen, Art. 6 Zif. 1 der Richtlinie.

---

[809] Balze, Die Richtlinie über die Arbeitszeitgestaltung, EuZW 1994, S. 207

[810] Balze, a.a.O., S. 207

[811] diese Vorschrift besteht im Hinblick auf Großbritannien. Dort gibt es kein Arbeitszeitrecht und 2,5 Mio Arbeitnehmer sind dort regelmäßig mehr als 48 Wochenstunden tätig. Die übrigen Mitgliedstaaten haben erklärt, von der Anwendung des Art. 18 Abs. 1 lit. b i) keinen Gebrauch zu machen, vgl. Günther, EG-Arbeitszeitrichtlinie, Gemeinsamer Standpunkt verabschiedet, BABl. 10/1993, S. 20

[812] kritisch hierzu Balze, Die Richtlinie über die Arbeitszeitgestaltung, EuZW 1994, S. 207, wonach die entsprechende Anwendung in der Praxis nicht gewährleistet sei, da in wirtschaftlich schwierigen Zeiten Druck auf den Arbeitnehmer ausgeübt werden könnte, sich zu entsprechender Überarbeit bereit zu erklären.

b) Darstellung des tschechischen Rechts und dessen Kompatibilität mit Gemeinschaftsrecht

aa) Einführung

(1) Arbeitszeit

Die Dauer der Arbeitszeit ist im tschechischen Arbeitsrecht als wöchentliche Arbeitszeit geregelt. Die Arbeitszeitregelungen sind dabei relativ zwingend, das heißt, es wird Raum gelassen für Regelungen in Kollektivverträgen, internen Vorschriften oder Arbeitsverträgen. Nach der Dauer unterscheidet man die Arbeitszeit in erstens vollständige oder normale Arbeitszeit als wöchentliche Arbeitszeit, zweitens verkürzte Arbeitszeit und schließlich drittens unvollständige oder kürzere Arbeitszeit[813]. Die tägliche Höchstarbeitsdauer ist dabei nicht zwingend festgelegt, folgt aber aus der Regelung, dass bei der Einteilung der wöchentlichen Arbeitszeit die tägliche Arbeitszeit (Schicht) für den einzelnen Tag 9 ½ Stunden nicht überschreiten darf, § 84 Abs. 2 ZP. In der Praxis ist es freilich üblich, dass der Arbeitnehmer in zwölf- bis 16stündigen Schichten arbeitet, manchmal sogar in 24stündigen Schichten (beispielsweise Pförtner oder Wächter). In diesen Fällen handelt es sich um eine ungleiche Einteilung der Arbeitszeit und es gilt die Regel, dass die durchschnittliche Wochenarbeitszeit in einen bestimmten Zeitabschnitt, regelmäßig vier Wochen, die Höhe der geregelten wöchentlichen Arbeitzeit nicht überschreiten darf, § 84 Abs. 2 ZP[814].

(2) Arten der Arbeitszeit

(a) Wöchentliche Höchstarbeitszeit als normale Arbeitszeit

Die vollständige oder normale Arbeitszeit ist allgemein festgelegt als Länge und Höchstmaß der Arbeitszeit. Die tatsächliche Dauer der Arbeitszeit ist oft eine andere, entsprechend der konkreten Bedingungen der einzelnen Arbeitgeber und Betriebe.
Die wöchentliche Höchstarbeitszeit beträgt 43 Stunden, § 83 Abs. 1 ZP[815]. In der Praxis besteht aber eine niedrigere Wochenarbeitszeit, die 1968 auf der Grundlage der Bekanntmachung FMPSV Nr. 63/1968 Sb. festgelegt wurde. Danach beträgt sie 40 Wochenstunden für Arbeitnehmer Untertage, bei der Förderung von Kohle, Erzen und Mineralien, beim Zechenaufbau, bei Bergbauarbeiten für geologische Erkundungen und für Arbeitnehmer bei erzeugenden Arbeiten im ununterbrochenen Dreischichtbetrieb, 41½ Stunden für Arbeitnehmer bei erzeugenden Arbeiten im Zweischichtbetrieb und 42½ Stunden für Arbeitnehmer bei den übrigen Arbeiten[816].

(b) Verkürzte Arbeitszeit

Eine verkürzte Arbeitszeit bedeutet ebenfalls die Festlegung einer Wochenarbeitszeit, aber im Vergleich zur normalen Arbeitszeit ist diese geringer. Die verkürzte Arbeitszeit

[813] Galvas, Pracovní právo, 1997, S. 250
[814] Galvas, a.a.O., S. 250 f
[815] Der Regierungsentwurf zur Änderung des ZP sieht die Neufassung des § 83 ZP als § 83a ZP vor. Danach beträgt die Dauer der wöchentlichen Arbeitszeit höchstens 40 Stunden, § 83a Abs. 1 ZP-Entwurf, vgl. Regierungsentwurf vom 15.12.1999, Punkt 38, in:
www.mpsv.cz/scripts/1aktuality/zakonik_prace/default.asp, Abfrage vom 20.1.2000
[816] Galvas, Pracovní právo, 1997, S. 250; Bělina, Pracovní právo, 1995, S. 173

darf nicht zu einer Lohnminderung führen. Ziel der verkürzten Arbeitszeit ist der Schutz von Leben und Gesundheit von Arbeitnehmern in Betrieben mit physisch und psychisch außergewöhnlich belastenden Arbeiten oder in Betrieben mit die Gesundheit oder das Leben gefährdende Arbeiten[817].
Im tschechischen Arbeitsrecht finden sich folgende verkürzte Arbeitszeiten: Einmal beträgt die wöchentliche Höchstarbeitsdauer für Jugendlichen unter sechzehn Jahren 33 Stunden, § 83 Abs. 2 ZP. In der Praxis findet sich diese Arbeitszeit aber nur in begrenzten Fällen, in Betracht kommen etwa gesellschaftlich nützliche Arbeiten von Schülern von Mittelschulen sowie einige weitere Arbeiten, die bereits von Bürgern unter sechzehn Jahren erbracht werden können. Es ist möglich, mittels Kollektivvertrag oder durch interne Vorschrift weitere Arbeitszeitverkürzungen für diese jungen Arbeitnehmer ohne Lohnminderung festzulegen[818]. § 83 Abs. 4 ZP gestattet die Verkürzung der Arbeitszeit aus gesundheitlichen Gründen ohne Lohnminderung. Schließlich sieht § 83 Abs. 5 ZP eine weitere Arbeitszeitverkürzung durch Tarifvertrag oder interne Vorschrift vor. Hier zeigst sich der widersprüchliche Einfluss des Staates bei der Arbeitszeitverkürzung, da der Arbeitgeber ohne ministerielle Genehmigungsbewilligung die Arbeitszeit verkürzen kann, so dass der Bewilligungsvorbehalt in § 83 Abs. 4 ZP überflüssig ist[819].

(c) Unvollständige oder kürzere Arbeitszeit

Bezüglich der unvollständigen oder kürzeren Arbeitszeit handelt es sich um individuell festgesetzte Arbeitszeiten. Die Verkürzung der Arbeitszeit ist hier immer Gegenstand einer Vereinbarung zwischen Arbeitgeber und Arbeitnehmer. Das bedeutet, der Arbeitgeber darf nicht die kürzere Arbeitszeit festsetzen, sondern er muss sie vereinbaren, regelmäßig im Arbeitsvertrag.
Zum erhöhten Schutz einiger Gruppen von Arbeitnehmern legt das ZP den Arbeitgebern in bestimmten Fällen Kontrahierungspflichten auf. Es handelt sich hier vor allem um das Ersuchen um kürzere Arbeitszeiten durch erstens schwangere Frauen oder Mütter von jünger als 15 Jahre alten Kindern, § 156 Abs. 2 ZP, zweitens alleinstehende Arbeitnehmer mit dauernden Fürsorgepflichten für Kinder, § 270 Abs. 2 ZP, und drittens Arbeitnehmer, die systematisch und längerfristig hilflose Bürger betreuen, § 270 Abs. 3 ZP[820].

(3) Überarbeit

(a) Begriff und Voraussetzungen

Überarbeit entspricht dem Begriff der Überstunden und ist gesetzlich geregelt in §§ 96–98 ZP[821]. § 96 Abs. 1, Satz 1 ZP enthält eine Legaldefinition der Überarbeit[822]. Danach ist Überarbeit die geleistete Arbeit des Arbeitnehmers auf Anweisung des Arbeitgebers oder mit seinem Einverständnis, welche über der bestimmten Wochenarbeitszeit liegt und die aufgrund einer vorher festgelegten Arbeitszeiteinteilung und außerhalb des

---

[817] Galvas, Pracovní právo, 1997, S. 251
[818] Bělina, Pracovní právo, 1994, S. 173
[819] Galvas, Pracovní právo, 1997, S. 251
[820] Galvas, a.a.O., S. 251
[821] Gerauer; Baron; Britz, Arbeitsrecht in der Tschechischen Republik, 1999, Rz. 65
[822] Der Regierungsentwurf zur Änderung des ZP sieht die Einfügung der Definition der Überarbeit nun in § 83 Abs. 6, Satz 1 ZP-Entwurf vor, vgl. Regierungsentwurf vom 15.12.1999, Punkt 37, in: www.mpsv.cz/scripts/1aktuality/zakonik_prace/default.asp, Abfrage vom 20.1.2000

Schichtplans erbracht wird. Überarbeit liegt also vor, wenn die in § 96 Abs. 1 ZP genannten drei grundlegenden Bedingungen erfüllt sind: Erstens muss die Überarbeit auf Weisung des Arbeitgebers oder mit seiner Zustimmung erfolgen, zweitens muss sie aufgrund einer im voraus festgelegten Planung der Arbeitszeit geleistet werden und drittens muss sie außerhalb des Rahmens der Arbeitsschichten liegen. Neben diesen positiven Erfordernissen müssen auch die negativen Erfordernisse des § 96 Abs. 2 ZP erfüllt sein. Danach liegt keine Überarbeit vor, wenn der Arbeitnehmer über die festgelegte Wochenarbeitszeit hinaus arbeitet, entweder um Arbeitsbefreiungen abzuarbeiten, die ihm der Arbeitgeber auf sein Ansuchen hin gewährte, oder um wegen ungünstiger Witterung ausgefallene Arbeitszeit nachzuholen. Letzteres ist Ausdruck des Grundsatzes der Überarbeit, wonach diese nur vorliegt, wenn Arbeit geleistet wird aufgrund eines vorher festgesetzten Arbeitszeitplans[823].

(b) Charakteristik der Überarbeit im tschechischen Arbeitsrecht

(aa) Gefahren der Überarbeit

Physiologisch betrachtet ist die Überarbeit nicht wünschenswert, weil sie beträchtlich den Ruheablauf des Arbeitnehmers einschränkt und bei häufiger Anwendung negative Folgen für den Gesundheitszustand des Arbeitnehmers und auch negative soziale Auswirkungen auf dessen Familie hat. Dennoch darf die Überarbeit nicht völlig ausgeschlossen werden. Die arbeitsrechtlichen Normen lassen daher Überarbeit unter festgelegten Bedingungen und als Ausnahme zu[824].

(bb) Typisierung der Überarbeit

Folgende Punkte sind typisch für die Überarbeit und finden ihren entsprechenden Ausdruck im Gesetz[825].

(aaa) Dispositionsbefugnis des Arbeitgebers

Die Anordnung der Überarbeit steht voll in der Dispositionsbefugnis des Arbeitgebers. Der Arbeitgeber darf unter den festgelegten Bedingungen Überarbeit anordnen und der Arbeitnehmer ist verpflichtet, sich dieser Anordnung zu fügen. Umgekehrt gilt, dass der Arbeitnehmer Überarbeit nur erbringen darf aufgrund Weisung durch den Arbeitgeber oder mit dessen Zustimmung. Die Rechtsprechung neigt dabei zur Ansicht, dass der Arbeitgeber der Überarbeit zustimmt, wenn er sich nicht ausdrücklich verbietet[826].

(bbb) Überarbeit nur in Ausnahmefällen

Überarbeit darf gemäß § 97 Abs. 1 ZP nur bei dringendem betrieblichem Bedürfnis angeordnet werden, also nur in Ausnahmefällen[827] geleistet werden darf. Falls Überarbeit bei einigen Arbeitgebern regelmäßig vorkommt, bedeutet das, dass sie einen höheren Bedarf an Arbeitnehmern haben. In diesen Fällen müsste das Arbeitsamt eingreifen, um zu verhindern, dass so durch den Arbeitgeber Beiträge zur Gesundheits - und Sozialversicherung sowie zur staatlichen Beschäftigungspolitik einspart werden. Denn die An-

---

[823] Galvas, Pracovní právo, 1997, S. 254
[824] Galvas, a.a.O., S. 254
[825] Galvas, a.a.O., S. 256
[826] Galvas, a.a.O., S. 256
[827] Gerauer; Baron; Britz, Arbeitsrecht in der Tschechischen Republik, 1999, Rz. 65

ordnung von Überarbeit ist für den Arbeitgeber ökonomisch günstiger als die Anstellung weiterer Arbeitnehmer[828].

(ccc) Zeitliche Begrenzung der Überarbeit

Der Umfang der Überarbeit ist gesetzlich begrenzt, § 97 Abs. 2 und 3 ZP. Die Begrenzung erstreckt sich einmal auf einen wöchentlichen Rahmen von maximal acht Stunden und ferner wöchentlich auf einen Jahresrahmen von maximal 150 Stunden[829].
Von der regelmäßigen Begrenzung der Überarbeit gibt es zahlreiche Ausnahmen. So bezieht sich die wöchentliche Begrenzung nach § 97 Abs. 2, Satz 2 ZP nicht auf den Verkehr, das Post- und Fernmeldewesen, die Energieversorgung, auf Unternehmen mit ununterbrochenem Betrieb, wobei nach § 97 Abs. 2, Satz 3 ZP die durchschnittliche Arbeitszeit 53 Stunden wöchentlich nicht überschreiten darf, auf außerordentliche und dringende Arbeiten in Zusammenhang mit der Versorgung der Bevölkerung und der Gewährung von Dienstleistung für die Bevölkerung, auf Reparatur- und Instandhaltungsmaßnahmen in Wohnungsorganisationen, auf die Landwirtschaft und andere, längstens fünf Monate im Kalenderjahr dauernde Arbeiten. Weitere Ausnahmen von der Höchstgrenze für die wöchentliche und jährliche Überarbeit können gemäß § 97 Abs. 4 ZP die Arbeitsämter festlegen. Nach § 97 Abs. 5 kann durch Regierungsverordnung festgelegt werden, welche Arten von Überarbeit nicht unter die jährliche Begrenzung von 150 Stunden fallen. Gemäß § 7 RegierungsVO Nr. 108/1994 Sb. gilt die Jahreshöchstgrenze nach § 97 Abs. 3 ZP nicht für folgende Arten von Überarbeit: Überarbeit, für die der Arbeitnehmer Freizeitausgleich erhält, Überarbeit, die aufgrund dringender Arbeitsmaßnahmen erbracht wird, Hilfsarbeit, die im Vorfeld oder nach der Produktion notwendig ist, notwendige Arbeit im Zusammenhang mit der Übertragung weiterer Schichten im ununterbrochenen Betrieb bis zu acht Stunden wöchentlich oder im Zusammenhang mit der Bewachung von Objekten des Arbeitgebers bis zu acht Stunden wöchentlich, Arbeit im Falle der Bedrohung von Leben oder Gesundheit, schließlich Überarbeit im Zusammenhang mit der Spitzenbelastung bei Arbeiten in der Landwirtschaft[830]. Diese große Anzahl von Ausnahmen kann dazu führen, dass die festgelegten Grenzen der Überarbeit insgesamt in Zweifel gezogen werden müssen[831].

(ddd) Verbot der Überarbeit

Einigen Arbeitnehmergruppen darf Überarbeit nicht angeordnet werden. Es sind dies Schwangere und Frauen, die ein Kind bis zum 15. Lebensjahr betreuen, § 156 Abs. 3 ZP, sowie Jugendliche, § 166 Abs. 1 ZP.

(eee) Ausgleich für die Überarbeit

Für Überarbeit muss der Arbeitgeber dem Arbeitnehmer Ausgleich gewähren, und zwar in Form von Freizeitausgleich oder in Form von Lohnzuschlägen[832]. Das ZP bevorzugt einerseits die Gewährung von Freizeitausgleich für die Überarbeit, § 116 Abs. 1 ZP.

---

828 Galvas, Pracovní právo, 1997, S. 256
829 Einzelheiten zur Berechnung des Jahresrahmen finden sich in § 7 RegierungsVO Nr. 108/1994 Sb., vgl. auch Gerauer; Baron; Britz, Arbeitsrecht in der Tschechischen Republik, 1999, Rz. 67
830 Galvas, Pracovní právo, 1997, S. 256; Gerauer; Baron; Britz, Arbeitsrecht in der Tschechischen Republik, 1999, Rz. 67
831 Galvas, Pracovní právo, 1997, S. 256
832 Gerauer; Baron; Britz, Arbeitsrecht in der Tschechischen Republik, 1999, Rz. 69

Gleichzeitig aber bestimmen § 116 Abs. 2 ZP, § 5 Abs. 1 Lohngesetz[833] § 10 Gehaltsgesetz[834], dass Freizeitausgleich für Überarbeit vereinbart werden kann. Mit anderen Worten müssen sich Arbeitgeber und Arbeitnehmer auf die Gewährung von Freizeitausgleich einigen. In der Praxis wird daher meist ein Lohnzuschlag für Überarbeit gewährt[835]. Bei einigen Arbeitnehmern ist der Ausgleich für die Überarbeit schon im Entgelt mitberücksichtigt, beispielsweise bei leitenden Angestellten oder Arbeitnehmer mit höherer Verantwortung, § 116 Abs. 4 ZP. Diese haben dann keinen Anspruch auf Freizeitausgleich oder Lohnzuschläge. Hier ist der Arbeitgeber im Hinblick auf die Sicherheit und den Gesundheitsschutz der Arbeitnehmer verpflichtet, die Arbeitszeit möglichst einzuhalten[836].

bb) Kompatibilität

(1) Maximale Wochenarbeitszeit von 48 Stunden

(a) Geltendes Recht

Die Regelungen sind nur teilweise kompatibel mit Gemeinschaftsrecht[837]. Denn es gibt im tschechischen Recht keine gesetzlich geregelte Höchstarbeitszeit für einen Zeitraum von sieben Tagen, die die Überarbeit mit einschließt[838]. Denn bezüglich der wöchentlichen Höchstarbeitszeit beträgt diese mit durschnittlich in der Praxis 42 ½ Stunden zwar weniger als die in Art. 6 Zif. 2 der Richtlinie festgelegte Höchstgrenze von 48 Stunden wöchentlich, was insoweit mit Gemeinschaftsrecht voll kompatibel ist. Allerdings gestattet § 97 Abs. 2 und 3 ZP die Erhöhung der wöchentlichen Arbeitszeit um bis zu acht Stunden Überarbeit wöchentlich, was eine Wochenarbeitszeit von nominal 51 Stunden ergibt.
Das ist nicht mit Art. 6 Zif. 2 der Richtlinie kompatibel. Art. 16 Zif. 2 der Richtlinie gestattet zwar einen verlängerten Bezugsrahmen von bis zu vier Monaten, § 97 Abs. 2 und 3 ZP gewährt aber einen Bezugsrahmen von einem Jahr. Ein zwölfmonatiger Bezugsrahmen in Übereinstimmung mit Art. 17 Abs. 4, Satz 2 der Richtlinie kann aber nur durch die nationalen Tarifpartner vereinbart werden und dies nur aus objektiven, technischen oder organisatorischen Gründen.

(b) Regierungsentwurf zur Änderung des ZP

Der Regierungsentwurf sieht insbesondere eine Neufassung der einschlägigen §§ 83 und 96 ZP sowie die Streichung des § 97 ZP vor[839]. Ziel ist die Angleichung an Gemeinschaftsrecht und die Schaffung einer ausgewogenen Regelung zwischen dem Erfordernis von Sicherheit und Gesundheitsschutz bei der Arbeit einerseits und der betrieblichen Notwendigkeit von Überarbeit andererseits[840].

---

833 Gesetz Nr. 1/1992 Sb. (Lohngesetz)
834 Gesetz Nr. 143/1992 Sb. (Gehaltsgesetz)
835 Galvas, Pracovní právo, 1997, S. 256
836 Galvas, a.a.O., S. 256
837 ISAP, 10.2.98, Teil B, zu Art. 6 Rl. 93/104/EG und §§ 83, 97 ZP
838 Tröster, u.a., Approximation of Legislation, 1996, S. 41
839 Regierungsentwurf vom 15.12.1999, Punkte 37 ff in: www.mpsv.cz/scripts/1aktuality/zakonik_prace/default.asp, Abfrage vom 20.1.2000
840 Begründungsbericht, besonderer Teil, zu Punkte 53 und 54 des Regierungsentwurfs vom 15.12.1999, in: www.mpsv.cz/scripts/1aktuality/zakonik_prace/zvlastni.asp, Abfrage vom 20.1.2000

So wird die wöchentliche Höchstarbeitszeit auf maximal 40 Wochenstunden verkürzt, § 83a Abs. 1 ZP-Entwurf[841], bzw. für bestimmte Arbeitnehmergruppen auf unter 40 Wochenstunden herabgesetzt, § 83a Abs. 2 ZP-Enturf. Damit soll im Falle der Überarbeit von acht Wochenstunden die Gesamtdauer der wöchentlichen Arbeitszeit auf maximal 48 Stunden begrenzt werden[842]. Dies ist dann voll kompatibel mit Gemeinschaftsrecht.

(2) Überarbeit

(a) Geltendes Recht

Es existieren zu viele Ausnahmen sowohl bezüglich der wöchentlichen Höchstarbeitszeit als auch betreffend des Bezugsrahmens, so dass an einer wirksamen Begrenzung der wöchentlichen Höchstarbeitszeit gezweifelt werden darf[843]. Dies ist nicht kompatibel mit Gemeinschaftsrecht, auch nicht unter dem Aspekt des Art. 18 Abs. 1 lit. b, lit. i), wonach es den Mitgliedstaaten freigestellt ist, Art. 6 der Richtlinie nicht anzuwenden. Hierfür müsste der tschechische Gesetzgeber aber die dort enthaltenen Voraussetzungen schaffen, also vor allem eine Regelung, wonach sich der Arbeitnehmer bereit erklären muss, mehr als 48 wöchentlich zu arbeiten.

(b) Regierungsentwurf zur Änderung des ZP

Insbesondere durch die Streichung des § 97 ZP soll die Vereinbarkeit der wöchentlichen Höchstarbeitszeit mit Art. 6 der Richtlinie erreicht werden. So sollen die Arbeitsämter nicht mehr ermächtigt sein, Überarbeit zu erlauben[844]. Ferner werden die Höchstarbeitsgrenzen strikt im Gesetz festgeschrieben. So darf gemäß § 96 Abs. 1, Satz 2 ZP-Entwurf Überarbeit nicht dazu führen, dass Arbeitnehmer mehr als acht Stunden wöchentlich und 150 Stunden jährlich Überstunden leisten. Gemäß § 96 Abs. 2 ZP-Entwurf kann in Kollektivverträgen auf betrieblicher Ebene die weitere Verkürzung der Höchstgrenzen der Überarbeit vereinbart werden[845].

7. Art. 7 (Jahresurlaub)

a) Gemeinschaftsrecht

Jeder Arbeitnehmer hat Anspruch auf einen bezahlten Mindesturlaub von vier Wochen, wobei sich die Bedingungen für die Gewährung und Inanspruchnahme nach den mitgliedstaatlichen Vorschriften richten, Art. 7 Abs. 1. Gemäß Art. 7 Abs. 2 darf der Urlaub grundsätzlich nicht durch eine finanzielle Vergütung ersetzt werden, es sei denn,

---

841 Regierungsentwurf vom 15.12.1999, Punkt 38, in: www.mpsv.cz/scripts/1aktuality/zakonik_prace/default.asp, Abfrage vom 20.1.2000

842 Begründungsbericht, besonderer Teil, zu Punkt 38 des Regierungsentwurfs vom 15.12.1999, in: www.mpsv.cz/scripts/1aktuality/zakonik_prace/zvlastni.asp, Abfrage vom 20.1.2000

843 Galvas, Pracovní právo, 1997, S. 263

844 Begründungsbericht, besonderer Teil, zu Punkte 53 und 54 des Regierungsentwurfs vom 15.12.1999, in: www.mpsv.cz/scripts/1aktuality/zakonik_prace/zvlastni.asp, Abfrage vom 20.1.2000

845 Regierungsentwurf vom 15.12.1999, Punkt 53, in: www.mpsv.cz/scripts/1aktuality/zakonik_prace/default.asp, Abfrage vom 20.1.2000

das Arbeitsverhältnis wird beendet. Die Richtlinie sieht zu Art. 7 keine Abweichungsbefugnis vor[846].

b) Darstellung des tschechischen Rechts und dessen Kompatibilität mit Gemeinschaftsrecht

aa) Einführung

(1) Gesetzliche Regelung

Der zweite Teil des ZP (über das Arbeitsverhältnis) enthält im dritten Kapitel den Abschnitt 3, der betitelt ist mit „Erholungsurlaub", §§ 100–110c ZP.

(2) Arten des Urlaubs

Das ZP unterscheidet gemäß § 100 ZP fünf verschiedene Arten des Erholungsurlaubs: Jahresurlaub, Art. 100 lit. a ZP, Urlaub nach abgeleisteten Arbeitstagen, Art. 100 lit. b ZP, Zusatzurlaub, Art. 100 lit. c ZP, Sonderzusatzurlaub, Art. 100 lit. d ZP, sowie den weiteren Urlaub, Art. 100 lit. e ZP[847].

(3) Begriff, Bedeutung und Wesen des Urlaubs im tschechischen Arbeitsrecht

(a) Begriff

Der Begriff des Urlaubs wird also nur im Zusammenhang mit einer näheren Umschreibung gebraucht und somit präziser bezeichnet als es beispielsweise bei der wöchentlichen Arbeitsruhe der Fall ist[848]. Im Unterschied zu anderen Arten der Ruhezeit, bei denen der Anspruch ohne weiteres unmittelbar aus dem Gesetz entsteht, ist der Urlaubsanspruch an Bedingungen geknüpft, vor allem an die Ableistung einer bestimmten Zeit im Arbeitsberhältnis[849].

(b) Bedeutung und Wesen

Urlaub bedeutet mehr als nur arbeitsfreie Zeit und verfolgt bestimmte Zwecke, wie gesundheitlichen Ausgleich oder spezifische Ziele wie den Schutz von Leben und der Gesundheit von Mutter und Kind beim Mutterschaftsurlaub. Der Erholungsurlaub dient also nicht nur zur Erholung von der Arbeit, sondern viel allgemeiner zur Regenerierung der Arbeitskraft[850]. Darüberhinaus dient er zur allgemeinen Entfaltung der Persönlichkeit und zur Verfolgung der Vorlieben und Interessen des Arbeitnehmers[851].
Im tschechischen Arbeitsrecht zeigen sich zwei grundlegende Urlaubsmodelle: Einmal ist der Urlaub die Belohnung für die tägliche Arbeit, eventuell auch für die Treue zum Arbeitgeber. In diesem Modell wird Urlaub abhängig von der Dauer des Arbeitsverhält-

[846] Art.7 Abs.1 und 2 der Richtlinie realisiert einen Vorschlag der Bundesregierung bezüglich sozialer Mindeststandards, der 1989 zusammen mit den Sozialpartnern erarbeitet worden war, vgl. Günther, EG-Arbeitszeitrichtlinie, Gemeinsamer Standpunkt verabschiedet, BABl. 10/1993, S. 19
[847] Galvas, Pracovní právo, 1997, S 266; Bělina, Pracovní právo, 1994, S. 181 f
[848] vgl. Bělina, Pracovní právo, 1994, S. 181 f
[849] Galvas, Pracovní právo, 1997, S. 266
[850] Galvas, a.a.O., S. 264
[851] Galvas, a.a.O., S. 265

nisses gewährt. Der Urlaub wird bei Verletzung der Arbeitsdisziplin, insbesondere bei unentschuldigtem Fernbleiben von der Arbeit, gekürzt.. Zum anderen ist der Urlaub Freizeit, bedingt durch die physische Notwendigkeit des menschlichen Organismus. In diesem Modell wird der Urlaub ohne Rücksicht auf die Länge des Arbeitsverhältnisses gewährt. Diese beiden Ansätze sind im tschechischen Arbeitsrecht vertreten, wobei sich bei der jüngsten Novelle des ZP eher das zweite Konzept durchsetzen konnte[852]. Entsprechend wird die Länge des Urlaubs gemäß den arbeitsrechtlichen Normen immer in Wochen geregelt, was der eher gesundheitlichen Konzeption entspricht. In der Praxis allerdings wird der Urlaub in Tagen und auch nicht zusammenhängend, sondern in Raten genommen. Dabei kann Urlaub, der kürzer als eine Woche ist, seine beschriebene Funktion nicht erfüllen.
Urlaub ist ein personenrechtlicher Anspruch, der allein dem Arbeitnehmer zusteht. Er darf nicht als Bestandteil des wechselseitigen Verhältnisses zwischen Arbeitgeber und Arbeitnehmer verstanden werden, als ein „do ut des“. Vielmehr ist er unmittelbare Folge der erbrachten Arbeit, also ein physisches Ruhebedürfnis und notwendige Freizeit für die Entwicklung der Persönlichkeit des Arbeitnehmers.
Neben diesen Interessen des Arbeitnehmers müssen aber auch die des Arbeitgebers in Erwägung gezogen werden. Daher ist darauf zu achten, dass im Laufe des Urlaubs sein Betrieb nicht lahmgelegt wird, beispielsweise Aufträge nicht rechtzeitig erfüllt werden.
Schließlich spielen die Interessen des Staates eine Rolle, wonach er ein Interesse an der Aufrechterhaltung der Arbeitskraft der Arbeitnehmer hat, um größere Ansprüche an die Institutionen der sozialen Sicherheit zu vermeiden[853].

(c) Zusammenfassung

Nach allem gilt im tschechischen Arbeitsrecht, dass erstens der Urlaub als Anspruch des Arbeitnehmers ausgestaltet ist, zweitens den Antritt des Urlaubs der Arbeitgeber bestimmt, drittens der Urlaub aufgrund eines Urlaubsplanes zu gewähren ist, welcher die Interessen von Arbeitgeber und Arbeitnehmer berücksichtigt, wobei außerhalb dieses Planes Urlaub nur ganz ausnahmsweise zu gewähren ist, und zwar regelmäßig auf Ersuchen des Arbeitnehmers, viertens der Urlaub grundsätzlich als arbeitsfreie Zeit zu gewähren ist, fünftens ein Vergütungsanspruch für nicht ausgeschöpften Urlaub die völlige Ausnahme ist, sechstens Urlaub Freizeit ist, für die dem Arbeitnehmer Vergütungsentgelt gebührt, siebtens Urlaub konzipiert ist als Freizeit innerhalb des Kalenderjahres, nur ausnahmsweise ist ein Teil des Urlaubs im nachfolgenden Kalenderjahr zu gewähren, achtens die Mindestdauer des Urlaubes ist im ZP festgelegt ist, und schließlich neuntens längerer Urlaub auf der Grundlage von Kollektivverträgen oder internen Vorschriften gewährt werden kann[854].

bb) Jahresurlaub

(1) Dauer

Der Jahresurlaub ist eine gesetzliche Art des Urlaubs. Er ist konstruiert als arbeitsfreie Zeit, die dem Arbeitnehmer zusteht, ohne dass er auch wirklich gearbeitet haben muss. Entscheidend ist die Tatsache, dass er für eine bestimmte Zeit zur Verfügung des Ar-

[852] Galvas, Pracovní právo, 1997, S. 265
[853] Galvas, a.a.O., S. 265
[854] Galvas, a.a.O., S. 265 f

beitgebers stand[855]. Es genügt also der Bestand eines Arbeitsverhältnisses, auch wenn die Arbeitnehmerin im Mutterschaftsurlaub war oder der Arbeitnehmer wegen Krankheit die Arbeitsleistung tatsächlich nicht erbringen konnte[856]. Das Ausmaß des Urlaubs ist je nach Arbeitnehmergruppe unterschiedlich: Der Mindesturlaub beträgt gemäß § 102 Abs. 1 ZP drei Wochen, der Mindesturlaub von Arbeitnehmern der Arbeitgeber, die keine unternehmerische Tätigkeit ausüben, beträgt vier Wochen, § 102 Abs. 3, Satz 2 ZP, Arbeitnehmer von Arbeitgebern, die eine unternehmerische Tätigkeit ausüben, kann aufgrund Kollektivvertrag oder interner Vorschrift mehr als drei Wochen Urlaub eingeräumt werden, § 102 Abs. 3, Satz 1 ZP, Arbeitnehmern, die nach Vollendung des 18. Lebensjahres mindestens 15 Jahre im Arbeitsverhältnis standen, gebührt Urlaub im Ausmaß von vier Wochen, § 102 Abs. 2 ZP, Lehrern aller Schularten steht Urlaub im Ausmaß von acht Wochen zu, Lehrer in Kindertagesstätten haben Anspruch auf einen sechswöchigen Jahresurlaub, § 102 Abs.5 ZP[857].
Grundsätzlich ist also der jeweilige Urlaubsanspruch sowohl nach unten als auch nach oben hin begrenzt. Diese ausführlichen Bestimmungen zum Erholungsurlaub sind weitgehend zwingend[858]. Einzig die Urlaubsdauer von Arbeitnehmern, die für unternehmerisch tätige Arbeitgeber arbeiten, ist nach oben hin nicht begrenzt, kann also auch um mehrere Wochen über der dreiwöchigen Mindestdauer liegen[859]. Ist beim betreffenden Arbeitgeber keine gewerkschaftliche Vertretung vorhanden, kann der Arbeitgeber auch mittels interner Vorschrift (Betriebsregelung) statt eines Kollektivvertrages den Urlaub verlängern. Er darf dies aber nur um ganze Wochen, nicht um einzelne Tage tun[860].

(2) Urlaubsentgelt

Gemäß § 110b Abs. 1, lit. b ZP gebührt dem Arbeitnehmer Urlaubsentgelt in Höhe seines durchschnittlichen Verdienstes, einschließlich eventuell gewährten Naturallohns.
Dieses Urlaubsentgelt wird im tschechischen Recht als „Entgeltersatz“ bezeichnet, da es sich ja nicht um Entelt für geleistete Arbeit handelt, da der Arbeitnehmer in dieser arbeitsfreien Zeit keine Arbeit erbringt und ansonsten keinen Entgeltanspruch hätte[861].

cc) Entgeltersatz für nicht ausgeschöpften Urlaub

Anspruch auf Urlaubsentgelt für nicht ausgeschöpften Urlaub hat der Arbeitnehmer nur in den nach § 110b Abs. 2 ZP aufgeführten Fällen. Danach bekommt der Arbeitnehmer Entgeltersatz, wenn er den Urlaub bis zum Ende des nächsten Kaldenderjahres nicht ausschöpfen konnte, weil der Arbeitgeber keinen Urlaub gewährte oder die richtige Urlaubslänge falsch bestimmte, § 110b Abs. 2 lit. a ZP, oder der Arbeitnehmer verhindert war, § 110b Abs. 2 lit. b ZP, oder der Arbeitnehmer sein Arbeitsverhältnis beendet hat, § 110b Abs. 2 lit. c ZP.
§ 110b Abs. 6 ZP legt die Vorrangigkeit der Ausschöpfung des Urlaubs vor der finanziellen Vergütung nur ausdrücklich hinsichtlich des Sonder- und Sonderzusatzurlaubes fest.
Für Lehrer ist der Entgeltersatz auf maximal vier Wochen begrenzt, §§ 110b Abs. 4, 102 Abs. 5 ZP.

---

[855] Galvas, Pracovní právo, 1997, S. 266
[856] Galvas, a.a.O., S. 265
[857] vgl. Galvas, a.a.O., S. 267
[858] Gerauer; Baron; Britz, Arbeitsrecht in der Tschechischen Republik, 1999, Rz. 77
[859] Begründungsbericht zu § 102 ZP, in Tröster, Pracovní právo, § 102 ZP
[860] Tröster, Pracovní právo, Kommentar zu § 102 ZP
[861] Bělina, Pracovní právo, 1994, S. 187

dd) Kompatibilität

Die Regelungen sind nicht kompatibel mit Gemeinschaftsrecht[862].

(1) Dauer des Urlaubs

Nicht kompatibel mit Art. 7 Abs. 1 der Richtlinie ist § 102 Abs. 1 ZP, wonach der grundsätzliche Mindesturlaub nur drei Wochen beträgt[863]. Ebenso ist der Mindesturlaub zu kurz bemessen für Arbeitnehmer, deren Arbeitgeber eine unternehmerische Tätigkeit ausüben, denn er beträgt nur drei Wochen nach § 102 Abs. 3, Satz 1 ZP. Schließlich ist die Regelung, wonach Arbeitnehmern erst dann ein vierwöchiger Mindesturlaub eingeräumt wird, wenn sie nach Vollendung des 18. Lebensjahres mindestens 15 Jahre im Arbeitsverhältnis standen, § 102 Abs. 2 ZP, nicht kompatibel mit Gemeinschaftsrecht.
Entsprechend sieht der Regierungsentwurf zur Änderung des ZP die Erweiterung des Mindesturlaubs auf vier Wochen vor, § 102 Abs. 1 ZP-Entwurf[864]. Ferner wird für alle Arbeitnehmer ein einheitlicher Urlaubsanspruch geschaffen[865]. Insbesondere wird § 102 Abs. 2 ZP gestrichen[866].

(2) Entgeltersatz für nicht ausgeschöpften Urlaub

§ 110b ZP ist insofern nicht kompatibel mit Art. 7 Abs. 2 der Richtlinie, als eine finanzielle Vergütung auch für andere Umstände als den der Beendigung des Arbeitsverhältnisses gewährt werden kann, die Richtlinie aber eine finanzielle Vergütung nur bei Beendigung des Arbeitsverhältnisses gestattet.
Entsprechend sieht § 109 Abs. 2 ZP-Entwurf vor, dass der Arbeitgeber verpflichtet ist, dem Arbeitnehmer bei einer der in § 110b ZP genannten Urlaubsverhinderung den Urlaub im darauffolgenden Jahr in vollem Umfang von vier Wochen zu gewähren[867]. Damit soll das geltende Recht, wonach dieser Urlaubsanspruch nur bis zur Höhe von zwei Wochen besteht, § 109 Abs. 2 ZP, an Gemeinschaftsrecht angeglichen werden[868]. Denn der Arbeitgeber wird hierdurch verpflichtet, dem Grundsatz Urlaubsausschöpfung vor Geldersatz zu beachten.

8. Art. 8 (Dauer der Nachtarbeit)

a) Gemeinschaftsrecht

Der Schutz der Arbeitnehmer bei Nachtarbeit wird einheitlich für Männer und Frauen geregelt[869]. Gemäß Art. 8 Zif. 1 der Richtlinie beträgt die durchschnittliche Arbeitszeit

---

862 ISAP, 10.2.98, Teil B, zu Art. 7 Rl. 93/104/EG und § 102 ZP
863 Tröster u.a., Approximation of Legislation, 1996, S. 41
864 Regierungsentwurf vom 15.12.1999, Punkt 60 zu § 102 Abs. 1 ZP, in: www.mpsv.cz/scripts/1aktuality/zakonik_prace/default.asp, Abfrage vom 20.1.2000
865 Begründungsbericht, besonderer Teil, zu den Punkten 60–63 des Regierungsentwurfs vom 15.12.1999, in: www.mpsv.cz/scripts/1aktuality/zakonik_prace/zvlastni.asp, Abfrage vom 20.1.2000
866 Regierungsentwurf vom 15.12.1999, Punkt 61 zu § 102 Abs. 2 ZP, in: www.mpsv.cz/scripts/1aktuality/zakonik_prace/default.asp, Abfrage vom 20.1.2000
867 Regierungsentwurf vom 15.12.1999, Punkt 68 zu § 109 Abs. 2 ZP, in: www.mpsv.cz/scripts/1aktuality/zakonik_prace/default.asp, Abfrage vom 20.1.2000
868 Begründungsbericht, besonderer Teil, zu den Punkten 68-69 des Regierungsentwurfs vom 15.12.1999, in: www.mpsv.cz/scripts/1aktuality/zakonik_prace/zvlastni.asp, Abfrage vom 20.1.2000
869 Günther, EG-Arbeitszeitrichtlinie, Gemeinsamer Standpunkt verabschiedet, BABl. 10/1993, S. 19

für Nachtarbeiter[870] acht Stunden pro 24-Stunden-Zeitraum. Art. 16 Zif. 3 der Richtlinie überlässt es den Mitgliedstaaten bzw. den Kollektivpartnern, den Durchrechnungszeitraum zu definieren. Art. 8 Zif. 2 der Richtlinie sieht eine Höchstgrenze für Nachtarbeiter vor, deren Arbeit mit besonderen Gefahren oder erheblicher körperlicher oder geistiger Anspannung verbunden ist. Dabei legen die Mitgliedstaaten bzw. deren Kollektivparteien fest, welche Arbeiten darunter fallen, Art. 8 Zif. 2, Satz 2 der Richtlinie. Die Höchstgrenze beträgt acht Stunden pro 24-Stunden-Zeitraum und ist im Gegensatz zu Zif. 1 eine absolute Höchstgrenze[871].
Art. 17 Abs. 2 und 3 der Richtlinie lässt wiederum verschiedene Ausnahmen für bestimmte Arbeiten oder Arbeitnehmergruppen zu bzw. erlaubt Ausnahmen aufgrund Kollektivvereinbarung dann, wenn gleichwertige Ausgleichsruhezeiten gewährt werden oder angemessener Schutz für die betroffenen Arbeitnehmer besteht[872].

b) Darstellung des tschechischen Rechts und dessen Kompatibilität mit Gemeinschaftsrecht

aa) Dauer der Nachtarbeit

Im tschechischen Arbeitsrecht gibt es keine spezielle Regelung der Dauer der Nachtarbeitszeit. Es wird also nicht unterschieden zwischen der Dauer der normalen Arbeitszeit und der Nachtarbeitszeit.[873] Entsprechend wird nur die tägliche Arbeitszeit von maximal 9 ½ Stunden in § 84 Abs. 2 ZP geregelt, der speziell die Nachtarbeit regelnde § 99 ZP enthält keine Bestimmungen zur Dauer der Nachtarbeit.
Das ist nicht kompatibel mit Gemeinschaftsrecht[874].
Entsprechend sieht der Regierungsentwurf die Ergänzung des § 99 ZP vor. Gemäß § 99 Abs. 3 ZP-Entwurf[875] darf die Arbeitszeit für Nachtarbeiter acht Stunden pro 24-Stunden-Zeitraum grundsätzlich nicht überschreiten. Ist dies aus betrieblichen Gründen nicht möglich, so muss der Arbeitgeber die Schichtdauer so aufteilen, dass in einem Zeitabschnitt von höchstens sechs Kalendermonaten die durchschnittliche Arbeitszeit von acht Stunden nicht überschritten wird. Diese Ausnahme entspricht den Anforderungen von Art. 17 Abs. 2 der Richtlinie[876].

bb) Nachtarbeit unter besonderen Gefahren bzw. erheblicher körperlicher oder geistiger Anspannung

Es gibt keine besonderen Regelungen im tschechischen Recht für Nachtarbeiter im Sinne von Art. 8 Zif. 2 der Richtlinie (Arbeit mit besonderen Gefahren bzw. erheblicher körperlicher oder geistiger Anspannung)[877].
Das ist nicht kompatibel mit Gemeinschaftsrecht[878].

---

[870] Zur Definition des Nachtarbeiters s.o. S. 142
[871] Balze, Die Richtlinie über die Arbeitszeitgestaltung, EuZW 1994, S. 208; Klein, Die Arbeitszeitrichtlinie der EU, DRdA 1994, S. 293
[872] vgl. Klein, Die Arbeitszeitrichtlinie der EU, DRdA 1994, S. 293 f
[873] ISAP, 10.2.98, Teil B, Anmerkung zu Rl. 93/104/EG und ZP
[874] ISAP, 10.2.98, Teil B, zu Art. 8 Rl. 93/104/EG und ZP
[875] Regierungsentwurf vom 15.12.1999, Punkt 56 zu § 99 Abs. 3 ZP, in: www.mpsv.cz/scripts/1aktuality/zakonik_prace/default.asp, Abfrage vom 20.1.2000,
[876] Begründungsbericht, besonderer Teil, zu den Punkten 55–57 des Regierungsentwurfs vom 15.12.1999, in: www.mpsv.cz/scripts/1aktuality/zakonik_prace/zvlastni.asp, Abfrage vom 20.1.2000
[877] Tröster, u.a. Approximation of Legislation, 1996, S. 41
[878] ISAP, 10.2.98, Teil B, zu Art. 8 Rl. 93/104/EG und ZP

9. Art. 9 (Untersuchung und Versetzung von Nachtarbeitern)

a) Gemeinschaftsrecht

Gemäß Art. 9 Abs. 1 lit. a der Richtlinie haben Nachtarbeiter einen Anspruch auf unentgeltliche Untersuchung sowohl vor Aufnahme der Arbeit als auch regelmäßig danach. Dabei wird angeregt, dass nicht nur die bloße Möglichkeit einer Untersuchung bestehen soll, sondern der Nachtarbeiter verpflichtet werden soll, diese Untersuchungen vornehmen zu lassen. Ferner soll diese Untersuchung während der Dienstzeit, also unter Fortsetzung der Entgeltzahlung erfolgen[879].
Gemäß Art. 9 Abs. 1 lit. b der Richtlinie müssen Nachtarbeiter mit gesundheitlichen Schwierigkeiten wegen der Nachtarbeit auf andere Arbeitsstellen versetzt werden.

b) Darstellung des tschechischen Rechts und dessen Kompatibilität mit Gemeinschaftsrecht

aa) Untersuchung des Arbeitnehmers

Nach § 99 Abs. 3 ZP hat der Arbeitgeber auf Verlangen des Arbeitnehmers diesem eine ärztliche Untersuchung vor der Einteilung der Nachtarbeit zu ermöglichen, § 99 Abs. 3 lit. a ZP, danach regelmäßig, mindestens aber einmal jährlich, § 99 Abs. 3 lit.b ZP, und zu jeder Zeit wegen Gesundheitsstörungen, § 99 Abs. 3 lit. c ZP. Eine Vergütung der geleisteten gesundheitlichen Pflege kann dabei vom Arbeitnehmer nicht verlangt werden, § 99 Abs. 3 ZP[880].
Diese Regelungen sind zwar überwiegend kompatibel mit Gemeinschaftsrecht[881], jedoch fehlt eine Bestimmung im ZP, wonach die Untersuchung des Arbeitnehmers der ärztlichen Schweigepflicht unterliegt[882].

bb) Zuweisung einer anderen Arbeit

Gemäß § 37 Abs. 1 lit. e ZP hat der Arbeitgeber dem Arbeitnehmer eine andere Arbeit zuzuweisen, wenn diesem aufgrund ärztlichen Gutachtens die Tauglichkeit zur Nachtarbeit entzogen wird. Gleiches gilt, wenn eine schwangere Frau oder Mutter eines jünger als neun Monate alten Kindes Nachtarbeit verrichten, § 37 Abs. 1 lit. f ZP.
Diese Regelungen sind voll kompatibel mit Gemeinschaftsrecht[883].

---

879 Klein, Die Arbeitszeitrichtlinie der EU, DRdA 1994, S. 294
880 vgl. Bělina, Pracovní právo, 1994, S. 177
881 vgl. aber ISAP, 10.2.98, Teil B, zu Art. 9 Rl. 93/104/EG und § 99 ZP, wo von voller Kompatibilität ausgegangen wird
882 Tröster, u.a., Approximation of Legislation, 1996, S. 41
883 ISAP, 10.2.98, Teil B, zu Art. 9 Rl. 93/104/EG und ZP

10. Art. 10 (Garantien für Arbeit während der Nachtzeit)

a) Gemeinschaftsrecht

Für bestimmte, während der Nachtzeit Sicherheits- oder Gesundheitsrisiken ausgesetzte Arbeitnehmergruppen gestattet die Richtlinie, deren Arbeit von bestimmten Garantien abhängig zu machen[884]. So ist beispielsweise nicht erlaubt, Frauen die Nachtarbeit zu untersagen, da dies eine geschlechtsspezifische Diskriminierung wäre. Daher soll es zumindest möglich sein, Frauen gewisse Sicherheitsgarantien einräumen zu können, wie beispielsweise das sichere Erreichen des Arbeitsplatzes. Es handelt sich hier nicht um eine Verpflichtung, die die Mitgliedstaaten umzusetzen haben, sondern es soll lediglich deren gesetzgeberischer Spielraum erweitert werden[885].

b) Darstellung des tschechischen Rechts und dessen Kompatibilität mit Gemeinschaftsrecht

Entsprechende Garantien finden sich im ZP unter Titel VII, der mit „Arbeitsbedingungen für Frauen (Schwangere und Mütter) und Jugendliche" überschrieben ist, §§ 149-168 ZP.
So ist beispielsweise nach § 166 Abs. 1 Satz 2 ZP Nachtarbeit für Jugendliche grundsätzlich verboten. Ist sie aber notwendig für die Berufsausbildung, so ist sie dann erlaubt, wenn sie eine Stunde nicht überschreitet und sich unmittelbar an die Tagesarbeitszeit anschließt[886].
Diese Bestimmungen sind voll kompatibel mit Gemeinschaftsrecht[887].

11. Art. 11 (Unterrichtung der Behörden bei regelmäßiger Inanspruchnahme von Nachtarbeitern)

a) Gemeinschaftsrecht

Nach Art. 11 sind die Arbeitgeber verpflichtet, bei regelmäßiger Inanspruchnahme von Nachtarbeitern auf Verlangen die zuständigen Arbeitnehmerschutzbehörden zu informieren. Zwar besteht keine generelle Meldepflicht zur Nachtarbeit, aber eine Auskunftspflicht des Arbeitgebers auf Verlangen der Behörde[888].

b) Darstellung des tschechischen Rechts und dessen Kompatibilität mit Gemeinschaftsrecht

Gemäß § 8 Abs. 1 Gesetz Nr. 9/1991 Sb.[889] sind das Ministerium für Arbeit und soziale Angelegenheiten und die Arbeitsämter die zuständigen Kontrollorgane. Sie haben dabei nicht nur die Einhaltung der arbeitsrechtlichen Vorschriften des Beschäftigungsgesetzes

[884] diese Regelung wurde auf Wunsch Frankreichs aufgenommen, vgl. Klein, Die Arbeitszeitrichtlinie der EU DRdA 1994, S. 294
[885] Klein, Die Arbeitszeitrichtlinie der EU, DRdA 1994, S. 294
[886] Ein Nachtarbeitsverbot für Frauen besteht im Tschechischen Recht nicht mehr, s.o. S. 62
[887] ISAP, 10.2.98, Teil B, zu Art. 10 Rl. 93/104/EG und ZP
[888] Klein, Die Arbeitszeitrichtlinie der EU, DRdA 1994, S. 294
[889] s.o. S. 12

zu kontrollieren, sondern auch umfassend die Beachtung der Vorschriften des ZP zu überwachen[890]. Zu diesem Zweck sind die für die Kontrolle Beauftragten berechtigt, vom Arbeitgeber die Aushändigung sämtlicher Unterlagen, Informationen und Erklärungen in einer zu bestimmenden Frist zu verlangen, § 8 Abs. 2 Gesetz Nr. 9/1991 Sb.. Diese Regelung ist dann voll kompatibel mit Art. 11 der Richtlinie[891], wenn gesetzlich eine entsprechende Auskunftspflicht bezüglich der regelmäßigen Inanspruchnahme von Nachtarbeitern verankert wird. Die gegenwärtige Rechtslage ist also nicht kompatibel mit Gemeinschaftsrecht[892].

12. *Art. 12 (Sicherheits- und Gesundheitsschutz)*

a) Gemeinschaftsrecht

Art. 12 der Richtlinie verleiht den Nacht- und Schichtarbeitern einen umfassenden Gesundheitsschutz.
Gemäß Art. 12 Zif. 1 der Richtlinie haben sie Anspruch auf speziell für sie zugeschnittene Maßnahmen zur Verwirklichung des Sicherheits- und Gesundheitsschutzes. Gemäß Art. 12 Zif. 2 der Richtlinie muss der Sicherheits- und Gesundheitsschutz der Nacht- und Schichtarbeiter dem der übrigen Arbeitnehmer entsprechen. Entsprechend müssen die für die Nacht angeordneten Sicherheits- und Gesundheitsmaßnahmen denen entsprechen, die auch tagsüber gelten[893].

b) Darstellung des tschechischen Rechts und dessen Kompatibilität mit Gemeinschaftsrecht

Gemäß § 99 Abs. 4 ZP sind Fragen der Sicherheit und des Gesundheitsschutzes Gegenstand regelmäßiger Erörterungen des Arbeitgebers mit dem zuständigen Gewerkschaftsorgan. Ferner hat der Arbeitgeber dem Nachtarbeiter angemessene soziale Dienstleistungen zu gewähren, beispielhaft wird die Möglichkeit einer Erfrischung genannt.
Nach § 99 Abs. 5 ZP ist der Arbeitgeber verpflichtet, den Arbeitsplatz, an dem der Nachtarbeiter tätig ist, mit Hilfsmitteln für die Leistung von erster Hilfe auszustatten, sowie zu ermöglichen, dass rasch ärztliche Hilfe herbeigeholt werden kann.
Diese Regelungen sind grundsätzlich voll kompatibel mit Gemeinschaftsrecht[894]. Fraglich ist allerdings, ob zur Verwirklichung eines umfassenden Arbeitnehmerschutzes nicht eine Regelung in das tschechische Arbeitsrecht einzufügen wäre, die vorschreibt, dass der tagsüber geltende Sicherheits- und Gesundheitsstandard auch nachts zu gelten habe[895]. Ferner sollte ausdrücklich in § 99 ZP formuliert werden, dass der dortige Schutz für Nachtarbeiter auch für Schichtarbeiter gilt[896].

---

[890] Tröster, Kommentar zu § 8 Gesetz Nr.9/1991 Sb.
[891] ISAP, 15.5.97, Teil B, zu Art. 11 Rl. 93/104/EG und Gesetz Nr. 9/1991 Sb.
[892] Tröster, u.a., Approximation of Legislation, 1996, S. 41
[893] Klein, Die Arbeitszeitrichtlinie der EU, DRdA 1994, S. 294
[894] ISAP, 10.2.98, Teil B, zu Art. 12 Rl. 93/104/EG und ZP
[895] vgl. Klein, Die Arbeitszeitrichtlinie der EU, DRdA 1994, S. 294
[896] Tröster, u.a., Approximation of Legislation, 1996, S. 41

13. Art. 13 (Arbeitsrhythmus)

a) Gemeinschaftsrecht

Nach Art. 13 ist bei der Gestaltung der Arbeit nach einem bestimmten Rhythmus darauf zu achten, dass die Arbeitsgestaltung dem Menschen durch Verringerung der eintönigen Arbeit und des maschinenbestimmten Arbeitsrhythmus angepasst wird und insbesondere Pausen während der Arbeitszeit gewährt werden. Damit sollen Tätigkeiten wie Fließbandarbeit oder Akkordarbeit menschenwürdiger gestaltet werden[897].

b) Darstellung des tschechischen Rechts und dessen Kompatibilität mit Gemeinschaftsrecht

Nach § 84 Abs. 3 ZP achtet der Arbeitgeber bei der Planung der Arbeitszeit darauf, dass sie nicht im Widerspruch zu einer gesunden und sicheren Arbeit steht.
Nach § 74 lit. c ZP sind die leitenden Angestellten verpflichtet, günstige Arbeitsbedingungen zu schaffen und die Sicherheit und den Gesundheitsschutz der Arbeitnehmer zu gewährleisten.
Gemäß §§ 132, 133 ZP hat der Arbeitgeber Sicherheit und Gesundheitsschutz bei der Arbeit zu gewährleisten.
Diese Regelungen sind voll kompatibel mit Gemeinschaftsrecht[898]. Allerdings finden sich keine konkreten Antworten auf die Probleme der Monotonie bzw. des maschinenbestimmten Arbeitsrhythmus, was der Gesetzgeber ändern sollte[899].

II. Tschechisches Arbeitsrecht und Rl. 91/533/EWG (Nachweisrichtlinie)

1. Art. 1 (Geltungsbereich)

Die Richtlinie gilt für jeden Arbeitnehmer, der nach dem jeweiligen mitgliedstaatlichen Recht einen Arbeitsvertrag hat oder in einem Arbeitsverhältnis steht, Art. 1 Abs. 1.

a) Privatrechtliche und öffentlich-rechtliche Beschäftigungsverhältnisse

aa) Gemeinschaftsrecht

Fraglich ist, ob die Richtlinie alle Arten von Beschäftigungsverhältnissen erfasst, also privatrechtliche und öffentlichrechtliche. Für die Erfassung der nur privatrechtlichen Beschäftigungsverhältnisse spräche, dass Art. 1 Abs. 1 Arbeitnehmer erfasst, die nach dem Recht des jeweiligen Mitgliedstaats in einem Beschäftigungsverhältnis sind. Daraus wird geschlossen, dass der Arbeitnehmerbegriff nicht materiell bestimmt wird, eben nicht alle Arbeitnehmer, also auch die Beamten erfasst würden, sondern nur die ange-

---

[897] Klein, Die Arbeitszeitrichtlinie der EU, DRdA 1994, S. 295
[898] ISAP, 10.2.98, Teil B, zu Art. 13 Rl. 93/104/EG und ZP
[899] vgl. Klein, Die Arbeitszeitrichtlinie der EU, DRdA 1994, S. 294

stellten Arbeitnehmer[900]. Andererseits legt die Formulierung in Art. 2 Abs. 2 lit. c, lit. i) der Richtlinie („Amtsbezeichnung“, „Dienstgrad“) nahe, alle Arbeitsverhältnisse zu erfassen. Ebenso ist in der Präambel nur allgemein vom „Arbeitnehmer“ die Rede[901]. Daher ist die Richtlinie auf alle Beschäftigungsverhältnisse anzuwenden[902].

bb) Darstellung des tschechischen Rechts und dessen Kompatibilität mit Gemeinschaftsrecht

Die für die Richtlinie einschlägigen Bestimmungen sind im ZP geregelt[903]. Das ZP ist grundsätzlich für alle Arbeitnehmer anwendbar gemäß §§ 1–6 ZP und erfasst die überwiegende Mehrzahl der Arbeitsverhältnisse[904]. Insbesondere ist das ZP auf die Arbeitnehmer im Öffentlichen Dienst anwendbar, da die Tätigkeit im Öffentlichen Dienst vorwiegend von angestellten Arbeitnehmern ausgeübt wird[905]. Aber auch für Amtsträger hoheitlicher Aufgaben ist das ZP anwendbar, soweit auf das ZP in besonderen Gesetzen verwiesen wird, §§ 2 und 4 ZP[906].
Daher ist es im tschechischen Arbeitsrecht zumindest nicht von quantitativer Bedeutung, ob auch öffentlichrechtliche Beschäftigungsverhältnisse in den Geltungsbereich der Richtlinie einbezogen werden. Denn das ZP regelt grundsätzlich alle Beschäftigungsverhältnisse.
§§ 1ff ZP sind mit Gemeinschaftsrecht voll kompatibel[907].

b) Arbeitsvertrag und Arbeitsverhältnis

aa) Gemeinschaftsrecht

Die Begriffe des Arbeitsvertrags und des Arbeitsverhältnisses bestimmen sich nach den einzelstaatlichen Rechtsvorschriften, Art. 1 Abs. 1.

bb) Darstellung des tschechischen Rechts und dessen Kompatibilität mit Gemeinschaftsrecht

(1) Begriff und Entstehung des Arbeitsverhältnisses

Das Arbeitsverhältnis wird im tschechischen Recht als umfassende Gruppe von sich entsprechenden Rechten und Pflichten zwischen Arbeitgebern und Arbeitnehmern definiert[908]. Die Entstehung des Arbeitsverhältnisses wird zum einen in den allgemeinen Rechtsnormen der §§ 240 ff ZP geregelt[909]., im Unterschied zum deutschen Recht ist

---

900 Lörcher, Die EG-Nachweis-Richtlinie (91/533/EWG) und ihre Umsetzung in innerstaatliches Recht, AuR 1994, S. 452
901 8. Begründungserwägung der Richtlinie
902 so im Ergebnis auch Lörcher, Die EG-Nachweis-Richtlinie (91/533/EWG) und ihre Umsetzung in innerstaatliches Recht, AuR 1994, S. 453
903 ISAP, 14.11.96, Teil A, zu Rl. 91/533/EWG und den einschlägigen Vorschriften im Tschechischen Recht
904 Tröster, Pracovní právo, Kommentar zu § 1 ZP
905 Gerauer; Baron; Britz, Arbeitsrecht in der Tschechischen Republik, 1999, Rz. 40
906 vgl. zu weiteren Ausführungen zum Geltungsbereich des ZP oben S. 11 ff, S. 107 ff,
907 ISAP, 15.11.96, Teil B, zu Art. 1 Rl. 91/533/EWG und Gesetz ZP
908 Tröster, Pracovní právo, Kommentar zu § 35 ZP
909 Galvas, Pracovní právo, 1997, S. 113

die Rechtsgeschäftslehre also nicht im tschechischen BGB, sondern abschließend im ZP geregelt[910]. Zum anderen enthalten die §§ 27 ff ZP spezielle Bestimmungen zur Entstehung des Arbeitsverhältnisses[911].
Im ZP wird zwischen drei Arten der Entstehung eines Arbeitsverhältnisses unterschieden, nämlich durch Arbeitsvertrag, Ernennung oder Wahl. In der Praxis entsteht das Arbeitsverhältnis am häufigsten durch Abschluss eines Arbeitsvertrags[912]. Allen erwähnten Entstehungsarten ist gemein, dass sie aufgrund freien Willens zwischen Arbeitnehmer und Arbeitgeber zustande kommen[913]. Während der Arbeitsvertrag dabei ein zweiseitige Rechtshandlung ist, sind die Wahl und die Ernennung einseitige Rechtshandlungen[914]. Das bedeutet nicht, dass Wahl und Ernennung gegen den Willen des Arbeitnehmer möglich sind. Dafür spricht auch § 7 Abs. 1 ZP, wonach die Begründung arbeitsrechtlicher Beziehungen nach dem ZP nur mit Einverständnis der natürlichen Person, also Arbeitnehmer und Arbeitgeber, möglich sind[915]. Die Willensäußerung des Arbeitnehmers kann dabei ausdrücklich oder konkludent erfolgen[916].
Zusammenfassend wird das Arbeitsverhältnis also durch Vertrag begründet, sofern gesetzlich nichts anderes bestimmt ist. Das Arbeitsverhältnis wird nur dann durch Wahl oder Ernennung begründet, wenn dies in besonderen Vorschriften so vorgesehen ist[917]. § 27 ZP hat dabei zwingenden Charakter, das heißt nur durch die dort vorgesehenen Tatbestände kann ein Arbeitsverhältnis begründet werden[918].
Gemäß § 33 ZP entsteht ein Arbeitsverhältnis an dem Tag, an dem der Arbeitsantritt im Arbeitsvertrag vereinbart wurde. Das Arbeitsverhältnis entsteht also unabhängig vom tatsächlichen Arbeitsantritt[919]. Gemäß § 68 ZP gilt dies auch für Arbeitsverhältnisse, die nicht aufgrund Arbeitsvertrag, sondern durch Wahl oder Ernennung begründet werden.

(2) Einzelne Entstehungstatbestände

Das ZP sieht für die Begründung eines Arbeitsverhältnisses nicht nur den Arbeitsvertrag, sondern auch Wahl und Ernennung vor, wobei Wahl und Ernennung zur Begründung eines Arbeitsverhältnisses sich auf juristische Personen beschränken[920]. Dabei gelten die Regeln zum Arbeitsvertrag grundsätzlich auch für die Wahl und die Ernennung, § 68 ZP.

---

910 Das ZP regelt umfassend das Arbeitsverhältnis, so auch Fragen wie die Rechtssubjektivität, Rechtsgeschäfte und deren Nichtigkeit, Fristen oder auch die Stellvertretung nach §§ 14 ff ZP, vgl. Kostečka, Neues Arbeitsrecht in der Tschechischen Republik, AuR 1994, S. 434; ferner Göpfert; Schronk, Das Arbeitsrecht der Tschechischen Republik und der Slowakischen Republik, in: Göpfert; Schronk; Handbuch Wirtschaft und Recht in Osteuropa, CS 61 Syst. Rz. 10

911 Galvas, Pracovní právo, 1997, S. 113

912 Kostečka, Neues Arbeitsrecht in der Tschechischen Republik, AuR 1994, S. 434; Galvas, Pracovní právo, 1997, S. 113

913 Bělina, Pracovní právo, 1994, S. 150

914 Galvas, Pracovní právo, 1997, S. 113

915 Galvas, Pracovní právo, 1997, S. 114

916 Galvas, a.a.O., S. 114

917 Galvas, a.a.O., S. 114

918 Galvas, a.a.O., S. 114

919 Bělina, Pracovní právo, 1994, S. 151; Galvas, Pracovní právo, 1997, S. 121

920 Barancova, Schronk, Tschechisch-Slowakisches Arbeitsrecht, 1993, S. 19

(a) Arbeitsvertrag

(aa) Abschluss

Der Arbeitsvertrag ist die häufigste Form der Begründung des Arbeitsverhältnisses, § 33 ZP. Er ist eine zweiseitige Rechtshandlung, die eine übereinstimmende, freiwillige und gegenseitige Willensäußerung zwischen Arbeitgeber und Arbeitnehmer darstellt, die auf die Begründung eines Arbeitsverhältnisses gerichtet ist[921]. Dabei sind die essentialia negotii gemäß § 29 Abs. 1 ZP die Art der zu leistenden Arbeit, der Ort der Arbeitsleistung sowie der Tag des Arbeitsantritts. Die Vereinbarung muss hierbei das Entgelt nicht umfassen[922].

(bb) Wesen

Der Arbeitsvertrag ermöglicht, den Willen beider Subjekte zu respektieren. Von der Arbeitnehmerseite her gesehen verschafft der Arbeitsvertrag die Freiheit zu einer Arbeit, die es ermöglicht, sich eine Beschäftigung nach den jeweiligen Interessen auszuwählen. Der Arbeitsvertrag ist somit die beste Umsetzung der Prinzipien des Verbots der Zwangsarbeit, der Berufswahlfreiheit und des Rechts auf Beschäftigung, vgl. Art. 9 und 26 der Verfassungscharta der Grundrechte und Grundfreiheiten[923]. Auf Seiten des Arbeitgebers bildet der Arbeitsvertrag das Werkzeug, mit dem er sich ein Arbeitskollektiv verschafft, wie er es zur Ausübung seiner Tätigkeit benötigt.
Das Vertragsprinzip als Grundlage der Arbeitsverträge ermöglicht ebenfalls, dass sich die Vertragsseiten auf Bedingungen einigen, die hier ausgefertigt werden können. Es sollte freilich nicht angenommen werden, dass der Arbeitsvertrag nur ensprechend dem Willen der jeweiligen Vertragspartei zustande käme. Denn der Arbeitsvertrag ist eine zweiseitige Rechtshandlung, das heißt, er stellt einen Kompromiss beider Seiten dar. Die Position der Vertragsparteien bei der Vereinbarung des Arbeitsvertrages ist selbstverständlich beeinflusst von einer Reihe subjektiver und objektiver Umstände, besonders von der wirtschaftlichen Lage des Arbeitnehmers und der Lage auf dem Arbeitsmarkt. Der Arbeitsvertrag als zweiseitige Rechtshandlung begründet sich auf die Gleichheit der Vertragsparteien. Keine Seite darf die andere zum Abschluss des Vertrages zwingen. Das Vertragsprinzip und die Gleichheit der Parteien werden bei den Arbeitsverträgen teilweise zu Lasten des Arbeitgebers beeinträchtigt. Diese Verletzung beruht aber nicht darauf, dass der Arbeitnehmer den Arbeitgeber zum Abschluss eines Arbeitsvertrages zwingen könnte, sondern darauf, dass der Arbeitgeber bezüglich bestimmter natürlicher Personen einer Kontrahierungspflicht unterliegt, vgl. § 24 Abs. 2 Gesetz Nr. 1/1991 Sb. (Beschäftigungsgesetz) oder § 227 ZP, wonach ein Kontrahierungszwang zugunsten von Lehrlingen nach Ablegung der Abschlussprüfung bzw. der Reifeprüfung besteht, was zur Folge hat, dass diese ins Arbeitsverhältnis übernommen werden. Diese Pflicht erfolgt im öffentlichen Interesse des Staates[924], wobei private Arbeitgeber von dieser Kontrahierungspflicht ausgenommen sind[925].

---

[921] Galvas, Pracovní právo, 1997, S. 115
[922] Kostečka, Neues Arbeitsrecht in der Tschechischen Republik, AuR 1994, S. 434, sowie S. 434-436 zu weiteren Fragen des Arbeitsverhältnisses; ausführlich s.u. S. 172 ff
[923] s.o. S. 7
[924] Galvas, Pracovní právo, 1997, S. 115
[925] Barancova, Schronk, Tschechisch-Slowakisches Arbeitsrecht, 1993, S 19

(b) Wahl und Ernennung

Die Wahl gemäß § 27 Abs. 3 ZP ist eine einseitige Rechtshandlung, durch die ein Arbeitsverhältnis begründet wird, und dies nur in den gesetzlich festgelegten Fällen, beispielsweise in den Genossenschaftsorganen oder in den Organen von bürgerlichen Vereinen[926].
Ebenso wie die Wahl stellt die Ernennung gemäß § 27 Abs. 4 ZP eine einseitige Rechtshandlung dar, durch die ein Arbeitsverhältnis begründet wird, und dies nur in den gesetzlich festgelegten Fällen. Ernannt werden leitende Angestellte[927].
Diese Regelungen sind voll kompatibel mit Gemeinschaftsrecht, da sich die Beschäftigungsverhältnisse allein nach dem Recht der Mitgliedstaaten richten[928].

c) Ausnahmen vom Geltungsbereich

aa) Gemeinschaftsrecht

Art. 1 Abs. 2 lässt Ausnahmen vom Geltungsbereich der Richtlinie zu für Arbeitnehmer mit einem Arbeitsvertrag bzw. Arbeitsverhältnis von höchstens einem Monat Gesamtdauer oder einer Wochenarbeitszeit von höchstens acht Stunden, Art. 1 Abs. 2 lit. a der Richtlinie, oder für Gelegenheitsarbeit bzw. Tätigkeit besonderer Art, sofern objektive Gründe die Nihtanwendung der Richtlinie rechtfertigen, Art. 1 Abs. 2 lit. b.

bb) Darstellung des tschechischen Rechts und dessen Kompatibilität mit Gemeinschaftsrecht

Ausnahmen im Sinne von Art. 1 Abs. 2 der Richtlinie gibt es im ZP nicht ausdrücklich. Allenfalls könnte § 32 Abs. 1, Satz 2 solch eine Bestimmung sein. Danach ist im Falle der Vereinbarung eines Arbeitsverhältnisses über eine Dauer von weniger als einem Monat der Arbeitgeber nur verpflichtet, einen Arbeitsvertrag in schriftlicher Form abzuschließen, wenn dies der Arbeitnehmer verlangt. Entsprechend könnte dies eine Ausnahme gemäß Art. 1 Abs. 2 lit. a, erster Spiegelstrich der Richtlinie sein.
Dies ist voll kompatibel mit Gemeinschaftsrecht[929].
§ 32 Abs. 5 ZP-Entwurf sieht die ausdrückliche Herausnahme von Arbeitsverhältnissen mit einer Dauer von weniger als einem Monat aus der schriftlichen Unterrichtungspflicht durch den Arbeitgeber vor[930].

---

[926] Galvas, Pracovní právo, 1997, S. 128; Bělina, Pracovní právo, 1994, S. 153
[927] Galvas, Pracovní právo, 1997, S. 130; Bělina, Pracovní právo, 1994, S. 153; Kostečka, Neues Arbeitsrecht in der Tschechischen Republik, AuR 1994, S. 434
[928] ISAP, 15.11.96, Teil B, zu Art. 1 Rl. 91/533/EWG und §§ 33, 68 ZP
[929] ISAP, 15.11.96, Teil B, zu Art. 1 Rl. 91/533/EWG und §§ 33, 68 ZP
[930] Regierungsentwurf zur Änderung des ZP vom 15.12.1999, Punkt 19 zu § 32 ZP, in: www.mpsv.cz/scripts/1aktuality/zakonik_prace/zvlastni.asp, Abfrage vom 20.1.2000

2. Art. 2 (Informationspflicht)

a) Gemeinschaftsrecht

Art. 2 Abs. 1 der Richtlinie verpflichtet den Arbeitgeber, den Arbeitnehmer über die wesentlichen Punkte des Arbeitsvertrages bzw. –verhältnisses zu informieren. Art. 1 Abs. 2 enthält Mindestangaben zu dieser Informationspflicht.

aa) Mindestangaben

Gemäß Art. 2 Abs. 2 muss die Unterrichtung mindestens folgende neun Punkte umfassen: Personalien der Parteien (Art. 2 Abs. 2, lit. a), Arbeitsplatz bzw. Hinweis auf Beschäftigung an verschiedenen Orten sowie Sitz des Arbeitgebers (lit. b), Bezeichnung, Dienstgrad, Art oder Kategorie seiner Stelle bzw. Beschreibung der Arbeit (lit. c), Zeitpunkt des Beginns des Arbeitsvertrags bzw. –verhältnisses (lit. d), bei befristeten Arbeitsverträgen bzw. –verhältnissen deren Dauer (lit. e), die Dauer des Jahresurlaubs bzw. die Modalitäten der Gewährung bei dessen Festlegung (lit. f), die Kündigungsfristen bzw. die Modalitäten bei deren Festsetzung (lit. g), der Grundbetrag, andere Bestandteile und Periodizität der Auszahlung des Arbeitsentgelts (lit. h), die normale Tages- oder Wochenarbeitszeit des Arbeitnehmers (lit. i), und schließlich gegebenenfalls die Angabe der Tarifverträge bzw. kollektiven Vereinbarungen, die die Arbeitsbedingungen regeln (lit. j).

bb) Weitere Informationspunkte

Neben diesen neun Punkten dürfen die Mitgliedstaaten aber noch weitere Informationspunkte anordnen. Dies folgt einerseits aus dem Wortlaut von Art. 2 Abs. 2 der Richtlinie („mindestens") als auch aus Art. 7 der Richtlinie, wonach die Mitgliedstaaten für die Arbeitnehmer günstigere Vorschriften erlassen können. Insofern handelt es sich also nicht um einen abschließenden Katalog. Entsprechend wäre auch eine Informationspflicht zum Arbeits- und Gesundheitsschutz denkbar[931].

b) Darstellung des tschechischen Rechts und dessen Kompatibilität mit Gemeinschaftsrecht

aa) Informationspflichten des Arbeitgebers

Im tschechischen Arbeitsrecht obliegen dem Arbeitgeber Informationspflichten einmal vor Abschluss des Arbeitsvertrages, dann im Arbeitsvertrag selbst und schließlich bei Arbeitsantritt des Arbeitnehmers.

(1) Informationspflichten vor Abschluss des Arbeitsvertrages

Vor Abschluss des Arbeitsvertrages muss der Arbeitgeber nach § 28, Satz 1 ZP den Arbeitnehmer über seine aus dem Arbeitsvertrag herrührenden Rechte und Pflichten zu

931 Lörcher, Die EG-Nachweis-Richtlinie (91/533/EWG) und ihre Umsetzung in innerstaatliches Recht, AuR 1994, S. 453

belehren und ihn mit den einschlägigen Arbeits- und Lohnbedingungen bekannt machen[932]. Diese Pflicht obliegt dem Arbeitgeber also bei der Anbahnung eines Arbeitsvertrages und wird im tschechischen Arbeitsrecht als vorvertragliches Verhältnis bezeichnet. Dieses ist gesetzlich nur unvollständig und lückenhaft geregelt und findet seinen Ausdruck in § 28 ZP. Dabei kann dieser Prozess bis hin zum Abschluss eines Arbeitsvertrages in drei Phasen unterteilt werden, nämlich in die Informationsphase, in die Bewertungsphase und schließlich in die Verifizierungsphase[933]. In der Bewertungsphase werden von Arbeitgeber und Arbeitnehmer die aus der Informationsphase gewonnenen Erkenntnisse bewertet[934]. Die sich daran anschließende Verifizierungsphase ist der Höhepunkt der vorvertraglichen Beziehungen und mündet ein in den Abschluss oder auch Nichtabschluss des Arbeitsvertrags[935].

(2) Informationspflichten im Arbeitsvertrag

(a) Einführung

§ 29 ZP regelt den Inhalt des Arbeitsvertrags. Dieser wird in einerseits notwendige und andererseits ergänzende Erfordernisse unterteilt. Notwendige Erfordernisse gemäß § 29 Abs. 1 ZP sind solche, die im Arbeitsvertrag enthalten sein müssen und ohne die der Arbeitsvertrag ungültig ist. Diese notwendigen Erfordernisse ermöglichen dem Arbeitsvertrag erst, seine Funktion zu erfüllen, das heißt ein Arbeitsverhältnis zu begründen. Gemäß § 29 Abs. 1 ZP gehören zu den essentialia negotii die Verpflichtung des Arbeitgebers, mit dem Arbeitnehmer im Arbeitsvertrag die Art der Arbeit, den Ort der Arbeitsleistung sowie den Tag des Arbeitsantritts zu vereinbaren[936]. Alle übrigen Bestandteile des Arbeitsvertrages sind gemäß § 29 Abs. 2 ZP nicht zwingend, hängen also als accidentialia negotii von den Vertragsparteien ab. Insbesondere ist eine Vereinbarung über die Höhe des Entgelts zwar regelmäßiger Bestandteil der Vereinbarung, sie muss aber nicht zwingend vereinbart werden[937].

(b) Notwendiger Inhalt des Arbeitsvertrages nach § 29 Abs. 1 ZP

(aa) Art der Arbeit

Dieses Erfordernis hat grundlegende Bedeutung für die Abgrenzung der rechtlichen Pflichten des Arbeitnehmers. Die vereinbarte Art der Arbeit im Arbeitsvertrag ist die Grundlage der Arbeitspflichten des Arbeitnehmers, dass heißt, er muss die im Arbeitsvertrag vereinbarte Arbeit erbringen. Gleichzeitig ist diese Vereinbarung Grundlage für das Recht des Arbeitnehmers auf Zuweisung von Arbeit durch den Arbeitgeber gemäß der Vereinbarung. Spiegelbildlich ist diese Vereinbarung wiederum die Grundlage für das Recht des Arbeitgebers, über den Arbeitnehmer im Rahmen der arbeitsvertraglichen Vereinbarung zu verfügen. Die gemäß § 29 Abs. 1 lit. a ZP erforderliche Vereinbarung über die Art der Arbeit muss dabei klar bestimmt sein, wobei aber keinesfalls ein indi-

---

[932] Galvas, Pracovní právo, 1997, S. 118 f; Bělina, Pracovní právo, 1994, S. 151
[933] Galvas, a.a.O., S. 116 f
[934] Galvas, a.a.O., S. 119
[935] Galvas, a.a.O., S. 119
[936] Galvas, a.a.O., S. 120
[937] im Umkehrschluss zu § 29 ZP, vgl Barancova; Schronk, Tschechisch-Slowakisches Arbeitsrecht, 1993, S. 19

viduell zu bestimmendes Arbeitsziel vereinbar werden darf. Angesichts der allgemeinen Bedeutung der Rechtshandlung muss diese Vereinbarung bestimmt sein.[938].

(bb) Arbeitsort

Der Ort der Arbeitsleistung muss gemäß § 29 Abs. 1 lit.b ZP vereinbart werden, um die Arbeitsverpflichtung des Arbeitnehmers und die Dispositionsbefugnis des Arbeitgebers zu definieren[939].

(cc) Tag der Arbeitsaufnahme

Gemäß § 29 Abs. 1 lit.c ZP muss der Tag der Arbeitsaufnahme im Arbeitsvertrag vereinbart werden.[940]

(c) Ergänzende Vereinbarungen

Gemäß § 29 Abs. 2 ZP können Arbeitgeber und Arbeitnehmer im Arbeitsvertrag auch noch andere Arbeitsbedingungen vereinbaren, wenn sie daran ein Interesse haben. Es kann also alles darin vereinbart werden, was nicht verboten ist. Dabei handelt es sich nicht um zwingende, sondern um ergänzende Vereinbarungen. Hierzu zählen Vereinbarungen betreffend der zeitlichen Dauer des Arbeitsverhältnisses[941], die Probezeit[942], kürzerer Arbeitszeiten[943] sowie des Entgelts[944].
Da es sich um nur ergänzende Vertragspunkte handelt, ist der Arbeitsvertrag auch ohne den Abschluss dieser ergänzenden Vereinbarungen gültig[945].

(3) Informationspflichten bei Arbeitsantritt

Gemäß § 35 Abs. 2 ZP muss der Arbeitnehmer mit der im Betrieb gültigen Arbeitsordnung sowie mit den übrigen Vorschriften zur Gewährleistung von Sicherheit und Gesundheitsschutz bei der Arbeit bekannt gemacht werden.

bb) Kompatibilität

Diese Regelungen sind nur teilweise kompatibel mit Gemeinschaftsrecht[946]. Dabei kommt § 29 Abs. 1 ZP den Anforderungen der Richtlinie noch am nächsten, da die notwendige Vereinbarung von Art der Arbeit, Arbeitsort und Arbeitsantritt Art. 2 Abs. 2 lit. b, c und d der Richtlinie entspricht. Aber die Regelung setzt die Richtlinie nicht vollständig um[947]. So beziehen sich die im ZP festgelegten zwingenden Informationspunkte nicht auf folgende in der Richtlinie verankerten Informationspflichten: Personalien der

---

[938] Galvas, Pracovní právo, 1997, S. 120
[939] Galvas, a.a.O., S. 120 f
[940] Galvas, a.a.O., S. 121
[941] näher bei Galvas, a.a.O., 1997, S. 122 f
[942] näher bei Galvas, a.a.O., S. 124 f
[943] näher bei Galvas, a.a.O., S. 125 f
[944] näher bei Galvas, a.a.O., S. 126
[945] Galvas, a.a.O., S. 122
[946] ISAP, 15.11.96, Teil B, zu Art. 2 Rl. 91/533/EWG und § 29 ZP
[947] Tröster, u.a., Approximation of Legislation, 1996, S. 32; Begründungsbericht, besonderer Teil, zu Punkt 19 des Regierungsentwurfs zur Änderung des ZP vom 15.12.1999, in: www.mpsv.cz/scripts/1aktuality/zakonik_prace/zvlastni.asp, Abfrage vom 20.1.2000

Parteien, Art. 2 Abs. 2, lit. a der Richtlinie, Dauer befristeter Arbeitsverträge bzw. –verhältnisse, Abs. 2 lit. e der Richtlinie, Dauer des Jahresurlaubs bzw. die Modalitäten der Gewährung bei dessen Festlegung, Abs. 2 lit. f der Richtlinie, Kündigungsfristen bzw. die Modalitäten bei deren Festsetzung, Abs. 2 lit. g der Richtlinie, normale Tages- oder Wochenarbeitszeit, Abs. 2 lit. i der Richtlinie, und schließlich die Angabe über die die Arbeitsbedingungen regelnden Kollektivverträge, lit. j der Richtlinie.

cc) Regierungsentwurf zur Änderung des ZP

(1) Einzelne Informationspunkte

Der Regierungsentwurf sieht eine Erweiterung des § 32 ZP vor. Nach § 32 Abs. 2, Satz 2 ZP-Entwurf[948] erstreckt sich die Informationspflicht des Arbeitgebers auf folgende Punkte: Name des Arbeitnehmers sowie Bezeichnung und Sitz des Arbeitgebers bei juristischen Personen bzw. Name und Adresse des Arbeitgebers bei natürlichen Personen, Abs. 3, Satz 2 lit. a ZP-Entwurf, desweiteren eine nähere Beschreibung von Dauer und Ort der Arbeitsleistung, Abs. 3, Satz 2, lit. b ZP-Entwurf; ferner die Länge des Anspruchs auf Erholungsurlaub und gegebenenfalls Erläuterungen zu den Regelungsmodalitäten des Urlaubsanspruchs, Abs. 3, Satz 2, lit. c ZP-Entwurf; dann Angaben über Kündigungsfristen, Abs. 3, Satz 2, lit. d ZP-Entwurf; Angaben zu Entgelt und Vergütungsmodalitäten, Fälligkeit des Entgelts, Zahlungstermin, Zahlungsort sowie Art und Weise der Auszahlung, Abs. 3, Satz 2, lit. e ZP-Entwurf; weiters die Festlegung der wöchentlichen Arbeitszeit sowie die Einteilung der Arbeitszeit, Abs. 3, Satz 2, lit. f ZP-Entwurf; schließlich Angaben zu Maßnahmen des Arbeitgebers zur Sicherung der Gleichbehandlung von Männern und Frauen.
Es ist zu beachten, dass § 29 ZP weiter gilt, weshalb die Bestimmung zum Arbeitsantritt dort zu finden ist.
Diese Neuregelung ist voll kompatibel mit Gemeinschaftsrecht, insbesondere erfasst sie alle in der Richtlinie vorgesehenen Einzelpunkte.

(2) Unterrichtung durch Verweisung

Entsprechend Art. 2 Abs. 3 der Richtlinie sieht der Gesetzentwurf vor, dass die Unterrichtung zur Dauer des Jahresurlaubs, zu Kündigungsfristen sowie zu den Entgeltmodalitäten durch Verweis auf die einschlägigen arbeitsrechtlichen Vorschriften, Kollektivverträge oder Betriebsregelungen ersetzt werden kann, § 32 Abs. 5 ZP-Entwurf.

3. Art. 3 (Informationsmöglichkeiten)

a) Zeitraum

aa) Gemeinschaftsrecht

Gemäß Art. 3 muss die Unterrichtung des Arbeitnehmers über die in Art. 2 genannten wesentlichen Punkte des Arbeitsvertrages spätestens zwei Monate nach Arbeitsaufnah-

[948] Regierungsentwurf vom 15.12.1999, Punkt 19 zu § 32 ZP, in: www.mpsv.cz/scripts/1aktuality/zakonik_prace/default.asp, Abfrage vom 20.1.2000

me[949] erfolgen[950]. Dieser Informationsverschaffung unterfällt der Arbeitgeber auch dann, wenn der Arbeitsvertrag vor Ablauf der Zweimonatsfrist endet, Art. 3 Abs. 3.

bb) Darstellung des tschechischen Rechts und dessen Kompatibilität mit Gemeinschaftsrecht

Im geltenden Recht ist keine Frist für die Unterrichtung vorgesehen. Lediglich § 28, Satz 1 ZP bestimmt einen Zeitpunkt, wonach der Arbeitnehmer vor Abschluss des Arbeitsvertrags mit den Rechten und Pflichten aus dem Arbeitsvertrag sowie den wesentlichen Arbeits- und Lohnbedingungen durch den Arbeitgeber unterrichtet werden muss. Das ist nur teilweise kompatibel mit Gemeinschaftsrecht[951].
Gemäß § 32 Abs. 3, Satz 1 ZP-Entwurf[952] muss der Arbeitnehmer durch den Arbeitgeber spätestens einen Monat nach Beginn des Arbeitsverhältnisses über seine wesentlichen Rechte und Pflichten im Sinne der Richtlinie informiert werden.

b) Form

aa) Gemeinschaftsrecht

Nach Art. 3 Abs. 1 der Richtlinie hat die Unterrichtung des Arbeitnehmers durch die Aushändigung entweder eines schriftlichen Arbeitsvertrages, Art. 3 Abs. 1 lit. a, oder eines Anstellungsschreibens, Abs. 1 lit. b, oder eines sonstigen Schriftstückes mit bestimmten Angaben gemäß Art. 2 Abs. 2 der Richtlinie, nämlich Personalien, Arbeitsort, Tätigkeitsbeschreibung, Vertragsbeginn, Dauer des Jahresurlaubs, normale Dauer der Arbeitszeit, vgl. Art. 3 Abs. 2 lit. c der Richtlinie, zu erfolgen.
Geschieht diese Aushändigung nicht oder nicht vollständig innerhalb einer Frist von zwei Monaten nach Arbeitsaufnahme, so hat der Arbeitgeber dem Arbeitnehmer eine schriftliche Erklärung mit den Angaben nach Art. 2 Abs. 2 der Richtlinie zu überreichen.

bb) Darstellung des tschechischen Rechts und dessen Kompatibilität mit Gemeinschaftsrecht

(1) Geltende Rechtslage

Gemäß § 32 Abs. 1, Satz 1 ZP ist der Arbeitsvertrag schriftlich abzuschließen und nach Abs. 2 eine Ausfertigung des Arbeitsvertrages dem Arbeitnehmer auszuhändigen. Wird für das Arbeitsverhältnis eine kürzere Laufzeit als ein Monat vereinbart, so bedarf es der Schriftform nur, wenn es der Arbeitnehmer verlangt oder der Arbeitnehmer in seiner Geschäftsfähigkeit eingeschränkt ist, § 32 Abs. 1, Satz 2 ZP. Die Nichtbeachtung der

---

[949] kritisch hierzu Lörcher, Die EG-Nachweis-Richtlinie (91/533/EWG) und ihre Umsetzung in innerstaatliches Recht, AuR 1994, S. 453, der die Zweimonatsfrist als zu lange ansieht im Hinblick auf den Zweck des Nachweises, nämlich die Schaffung baldmöglichster Klarheit über die wesentlichen Arbeitsbedingungen
[950] Die Zweimonatsfrist wurde nach dem Vorbild des englischen Rechts konzipiert, vgl. Schiek, Europäisches Arbeitsrecht, 1997, S. 139, FN 325
[951] ISAP, 15.11.96, Teil B, zu Art. 3 Rl. 91/533/EWG und § 28 ZP
[952] Regierungsentwurf vom 15.12.1999, Punkt 19 zu § 32 ZP, in: www.mpsv.cz/scripts/1aktuality/zakonik_prace/default.asp, Abfrage vom 20.1.2000

Schriftform hat jedoch nicht die Ungültigkeit des Arbeitsvertrages zur Folge. Denn der die Nichtigkeit anordnende § 242 ZP setzt voraus, dass diese Rechtsfolge in der Norm, die die Form bestimmt, vorgesehen ist. § 35 ZP sieht jedoch keine Nichtigkeit des Arbeitsvertrages im Falle der Nichtbeachtung des schriftlichen Formerfordernisses vor[953]. Die vor dem Abschluss der Arbeitsvertrages erforderliche Unterrichtung des Arbeitnehmers über Rechte und Pflichten aus dem Arbeitsvertrag sowie über die Arbeits- und Lohnbedingungen gemäß § 28 ZP erfolgt durch den Arbeitgeber in mündlicher Form. Ebenso mündlich erfolgt die Bekanntmachung des Arbeitnehmers mit der jeweiligen Arbeitsordnung und mit den rechtlichen und übrigen Sicherheits- und Gesundheitsvorschriften, § 35 Abs. 2 ZP.

(2) Kompatibilität

Diese Regelungen sind nur teilweise kompatibel mit Gemeinschaftsrecht[954]. Nicht kompatibel ist vor allem, dass Schriftlichkeit nur für den Arbeitsvertrag vorgesehen ist, aber nicht für die anderen Informationspflichten des Arbeitgebers. Da die Informationspflichten selbst nicht vollständig der Richtlinie entsprechen[955], ist folglich auch deren fehlendes Schriftformerfordernis nicht richtlinienkonform. Voll kompatibel mit Gemeinschaftsrecht ist die Möglichkeit, bei Arbeitsverhältnissen, die kürzer als einen Monat bestehen, keinen schriftlichen Arbeitsvertrag, also auch keine entsprechende Informationspflicht, vorzuschreiben § 32 Abs. 1, Satz 1 ZP, vgl. Art. 1 Abs. 2 lit. a der Richtlinie.

(3) Regierungsentwurf

Gemäß § 32 Abs. 3, Satz 1 ZP-Entwurf[956] kann der Arbeitgeber den Arbeitnehmer einmal durch die Aushändigung der schriftlichen Ausfertigung des Arbeitsvertrages über seine Rechte und Pflichten aus dem Arbeitsverhältnis informieren. Händigt der Arbeitgeber dem Arbeitnehmer keinen schriftlichen Arbeitsvertrag aus, so ist der Arbeitgeber verpflichtet, den Arbeitnehmer zumindest schriftlich zu informieren. In beiden Fällen erstreckt sich diese Informationspflicht auf die entsprechenden Angaben nach Art. 2 Abs. 2 der Richtlinie, § 32 Abs. 1, Satz 1 und 2 ZP-Entwurf.

4. Art. 4 (Im Ausland tätige Arbeitnehmer)

a) Gemeinschaftsrecht

Art. 4 Abs. 1 und 2 erweitert die Unterrichtungspflicht des Arbeitgebers, falls Arbeitnehmer für länger als einen Monat[957] ins Ausland entsandt werden. Danach müssen die in Art. 3 genannten Dokumente zusätzliche Angaben enthalten über erstens die Dauer der im Ausland ausgeübten Tätigkeit, Art. 4 Abs. 1, lit. a der Richtlinie, zweitens die Währung, in der das Arbeitsentgelt bezahlt wird, Art. 4 Abs. 1, lit. b, drittens gegebe-

[953] Galvas, Pracovní právo, 1997, S. 127
[954] ISAP, 15.11.96, Teil B, zu Art. 3 Rl. 91/533/EWG und §§ 28, 32, 35 ZP
[955] s.o. S. 174
[956] Regierungsentwurf vom 15.12.1999, Punkt 19 zu § 32 ZP, in: www.mpsv.cz/scripts/1aktuality/zakonik_prace/default.asp, Abfrage vom 20.1.2000
[957] vgl. Art. 4 Abs. 3 der Richtlinie

nenfalls gewährte Vorteile in Geld und Naturalien, Art. 4 Abs. 1, lit. c, und viertens gegebenenfalls Rückführungsbedingungen für den Arbeitnehmer, Abs. 1, lit d.

b) Darstellung des tschechischen Rechts und dessen Kompatibilität mit Gemeinschaftsrecht

Nach § 267 Abs. 1 ZP ist die Regierung ermächtigt, zum Schutz der staatlichen Interessen oder wichtiger wirtschaftlicher Interessen durch Verordnung Abweichungen zum ZP für ins Ausland entsandte Arbeitnehmer zu erlassen. Davon wurde jedoch kein Gebrauch gemacht, so dass auch hier lediglich die Erfordernisse des § 29 ZP über den Arbeitsvertrag gelten[958].
Dies ist nur teilweise kompatibel mit Gemeinschaftsrecht[959].
Entsprechend sieht der Regierungsentwurf vor, dass bei der Entsendung von Arbeitnehmern in einen anderen Staat diese vor der Entsendung über die Dauer der Entsendung und über die Währung, in der ihr Entgelt ausbezahlt wird, informiert werden, § 32 Abs. 4 ZP-Entwurf[960].

5. Art. 5 (Änderung der Angaben über den Arbeitsvertrag oder das Arbeitsverhältnis)

a) Gemeinschaftsrecht

Gemäß Art. 5 ist der Arbeitnehmer über Änderung seiner wesentlichen Arbeitsbedingungen nach Art. 2 Abs. 2 und Art. 4 Abs. 1 der Richtlinie zu informieren[961]. Diese Information muss durch die Aushändigung eines gesonderten Schriftstücks geschehen. Die Frist für die Aushändigung beträgt höchstens einen Monat nach dem Wirksamwerden der Änderung.

b) Darstellung des tschechischen Rechts und dessen Kompatibilität mit Gemeinschaftsrecht

Gemäß § 36 Abs. 1, Satz 2 ZP müssen Änderungen des schriftlich geschlossenen Arbeitsvertrags auch schriftlich erfolgen.
Diese Bestimmung ist nur teilweise kompatibel mit Gemeinschaftsrecht[962].
Daher sieht der Regierungsentwurf vor, dass die schriftliche Informationspflicht des Arbeitgebers sich auf die Änderung dieser Angaben nach § 32 Abs. 1, Satz 2 ZP-Entwurf und gegebenenfalls § 32 Abs. 4 ZP-Entwurf bezüglich im Ausland tätiger Arbeitnehmer bezieht[963].

---

[958] ISAP, 15.11.96, Teil B, zu Art. 4 Rl. 91/533/EWG und § 267 ZP
[959] ISAP, 15.11.96, Teil B, zu Art. 4 Rl. 91/533/EWG und § 267 ZP
[960] Regierungsentwurf vom 15.12.1999, Punkt 19 zu § 32 ZP, in: www.mpsv.cz/scripts/1aktuality/zakonik_prace/default.asp, Abfrage vom 20.1.2000
[961] Lörcher, Die EG-Nachweis-Richtlinie (91/533/EWG) und ihre Umsetzung in innerstaatliches Recht, ArbuR 1994, S. 453
[962] ISAP, 15.11.96, Teil B, zu Art. 5 Rl. 91/533/EWG und § 36 ZP
[963] Regierungsentwurf vom 15.12.1999, Punkt 19 zu § 32 ZP, in: www.mpsv.cz/scripts/1aktuality/zakonik_prace/default.asp, Abfrage vom 20.1.2000

6. Art. 8 (Verteidigung der Rechte)

a) Gerichtliche Durchsetzung

aa) Gemeinschaftsrecht

Gemäß Art. 8 Abs. 1 muss jeder Arbeitnehmer die Möglichkeit haben, seine Rechte, gegebenenfalls nach Befassung anderer Stellen, gerichtlich geltend zu machen, falls der Arbeitgeber seinen Verpflichtungen nach der Richtlinie nicht nachkommt. Art. 8 Abs. 2 sieht die Möglichkeit einer Mahnung des Arbeitnehmers an den Arbeitgeber als zusätzliches Erfordernis vor der Befassung anderer Stellen vor.

bb) Darstellung des tschechischen Rechts und dessen Kompatibilität mit Gemeinschaftsrecht

Gemäß § 207 ZP sind für Streitigkeiten zwischen Arbeitnehmer und Arbeitgeber aus dem Arbeitsverhältnis die Gerichte zuständig. Dies ist voll kompatibel mit Gemeinschaftsrecht[964].

b) Pflicht zur effektiven Sanktionierung

aa) Gemeinschaftsrecht

Gemäß der Rechtsprechung des EuGH sind die Mitgliedstaaten verpflichtet, dem Gemeinschaftsrecht durch eine effektive Sanktionierung tatsächlich Wirkung zu verschaffen[965]. Entsprechend hat der EuGH zur vergleichbaren Regelung des Art. 6 Abs. 1 der Gleichbehandlungsrichtlinie 76/207/EWG festgestellt, dass es einer allgemeinen Schadenersatzregelung im Falle einer diskriminierenden Entlassung bedürfe[966]. Übertragen auf die Nachweisrichtlinie müsste eine entsprechende Schadenersatzregelung im Falle der Verletzung der Nachweispflichten im nationalen Recht bestehen[967].

bb) Darstellung des tschechischen Rechts und dessen Kompatibilität mit Gemeinschaftsrecht

Hält ein Arbeitgeber die in § 32 Abs. 1, Satz 1 ZP geforderte Schriftform beim Abschluss der Arbeitsvertrages nicht ein, hat dies als Sanktion zunächst nicht die Unwirksamkeit zur Folge, da § 242 Abs. 1 ZP die Nichtbeachtung der Form nicht als Nichtigkeitsgrund nennt. Somit können Arbeitsverträge auch stillschweigend oder durch

---

[964] ISAP, 15.11.96, Teil B, zu Art. 8 Rl. 91/533/EWG und § 207 ZP

[965] EuGH v. 8.6.94, Rs. C-382/92 (Kommission/ Vereinigtes Königreich), in EuroAS 9/1994, S. 8 ff, Rz. 55, betreffend die Rl. 78/178/EWG zum Betriebsübergang; ferner EuGH v. 9.6.94, Rs. 383/92 (Kommission/ Vereinigtes Königreich), in EuroAS 9/1994, S. 13, betreffend die Rl. 75/129/EWG zu Massenentlassung

[966] EuGH v. 2.8.93, Rs. C-271/91 (Marshall II), in: EuroAS 9/1993, S. 6 ff

[967] Lörcher, Die EG-Nachweis-Richtlinie (91/533/EWG) und ihre Umsetzung in innerstaatliches Recht, ArbuR 1994, S. 455

schlüssiges Verhalten geschlossen werden[968], und es gibt im tschechischen Arbeitsrecht auch das faktische Arbeitsverhältnis, beispielsweise bei Vertragsschluss mit einer Person unter 15 Jahren, der die arbeitsrechtliche Geschäftsfähigkeit nach § 11 Abs. 1 ZP fehlt[969].

Sanktioniert wird die fehlende Schriftlichkeit durch eine Geldbuße für den Arbeitgeber nach §§ 9 Abs. 1, 8 Abs. 3 Gesetz Nr. 9/ 1991 Sb. (Beschäftigungsgesetz), in Höhe bis zu umgerechnet 50 000 DM[970].

Dies genügt den Anforderungen an eine effektive Sanktionierung von Gemeinschaftsrecht, obwohl keine unmittelbare Schadenersatzpflicht zugunsten des Arbeitnehmers vorgesehen ist[971].

[968] Gerauer; Baron; Britz, Arbeitsrecht in der Tschechischen Republik, 1999, Rz. 24
[969] Gerauer; Baron; Britz, a.a.O., Rz. 26
[970] Gerauer; Baron; Britz, a.a.O., Rz. 24
[971] vgl. auch die zusammenfassende Schlussbetrachtung, S. 221

Achtes Kapitel: Mitwirkung von Arbeitnehmern

A. Einführung in die maßgeblichen Normen des Gemeinschaftsrechts und des tschechischen Rechts

I. Gemeinschaftsrecht

1. Einführung

a) Begriff der Mitwirkung

Die Mitwirkung von Arbeitnehmern in Form von Anhörung und Unterrichtung durch die Unternehmensleitung ist Teil des Europäischen kollektiven Arbeitsrechts. Das Europäische kollektive Arbeitsrecht kann in fünf Gruppen unterteilt werden, in Europäisches Koalitionsrecht, Tarifvertragsrecht, Arbeitskampfrecht, Betriebsverfassungsrecht und Mitbestimmungsrecht[972]. Bei der Mitwirkung von Arbeitnehmern handelt es sich um die verfassten Rechte auf betrieblicher Ebene, mithin um Betriebsverfassungsrecht.

b) Abgrenzung zur Mitbestimmung

Nicht Gegenstand der Untersuchung sind die Rechte der Arbeitnehmer in Form der Mitbestimmung. Während die Mitwirkungsrechte in Form der Unterrichtung und Anhörung der Arbeitnehmer arbeitsrechtliche Bereiche regeln, betreffen die Mitbestimmungsrechte gesellschaftsrechtliche Fragen[973]. Der sog. arbeitsrechtliche Ansatz bei den Mitwirkungsrechten ist ein punktueller, das heißt, die Unterrichtungs- und Anhörungsrechte der Arbeitnehmer sind auf die jeweils geregelte Materie beschränkt. Bezüglich des sog. gesellschaftsrechtlichen Ansatzes bei den Mitbestimmungsrechten gibt es gemeinschaftsrechtliche Regelungen bislang nur im Entwurfsstadium[974].

c) Überblick über die Mitwirkungsrechte

Die Mitwirkungsrechte finden ihren Ursprung in der Gemeinschaftscharta der sozialen Grundrechte der Arbeitnehmer vom 9.12.1989[975], welche die Unterrichtung, Anhörung

---

[972] Krimphove, Europäisches Arbeitsrecht, 1996, S. 260

[973] Rademacher, Der Europäische Betriebsrat, 1996, S. 55

[974] Rademacher, Der Europäische Betriebsrat, 1996, S. 55; es besteht seit 1957 Streit um die gemeinschaftsweite Einführung von Mitbestimmungssystemen von Arbeitnehmern in Aktiengesellschaften, vgl. Kolvenbach, Die Fünfte EG-Richtlinie über die Struktur der Aktiengesellschaft (Strukturrichtlinie), DB 1983, S. 2235. Der letzte Kommissionsentwurf zur Arbeitnehmermitbestimmung in Aktiengesellschaften stammt vom 20.11.1991 als dritter geänderter Vorschlag der fünften gesellschaftsrechtlichen Richtlinie, sog. Strukturrichtlinie, in: Abl EG Nr. C 321 v. 12.12.1991, S. 9 ff. Dieser Entwurf wurde erstmals bereits 1972 durch die Kommission eingebracht. Weitere Entwürfe zu Regelungen der Arbeitnehmermitbestimmung finden sich abgedruckt in: Lutter, Europäisches Unternehmensrecht, 4. Aufl., 1996

[975] KOM (89) 248 endg., sowie das Grünbuch „Eine neue Arbeitsorganisation im Geiste der Partnerschaft“

und Mitwirkung der Arbeitnehmer vorsieht. So müssen gemäß Zif. 17 der Gemeinschaftscharta die Mitwirkungsrechte der Arbeitnehmer insbesondere für grenzüberschreitende Unternehmungen innerhalb der Gemeinschaft weiterentwickelt werden. Zif. 18 der Charta sieht die Mitwirkung der Arbeitnehmer u.a. bei Umstrukturierung von Unternehmen und Massenentlassungen vor. Zif. 19 der Charta bestimmt die Mitwirkung der Arbeitnehmer hinsichtlich Gesundheitsschutz und Sicherheit in der Arbeitsumwelt.
Zif. 11 der Charta sichert die Koalitionsfreiheit von Arbeitgebern und Arbeitnehmern zur Wahrung ihrer wirtschaftlichen und sozialen Interessen.
Die „Unterrichtung und Anhörung der Arbeitnehmer" nach Art. 137 Abs. 1, 3. Spiegelstrich EGV kann vom Rat gemäß Art. 137 Abs. 2 EGV durch Richtlinien geregelt werden. Ihren Niederschlag finden die Mitwirkungsrechte dementsprechend in vier Richtlinien[976] in den Bereichen Massenentlassungen, Betriebsübergang, Sicherheit und Gesundheitsschutz und vor allem in der Richtlinie über den Europäischen Betriebsrat[977].

2. *Sekundärrecht*

a) Überblick

Zur Umsetzung der Mitwirkungsrechte der Arbeitnehmer wurden einschlägige Regelungen in den vier folgenden Richtlinien aufgenommen:
Rl. 94/45/EG[978] des Rates vom 22.9.1994 über die Einsetzung eines Europäischen Betriebsrats oder die Schaffung eines Verfahrens zur Unterrichtung und Anhörung der Arbeitnehmer in gemeinschaftsweit operierenden Unternehmen und Unternehmensgruppen,
Rl. 98/59/EG[979] des Rates vom 20.7.1998 zur Angleichung der Rechtsvorschriften der Mitgliedstaaten über Massenentlassungen, Art. 2 (Information und Konsultation),
Rl. 77/187/EWG[980] des Rates vom 14.2.1977 zur Angleichung der Rechtsvorschriften der Mitgliedstaaten über die Wahrung von Ansprüchen der Arbeitnehmer beim Übergang von Unternehmen, Betrieben oder Betriebsteilen, Art. 6 (Unterrichtungs- und Beratungsrechte der Arbeitnehmer),
Rahmenrichtlinie 89/391/EWG[981] des Rates vom 12.6.1989 über die Durchführung von Maßnahmen zur Verbesserung der Sicherheit und des Gesundheitsschutzes der Arbeitnehmer, Art. 10 (Unterrichtung der Arbeitnehmer bzw. deren Vertreter), Art. 11 (Anhörung und Beteiligung der Arbeitnehmer), Art. 12 (Unterweisung der Arbeitnehmer)

---

[976] vgl. auch die Begründung zum Vorschlag für eine Richtlinie des Rates zur Festlegung eines allgemeinen Rahmens für die Information und Anhörung der Arbeitnehmer in der Europäischen Gemeinschaft, KOM (98) 612
[977] Rademacher, Der Europäische Betriebsrat, 1996, S. 55–60; siehe zum Sekundärrecht anschließend, S. 182
[978] ABl. L 254, 30.9.94, S. 64
[979] ABl. L 225, 12.8.98,S. 16, s.o. S. 73
[980] ABl. L 61, 5.3.77, S. 26, s.o. S. 74
[981] ABl. L 183, 29.6.89, S. 1, s.o. S. 100

b) Rl. 94/45/EG (Europäischer Betriebsrat)

aa) Zweck der Richtlinie

Der Binnenmarkt hat einen Prozess der Unternehmenszusammenschlüsse, strategischen Allianzen, grenzüberschreitenden Fusionen, Übernahmen und Joint-ventures zur Folge und damit geht die länderübergreifende Strukturierung von Unternehmen bzw. Unternehmensgruppen einher[982]. Daher sollen die Arbeitnehmer zu diesen Umstrukturierungen unterrichtet und angehört werden[983]. Vorläufer zu den Unterrichtungs- und Anhörungsverfahren waren Konzernvereinbarungen auf europäischer Ebene, wie sie ab Mitte der 80er Jahre beispielsweise bei den Konzernen Thomson, Grundig oder Volkswagen als schuldrechtliche Vereinbarungen zwischen Arbeitgebern und Arbeitnehmern geschlossen wurden[984].

bb) Entstehungsgeschichte[985]

Die Richtlinie geht vor allem hervor aus dem sog. Vredeling-Vorschlag betreffend einer Richtlinie des Rates über die Unterrichtung und Anhörung der Arbeitnehmer von Unternehmen mit komplexer, insbesondere transnationaler Struktur aus dem Jahre 1980[986]. Sie wurde nach zahlreichen Änderungen am 22.9.1994 einstimmig (bei Stimmenthaltung Portugals) verabschiedet[987]. Die Rechtsgrundlage der Richtlinie ist Art. 2 Abs. 2 des Sozialabkommens betreffend die Unterrichtung und Anhörung der Arbeitnehmer[988].

cc) Ausgestaltung der Mitwirkung

Zur Mitwirkung der Arbeitnehmer muss ein Europäischer Betriebsrat oder müssen andere geeignete Verfahren geschaffen werden, um die Unterrichtung und Anhörung der Arbeitnehmer sicherzustellen[989]. Die Vereinbarung über die Modalitäten der Mitwirkung der Arbeitnehmer soll der Autonomie der Sozialpartner Rechnung tragen[990]. Ent-

---

[982] so die neunte Begründungserwägung zur Präambel der Rl. 94/45/EG

[983] vgl. die neunte Begründungserwägung zur Präambel der Rl. 94/45/EG sowie zu Sinn und Zweck der Richtlinie, Sandmann, Die Euro-Betriebsrats-Richtlinie 94/95/EG, 1995, S. 2-5

[984] Egger, Das Arbeits- und Sozialrecht der EG und die österreichische Rechtsordnung, 1998, S. 333–340; vgl. zu den europaweiten Wirtschafts-, Informations- und Branchenausschüssen in multinationalen Unternehmen: Zügel, Mitwirkung der Arbeitnehmer nach der EU-Richtlinie über die Einsetzung eines Europäischen Betriebsrats, 1995, S. 366–394; zu einzelnen Beispielen sowie einer empirischen Bestandsaufnahme europäischer Betriebsräte in deutschen Unternehmen: Deppe, Euro-Betriebsräte, Internationale Mitbestimmung – Konsequenzen für Unternehmen und Gewerkschaften, 1992, S. 101-190

[985] näher vgl. Rademacher, Der Europäische Betriebsrat, 1996, S. 33–55; sowie Egger, Das Arbeits- und Sozialrecht der EG und die österreichische Rechtsordnung, 1998, S. 340-346

[986] Egger, Das Arbeits- und Sozialrecht der EG und die österreichische Rechtsordnung, 1998, S. 342

[987] Die Ausweitung der Richtlinie auf das Vereinigte Königreich erfolgte durch die Rl. 97/74/EG, ABl. L 10, S. 22, 1998; vgl. Egger, Das Arbeits- und Sozialrecht der EG und die österreichische Rechtsordnung, 1998, S. 346

[988] so die überwiegende Ansicht, vgl. auch die dritte Begründungserwägung der Präambel zur Rl. 94/45/EG; anderer Ansicht nach stellt Art. 2 Abs. 3 des Sozialabkommens betreffend „die Vertretung und kollektive Wahrnehmung der Arbeitnehmer- und Arbeitgeberinteressen, einschließlich der Mitbestimmung" die Rechtsgrundlage dar, vgl. näher in: Rademacher, Der Europäische Betriebsrat, 1996, S. 79f

[989] zwölfte Begründungserwägung der Präambel zur Rl. 94/45/EG

[990] 15. Begründungserwägung der Präambel zur Rl. 95/95/EG

sprechend kommt es nur bei Nichteinigung zur zwingenden Einsetzung eines Europäischen Betriebsrats kraft subsidiärer Vorschriften[991].

II. Tschechisches Recht

1. Geltende Rechtslage

Einschlägige Bestimmungen zur Mitwirkung von Arbeitnehmern finden sich vor allem auf dem Gebiet der Normen über Sicherheit und Gesundheitsschutz am Arbeitsplatz, aber auch im Bereich von Massenentlassungen und grundlegenden wirtschaftlichen Entwicklungen des Unternehmens. In den einschlägigen Bestimmungen findet diese Beteiligung der Arbeitnehmer jeweils ausschließlich über das zuständige Gewerkschaftsorgan statt, vgl. §§ 135, 18 ZP sowie § 20 Gesetz Nr. 1/1991 Sb. (Beschäftigungsgesetz).

Art. 27 Abs. 1 der Charta der Grundrechte und –freiheiten gewährt jedermann das Recht, sich frei mit anderen Personen zum Schutz seiner wirtschaftlichen und sozialen Interessen zusammenzuschließen. Art. 27 Abs. 2 der Charta sichert die Pluralität der Gewerkschaften. Das ist vor dem Hintergrund zu sehen, dass Mitte der 1950er Jahre die Betriebs- und Unternehmensvertretungen mit den Gewerkschaftsorganen zusammengeschlossen wurden, so dass 90-95 % aller Arbeitnehmer, ob im privaten oder öffentlichen Sektor, in einer Einheitsgewerkschaft vertreten waren, der „Revolutionären Gewerkschaftsbewegung“[992]. Nach der Wende bis Ende 1992 haben sich dann ca. 75 Gewerkschaften neu konstituiert[993]. Dennoch gibt es keine von den Gewerkschaften unabhängige betrieblichen Vertretungssysteme der Arbeitnehmer, beispielsweise als Betriebsräte deutsch-österreichischen Typs[994]. Das heißt, die Vertretung der Arbeitnehmer wird allein von den Gewerkschaften wahrgenommen[995]. Im tschechischen Recht gibt es also keine der Richtlinie entsprechenden Regelungen zur Unterrichtung und Anhörung der Arbeitnehmer. Dies ist nicht kompatibel mit Gemeinschaftsrecht[996].

2. Neuregelung

Neuregelungen im Hinblick auf die Angleichung an Gemeinschaftsrecht sind im Regierungsentwurf zur Änderung des ZP enthalten[997]. Danach wird ein neuer „vierter Teil“ ins ZP eingefügt mit insgesamt 14 neuen Paragraphen, daneben werden einige andere Bestimmungen ergänzt[998]. So soll die Richtlinie über die Europäischen Betriebsräte durch die §§ 25 d-k ZP-Entwurf unter der Überschrift „Zugang zu übernationaler In-

[991] 17. Begründungserwägung der Präambel zur Rl. 95/95/EG

[992] ROH (tschech.: Revoluční odborové hnutí)

[993] Němec, Einführung zum Gesetz über Kollektivverhandlungen, in: Brunner; Schmid; Westen (Hrsg.), Wirtschaftsrecht der osteuropäischen Staaten (WOS), ČR VII.2.a., S. 1 f

[994] Němec, a.a.O., S. 2

[995] Tröster, u.a., „Approximation of Legislation“, 1996, S. 43 f

[996] ISAP, 19.12.96, Teil A zu Rl. 94/45/EG

[997] Regierungsentwurf vom 15.12.1999 zur Änderung des ZP, in: www.mpsv.cz/scripts/1aktuality/zakonik_prace/default.asp, Abfrage vom 20.1.2000

[998] vgl. Punkte 6-15 des Regierungsentwurfs vom 15.12.1999 zur Änderung des ZP, in: www.mpsv.cz/scripts/1aktuality/zakonik_prace/default.asp, Abfrage vom 20.1.2000, sowie Punkte 6-15 des Begründungsberichts zum Regierungsentwurf, besonderer Teil, in: www.mpsv.cz/scripts/1aktuality/zakonik_prace/zvlastni.asp, Abfrage vom 20.1.2000

formation und Konsultation“ umgesetzt werden[999]. Im einzelnen enthält § 25d ZP-Entwurf die gemeinsamen Bestimmungen zur übernationalen Information und Konsultation, § 25e ZP-Entwurf regelt das Verhandlungsgremium, § 25f ZP-Entwurf regelt den Beschluss über die Beendigung der Verhandlungen, § 25g ZP-Entwurf enthält Bestimmungen im Sinne von Art. 6 Abs. 3 der Richtlinie über den Europäischen Betriebsrat, wonach die zentrale Leitung und das besondere Verhandlungsgremium entweder die Einsetzung eines Europäischen Betriebsrats oder ein anderes Verfahren vereinbaren können und dann die subsidiären Vorschriften der §§ 25j-§ 25l ZP-Entwurf nicht zur Anwendung kommen, § 25h ZP-Entwurf regelt die Vereinbarung über einen Europäischen Betriebsrat, § 25j ZP-Entwurf enthält Bestimmungen zur Vereinbarung eines anderen Verfahrens zur übernationalen Information und Konsultation, schließlich beinhalten §§ 25j-§ 25l ZP-Entwurf die subsidiären Vorschriften über den Europäschen Betriebsrat kraft Gesetz.

B. Darstellung des tschechischen Rechts anhand der einzelnen Artikel der Richtlinien und Kompatibilitätsuntersuchung

I. Tschechisches Arbeitsrecht und Rl. 94/45/EG (Europäische Betriebsräte)

1. Art. 1 (Ziel der Richtlinie)

a) Gemeinschaftsrecht

Ziel der Richtlinie ist die Stärkung der Unterrichtungs- und Anhörungsrechte der Arbeitnehmer, Abs. 1. Zu diesem Zweck wird entweder ein Europäischer Betriebsrat eingesetzt oder ein anderes Mitwirkungsverfahren für die Arbeitnehmer eingerichtet, Abs. 2. Dies gilt nicht nur im einzelnen Unternehmen, sondern auch auf Ebene der Unternehmensgruppe, Abs. 3.

b) Darstellung des tschechischen Rechts und dessen Kompatibilität mit Gemeinschaftsrecht

Der Regierungsentwurf zur Änderung des ZP[1000] sieht vor, dass zur Sicherung des Rechts auf übernationale Information und Konsultation[1001] den Arbeitnehmern von gemeinschaftsweit operierenden Unternehmen[1002] ermöglicht wird, ein Verfahren zur

[999] Punkt 14 des Regierungsentwurfs vom 15.12.1999 zur Änderung des ZP

[1000] Regierungsentwurf vom 15.12.1999, in: www.mpsv.cz/scripts/1aktuality/zakonik_prace/default.asp, Abfrage vom 20.1.2000

[1001] tschech: informace a projednání (deutsch: Information und Konsultation, entspricht dem deutschen Wortlaut der „Unterrichtung und Anhörung“)

[1002] tschech: Zaměstnavatel s působností na území Evropských společenství (deutsch: gemeinschaftsweit operierendes Unternehmen)

übernationalen Information und Konsultation[1003] oder einen Europäischen Betriebsrat[1004] zu schaffen, § 25d Abs. 1, Satz 1 ZP-Entwurf[1005].
Gemäß § 25d Abs. 2 ZP-Entwurf werden von der Verpflichtung zur Schaffung eines Unterrichtungs- und Anhörungsverfahrens drei Gruppen erfasst: Erstens gemeinschaftsweit operierende Unternehmen und Unternehmensgruppen mit Sitz in der ČR, zweitens gemeinschaftsweit operierende organisatorische Einheiten von Unternehmen oder Unternehmensgruppen mit Sitz in der ČR[1006] und drittens Vertreter von gemeinschaftsweit operierenden Unternehmen oder Unternehmensgruppen gemäß Art. 1 Abs. 3 der Richtlinie, die ihren Sitz in der ČR haben.

2. Art. 2 (Begriffsbestimmungen)

a) Gemeinschaftsweit operierendes Unternehmen

Durch diese Begriffsbestimmungen wird sowohl der sachliche als auch der räumliche Anwendungsbereich der Richtlinie festgelegt[1007].

aa) sachlicher Anwendungsbereich

(1) Gemeinschaftsrecht

Der sachliche Anwendungsbereich der Richtlinie erstreckt sich gemäß Art. 2 Abs. 1 lit. a auf Unternehmen mit einem bestimmten Schwellenwert an Arbeitnehmern. So muss ein solches Unternehmen mindestens 1000 Arbeitnehmer in den Mitgliedstaaten und jeweils mindestens 150 Arbeitnehmer in wenigstens zwei Mitgliedstaaten beschäftigen.
Eine Definition des „Unternehmens" enthält die Richtlinie nicht. Entsprechend der Definition des EuGH zum allgemeinen Unternehmensbegriff ist darunter jede, eine wirtschaftliche Tätigkeit ausübende Einheit zu verstehen, unabhängig von ihrer Rechtsform und ihrer Finanzierung, worunter sowohl private als auch öffentliche Unternehmungen fallen[1008].

(2) Darstellung des tschechischen Rechts und dessen Kompatibilität mit Gemeinschaftsrecht

§ 25d Abs. 4 ZP-Entwurf[1009] definiert das gemeinschaftsweit operierende Unternehmen in sachlicher Hinsicht als Unternehmen mit mindestens 1000 Arbeitnehmern in den

---

[1003] dies entspricht dem deutschen Terminus des „Unterrichtungs- und Anhörungsverfahrens" (tschech: ujednání postupu pro informace a projednání)
[1004] tschech: Evropský rada zaměstnanců (deutsch: Europäischer Rat der Arbeitnehmer = Europäischer Betriebsrat nach deutscher Terminologie)
[1005] Regierungsentwurf vom 15.12.1999, Punkt 14, in: www.mpsv.cz/scripts/1aktuality/zakonik_prace/default.asp, Abfrage vom 20.1.2000
[1006] vgl. § 21 Bürgerliches Gesetzbuch
[1007] Rademacher, Der Europäische Betriebsrat, 1996, S. 83
[1008] EuGH, 23.4.1991, Rs. C-41/90 (Höfner und Elster), Slg. 1991, S. I-1979, Rz. 21. Diese zum Wettbewerbsrecht entwickelte Definition hat der EuGH auch auf sozialrechtliche Fälle übertragen, vgl. Rademacher, Der Europäische Betriebsrat, 1996, S. 84
[1009] Regierungsentwurf vom 15.12.1999, Punkt 14, in: www.mpsv.cz/scripts/1aktuality/zakonik_prace/default.asp, Abfrage vom 20.1.2000

Mitgliedstaaten und in mindestens zwei Mitgliedstaaten je 150 Arbeitnehmer. Diese Neuregelung ist voll kompatibel mit Gemeinschaftsrecht.

bb) Örtlicher Anwendungsbereich

(1) Gemeinschaftsrecht

Der örtliche Anwendungsbereich ist eröffnet, wenn es sich um ein gemeinschaftsweit operierendes Unternehmen handelt. Dieses liegt nach Art. 2 Abs. 1, lit. a der Richtlinie vor, wenn das Unternehmen mindestens 1000 Arbeitehmer in den Mitgliedstaaten[1010] beschäftigt, wovon in wenigstens zwei Mitgliedstaaten zumindest 150 Arbeitnehmer beschäftigt sein müssen.

(2) Darstellung des tschechischen Rechts und dessen Kompatibilität mit Gemeinschaftsrecht

Bezüglich des örtlichen Anwendungsbereichs sieht § 25d Abs. 3 ZP-Entwurf vor, dass darunter die Staaten der Europäischen Gemeinschaft verstanden werden. Die Richtlinie wäre danach nicht anwendbar bei Unternehmensoperationen mit den EWR Staaten Norwegen, Island oder Liechtenstein.
Dies erscheint nicht kompatibel mit Gemeinschaftsrecht, da Gemeinschaftsrecht die Einbeziehung des EWR-Raums in den Geltungsbereich der Richtlinie vorsieht[1011].

b) Unternehmensgruppe

aa) Gemeinschaftsrecht

Gemäß Art. 2 Abs. 1 lit. b der Richtlinie liegt eine Unternehmensgruppe vor zwischen dem herrschenden Unternehmen und den von diesem abhängigen Unternehmen.

bb) Darstellung des tschechischen Rechts und dessen Kompatibilität mit Gemeinschaftsrecht

Die Unternehmensgruppe wird in § 25d Abs. 5 ZP-Entwurf[1012] beschrieben als mehrere Unternehmen, die mit einem herrschenden Unternehmen verbunden sind.
Diese Neuregelung ist voll kompatibel mit Gemeinschaftsrecht.

[1010] Mitgliedstaaten sind mittlerweile alle 15 EU-Staaten sowie die drei EWR-Staaten Norwegen, Island und Liechtenstein, vgl. Egger, Das Arbeits- und Sozialrecht der EG und die österreichische Rechtsordnung, 1998, S. 347; vgl. auch Rademacher, Der Europäische Betriebsrat, 1996, S. 98

[1011] siehe den Beschluss des Gemeinsamen EWR-Ausschusses vom 22.6.1995 über die Änderung des Anhangs XVIII (Sicherheit und Gesundheitsschutz am Arbeitsplatz, Arbeitsrecht sowie Gleichbehandlung von Männern und Frauen) des EWR-Abkommens, ABl. 1996 L 140, S. 52

[1012] Regierungsentwurf vom 15.12.1999, Punkt 14, in: www.mpsv.cz/scripts/1aktuality/zakonik_prace/default.asp, Abfrage vom 20.1.2000

c) Gemeinschaftsweit operierende Unternehmensgruppe

aa) Gemeinschaftsrecht

Damit die Unternehmensgruppe als gemeinschaftsweit operierend angesehen werden kann, muss sie gemäß Art. 2 Abs. 1 lit. c der Richtlinie erstens mindestens 1000 Arbeitnehmer in den Mitgliedstaaten haben, zweitens müssen zwei der ihr angehörenden Unternehmen in verschiedenen Mitgliedstaaten liegen, und drittens muss mindestens eines ihrer Unternehmen mindestens 150 Arbeitnehmer in einem und ein weiteres Unternehmen mindestens 150 Arbeitnehmer in einem anderen Mitgliedstaat beschäftigen.

bb) Darstellung des tschechischen Rechts und dessen Kompatibilität mit Gemeinschaftsrecht

Die gemeinschaftsweit operierende Unternehmensgruppe wird in § 25d Abs. 5 ZP-Entwurf[1013] legaldefiniert. Danach liegt diese Gruppe vor, wenn sie mindestens 1000 Arbeitnehmer in allen Mitgliedstaaten aufweist, § 25d Abs. 5 lit. a ZP-Entwurf, und mindestens zwei Unternehmen ihren Sitz in verschiedenen Mitgliedstaaten haben, § 25d Abs. 5 lit. b ZP-Entwurf, und mindestens zwei Unternehmen in zwei verschiedenen Mitgliedstaaten mindestens 150 Arbeitnehmer haben, § 25d Abs. 5 lit. c ZP-Entwurf.
Diese Neuregelung ist nur betreffend § 25d Abs. 5, lit. b und c ZP-Entwurf mit Gemeinschaftsrecht voll kompatibel. Das Erfordernis, wonach die 1000 Arbeitnehmer der Unternehmensgruppe in „allen" Mitgliedstaaten[1014] beschäftig sein müssen, entspricht so nicht eindeutig der Richtlinie, die nur von „den" Mitgliedstaaten ausgeht, also nicht von der Gesmtheit aller Mitgliedstaaten.

d) Arbeitnehmervertreter

aa) Gemeinschaftsrecht

Die Richtlinie enthält keine Definition der Arbeitnehmervertreter, sondern verweist auf die Rechtsvorschriften bzw. Gepflogenheiten der Mitgliedstaaten, Art. 2 Abs. 1 lit. d [1015]. Das bedeutet aber nicht, dass diese Bestimmung dann leerläuft, wenn ein Mitgliedstaat über kein allgemeines System der Arbeitnehmervertretung verfügt[1016]. In einem solchen Falle sind Arbeitnehmervertretungen einzurichten[1017].

[1013] Regierungsentwurf vom 15.12.1999, Punkt 14, in: www.mpsv.cz/scripts/1aktuality/zakonik_prace/default.asp, Abfrage vom 20.1.2000

[1014] vgl. den tschechischen Wortlaut „ve *všech* členských státech" (in *allen* Mitgliedstaaten)

[1015] gemäß der 16. Begründungserwägung der Präambel zur Rl. 94/45/EG ist dies Ausdruck des Subsidiaritätsgrundsatzes. Zugleich war dieser Punkt einer der umstrittensten in der Entstehungsgeschichte der Richtlinie, weshalb auch keine Einigung über eine Definition des Arbeitnehmervertreters erzielt werden konnte, vgl. Egger, Das Arbeits- und Sozialrecht der EG und die österreichische Rechtsordnung, 1998, S. 348

[1016] Blanpain/ Schmidt, Europäisches Arbeitsrecht, 1996, S. 317

[1017] EuGH, 8.6.1994, Rs. C-383/92 (Kommission der Europäischen Gemeinschaften/ Vereinigtes Königreich), Slg. 1994, S. I-2479

bb) Darstellung des tschechischen Rechts und dessen Kompatibilität mit Gemeinschaftsrecht

(1) Geltende Rechtslage

Von den Gewerkschaften unabhängige betriebliche Vertretungssysteme von Arbeitnehmern existieren bisher nicht im tschechischen Arbeitsrecht[1018]. Das heißt, die Vertretung der Arbeitnehmer wird allein von den Gewerkschaften wahrgenommen[1019]. Problematisch wird dies, wenn in einem Unternehmen keine Gewerkschaft existiert, da dann niemand die Arbeitnehmer verteten kann. Der Verweis auf die Rechtsvorschriften bzw. Gepflogenheiten der Mitgliedstaaten kann jedoch nicht bedeuten, dass diese Bestimmung dann leerläuft, wenn ein Mitgliedstaat über kein allgemeines System der Arbeitnehmervertretung verfügt[1020]. In einem solchen Falle sind vielmehr Arbeitnehmervertretungen einzurichten[1021].
Somit ist der gegenwärtige Rechtszustand mit Gemeinschaftsrecht nur teilweise kompatibel[1022].

(2) Neufassung des ZP

Der Regierungsentwurf sieht gemäß § 24 ZP-Entwurf die Errichtung von Betriebsräten[1023] vor. Gemäß § 24 Abs. 1 ZP-Entwurf müssen die Arbeitnehmer die Möglichkeit zur Errichtung eines Betriebsrates haben, wenn es in ihrem Unternehmen keine Gewerkschaftsvertretung gibt[1024].

(a) Einführung zu Information und Konsultation nationaler Betriebsräte

Gemäß § 18 Abs. 1, Satz 1 ZP-Entwurf[1025] hat der Arbeitnehmer das Recht auf Information und Konsultation. Dabei muss der Arbeitgeber entweder sich unmittelbar an den Arbeitnehmer wenden, wenn es bei ihm kein zuständiges Gewerkschaftsorgan gibt, oder der Arbeitgeber informiert und konsultiert den Betriebsrat, wenn es bei ihm keine Gewerkschaft gibt, § 18 Abs. 1, Satz 2 ZP-Entwurf[1026].

[1018] vgl. auch zum Begriff des Arbeitnehmervertreters oben S. 77, S. 90; Es wird in diesem Zusammenhang erwogen, das Anfang der 50er Jahre aufgehobene Modell der Betriebsräte deutsch-österreichischen Typs wieder einzuführen, vgl. Kotečka, Neues Arbeitsrecht in der Tschechischen Republik, AuR 1994, S. 437
[1019] Tröster, u.a., „Approximation of Legislation", 1996, S. 43 f
[1020] Blanpain/ Schmidt, Europäisches Arbeitsrecht, 1996, S. 317
[1021] EuGH, 8.6.1994, Rs. C-383/92 (Kommission der Europäischen Gemeinschaften/ Vereinigtes Königreich), Slg. 1994, S. I-2479
[1022] vgl. ISAP zu den entsprechenden Verweisungen bezüglich des Begriffs der Arbeitnehmervertreter in den Rl. 98/59/EG (Massenentlassung), ISAP, 15.5.97, Teil A zu Rl.98/59/EG, und Rl. 77/187/EWG (Betriebsübergang), ISAP, 15.5.97, Teil A zu Rl. 77/187/EWG, siehe oben FN 1018
[1023] tschech: rad zaměstnanců (Rat der Arbeitnehmer, entspricht im deutschen Recht dem Betriebsrat)
[1024] Regierungsentwurf vom 15.12.1999, Punkt 11, in:
www.mpsv.cz/scripts/1aktuality/zakonik_prace/default.asp, Abfrage vom 20.1.2000
[1025] Regierungsentwurf vom 15.12.1999, Punkt 6, in:
www.mpsv.cz/scripts/1aktuality/zakonik_prace/default.asp, Abfrage vom 20.1.2000
[1026] tschech: rada zaměstnanců (deutsch: Rat der Arbeitnehmer, was nach deutscher Terminologie dem Betriebsrats enspricht)

(b) Informationspflicht des Arbeitgebers

Die Informationspflicht des Arbeitgebers erstreckt sich gemäß § 18 Abs. 2 lit. a-g, § 24 Abs. 2 ZP-Entwurf auf folgende Punkte: Wesentliche Fragen der Entwicklung des Unternehmens, dessen wirtschaftliches Ergebnis und wirtschaftlichen Perspektiven, die Folgen der Unternehmenstätigkeit auf die Lebensumwelt und damit verbundene ökologische Maßnahmen, § 18 Abs. 2 lit. a, die Übertragung des Unternehmens oder Unternehmensteile auf ein anderes Unternehmen, den Zeitpunkt oder den geplanten Zeitpunkt der Übertragung, die rechtlichen, wirtschaftlichen und sozialen Folgen der Übertragung und der vorzubereitenden Maßnahmen in bezug auf die Beschäftigten insofern, als diese von der Übertragung unmittelbar betroffen sind, § 18 Abs. 2 lit. b, die Rechtsstellung des Unternehmens und deren Änderung, die innere Organisation und persönlich berechtigte Bevollmächtigte für das Unternehmen in arbeitsrechtlichen Beziehungen, die geplanten und verwirklichten Änderungen in der Unternehmenstätigkeit, § 18 Abs. 2 lit. c, die voraussichtliche Beschäftigungsentwicklung im Unternehmen, § 18 Abs. 2 lit. d, die geplanten Strukturänderungen, Rationalisierungen oder organisatorische Maßnahmen und Maßnahmen in Zusammenhang mit Massenentlassungen von Arbeitnehmern gemäß § 2 Abs. 2 bis 4 ZP-Entwurf, § 18 Abs. 2 lit. e, Beschäftigungsumfang und –struktur, grundlegende Fragen der Arbeitsbedingungen und deren Änderung, § 18 Abs. 2 lit. f, sowie Maßnahmen des Arbeitgebers zur Sicherung der Gleichbehandlung der Beschäftigten gemäß § 1 Abs. 3 und 4 ZP-Entwurf (§ 18 Abs. 2 lit. g).

(c) Konsultationspflicht des Arbeitgebers

Die Konsultationspflicht des Arbeitgebers bezieht sich gemäß § 18 Abs. 3 lit. a und b, § 24 Abs. 2 ZP-Entwurf auf die Übertragung des Unternehmens oder Unternehmensteile

auf ein anderes Unternehmen, den Zeitpunkt oder den geplanten Zeitpunkt der Übertragung, die rechtlichen, wirtschaftlichen und sozialen Folgen der Übertragung und der vorzubereitenden Maßnahmen in bezug auf die Beschäftigten insofern als diese von der Übertragung unmittelbar betroffen sind, § 18 Abs. 1 lit. a ZP-Entwurf, sowie nach § 18 Abs. 3 lit. b ZP-Entwurf auf Maßnahmen in Zusammenhang mit Massenentlassungen von Arbeitnehmern nach §§ 52 Abs. 2 bis 4, 18 Abs. 1 lit. e ZP-Entwurf[1027].
Dies ist mit Gemeinschaftsrecht voll kompatibel.

e) Zentrale Leitung

aa) Gemeinschaftsrecht

Unter „zentraler Leitung" ist nach Art. 2 Abs. 1 lit. e die zentrale Unternehmensleitung bei einem gemeinschaftsweit operierenden Unternehmen bzw. die zentrale Unternehmensleitung des herrschenden Unternehmens bei gemeinschaftsweit operierenden Unternehmensgruppen zu verstehen.

[1027] Regierungsentwurf vom 15.12.1999, Punkt 6, in: www.mpsv.cz/scripts/1aktuality/zakonik_prace/default.asp, Abfrage vom 20.1.2000

bb) Darstellung des tschechischen Rechts und dessen Kompatibilität mit Gemeinschaftsrecht

Gemäß § 25d Abs. 7, Satz 1 ZP-Entwurf ist unter „zentraler Leitung“ die zentrale Leitung des Unternehmens im Falle gemeinschaftsweit operierender Unternehmen bzw. das herrschende Unternehmen bei gemeinschaftsweit operierenden Unternehmensgruppen zu verstehen[1028].
Dies ist mit Gemeinschaftsrecht voll kompatibel.

f) Anhörung

aa) Gemeinschaftsrecht

„Anhörung“ wird legaldefiniert als Meinungsaustausch und die Einrichtung eines Dialogs zwischen den Arbeitnehmervertretern und der zentralen Leitung oder einer anderen, angemesseneren Leitungsebene, Art. 2 Abs. 1 lit f der Richtlinie.

bb) Darstellung des tschechischen Rechts und dessen Kompatibilität mit Gemeinschaftsrecht

§ 18 Abs. 1, Satz 3 ZP-Entwurf enthält eine Legaldefinition der Konsultation[1029]. Danach handelt es sich um eine Erörterung bzw. Meinungsaustausch zwischen Arbeitgeber und Arbeitnehmern bzw. Arbeitnehmernvertretern mit dem Ziel, Einvernehmen herzustellen[1030].
Dies ist mit Gemeinschaftsrecht voll kompatibel.

g) Europäischer Betriebsrat

aa) Gemeinschaftsrecht

Gemäß Art. 2 Abs. 1 lit. g ist unter „Europäischem Betriebsrat“ der Betriebsrat zu verstehen, der entweder nach Art. 1 Abs. 2 oder nach den Bestimmungen des Anhangs zur Unterrichtung und Anhörung der Arbeitnehmer eingesetzt werden kann.

bb) Darstellung des tschechischen Rechts und dessen Kompatibilität mit Gemeinschaftsrecht

§ 25d Abs. 1, Satz 2 ZP-Entwurf bestimmt, dass sich der Europäische Betriebsrat entweder aufgrund einer Vereinbarung zwischen dem Verhandlungsgremium und der zentralen Leitung oder aufgrund gesetzlicher Anordnung nach § 25j ZP-Entwurf konstituiert[1031]. Dies ist mit Gemeinschaftsrecht voll kompatibel.

[1028] Regierungsentwurf vom 15.12.1999, Punkt 14, in: www.mpsv.cz/scripts/1aktuality/zakonik_prace/default.asp, Abfrage vom 20.1.2000
[1029] Regierungsentwurf vom 15.12.1999, Punkt 6, in: www.mpsv.cz/scripts/1aktuality/zakonik_prace/default.asp, Abfrage vom 20.1.2000
[1030] wörtlich in tschech: „Projednání“ (deutsch: Behandlung, Erörterung, was der Anhörung entspricht)
[1031] Regierungsentwurf vom 15.12.1999, Punkt 14, in: www.mpsv.cz/scripts/1aktuality/zakonik_prace/default.asp, Abfrage vom 20.1.2000

h) Besonderes Verhandlungsgremium

aa) Gemeinschaftsrecht

Unter „besonderem Verhandlungsgremium" versteht die Richtlinie das gemäß Art. 5 Abs. 2 der Richtlinie eingesetzte Gremium, das die Aufgabe hat, mit der zentralen Unternehmensleitung die Einsetzung eines Europäischen Betriebsrats oder die Schaffung eines Verfahrens zur Unterrichtung und Anhörung der Arbeitnehmer nach Art. 1 Abs. 2 auszuhandeln, Art. 2 Abs. 1 lit. h der Richtlinie.

bb) Darstellung des tschechischen Rechts und dessen Kompatibilität mit Gemeinschaftsrecht

§ 25e ZP-Entwurf[1032] enthält Bestimmungen zum besonderen Verhandlungsgremium[1033]. Gemäß Abs. 1 wird dieses gebildet, um für die Arbeitnehmer mit der zentralen Leitung
über den Abschluss eines Abkommens zur Einsetzung eines Europäischen Betriebsrates oder eines anderen Verfahrens zur übernationalen Unterrichtung und Anhörung zu verhandeln.
Dies ist mit Gemeinschaftsrecht voll kompatibel.

3. Art. 3 (herrschendes Unternehmen)

a) Gemeinschaftsrecht

Art. 3 Abs. 1 der Richtlinie bestimmt grundlegend, wann ein Unternehmen als „herrschendes Unternehmen" bezeichnet werden kann. Dies ist der Fall, wenn das Unternehmen zum Beispiel aufgrund von Eigentum, finanzieller Beteiligung oder sonstiger Bestimmungen, die die Tätigkeit des Unternehmens regeln, einen beherrschenden Einfluss auf ein anderes Unternehmen, dem dann abhängigen Unternehmen, ausüben kann. Art. 3 Abs. 2–5 der Richtlinie enthalten widerlegbare Vermutungen zum beherrschenden Einfluss eines Unternehmens bzw. Ausnahmen hiervon[1034].

b) Darstellung des tschechischen Rechts und dessen Kompatibilität mit Gemeinschaftsrecht

§ 25d Abs. 6, Satz 1 ZP-Entwurf definiert den Begriff des herrschenden Unternehmens, wonach dieses dann vorliegt, wenn es unmittelbar oder mittelbar ein anderes Unternehmen bzw. mehrere andere Unternehmen oder eine andere Gruppe von Unternehmen lenkt[1035]. § 25d Abs. 6, Satz 2 lit. a-c ZP-Entwurf umschreibt den Begriff des „Lenkens" bzw. des „Ausübens eines beherrschenden Einflusses"[1036]:

[1032] Regierungsentwurf vom 15.12.1999, Punkt 14, in: www.mpsv.cz/scripts/1aktuality/zakonik_prace/default.asp, Abfrage vom 20.1.2000
[1033] tschech: „Vyjednávací výbor" (deutsch: Verhandlungsgremium)
[1034] vgl. näher Rademacher, Der Europäische Betriebsrat, 1996, S. 85–88; Egger, Das Arbeits- und Sozialrecht der EG und die österreichische Rechtsordnung, 1998, S. 348 f
[1035] nach deutscher Terminologie:„einen beherrschenden Einfluss ausüben"
[1036] Regierungsentwurf vom 15.12.1999, Punkt 14, in:

Diese Regelung ist mit Gemeinschaftsrecht voll kompatibel.

4. *Art. 4 (Verantwortung für die Einrichtung eines Europäischen Betriebsrats oder die Schaffung eines Verfahrens zur Unterrichtung und Anhörung der Arbeitnehmer)*

a) Gemeinschaftsrecht

Art. 4 der Richtlinie bestimmt die Verantwortlichkeit für die Einrichtung des Europäischen Betriebsrats bzw. des Unterrichtungs- und Anhörungsverfahrens[1037]. Danach ist zunächst die zentrale Unternehmensleitung hierfür verantwortlich, Art. 4 Abs. 1. Ist diese zentrale Unternehmensleitung nicht in einem Mitgliedstaat ansässig, so ist der von ihr benannte Vertreter in der Gemeinschaft für die Massnahmen nach Art. 4 Abs. 1 verantwortlich, also der „Geschäftsführungsbeauftragte für Europa"[1038]. Gibt es auch keinen solchen Geschäftsführer, weil beispielsweise die Europaabteilung aus der Schweiz heraus geführt wird[1039], so ist für die Einrichtung des Europäischen Betriebsrats bzw. des entsprechenden Verfahrens die Leitung des Betriebs bzw. des zur Unternehmensgruppe gehörenden Unternehmens mit der höchsten Anzahl von Beschäftigten in einem Mitgliedstaat verantwortlich, Art. 4 Abs. 3.
Gemäß Abs. 3 gelten die in Abs. 2 genannten Personen als zentrale Leitung im Sinne der Richtlinie.

b) Darstellung des tschechischen Rechts und dessen Kompatibilität mit Gemeinschaftsrecht

Gemäß § 25d Abs. 1, Satz 3 ZP-Entwurf[1040] ist das gemeinschaftsweit tätige Unternehmen verpflichtet, auf seine Kosten die Bedingungen zur Errichtung und ordnungsgemäßen Ausübung der Tätigkeit von Verhandlungsgremium, Europäischem Betriebsrat oder einem anderen Verfahren zur Unterrichtung und Anhörung der Arbeitnehmer zu schaffen.
§ 25d Abs. 7, Satz 2 ZP-Entwurf[1041] regelt den Fall, dass die zentrale Leitung ihren Sitz nicht in den Mitgliedstaaten hat. Dann wird der von der zentralen Leitung benannte Vertreter als Zentrale im Sinne der Richtlinie angesehen. Wurde kein solcher Vertreter von der zentralen Leitung benannt, so bestimmt Satz 3 das Unternehmen mit der höchsten Anzahl an Arbeitnehmern in den Mitgliedstaaten als Zentrale im Sinne der Richtlinie.
Dies ist mit Art. 4 der Richtlinie voll kompatibel.

---

www.mpsv.cz/scripts/1aktuality/zakonik_prace/default.asp, Abfrage vom 20.1.2000
[1037] Egger, Das Arbeits- und Sozialrecht der EG und die österreichische Rechtsordnung, 1998, S. 350
[1038] Egger, a.a.O., S 351
[1039] so Egger, a.a.O., S. 351
[1040] Regierungsentwurf vom 15.12.1999, Punkt 14, in:
www.mpsv.cz/scripts/1aktuality/zakonik_prace/default.asp, Abfrage vom 20.1.2000
[1041] Regierungsentwurf vom 15.12.1999, Punkt 14, in:
www.mpsv.cz/scripts/1aktuality/zakonik_prace/default.asp, Abfrage vom 20.1.2000

5. Art. 5 (Besonderes Verhandlungsgremium)

a) Einführung

Zur Verwirklichung des Richtlinienziels, der Stärkung von Unterrichtung und Anhörung der Arbeitnehmer, werden zwischen Arbeitgeber und Arbeitnehmern Verhandlungen geführt, die unter anderem in der Einsetzung eines Europäischen Betriebsrats oder eines anderen Verfahrens enden können. Die Arbeitnehmer werden dabei von einem neuen Arbeitnehmervertretungsgremium repräsentiert, dem sog. besonderen Verhandlungsgremium[1042].

b) Aufnahme der Verhandlungen

aa) Gemeinschaftsrecht

Art. 5 Abs. 1 der Richtlinie bestimmt, dass die Initiative zur Aufnahme von Verhandlungen zur Einrichtung eines Europäischen Betriebsrats oder zur Schaffung eines Unterrichtungs- und Anhörungsverfahrens entweder von der zentralen Leitung oder von der Arbeitnehmerseite auszugehen hat. Erfolgt sie von Arbeitnehmerseite her, so muss der Antrag schriftlich gestellt, von einem Quorum von mindestens 100 Arbeitnehmern bzw. ihren Vertetern getragen sein und schließlich müssen die Antragsteller aus mindestens zwei Betrieben oder Unternehmen in mindestens zwei verschiedenen Mitgliedstaaten stammen, Art. 5 Abs. 1[1043].

bb) Darstellung des tschechischen Rechts und dessen Kompatibilität mit Gemeinschaftsrecht

§ 25e Abs. 2 ZP-Entwurf[1044] sieht vor, dass die Verhandlungen zur Einsetzung des Verhandlungsgremiums entweder durch besondere Initiative der zentralen Leitung oder auf schriftlichen Antrag von mindestens 100 Arbeitnehmern bzw. ihrer Vertreter von mindestens zwei Unternehmen in wenigstens zwei verschiedenen Mitgliedstaaten aufgenommen werden.
Diese Regelung ist voll kompatibel mit Gemeinschaftsrecht.

c) Leitlinien für die Einsetzung des besonderen Verhandlungsgremiums

Nächster Schritt nach Ergreifung der Initiative nach Art. 5 Abs. 1 der Richtlinie ist die Einsetzung des besonderen Verhandlungsgremiums. Hierzu enthält Art. 5 Abs. 2 Leitlinien zum Wahl- bzw. Benennungsverfahren sowie zu Größe und Zusammensetzung.

[1042] Rademacher, Der Europäische Betriebsrat, 1996, S. 105
[1043] vgl. Rademacher, a.a.O., S. 107
[1044] Regierungsentwurf vom 15.12.1999, Punkt 14, in: www.mpsv.cz/scripts/1aktuality/zakonik_prace/default.asp, Abfrage vom 20.1.2000

aa) Wahl und Benennungsverfahren

(1) Gemeinschaftsrecht

Gemäß Art. 5 Abs. 2, lit. a der Richtlinie obliegt es den Mitgliedstaaten, das Verfahren für die Wahl oder die Benennung der Mitglieder des besonderen Verhandlungsgremiums festzulegen, die in ihrem Hoheitsgebiet zu wählen oder zu benennen sind. Dabei sehen die Mitgliedstaaten vor, dass die Arbeitnehmer der Betriebe bzw. Unternehmen, in denen unabhängig vom Willen der Arbeitnehmer keine Arbeitnehmervertreter vorhanden sind, selbst Mitglieder für das besondere Verhandlungsgremium wählen oder benennen dürfen. Die einzelstaatlichen Rechtsvorschriften bzw. Gepflogenheiten bezüglich möglicher Schwellen für die Einrichtung eines Gremiums von Arbeitnehmervertretern werden dabei nicht berührt.

(2) Darstellung des tschechischen Rechts und dessen Kompatibilität mit Gemeinschaftsrecht

Nach § 25e Abs. 4, Satz 1 ZP-Entwurf[1045] werden die Mitglieder des Verhandlungsgremiums für die Arbeitnehmer in der ČR auf einer gemeinsamen Sitzung von den Arbeitnehmervertretern des Unternehmens bestimmt. Gibt es keine Arbeitnehmervertreter, so bestimmt Satz 2, dass die Arbeitnehmer die Vertreter wählen können, die für sie an der gemeinsamen Sitzung teilnehmen. Die Stimmverteilung auf der gemeinsamen Sitzung wird im Verhältnis zur Beschäftigtenzahl bestimmt, Satz 3.

bb) Größe und Zusammensetzung

(1) Gemeinschaftsrecht

Das besondere Verhandlungsgremium setzt sich aus mindestens drei und höchstens 17 Mitgliedern zusammen, Art. 5 Abs. 2, lit. b der Richtlinie.
Gemäß Art. 5 Abs. 2, lit. c muss die Wahl bzw. Benennung zwei Prinzipien folgen, dem Repräsentationsprinzip und dem Proportionalitätsprinzip[1046]. So muss zur Wahrung des Repräsentationsprinzips mindestens ein Mitglied die jeweiligen nationalen Arbeitnehmer des Landes vertreten, in dem sich eine oder mehrere Betriebsstätten befinden. Sodann muss gemäß dem Proportionalitätsprinzip die Anzahl der zusätzlichen Mitglieder des besonderen Verhandlungsgremiums im Verhältnis zur Zahl der beschäftigten Arbeitnehmer in den jeweiligen Betriebsstätten stehen.
Es wird also der Länderrepräsentanz Vorrang vor der Belegschaftsgrößenrepräsentanz eingeräumt[1047].
Die Zusammensetzung des besonderen Verhandlungsgremiums wird der zentralen Leitung und den örtlichen Unternehmensleitungen mitgeteilt, Art. 5 Abs. 2, lit. d der Richtlinie.

[1045] Regierungsentwurf vom 15.12.1999, Punkt 14, in: www.mpsv.cz/scripts/1aktuality/zakonik_prace/default.asp, Abfrage vom 20.1.2000

[1046] Egger, Das Arbeits- und Sozialrecht der EG und die österreichische Rechtsordnung, 1998, S. 352; Rademacher, Der Europäische Betriebsrat, 1996, S. 109

[1047] Wuttke, Europäische Betriebsräte - Zeitliche Zwänge und Chancen, DB 1995, S. 774

(2) Darstellung des tschechischen Rechts und dessen Kompatibilität mit Gemeinschaftsrecht

Gemäß § 25e Abs. 3, Satz 1 ZP-Entwurf[1048] besteht das Verhandlungsgremium aus mindestens drei und höchstens 17 Mitgliedern.
Dies ist voll kompatibel mit Art. 5 Abs. 2 lit. b der Richtlinie.
§ 25e Abs. 3, Satz 2 ZP-Entwurf[1049] bestimmt, dass die die Mitglieder des Verhandlungsgremiums Arbeitnehmer des gemeinschaftsweit operierenden Unternehmens bzw. der Unternehmensgruppe sind. Satz 3 sieht vor, dass die Arbeitnehmer von gemeinschaftweit operierenden Unternehmen bzw. Unternehmensgruppen von je einem Mitglied pro Mitgliedstaat, in dem sich diese Unternehmen befinden, vertreten werden. Satz 4 schreibt vor, dass ein weiteres Mitglied für Arbeitnehmer solcher Unternehmen entsandt wird, die auf dem Gebiet eines Mitgliedstaats mindestens 25 % der Arbeitnehmer beschäftigen. Weitere zwei Mitglieder werden für Arbeitnehmer solcher Unternehmen entsandt, die auf dem Gebiet eines Mitgliedstaats mindestens 50 % der Arbeitnehmer beschäftigen. Schließlich werden drei weitere Mitglieder für Arbeitnehmer solcher Unternehmen entsandt, die auf dem Gebiet eines Mitgliedstaats mindestens 75 % aller Arbeitnehmer beschäftigen.
Dies ist voll kompatibel mit den Mindestanforderungen für die Wahl oder Benennung der Mitglieder des Verhandlungsgremiums nach Art. 5 Abs. 2 lit. a und c der Richtlinie.

d) Aufgabe des besonderen Verhandlungsgremiums

aa) Gemeinschaftsrecht

Art. 5 Abs. 3 der Richtlinie regelt die Aufgabe des besonderen Verhandlungsgremiums. Dessen Aufgabe ist es, mit der zentralen Leitung in einer schriftlichen Vereinbarung den Tätigkeitsbereich, die Zusammensetzung, die Befugnisse und die Mandatsdauer des Europäischen Betriebsrats oder der Europäischen Betriebsräte bzw. die Durchführungsmodalitäten eines Verfahrens zur Unterrichtung und Anhörung der Arbeitnehmer festzulegen.

bb) Darstellung des tschechischen Rechts und dessen Kompatibilität mit Gemeinschaftsrecht

Gemäß § 25e Abs. 1 ZP-Entwurf[1050] wird das Verhandlungsgremium gebildet, um für die Arbeitnehmer mit der zentralen Leitung über den Abschluss eines Abkommens zur Einsetzung eines Europäischen Betriebsrates oder eines anderen Verfahrens zur übernationalen Unterrichtung und Anhörung zu verhandeln.
Dies ist mit Gemeinschaftsrecht voll kompatibel.

[1048] Regierungsentwurf vom 15.12.1999, Punkt 14, in: www.mpsv.cz/scripts/1aktuality/zakonik_prace/default.asp, Abfrage vom 20.1.2000
[1049] Regierungsentwurf vom 15.12.1999, Punkt 14, in: www.mpsv.cz/scripts/1aktuality/zakonik_prace/default.asp, Abfrage vom 20.1.2000
[1050] Regierungsentwurf vom 15.12.1999, Punkt 14, in: www.mpsv.cz/scripts/1aktuality/zakonik_prace/default.asp, Abfrage vom 20.1.2000

e) Verfahren

aa) Gemeinschaftsrecht

Nach Art. 5 Abs. 4 der Richtlinie beruft die zentrale Leitung eine Sitzung mit dem besonderen Verhandlungsgremium ein, um eine Vereinbarung gemäß Artikel 6 zu schließen. Sie setzt die örtlichen Unternehmensleitungen hiervon in Kenntnis. Das besondere Verhandlungsgremium kann sich bei den Verhandlungen durch Sachverständige seiner Wahl unterstützen lassen.
Gemäß Art. 5 Abs. 5 der Richtlinie kann das besondere Verhandlungsgremium mit mindestens zwei Dritteln der Stimmen beschliessen, keine Verhandlungen gemäß Abs. 4 zu eröffnen oder die bereits eröffneten Verhandlungen zu beenden. Durch einen solchen Beschluss wird das Verfahren zum Abschluss der in Artikel 6 genannten Vereinbarung beendet. Ist ein solcher Beschluss gefasst worden, finden die Bestimmungen des Anhangs keine Anwendung. Ein neuer Antrag auf Einberufung des besonderen Verhandlungsgremiums kann frühstens zwei Jahre nach dem vorgenannten Beschluss gestellt werden, es sei denn, die betroffenen Parteien setzen eine kürzere Frist fest.

bb) Darstellung des tschechischen Rechts und dessen Kompatibilität mit Gemeinschaftsrecht

Gemäß § 25e Abs. 5 ZP-Entwurf beruft die zentrale Leitung die Gründungssitzung mit dem Verhandlungsgremium ohne übermäßigen Aufschub ein, nachdem sie von der Benennung der Mitglieder des Verhandlungsgremiums unterrichtet worden ist. Ort und Zeitpunkt der gemeinsamen Verhandlungen sind Gegenstand von Verhandlungen zwischen Verhandlungsgremium und zentraler Leitung, § 25e Abs. 8, Satz 1.
Dies ist voll kompatibel mit Art. 5 Abs. 4 der Richtlinie.

§ 25f ZP-Entwurf regelt den Beschluss über die Verhandlungen. Danach kann das Verhandlungsgremium mit mindestens zwei Dritteln[1051] der Stimmen seiner Mitglieder beschließen, dass die Verhandlungen entweder gar nicht aufgenommen oder die bereits eröffneten Verhandlungen beendet werden, § 25f, Satz 1 ZP-Entwurf; Satz 2 bestimmt, dass darüber ein Bericht verfasst wird, der von allen Mitgliedern des Verhandlungsgremiums unterschrieben wird. Satz 3 sieht vor, dass die zentrale Leitung den gleichen Bericht erhält und die Möglichkeit hat, darüber Arbeitgeber und Arbeitnehmer oder deren Vertreter zu informieren. Ein neues Gesuch gemäß § 25e Abs. 2 ZP-Entwurf kann nicht vor Ablauf von zwei Jahren nach dem Beschluss gestellt werden, es sei denn, die zentrale Leitung und das Verhandlungsgremium vereinbaren eine kürzere Zeit.
§ 25f ist voll kompatibel mit Art. 5 Abs. 5 der Richtlinie.

[1051] ansonsten beschließt das Verhandlungsgremium mit der Mehrheit der Stimmen aller seiner Mitglieder, § 25e Abs. 6 ZP-Entwurf

f) Kosten

aa) Gemeinschaftsrecht

Gemäß Art. 5 Abs. 6 werden die Kosten im Zusammenhang mit den Verhandlungen nach den Absätzen 3 und 4 von der zentralen Leitung getragen, damit das besondere Verhandlungsgremium seine Aufgaben in angemessener Weise erfüllen kann. Die Mitgliedstaaten können unter Wahrung dieses Grundsatzes Regeln für die Finanzierung der Arbeit des besonderen Verhandlungsgremiums festlegen. Sie können insbesondere die Übernahme der Kosten auf die Kosten für einen Sachverständigen begrenzen.

bb) Darstellung des tschechischen Rechts und dessen Kompatibilität mit Gemeinschaftsrecht

Gemäß § 25d Abs. 1, Satz 3 ZP-Entwurf[1052] ist das gemeinschaftsweit tätige Unternehmen verpflichtet, auf seine Kosten die Bedingungen zu schaffen zur Errichtung und ordnungsgemäßen Ausübung der Tätigkeit u.a. des Verhandlungsgremiums. Ferner trägt nach Satz 3 das Unternehmen die Kosten für Sachverständige, soweit nicht mittels zentraler Übereinkunft die Erstattung weitere Kosten vereinbart wurde. Insbesondere trägt das Unternehmen die Kosten für Versammlungen, Dolmetscher, Reisen und Unterbringung der Mitglieder in Zusammenhang mit deren ordnungsgemäßer Tätigkeit. Ferner trägt das Unternehmen die Kosten für andere Fachleute, soweit nicht mittels zentraler Übereinkunft die Erstattung weitere Kosten vereinbart wurde.
Nach § 25e Abs. 8, Satz 2 ZP-Entwurf[1053] trägt das Unternehmen die Kosten für die Tätigkeit des Verhandlungsgremiums.
Dies ist mit Gemeinschaftsrecht voll kompatibel.

6. Art. 6 (Inhalt der Vereinbarung)

a) Einführung

aa) Gemeinschaftsrecht

Zur Umsetzung der Mitwirkungsrechte der Arbeitnehmer sieht die Richtlinie zwei Grundmodelle vor, einmal die Einrichtung eines Europäischen Betriebsrats, Art. 6 Abs. 2, und zum anderen die Schaffung eines Unterrichtungs- und Anhörungsverfahrens, Art. 6 Abs. 3. Die beiden Modelle stehen dabei gleichberechtigt nebeneinander[1054].
Kommt es zu einer Vereinbarung im Sinne der Abs. 2 und 3 der Richtlinie, so greifen die im Anhang zur Richtlinie enthaltenen subsidiären Vorschriften gemäß Art. 6 Abs. 4 nicht, da die gesetzliche Anordnung der Einsetzung eines Europäischen Betriebsrates dann nicht notwendig ist.

[1052] Regierungsentwurf vom 15.12.1999, Punkt 14, in: www.mpsv.cz/scripts/1aktuality/zakonik_prace/default.asp, Abfrage vom 20.1.2000
[1053] Regierungsentwurf vom 15.12.1999, Punkt 1, in: www.mpsv.cz/scripts/1aktuality/zakonik_prace/default.asp, Abfrage vom 20.1.2000
[1054] vgl. die alternative Nennung beider Modell in der zwölften Begründungserwägung der Präambel sowie in Art. 1 Abs. 2 der Rl. 94/45/EG, Rademacher, Der Europäische Betriebsrat, 1996, S. 117

Für den Abschluss der Vereinbarungen ist gemäß Art. 6 Abs. 5 der Richtlinie die Mehrheit der Stimmen der Mitglieder des besonderen Verhandlungsgremiums erforderlich. Die Vereinbarung erfolgt nach Art. 6 Abs. 2 und 3 in schriftlicher Form.

bb) Darstellung des tschechischen Rechts und dessen Kompatibilität mit Gemeinschaftsrecht

Gemäß § 25g Abs. 1, Satz 1 ZP Entwurf können die zentrale Leitung und das Verhandlungsgremium entweder die Schaffung eines Europäischen Betriebsrats oder ein anderes Unterrichtungs- und Anhörungsverfahren vereinbaren. In diesem Falle sind sie nicht an die §§ 25j–25l ZP-Entwurf gebunden (gesetzliche Anordnung eines Betriebsrats). Gemäß § 25 Abs. 2 ZP-Entwurf kann der Europäische Betriebsrat auf Arbeitnehmervertreter von Unternehmen ausgeweitet werden, die nicht Mitglied der EG sind, soweit sich darüber die zentrale Leitung und das Verhandlungsgremium einigen.
Diese Regelung ist voll kompatibel mit Gemeinschaftsrecht.

b) Europäischer Betriebsrat

aa) Gemeinschaftsrecht

Art. 6 Abs. 2 der Richtlinie enthält einen Katalog von Punkten, die in der Vereinbarung enthalten sein müssen. Wie diese Punkte ausgefüllt werden, bleibt dem Regelungsspielraum und damit der Autonomie der Parteien vorbehalten[1055]. Folgende sechs Punkte müssen in die Vereinbarung aufgenommen werden: Die von der Vereinbarung betroffenen Unternehmen der gemeinschaftsweit operierenden Unternehmensgruppe oder Betriebe des gemeinschaftsweit operierenden Unternehmens, Art. 6, Abs. 2, lit. a, desweiteren die Zusammensetzung des Europäischen Betriebsrats, die Anzahl der Mitglieder, die Sitzverteilung und die Mandatsdauer, Art. 6 Abs. 2, lit. b, ferner die Befugnisse und das Unterrichtungs- und Anhörungsverfahren des Europäischen Betriebsrats, Art. 6 Abs. 2, lit c, dann der Ort, die Häufigkeit und die Dauer der Sitzungen des Europäischen Betriebsrats, Art. 6 Abs. 2, lit. d, desweiteren die für den Europäischen Betriebsrat bereitzustellenden finanziellen und materiellen Mittel, Art. 6 Abs. 2, lit. e, und schließlich die Laufzeit der Vereinbarung und das bei ihrer Neuaushandlung anzuwendende Verfahren, Art. 6 Abs. 2, lit. f der Richtlinie.

bb) Darstellung des tschechischen Rechts und dessen Kompatibilität mit Gemeinschaftsrecht

§ 25h ZP-Entwurf[1056] regelt die Gründungsvereinbarung zum Europäischen Betriebsrat. Danach muss diese Vereinbarung schriftlich erfolgen und insbesondere folgende Punkte enthalten: Die zentrale Leitung aller Unternehmen, auf die sich die Vereinbarung bezieht, § 25h lit. a, das Verfahren zur Gründung und die Zusammensetzung des Europäischen Betriebsrats, die Anzahl der Mitglieder, deren Stellvertreter und die Mandatsdauer, § 25h lit. b, Ort, Dauer und Häufigkeit der Zusammenkünfte des Europäischen Betriebsrats, § 25h lit. c, Aufgaben, Rechte und Pflichten des Europäischen Betriebsrats,

---

[1055] Rademacher, Der Europäische Betriebsrat, 1996, S. 117 f; Egger, Das Arbeits- und Sozialrecht der EG und die österreichische Rechtsordnung, 1998, S. 353
[1056] Regierungsentwurf vom 15.12.1999, Punkt 14, in: www.mpsv.cz/scripts/1aktuality/zakonik_prace/default.asp, Abfrage vom 20.1.2000

der zentralen Leitung und der Unternehmen bei der Gewährung der Rechte der Arbeitnehmer auf Unterrichtung und Anhörung, § 25h lit. d, die Modalitäten zur Einberufung der Sitzungen, § 25h lit. e, die Modalitäten zur finanziellen Erstattung für die Tätigkeit des Europäischen Betriebsrats, § 25h lit. f, Bestimmungen über das Verfahren bei organisatorischen Änderungen, § 25h lit. g, die Laufzeit der Vereinbarung über den Europäischen Betriebsrat, und schließlich die Möglichkeit der Änderung der Vereinbarung, einschließlich der Übergangsbestimmungen, § 25 h lit h.
Diese Regelungen sind mit Gemeinschaftsrecht voll kompatibel.

c) Schaffung von Unterrichtungs- und Anhörungsverfahren

aa) Gemeinschaftsrecht

Gemäß Art. 6 Abs. 3, Satz 1 der Richtlinie können die Parteien die Schaffung eines oder mehrerer Unterrichtungs- und Anhörungsverfahren vereinbaren. Hierzu haben sie nach Art. 6 Abs. 3, Satz 2 schriftlich festzulegen, unter welchen Voraussetzungen die Arbeitnehmervertreter das Recht haben, zu einem Meinungsaustausch über die ihnen übermittelten Informationen zusammenzutreten. Dabei handelt es sich um länderübergreifende Angelegenheiten, welche erhebliche Auswirkungen auf die Interessen der Arbeitnehmer haben, Art. 6 Abs. 3, Satz 3 der Richtlinie[1057].

bb) Darstellung des tschechischen Rechts und dessen Kompatibilität mit Gemeinschaftsrecht

§ 25i ZP-Entwurf[1058] enthält Bestimmungen bezüglich der Vereinbarung über andere Verfahren für die übernationale Unterrichtung und Anhörung. Diese Vereinbarung muss schriftlich erfolgen und insbesondere folgende Punkte umfassen: Gegenstand der Unterrichtung und Anhörung, insbesondere zu übernationalen Sachverhalten und wichtigem Interesse für die Arbeitnehmer, § 25i lit. a, Art und Weise der gemeinsamen Unterrichtung und Anhörung der Arbeitnehmervertreter durch die zentralen Leitung, § 25i lit. b, sowie Art und Weise der Gewährleistung der Anhörung durch die zentrale Leitung oder anderer zuständiger Leitungsebenen, § 25i lit. c ZP-Entwurf.
Diese Regelungen sind mit Gemeinschaftsrecht voll kompatibel.

7. Art. 7 (Subsidiäre Vorschriften)

a) Voraussetzungen für die Anwendung der subsidiären Bestimmungen

aa) Gemeinschaftsrecht

Gemäß Art. 7 Abs. 1 der Richtlinie kommen die subsidiären Rechtsvorschriften des Mitgliedstaats, in dem die zentrale Leitung ihren Sitz hat, in drei Fällen zur Anwen-

---

[1057] Zur Konkretisierung des Begriffs der „erheblichen Auswirkungen auf die Interessen der Arbeitnehmer" kann Ziff. 3 des Anhangs der Richtlinie herangezogen werden, wonach es sich beispielsweise um Verlegung oder Schließung von Unternehmen oder Betrieben oder Massenentlassungen handelt, vgl. Rademacher, Der Europäische Betriebsrat, 1996, S. 118
[1058] Regierungsentwurf vom 15.12.1999, Punkt 14, in: www.mpsv.cz/scripts/1aktuality/zakonik_prace/default.asp, Abfrage vom 20.1.2000

dung: Entweder, wenn die zentrale Leitung und das besondere Verhandlungsgremium einen entsprechenden Beschluss fassen, oder wenn die zentrale Leitung die Aufnahme von Verhandlungen binnen sechs Monaten nach dem ersten Antrag nach Artikel 5 Abs. 1 der Richtlinie verweigert, oder wenn binnen drei Jahren nach dem entsprechenden Antrag keine Vereinbarung gemäß Art. 6 der Richtlinie zustande kommt und das besondere Verhandlungsgremium keinen Beschluss nach Artikel 5 Abs. 5 gefasst hat.

bb) Darstellung des tschechischen Rechts und dessen Kompatibilität mit Gemeinschaftsrecht

Gemäß § 25j Abs. 1 ZP-Entwurf[1059] kommt es zur gesetzlichen Einsetzung Europäischer Betriebsräte, wenn dies entweder zwischen zentraler Leitung und besonderem Verhandlungsgremium so vereinbart wurde, § 25j Abs. 1, lit. a, oder wenn die zentrale Leitung sich nach einem Zeitraum von sechs Monaten nach Stellung des Antrags gemäß § 25e Abs. 2 ZP-Entwurf weigert, entsprechende Verhandlungen aufzunehmen, § 25j Abs. 1, lit b, oder wenn nach drei Jahren nach Stellung des Antrags gemäß § 25e Abs. 2 ZP-Entwurf die zentrale Leitung und das besondere Verhandlungsgremium keine entsprechende Vereinbarung erzielen und das besondere Verhandlungsgremium keinen Beschluss über die Beendigung der Verhandlungen nach § 25f-ZP-Entwurf gefasst hat. § 25j Abs. 1 ZP-Entwurf entspricht Art. 7 Abs. 1 der Richtlinie und ist damit mit Gemeinschaftsrecht voll kompatibel.

b) Anhang zu den subsidiären Vorschriften nach Art. 7

Gemäß Art. 7 Abs. 2 der Richtlinie müssen die mitgliedstaatlichen subsidiären Vorschriften nach Art. 7 Abs. 1 den durch die Rechtsvorschriften im Anhang niedergelegten Bestimmungen genügen.

aa) Zuständigkeit des Europäischen Betriebsrats, Zif. 1 lit. a des Anhangs

(1) Gemeinschaftsrecht

Die Zuständigkeit des Europäischen Betriebsrats erstreckt sich auf grenzüberschreitende Angelegenheiten[1060]. Das sind Angelegenheiten, die das gemeinschaftsweit operierende Unternehmen bzw. die Unternehmensgruppe insgesamt oder mindestens zwei Betriebe bzw. Unternehmen in verschiedenen Ländern betreffen, Zif. 1 lit. a des Anhangs[1061].

(2) Darstellung des tschechischen Rechts und dessen Kompatibilität mit Gemeinschaftsrecht

Gemäß § 25j Abs. 10, 1. Hs. ZP-Entwurf ist die zentrale Leitung verpflichtet, den Europäischen Betriebsrat über Angelegenheiten zu informieren, die mindestens zwei Unternehmen mit Sitz in zwei verschiedenen Mitgliedstaaten betreffen. Dabei beschränken

---

[1059] Regierungsentwurf vom 15.12.1999, Punkt 6, in: www.mpsv.cz/scripts/1aktuality/zakonik_prace/default.asp, Abfrage vom 20.1.2000

[1060] Rademacher, Der Europäische Betriebsrat, 1996, S. 126

[1061] vgl. auch die 19. Begründungserwägung in der Präambel zur Richtlinie, wonach der Europäische Betriebsrat zu unterrichten und anzuhören ist, damit er mögliche Auswirkungen auf die Interessen der Arbeitehmer in mindestens zwei Mitgliedstaaten abschätzen kann.

sich die Befugnisse der Europäischen Betriebsräte auf Angelegenheiten in diesen Mitgliedstaaten, § 25j Abs. 10, 2. Hs. ZP-Entwurf.
Diese Beschränkung der Informationspflichten auf die Angelegenheiten der jeweiligen Mitgliedstaaten entspricht Zif. 1 lit. a des Anhangs zu Art. 7 der Richtlinie und ist mit Gemeinschaftsrecht voll kompatibel.

bb) Größe, Zusammensetzung und Benennung des Europäischen Betriebsrats, Zif. 1 lit. b, c, d, e des Anhangs

(1) Gemeinschaftsrecht

Der Europäische Betriebsrat setzt sich aus mindestens drei und höchstens 30 Mitgliedern zusammen, Zif. 1, lit. c des Anhangs, die von den Arbeitnehmervertretern oder Arbeitnehmern[1062] aus den verschiedenen Mitgliedstaaten gewählt oder benannt werden, Zif. 1, lit. b des Anhangs. Wie bei der Regelung zum besonderen Verhandlungsgremium muss dabei mindestens ein Arbeitnehmer aus jedem betroffenen Mitgliedstaat vertreten sein. Auch hier gilt also der Vorrang der Länderrepräsentanz vor der Belegschaftsgrößenrepräsentanz[1063].

(2) Darstellung des tschechischen Rechts und dessen Kompatibilität mit Gemeinschaftsrecht

Die Größe und Zusammensetzung des Europäischen Betriebsrats soll in § 25j Abs. 3 und 4 ZP-Entwurf geregelt werden. Danach setzt sich der Europäische Betriebsrat aus mindestens drei und höchstens 30 Mitgliedern zusammen, § 25j Abs. 3, Satz 1 ZP-Entwurf. Dabei muss mindestens ein Vertreter aus jedem Mitgliedstaat, in dem das Unternehmen bzw. die Unternehmensgruppe vertreten ist, stammen, § 25j Abs. 3, Satz 2 ZP-Entwurf[1064].
Bezüglich des Ernennungsverfahrens bestimmt § 25j Abs. 2, Satz 1 ZP-Entwurf, dass auf einer gemeinsamen Sitzung die Arbeitnehmervertreter Arbeitnehmer zu Europäischen Betriebsräten benennen[1065]. Gibt es keine Arbeitnehmervertreter, so wählen die Arbeitnehmer dieser Unternehmen Repräsentanten, die sie auf der gemeinsamen Sitzung vertreten, § 25j Abs. 2, Satz 2 ZP-Entwurf[1066].
Diese Regelungen entsprechen vollständig Zif. 1 lit. b-e des Anhangs und sind damit mit Gemeinschaftsrecht voll kompatibel.

[1062] Bei Nichtexistenz einer Arbeitnehmervertretung findet also eine Urwahl statt, vgl. Rademacher, Der Europäische Betriebsrat, 1996, S. 124
[1063] Rademacher, Der Europäische Betriebsrat, 1996, S. 123
[1064] im übrigen enthält § 25j Abs. 3 und 4 ZP-Entwurf Detailregelungen zur weiteren Zusammensetzung des Europäischen Betriebsrats
[1065] Europäische Betriebsräte können also nach tschechischem wie auch nach Europäischem Recht auch solche Arbeitnehmer sein, die nicht zugleich Arbeitnehmerverteter sind, vgl. Rademacher, Der Europäische Betriebsrat, 1996, S. 124
[1066] diese Regelung ist identisch mit der Benennung der Mitlgieder des besonderen Verhandlungsgremiums gemäß § 25e Abs. 4 ZP-Entwurf, s.o. S. 195 f

cc) Befugnisse des Europäischen Betriebsrats

(1) Gemeinschaftsrecht

Die Befugnisse der Europäischen Betriebsrats lassen sich einteilen in die ordentliche Unterrichtung und Anhörung gemäß Zif. 2 des Anhangs und in die außerordentliche Unterrichtung und Anhörung nach Zif. 3 des Anhangs[1067].
Die ordentliche Unterrrichtung und Anhörung hat dabei auf einer einmal jährlich stattfindenden Sitzung zu erfolgen. Grundlage dieser Sitzung ist ein Bericht der zentralen Leitung, Zif. 2, Satz 1 des Anhangs. Die Unterrichtung und Anhörung hat insbesondere, aber nicht abschließend die in Zif. 2, Satz 2 enthaltenen Punkte zu umfassen: Struktur des Unternehmens, dessen wirtschaftliche und finanzielle Situation, die voraussichtliche Entwicklung der Geschäfts-, Produktions-, Absatz- und Beschäftigungslage, Investitionen, grundlegende Änderung der Organisation, Einführung neuer Arbeits- und Fertigungsverfahren, Verlagerungen der Produktion, Fusionen, Verkleinerung bzw. Schließung von Unternehmen oder Teilen hiervon, sowie Massenentlassungen[1068].
Eine außerordentliche Unterrichtung und Anhörung findet im Falle von außergewöhnlichen Umständen mit erheblichen Auswirkungen auf die Interessen der Arbeitnehmer statt. Zif. 3, Satz 1 des Anhangs. Solche außergewöhnlichen Umstände werden unwiderleglich vermutet bei Verlegung bzw. Schließung von Unternehmen oder Betrieben, ferner bei Massenentlassungen, Zif. 3, Satz 1 des Anhangs[1069].

(2) Darstellung des tschechischen Rechts und dessen Kompatibilität mit Gemeinschaftsrecht

Die Einrichtung nationaler[1070] wie Europäischer Betriebsräte soll im tschechischen Recht völlig neu geregelt werden. Gemäß § 25j Abs. 8 ZP-Entwurf muss die zentrale Leitung mindestens einmal jährlich den Europäischem Betriebsrat konsultieren. Danach sind im Rahmen dieser ordentlichen Unterrichtung und Anhörung insbesondere folgende Punkte zu erörtern: Organisationsstruktur des Unternehmens und dessen wirtschaftliche und finanzielle Lage, § 25j Abs. 8 lit. a, voraussichtliche Entwicklung des Geschäfts, der Produktion, des Absatzes sowie der Beschäftigung, § 25j Abs. 8 lit. b, Investitionen und wesentliche Änderungen der Arbeits- und technologischen Verfahren, § 25j Abs. 8 lit. c, Umwandlung von Unternehmen oder Betriebsteilen, einschließlich der Nennung von Gründen sowie Darstellung der wesentlichen Folgen für die Beschäftigten, § 25j Abs. 8 lit. d, sowie Massenentlassungen, § 25j Abs. 8 lit. e.
Nach § 25j Abs. 9, Satz 1 ZP-Entwurf muss eine außerordentliche Unterrichtung und Anhörung stattfinden, wenn außergewöhnliche Umstände eintreten, die besondere Auswirkungen auf die Interessen der Arbeitnehmer haben. Solche außergewöhnlichen Umstände sind insbesondere der Untergang, die Auflösung oder Umwandlung von Unternehmen oder deren Teile, § 25j Abs. 9, Satz 4 lit. a, oder Massenentlassungen,§ 25 Abs. 9, Satz 4 lit. b ZP-Entwurf.
Diese Neuregelungen sind mit Gemeinschaftsrecht voll kompatibel, da sie die Anforderungen der Zif. 2 und 3 des Anhangs vollständig umsetzen.

1067 Rademacher, Der Europäische Betriebsrat, 1996, S. 127 f
1068 vgl. hierzu Rademacher, a.a.O., S. 127 f
1069 Rademacher, a.a.O., S. 129
1070 s.o. S. 189 ff

8. Art. 8 (Vertrauliche Informationen)

a) Geheimhaltungspflicht

aa) Gemeinschaftsrecht

Art. 8 Abs. 1 sieht eine Geheimhaltungspflicht bezüglich Geschäfts- und Betriebsgeheimnissen für vier Personengruppen vor. So unterfallen dieser Verschwiegenheitspflicht die Mitglieder des besonderen Verhandlungsgremiums, des Europäischen Betriebsrats, die sie unterstützenden Sachverständigen sowie die Arbeitnehmervertreter im Rahmen des Unterrichtungs- und Anhörungsverfahrens nach Art. 6 Abs. 3. Die Geheimhaltungspflicht gilt auch noch nach Ablauf ihres Mandats, Art. 8 Abs. 1, UA 3[1071].

bb) Darstellung des tschechischen Rechts und dessen Kompatibilität mit Gemeinschaftsrecht

Gemäß § 25c Abs. 6, Satz 1 ZP-Entwurf[1072] sind die Betriebsräte und gemäß § 25l, Satz 4 ZP-Entwurf auch die Europäischen Betriebsräte zur Verschwiegenheit bezüglich im Rahmen ihrer Tätigkeit erlangten Informationen verpflichtet. Diese Verpflichtung gilt auch noch für ein Jahr nach Beendigung ihrer Funktion fort, § 25c Abs. 6, Satz 2 ZP-Entwurf.

b) Zurückhaltung vertraulicher Informationen

aa) Gemeinschaftsrecht

Gemäß Art. 8 Abs. 2 haben die Mitgliedstaaten die Möglichkeit, der zentralen Leitung die Zurückhaltung vertraulicher Informationen zu gestatten, wenn deren Bekanntwerden erhebliche Nachteile für die betreffenden Unternehmen mit sich bringen würde. Nach Art. 8 Abs. 3 können besondere Regelungen für Tendenzbetriebe durch die Mitgliedstaaten getroffen werden[1073].

bb) Darstellung des tschechischen Rechts und dessen Kompatibilität mit Gemeinschaftsrecht

Entsprechende Regelungen sind im tschechischen Recht nicht ersichtlich.

[1071] zur näheren Ausführung vgl. Rademacher, Der Europäische Betriebsrat, 1996, S. 135–137; sowie Egger, Das Arbeits- und Sozialrecht der EG und die österreichische Rechtsordnung, 1998, S. 358

[1072] Regierungsentwurf zur Änderung des ZP vom 15.12.1999, Punkte 13 und 15 in: www.mpsv.cz/scripts/1aktuality/zakonik_prace/default.asp, Abfrage vom 20.1.2000

[1073] zur näheren Ausführung vgl. Rademacher, Der Europäische Betriebsrat, 1996, S. 137 f; sowie Egger, Das Arbeits- und Sozialrecht der EG und die österreichische Rechtsordnung, 1998, S. 358

9. Art. 9 (Geist der Zusammenarbeit)

a) Gemeinschaftsrecht

Gemäß Art. 9 der Richtlinie haben die zentrale Leitung und der Europäische Betriebsrat bzw. die Arbeitnehmervertreter im Rahmen des Unterrichtungs- und Anhörungsverfahrens „mit dem Willen zur Verständigung" zusammenzuarbeiten. Dieser Geist der Zusammenarbeit findet sich auch in Art. 6 Abs. 1 der Richtlinie, in dem es um die Verhandlung einer Vereinbarung über die Unterrichtung und Anhörung der Arbeitnehmer geht[1074].

b) Darstellung des tschechischen Rechts und dessen Kompatibilität mit Gemeinschaftsrecht

Gemäß § 25e Abs. 7 ZP-Entwurf[1075] müssen die Verhandlungen zwischen Arbeitgebern und Arbeitnehmern im Streben nach Zusammenarbeit geführt werden.
Dies ist voll kompatibel mit Gemeinschaftsrecht.

10. Art. 10 (Schutz der Arbeitnehmervertreter)

a) Gemeinschaftsrecht

Art. 10 bestimmt, dass für die im Rahmen der Richtlinie tätigen Arbeitnehmervertreter die gleichen Schutzvorschriften und Sicherheiten gelten wie sie Arbeitnehmervertretern nach den jeweiligen innerstaatlichen Vorschriften zukommen. Dies gilt insbesondere für die Lohn- und Gehaltsfortzahlung. Art. 10 enthält damit keine materiellen Schutzvorschriften[1076].

b) Darstellung des tschechischen Rechts und dessen Kompatibilität mit Gemeinschaftsrecht

Gemäß § 59 Abs. 2 ZP darf der Arbeitgeber Mitgliedern von Gewerkschaftsorganen, die zur Mitentscheidung im Unternehmen befugt sind, nur mit vorheriger Zustimmung des zuständigen Gewerkschaftsorgans kündigen. Dieser Kündigungsschutz gilt sowohl während der Funktionszeit des Gewerkschaftsmitglieds, als auch ein Jahr nach der Beendigung dieser Funktion.
Diese Regelung ist nur teilweise kompatibel mit Gemeinschaftsrecht, da sie andere Arbeitnehmervertreter nicht berücksicht.

[1074] Blanpain/ Schweibert, Europäisches Arbeitsrecht, 2. Aufl., 1996, Rz. 572 f, woraus folge, dass dem Modell des Klassenkonflikts eine Absage erteilt wird, vgl. a.a.O.

[1075] Regierungsentwurf vom 15.12.1999, Punkt 14, in: www.mpsv.cz/scripts/1aktuality/zakonik_prace/default.asp, Abfrage vom 20.1.2000

[1076] Rademacher, Der Europäische Betriebsrat, 1996, S. 143, mit Verweis auf die 21. Begründungserwägung der Präambel zur Rl. 94/45/EG, wonach die Arbeitnehmervertreter aufgrund ihrer gesetzlichen Ausübung ihrer Tätigkeit nicht diskriminiert werden dürfen und gegen Entlassungen und andere Sanktionen geschützt werden müssen

Der Regierungsentwurf sieht in § 59a ZP-Entwurf[1077] den Schutz der (neu zu schaffenden) Betriebsräte sowie der (ebenfalls neu zu schaffenden) Vertreter auf dem Gebiet der BOZP vor, indem die Regelung des § 59 ZP auf diese beiden Gruppen ausgedehnt wird. Ferner enthält § 25c Abs. 1 ZP-Entwurf[1078] ein allgemeines Diskriminierungs- und Begünstigungsverbot zugunstender Betriebsräte.
Gemäß § 25l, Satz 4 ZP-Entwurf sind die Vorschriften des § 59a und § 25c ZP-Entwurf auch auf die Europäischen Betriebsräte voll anwendbar[1079].
Diese Regelung ist voll kompatibel mit Gemeinschaftsrecht, da eine völlige Gleichstellung nationaler mit europäischen Betriebsräten vorgeschrieben wird, § 25l, Satz 4 ZP-Entwurf.

II. Tschechisches Arbeitsrecht und Art. 2 Rl. 98/59/EG (Information und Konsultation bei Massenentlassungen)

1. Rechtzeitige Information und Konsultation der Arbeitnehmer

a) Gemeinschaftsrecht

Gemäß Art. 2 Abs. 1 Rl. 98/59/EG[1080] hat der Arbeitgeber, der eine Massenentlassung beabsichtigt, die Arbeitnehmer rechtzeitig zu konsultieren. Die Konsultationspflicht besteht also im voraus, das heißt bevor der Arbeitgeber die Entscheidung trifft, Massenentlassungen vorzunehmen, wie sich aus dem Wortlaut „beabsichtigt“ und „rechtzeitig“ ergibt[1081]. Dabei besteht die Informations- und Konsultationspflicht gemäß Art. 2 Abs. 1 bis 3 für den Arbeitgeber auch dann, wenn die Entscheidung über Massenentlassungen nicht von ihm selbst, sondern von dem den Arbeitgeber beherrschenden Unternehmen getroffen wurde, Art. 2 Abs. 4. Ferner wird nach Abs. 4 der Arbeitgeber mit dem Einwand nicht gehört, dass das für die Massenentlassung verantwortliche Unternehmen ihm die notwendigen Informationen nicht übermittelt habe[1082].

b) Darstellung des tschechischen Rechts und dessen Kompatibilität mit Gemeinschaftsrecht

Gemäß § 18 Abs. 2 lit. c ZP berät der Arbeitgeber mit dem zuständigen Gewerkschaftsorgan insbesondere Maßnahmen, die eine größere Anzahl von Arbeitnehmern betreffen.

1077 Regierungsentwurf vom 15.12.1999 zur Änderung des ZP, Punkt 29 zu § 59a ZP, in: www.mpsv.cz/scripts/1aktuality/zakonik_prace/default.asp, Abfrage vom 20.1.2000
1078 Regierungsentwurf vom 15.12.1999 zur Änderung des ZP, Punkt 13 zu § 25c ZP, in: www.mpsv.cz/scripts/1aktuality/zakonik_prace/default.asp, Abfrage vom 20.1.2000
1079 Regierungsentwurf vom 15.12.1999 zur Änderung des ZP, Punkt 15 zu § 25l ZP, in: www.mpsv.cz/scripts/1aktuality/zakonik_prace/default.asp, Abfrage vom 20.1.2000
1080 vgl. zur Richtlinie insgesamt oben S. 73 ff
1081 Blanpain/ Schmidt, Europäisches Arbeitsrecht, 1996, S. 319. Dagegen erfasst die Richtlinie nicht die Fälle, in denen der Arbeitgeber aufgrund seiner finanziellen Lage Massenentlassungen hätte erwägen müssen, dies aber versäumt hat, so EuGH, 12.2.1985, Rs. 284/83 (Dansk Metalarbejderforbund), Slg. 1985, S. 533
1082 Rechtslage seit der Novellierung der Rl. 75/129/EWG durch die Rl. 92/56/EWG, ABl. L 245, 26.8.1992, S. 3

Gemäß § 20 Abs. 1 Gesetz Nr. 1/1991 Sb.[1083] hat der Arbeitgeber, der beabsichtigt, einen strukturellen Wandel bzw. eine organisatorische oder Rationalisierungsmaßnahme durchzuführen, mit dem Ziel, Arbeitnehmer zu entlassen, rechtzeitig, das heißt regelmäßig drei Monate vor Durchführung der Maßnahme, das zuständige Gewerkschaftsorgan zu informieren.
Diese Regelungen sind insofern voll kompatibel mit der Richtlinie, als die Informationspflicht rechtzeitig im voraus erfolgen muss. Es fehlt jedoch eine Regelung gemäß Art. 2 Abs. 4 der Richtlinie, wonach die Konsultationspflicht des Arbeitgebers auch dann besteht, wenn nicht er die Entscheidung über die Massenentlassung trifft, sondern das ihn beherrschende Unternehmen.
Der Regierungsentwurf sieht vor, dass der Arbeitgeber vor Abgabe der Kündigungserklärung an die einzelnen Arbeitnehmer verpflichtet ist, rechtzeitig, also mindestens 30 Tage im voraus, das zuständige Gewerkschaftsorgan oder den Betriebsrat zu informieren und zu konsultieren hat, § 52 Abs. 2, Satz 1 ZP-Entwurf[1084]. Soweit ersichtlich ist aber weiterhin nicht die Umsetzung von Art. 4 Abs. 4 der Richtlinie (Entscheidung der Massenentlassung durch ein beherrschendes Unternehmen) im ZP-Entwurf geregelt. Dies ist nicht kompatibel mit Gemeinschaftsrecht.

2. *Einigung als Ziel der Konsultation*

a) Gemeinschaftsrecht

Gemäß Art. 2 Abs. 1 der Richtlinie ist Ziel der Konsultation die Einigung zwischen Arbeitgeber und Arbeitnehmer. Dies bedeutet zwar eine besonders starke Ausprägung der Konsultationspflicht, die einem Mitbestimmungsrecht nahekommt[1085]. Jedoch ist die Einigung nicht Gültigkeitsvoraussetzung einer Massenentlassung, wie sich aus Titel II der Richtlinie („Konsultationsverfahren") ergibt, die Richtlinie beschränkt sich also im wesentlichen auf das Verfahren bei Massenentlassungen beschränkt[1086]. Das Ziel einer Einigung muss jedoch in nationales Recht aufgenommen werden. So hat der EuGH die Umsetzung der Richtlinie im Vereinigten Königreich beanstandet, weil dort der Arbeitgeber im Falle von Massenentlassungen nur verpflichtet war, die Gewerkschaftsvertreter zu konsultieren, deren Vorbringen zu berücksichtigen, dazu Stellung zu nehmen und im Falle der Ablehnung diese zu begründen[1087].

b) Darstellung des tschechischen Rechts und dessen Kompatibilität mit Gemeinschaftsrecht

§ 18 Abs. 2 lit. c ZP sieht nur die Beratung des Arbeitgebers mit dem zuständigen Gewerkschaftsorgan vor.
§ 20 Abs. 1 Gesetz Nr. 1/1991 Sb. bestimmt, dass der Arbeitgeber das zuständige Gewerkschaftsorgan informieren und mit ihm bestimmte Maßnahmen erörtern muss.

[1083] s.o. zum Beschäftigungsgesetz, S. 11
[1084] Regierungsentwurf vom 15.12.1999 zur Änderung des ZP, Punkt 27, in: www.mpsv.cz/scripts/1aktuality/zakonik_prace/default.asp, Abfrage vom 20.1.2000
[1085] Blanpain; Schmidt, Europäisches Arbeitsrecht, 1996, S. 319
[1086] Stöckli, Schweizerisches Arbeitsrecht und Europäische Integration, ZSR-NF, Bd. 112, 1993, S. 81
[1087] EuGH, 8.6.1994, Rs. C-383/92 (Kommission der Europäischen Gemeinschaften/ Vereinigtes Königreich), Slg. 1994, S. I-2479

Die Regelungen sind insoweit nicht mit Art. 2 Abs. 1 der Richtlinie kompatibel, als dort nicht ausdrücklich das Ziel einer Einigung zwischen Arbeitgeber und zuständigem Gewerkschaftsorgan aufgenommen wurde[1088].
Entsprechend regelt § 52 Abs. 2, Satz 1 ZP-Entwurf[1089], dass der Arbeitgeber und das zuständige Gewerkschaftsorgan mit dem Ziel einer Einigung zu beraten haben.

3. Zweck der Konsultation

a) Gemeinschaftsrecht

Gemäß Art. 2 Abs. 2 der Richtlinie haben die Konsultationen den Zweck, die Massenentlassung zu vermeiden oder zu beschränken oder mittels sozialer Begleitmaßnahmen zu mildern. Dabei sollen die sozialen Begleitmaßnahmen eine anderweitige Verwendung oder Umschulung der entlassenen Arbeitnehmer zum Ziel haben[1090]. Die Arbeitnehmervertreter können hierbei Sachverständige hinzuziehen, soweit dies die Mitgliedstaaten vorsehen[1091].

b) Darstellung des tschechischen Rechts und dessen Kompatibilität mit Gemeinschaftsrecht

Gemäß § 20 Abs. 1 Gesetz Nr. 1/1991 Sb. hat der Arbeitgeber mit dem zuständigen Gewerkschaftsorgan insbesondere Maßnahmen zu erörtern, die die Entlassung von Arbeitnehmern vermeiden, deren Umfang beschränken oder deren Folgen mildern. Als solche Milderungen werden namentlich die Möglichkeit der Unterbringung auf einem anderen Arbeitsplatz mit einer anderen geeigneten Beschäftigung genannt.
Gemäß § 7 Gesetz Nr. 9/1991 Sb.[1092] werden von den Arbeitsämtern Beratungsgremien errichtet, die sich aus Vertretern des Gewerkschaftsbundes, der Arbeitgeber, der Genossenschaftsorgane, der Behindertenorganisationen und den Arbeitsämtern selbst zusammensetzen. Deren Aufgabe ist vor allem die Beratung der Arbeitnehmervertreter bei strukturellem und organisatorischem Wechsel.
Diese Regelungen sind voll mit der Richtlinie kompatibel[1093].
Ergänzend sieht § 52 Abs. 2, Satz 1 ZP-Entwurf[1094] vor, dass der Arbeitgeber und das zuständige Gewerkschaftsorgan sich dahingehend konsultieren, die beabsichtigten Massenentlassungen zu unterlassen bzw. deren unmittelbare Folgen für den Arbeitnehmer zu mildern, aber vor allem die Möglichkeit erörtern, die Arbeitnehmer in angemessener Weise durch Versetzung auf andere Arbeitsplätze des Arbeitgebers weiterzubeschäftigen.

[1088] vgl. in Auslegung von Art. 2 Abs. 1 der Richtlinie EuGH, 8.6.1994, Rs. C-383/92 (Kommission der Europäischen Gemeinschaften/ Vereinigtes Königreich), Slg. 1994, S. I-2479
[1089] Regierungsentwurf vom 15.12.1999 zur Änderung des ZP, Punkt 27, in: www.mpsv.cz/scripts/1aktuality/zakonik_prace/default.asp, Abfrage vom 20.1.2000
[1090] so die Konkretisierung der Milderung der Folgen einer Massenentlassung durch den novellierten Art. 2 Abs. 2 der Richtlinie, vgl. Blanpain/ Schmidt, Europäisches Arbeitsrecht, 1996, S. 320
[1091] Die Kommission hatte sich in ihrem Änderungsvorschlag 1992 nicht durchsetzen können, als sie den Arbeitnehmervertretern das Recht auf Konsultation von Sachverständigen einräumen wollte, vgl. Schiek, Europäisches Arbeitsrecht, 1997, S. 145
[1092] zum Gesetz s.o. S. 12
[1093] ISAP, 15.5.97, Teil B, zu Art. 2 Rl. 98/59/EG
[1094] Regierungsentwurf vom 15.12.1999 zur Änderung des ZP, Punkt 27, in: www.mpsv.cz/scripts/1aktuality/zakonik_prace/default.asp, Abfrage vom 20.1.2000

4. Inhalt der Informationspflicht durch den Arbeitgeber

a) Gemeinschaftsrecht

Nach Art. 2 Abs. 3 der Richtlinie hat der Arbeitgeber den Arbeitnehmern zweckdienliche Auskünfte zu erteilen, Art. 2 Abs. 3 lit. a, und ferner in jedem Falle schriftlich folgendes mitzuteilen, Art. 2 Abs. 3 lit. b: die Gründe der geplanten Entlassung, Art. 2 Abs. 3 lit. a lit. aa, Zahl und Kategorien der zu entlassenden Arbeitnehmer, lit. bb, Zahl und Kategorie der regelmäßig beschäftigten Arbeitnehmer, lit. cc, den Zeitraum der Vornahme der Entlassungen, lit. dd, die Kriterien für die Auswahl der zu entlassenden Arbeitnehmer, lit. ee, sowie die Methode für die Berechnung von Abfindungen, soweit sich dies nicht aus innerstaatlichen Rechtsvorschriften bzw. Praktiken ergibt, lit. ff.
Zweck dieser Informationspflicht ist, die Arbeitnehmervertreter in die Lage zu versetzen, konstruktive Vorschläge unterbreiten zu können, Art. 2 Abs. 3 der Richtlinie.

b) Darstellung des tschechischen Rechts und dessen Kompatibilität mit Gemeinschaftsrecht

Gemäß § 20 Abs. 1 Gesetz Nr. 1/1991 Sb. muss der Arbeitgeber das zuständige Gewerkschaftsorgan über die Gründe der beabsichtigten Maßnahmen, das heißt die mit Enlassungen verbundenen Maßnahmen zum strukturellen Wandel, zu Organisation und Rationalisierung und über Zahl und Kategorien der zu entlassenden Arbeitnehmer, unterrichten.
Diese Regelung ist nur teilweise kompatibel mit Gemeinschaftsrecht[1095], da sie nur unvollständig die Anforderungen der Richtlinie umsetzt. So fehlt das Schriftformerfordernis betreffend der Information der Arbeitnehmervertretung durch den Arbeitgeber; ferner fehlen folgende Punkte, über die der Arbeitgeber zu informieren hat: Zahl und Kategorie der regelmäßig beschäftigten Arbeitnehmer, Zeitraum der Vornahme der Entlassungen sowie die Methode der Berechnung von Abfindungen.
Entsprechend bestimmt § 52 Abs. 2, Satz 2 ZP-Entwurf[1096] zunächst, dass vor Konsultationsbeginn der Arbeitgeber dem zuständigen Gewerkschaftsorgan oder dem Betriebsrat die notwendigen Informationen und Unterlagen zukommen lassen muss. § 52 Abs. 3, Satz 2 ZP-Entwurf sieht vor, dass der Arbeitgeber dem zuständigen Gewerkschaftsorgan oder dem Betriebsrat eine Ausfertigung der schriftlichen Mitteilung an das zuständige Arbeitsamt nach Satz 1 übergeben muss. Inhaltlich muss der Arbeitgeber darin über die geplante Massenentlassung informieren, besonders über die Gründe der Maßnahme, die Gesamtzahl der Beschäftigten, die Anzahl und Struktur der Arbeitnehmer, die von der Maßnahme betroffen sein können, über den Zeitraum, in dem die Massenentlassung erfolgen soll, über die vorgesehenen Gesichtspunkte für die Auswahl der zu entlassenden Arbeitnehmer und über den Beginn der Konsultation mit dem zuständigen Gewerkschaftsorgan oder Betriebsrat.
§ 52 Abs. 3, Satz 1 ZP-Entwurf entspricht somit Art. 2 Abs. 3, Satz 1 der Richtlinie, wobei im tschechischen Recht nicht die Abfindungsregelung enhalten ist, vgl. Art. 2 Abs. 3 der Richtlinie.

[1095] ISAP, 15.5.97, Teil B, zu Art. 2 Rl. 98/59

[1096] Regierungsentwurf vom 15.12.1999 zur Änderung des ZP, Punkt 27, in: www.mpsv.cz/scripts/1aktuality/zakonik_prace/default.asp, Abfrage vom 20.1.2000

In Übereinstimmung mit Art. 2 Abs. 3, Satz 2 der Richtlinie hat der Arbeitgeber das zuständige Arbeitsamt schriftlich über die beabsichtigten Maßnahmen zu informieren, § 52 Abs. 3, Satz 1 ZP-Entwurf.

III. Tschechisches Arbeitsrecht und Art. 6 Rl. 77/187/EWG (Unterrichtungs- und Beratungsrechte der Arbeitnehmer beim Unternehmensübergang)

1. Gemeinschaftsrecht

Gemäß Art. 6 Rl. 77/187/EWG[1097] sind Veräußerer und Erwerber verpflichtet, die jeweiligen Arbeitnehmervertreter über den Grund für den Übergang, die rechtlichen, wirtschaftlichen und sozialen Folgen des Übergangs für die Arbeitnehmer und die hinsichtlich der Arbeitnehmer in Aussicht genommenen Maßnahmen rechtzeitig zu informieren. Veräußerer und Erwerber müssen ihre jeweiligen Arbeitnehmer bezüglich geplanter Maßnahmen konsultieren, um eine Übereinkunft anzustreben.

2. Darstellung des tschechischen Rechts und dessen Kompatibilität mit Gemeinschaftsrecht

a) Geltende Rechtslage

Gemäß § 18 Abs. 2 lit. c ZP erörtert der Arbeitgeber mit dem zuständigen Gewerkschaftsorgan Maßnahmen, die eine größere Anzahl von Arbeitnehmern betreffen. § 18 Abs. 3 ZP legt dem Arbeitgeber auf, das zuständige Gewerkschaftsorgan insbesondere über grundlegende Fragen der Entwicklung und wirtschaftlichen Ergebnisse sowie Perspektiven des Arbeitgebers zu informieren. Gemäß § 18 Abs. 4 ZP hat der Arbeitgeber dem zuständigen Gewerkschaftsorgan notwendige Informationen und Unterlagen zukommen zu lassen und dessen Standpunkte zu berücksichtigen.

b) Kompatibilität

Diese Regelungen sind nur teilweise kompatibel mit Gemeinschaftsrecht, da die Anforderungen der Richtlinie nicht vollständig im tschechischen Recht enthalten sind[1098].

c) Neuregelung

Der Regierungsentwurf sieht die Neufassung des § 250 ZP vor[1099]. § 250 Abs. 1 ZP-Entwurf bestimmt, dass vor dem Übergang der Rechte und Pflichten aus dem Arbeitsverhältnis auf einen anderen Arbeitgeber der bisherige Arbeitgeber und der übernehmende Arbeitgeber verpflichtet sind, das zuständige Gewerkschaftsorgan oder den Betriebsrat über diese Tatsache zu informieren und mit dem Ziel einer Einigung zu konsultieren. Inhaltlich erstreckt sich diese Informations- und Konsultationspflicht auf das

---

1097 vgl. zur Richtlinie insgesamt oben S. 74 ff

1098 ISAO, 15.5.97, Teil B, zu Art. 6 Rl. 77/187/EWG und § 18 ZP

1099 Regierungsentwurf vom 15.12.1999 zur Änderung des ZP, Punkt 102, in: www.mpsv.cz/scripts/1aktuality/zakonik_prace/default.asp, Abfrage vom 20.1.2000

Datum oder das beabsichtigte Datum des Übergangs, die Gründe für den Übergang, die rechtlichen, wirtschaftlichen und sozialen Folgen des Übergangs und die vorzubereitenden Maßnahmen bezüglich der Beschäftigten.
§ 150 Abs. 2 ZP-Entwurf regelt den Fall, dass es im Unternehmen weder ein zuständiges Gewerkschaftsorgan noch einen Betriebsrat gibt. Unter diesen Umständen sind der bisherige und der übernehmende Arbeitgeber verpflichtet, die Beschäftigten, die unmittelbar vom Übergang betroffen sind, über die in § 250 Abs. 1 ZP-Entwurf genannten Punkte zu informieren und zu konsultieren.
§ 18 Abs. 2 lit. b ZP-Entwurf bestimmt, dass der Arbeitgeber verpflichtet ist, die Arbeitnehmer über den (auch teilweisen) Unternehmensübergang auf einen anderen Arbeitgeber zu informieren. Inhaltlich ersreckt sich diese Informationspflicht identisch auf die in § 150 Abs. 1 ZP-Entwurf genannten Kriterien. § 18 Abs. 3 lit. a ZP-Entwurf sieht darüberhinaus auch eine Konsultationspflicht des Arbeitgebers mit den Arbeitnehmern vor.

IV. Tschechisches Arbeitsrecht und Rl. 89/391/EWG (Sicherheit und Gesundheitsschutz der Arbeitnehmer)

1. Einführung

Im Gemeinschaftsrecht sind Arbeitnehmerbeteiligung und Mitbestimmung, Unterrichtung, Dialog und eine ausgewogene Zusammenarbeit zwischen Arbeitgebern und Arbeitnehmern wichtige Bestandteile bei der Regelung betrieblicher Schutzmaßnahmen[1100]. In der Begründungserwägung zur Rl. 89/391/EWG werden diese Teile als unerlässlich bezeichnet und zu deren Ausweitung aufgerufen[1101]. Die Beteiligung von Arbeitnehmern an betrieblichen Schutzmaßnahmen ist in vielen Staaten zu beobachten[1102] und wurde im Generalbericht über die Gesetzgebung zum Gesundheitsschutz als eines der Basiselemente im Gesundheitsschutz herausgestellt[1103].
Die Rl. 89/391/EWG sieht hierzu insbesondere in den Artt. 10 bis 12 einschlägige Regelungen vor[1104].

2. Art. 10 (Unterrichtung der Arbeitnehmer bzw. deren Vertreter)

a) Unterrichtung in Arbeitsschutzfragen

aa) Gemeinschaftsrecht

Gemäß Art. 10 der Richtlinie sind die Arbeitgeber verpflichtet, die Arbeitnehmer bzw. deren Vertreter in Arbeitsschutzfragen zu unterrichten[1105]. Die Beschäftigten müssen sowohl für Katastrophenfälle als auch für den betrieblichen Alltag rechtzeitig über in-

---

[1100] vgl. die Begründungserwägung zur Richtlinie
[1101] vgl. die Begründungserwägung zur Richtlinie
[1102] Bücker; Feldhoff; Kohte, Vom Arbeitsschutz zur Arbeitsumwelt, 1994, Rz. 267
[1103] Gupta, in: XII. Weltkongreß für Arbeitsschutz, Kongreßbericht, 1990, Generalbericht, S. 78 f
[1104] vgl. auch allgemein zu Sicherheit und Gesundheitsschutz von Arbeitnehmern im Gemeinschaftsrecht oben S. 98 ff
[1105] Wank; Börgmann, Deutsches und europäisches Arbeitsschutzrecht, 1992, S. 92

nerbetriebliche Gefahren für deren Sicherheit und Gesundheit und über Maßnahmen, die zu deren Vermeidung bzw. Verminderung führen sollen, informiert werden[1106]. Entsprechend hat der Arbeitgeber über Gefahren für die Sicherheit und die Gesundheit sowie über Schutz- und Gefahrverhütungsmaßnahmen zu informieren, Art. 10 Abs. 1 lit. a der Richtlinie. Ferner muss er über die zu ergreifenden Katastrophenmaßnahmen nach Art. 8 Abs. 2[1107] informieren, Art. 10 Abs. 1 lit. b.

bb) Darstellung des tschechischen Rechts und dessen Kompatibilität mit Gemeinschaftsrecht

Einschlägige Regelungen finden sich im tschechischen Recht vor allem im ZP[1108], aber auch in anderen Gesetzen.

(1) ZP[1109]

Gemäß § 35 Abs. 2 ZP muss der Arbeitgeber den Arbeitnehmer bei Arbeitsaufnahme sowohl mit der gültigen Arbeitsordnung als auch mit den übrigen Vorschriften zur Gewährleistung der Sicherheit und des Gesundheitsschutzes bekannt machen. Diese Verpflichtung geht aus dem Arbeitsverhältnis zwischen Arbeitgeber und Arbeitnehmer hervor.
Gemäß § 82 Abs. 5, Satz 1 ZP müssen alle Arbeitnehmer mit der Arbeitsordnung bekannt gemacht werden. Die Arbeitsordnung muss dabei allen Arbeitnehmern öffentlich zugänglich sein, § 82 Abs. 5, Satz 2 ZP. Inhaltlich dient die Arbeitsordnung gemäß § 82 Abs. 2 ZP zur detaillierteren Ausführung der Bestimmungen des ZP, also auch zu den Vorschriften zu BOZP.
Gemäß § 133 Abs. 1 lit. a ZP muss der Arbeitgeber die Arbeitnehmer über mögliche Gefährdungen von Sicherheit und Gesundheit bei der Arbeit informieren.
Gemäß § 133 Abs. 1 lit. f ZP ist der Arbeitgeber verpflichtet, die Arbeitnehmer mit den Vorschriften zur Gewährleistung der Sicherheit bei der Arbeit, der Sicherheit der technischen Anlagen und des Gesundheitsschutzes bekannt zu machen, regelmäßig deren Kenntnisse hierüber zu überprüfen sowie deren Einhaltung zu verlangen und zu kontrollieren.
Gemäß § 135 Abs. 1 ZP haben die Arbeitnehmer das Recht auf die Gewährleistung von Sicherheit und Gesundheitsschutz bei der Arbeit, auf Informationen über unvermeidbare Risiken und über entsprechende Schutzmaßnahmen. Die Arbeitnehmer beteiligen sich insbesondere mittels der Gewerkschaftsorganisationen an Lösungen der mit Sicherheit und Gesundheitsschutz bei der Arbeit zusammenhängenden Fragen.

Diese Regelungen sind nur teilweise kompatibel mit Gemeinschaftsrecht[1110]. Zwar gibt es umfangreiche Informationspflichten des Arbeitgebers über Gefahren für die Arbeitnehmer, jedoch können diese Informationen sich nur auf bestehende Arbeitgeberpflich-

---

[1106] vgl. die Begründungserwägung zur Richtlinie sowie Bücker; Feldhoff; Kohte, Vom Arbeitsschutz zur Arbeitsumwelt, 1994, Rz. 262
[1107] das ist die Benennung von Arbeitnehmern, die für Erste Hilfe, Brandbekämpfung und Evakuierung der Arbeitnehmer zuständig sind, s.o. S. 127 ff
[1108] Ferner sind Informationsrechte der Arbeitnehmer in der Bekanntmachung Nr. 51/1989 Sb. (über Sicherheit und Gesundheitsschutz bei der Arbeit und über die Betriebssicherheit bei der Bearbeitung und Veredlung von Mineralien), sowie in der Verordnung Nr.26/1989 Sb. (über Sicherheit und Gesundheitsschutz bei der Arbeit und über Betriebssicherheit bei Tätigkeiten Untertage) geregelt
[1109] vgl. auch zur geplanten Neufassung des ZP oben S. 105
[1110] ISAP, 12.12.96, Teil B, zu Art. 10 Rl. 89/391/EWG und Gesetz Nr. 65/1965 Sb.

ten beziehen. Da es aber bereits an der nach Art. 8 Abs. 2 der Richtlinie statuierten Pflicht des Arbeitgebers mangelt, Arbeitnehmer zu benennen, die zuständig sind für Erste Hilfe, Brandbekämpfung und Evakuierung der Arbeitnehmer[1111], kann sich hierauf auch keine Art. 10 Abs. 1 lit. b und Abs. 2 der Richtlinie enstsprechende Informationspflicht beziehen. Dies ist insoweit nicht kompatibel mit Gemeinschaftsrecht.

(2) Sonstige Normen

(a) Bekanntmachung Nr. 51/1989 Sb. (über Sicherheit und Gesundheitsschutz bei der Arbeit und über die Betriebssicherheit bei der Bearbeitung und Veredlung von Mineralien)

Gemäß § 11 Abs. 1 und 2 der Bekanntmachung sind neu übernommene Beschäftigte entsprechend einzuschulen.
Diese ergänzende Regelung ist voll kompatibel mit Gemeinschaftsrecht[1112].

(b) Verordnung Nr. 26/1989 Sb. (über Sicherheit und Gesundheitsschutz bei der Arbeit und über Betriebssicherheit bei Tätigkeiten Untertage)

Gemäß § 11 Abs. 1 und 2 der VO ist der Beschäftigte mit den Vorschriften über Sicherheit und Gesundheitsschutz bei der Arbeit bekannt zu machen; neu übernommene Beschäftigte sind einzuschulen.
Dies ist voll kompatibel mit Gemeinschaftsrecht[1113].

b) Fremdfirmen

aa) Gemeinschaftsrecht

Die Informationspflicht gemäß Art. 10 Abs. 1 der Richtlinie erstreckt sich nicht nur auf die eigenen Arbeitnehmer, sondern auf sämtliche auf dem Betriebstgelände tätigen Arbeitnehmer auch anderer Arbeitgeber, Art. 10 Abs. 2 der Richtlinie[1114].

bb) Darstellung des tschechischen Rechts und dessen Kompatibilität mit Gemeinschaftsrecht

Gemäß § 133 Abs. 5 ZP wird die Informationspflicht des Arbeitgebers auf alle Personen erweitert, die sich mit seinem Wissen an seinen Arbeitsplätzen aufhalten.
§ 133 Abs. 6 ZP sieht für den Fall vor, dass auf einem Arbeitsplatz Arbeitnehmer Aufgaben für mehrere Arbeitgeber verrichten, diese Arbeitgeber verpflichtet sind, ein Koordinierungsverfahren zur Gewährleistung von Sicherheit und Gesundheitsschutz bei der Arbeit einzurichten.
Dies ist voll kompatibel Art. 10 Abs. 2 der Richtlinie, wonach alle Arbeitnehmer von hinzugezogenen Arbeitgebern über entsprechende Gefahren und Schutzmaßnahmen zu informieren sind.

[1111] s.o. S. 128
[1112] ISAP, 12.12.96, Teil B, zu Art. 10 Rl. 89/391/EWG und Bekanntmachung Nr. 51/1989 Sb.
[1113] ISAP, 12.12.96, Teil B, zu Art. 10 Rl. 89/391/EWG und Verordnung Nr. 26/1989 Sb.
[1114] Bücker; Feldhoff; Kohte, Vom Arbeitsschutz zur Arbeitsumwelt, 1994, Rz. 262

c) Anspruch auf Zugang zu den besonderen Informationsquellen nach Art. 9 der Richtlinie

aa) Gemeinschaftsrecht

Gemäß Art. 10 Abs. 3 lit. a-c der Richtlinie hat der Arbeitgeber sicherzustellen, dass die Arbeitnehmer bzw. deren Vertreter mit besonderer Funktion bei der Sicherheit und dem Gesundheitsschutz für Arbeitnehmer[1115] Zugang zu den Berichten betreffend der Evaluierung der Gefahren und Aufstellung von zu ergreifenden Schutzmaßnahmen haben, Art. 9 Abs. 1 lit. a und b der Richtlinie,[1116]. Ferner müssen sie Zugang zur Liste und zu Berichten betreffend Arbeitsunfällen aufgrund Art. 9 Abs. 1 lit. c und d der Richtlinie, sowie zu Informationen, die sich aus Schutzmaßnahmen zur Gefahrenverhütung ergeben und zu Informationen der Behörden und Organe, die für Sicherheit und Gesundheitsschutz zuständig sind, haben.

bb) Darstellung des tschechischen Rechts und dessen Kompatibilität mit Gemeinschaftsrecht

Arbeitgeberpflichten zu Evaluierungs-, Schutz- und Folgemaßnahmen sowie Dokumentationspflichten sind zwar im tschechischen Arbeitsrecht vorhanden[1117]. Da es aber an der Einrichtung der sog. Arbeitnehmervertreter mit einer besonderen Funktion bei der Sicherheit und beim Gesundheitsschutz der Arbeitnehmer fehlt[1118], kann der Arbeitgeber mangels Ansprechpartner auch keinen entsprechenden Zugang zu diesen Informationen verschaffen. Dies ist nicht kompatibel mit Gemeinschaftsrecht.

3. Art. 11 (Anhörung und Beteiligung der Arbeitnehmer)

a) Anhörung und Beteiligung

aa) Gemeinschaftsrecht

Gemäß Art. 11 Abs. 1 der Richtlinie müssen die Arbeitgeber bei Fragen betreffend die Sicherheit und den Gesundheitsschutz am Arbeitplatz die Arbeitnehmer anhören. Ferner müssen die Arbeitgeber den Arbeitnehmern bzw. deren Vertretern das Recht einräumen, Vorschläge zu unterbreiten. Schließlich sind die Arbeitnehmer ausgewogen zu beteiligen. Der Begriff der Beteiligung ist in der Richtlinie nicht definiert, er bestimmt sich vielmehr nach den nationalen Rechtsvorschriften bzw. Praktiken, Art. 11 Abs. 1, 3. Spiegelstrich der Richtlinie. Damit umfasst die Richtlinie eine Vielzahl von Beteiligungsformen[1119]. Durch den Verzicht auf die genauere Bestimmung der Arbeitnehmerbeteiligung sollten die ungelösten Fragen der unterschiedlichen Betriebsverfassungen in den Mitgliedstaaten ausgeklammert werden[1120]. Aus der Aufzählung der Arbeitnehmerrechte in Abs. 1 wird dennoch deutlich, dass bloße Anhörungs- und Konsultationsrechte

---

1115 vgl. Art. 3 lit. c Rl. 89/381/EWG, s.o. S. 110
1116 Art. 9 regelt die Dokumentationspflicht des Arbeitgebers, s.o. S. 131
1117 vgl. insbesondere § 133 Abs. 1 lit. a und h ZP, ferner die Ausführungen oben S. 130 ff
1118 s.o. S. 110
1119 Wank; Börgmann, Deutsches und europäisches Arbeitsschutzrecht, 1992, S. 93
1120 Bücker; Feldhoff; Kohte, Vom Arbeitsschutz zur Arbeitsumwelt, 1994, Rz. 268

nicht ausreichen, um der erforderlichen „ausgewogenen Beteiligung[1121]“ gerecht zu werden[1122].

bb) Darstellung des tschechischen Rechts und dessen Kompatibilität mit Gemeinschaftsrecht

Normen zu Anhörung und Beteiligung der Arbeitnehmer betreffend Sicherheit und Gesundheitsschutz bei der Arbeit finden sich im ZP.
Gemäß § 135 Abs. 1, Satz 1 ZP haben die Arbeitnehmer das Recht auf die Gewährleistung von Sicherheit und Gesundheitsschutz bei der Arbeit, auf Informationen über unvermeidbare Risiken und über entsprechende Schutzmaßnahmen. Hervorgehoben wird also das Informationsrecht der Arbeitnehmer über Risiken bei der Arbeit und zu entsprechenden Schutzmaßnahmen[1123]. Die Arbeitnehmer werden nach § 135 Abs. 1, Satz 2 ZP insbesondere mittels der Gewerkschaftsorganisationen an Lösungen der mit Sicherheit und Gesundheitsschutz bei der Arbeit zusammenhängenden Fragen beteiligt. Durch § 135 Abs. 1 ZP wurden die Anhörungs- und Beteiligungsrechte der Arbeitnehmer in Umsetzung der ILO-Übereinkunft Nr. 155 und der Rl. 89/391/EWG verwirklicht[1124].
§ 135 ZP ist voll kompatibel mit Art. 11 Abs. 1 der Richtlinie der Richtlinie.

b) Einzelne Mitwirkungsrechte

aa) Gemeinschaftsrecht

Gemäß Art. 11 Abs. 2 der Richtlinie erstrecken sich die Anhörungs- bzw. Beteiligungsrechte der Arbeitnehmer bzw. deren Vertreter[1125] auf folgende in der Richtlinie geregelten Bereiche: Nach Art. 11 Abs. 2 lit. a der Richtlinie auf jede Aktion, die wesentliche Auswirkungen auf Sicherheit und Gesundheit haben kann, ferner nach Art. 11 Abs. 2 lit. b auf die Benennung der Sicherheitsbeauftragten, vgl. Art. 7 Abs. 1[1126], und der Arbeitnehmer für Katastrophenfälle, vgl. Art. 8 Abs. 2[1127], sowie auf Schutz- und Gefahrverhütungsmaßnahmen nach Art. 7 Abs. 1[1128], desweiteren nach Art. 11 Abs. 2 lit. c auf die Informations- und Dokumentationspflichten nach Art. 9 Abs. 1[1129] sowie auf die Unterrichtungspflichten nach Art. 10[1130], ferner nach Art. 11 Abs. 2 lit. d auf die Hinzuziehung außerbetrieblicher Fachleute zur Sicherstellung der Gefahrverhütungs- und Schutzmaßnahmen, vgl. Art. 7 Abs. 3[1131], und schließlich nach Abs. 2 lit. e auf die Planung und Organisation der Unterweisung in Art. 12 vorgesehenen Unterweisung der Arbeitnehmer[1132].

[1121] deutlicher als die deutsche Fassung spricht die englische von „balanced participation“
[1122] Bücker; Feldhoff; Kohte, Vom Arbeitsschutz zur Arbeitsumwelt, 1994, Rz. 268
[1123] Tröster, Pracovní právo, Kommentar zu § 135 ZP
[1124] Tröster, a.a.O., Kommentar zu § 135 ZP
[1125] hier sind die Arbeitnehmervertreter mit mit einer besonderen Funktion bei der Sicherheit und dem Gesundheitsschutz der Arbeitnehmer gemeint
[1126] s.o. S. 125
[1127] s.o. S. 127
[1128] s.o. S. 125
[1129] s.o. S. 131
[1130] s.o. S. 211
[1131] s.o. S. 125
[1132] s.u. S. 218

bb) Darstellung des tschechischen Rechts und dessen Kompatibilität mit Gemeinschaftsrecht

Bezüglich einzelner Anhörungs- bzw. Kontrollrechte weist § 136 ZP den Gewerkschaften die Kontrollfunktion zu. Gemäß § 136 Abs. 1 ZP sind die zuständigen Gewerkschaftsorgane berechtigt, den Stand von Sicherheit und Gesundheitsschutz bei der Arbeit bei den einzelnen Arbeitgebern zu kontrollieren. Bei Arbeitsunfällen können sie darauf drängen, dass der Arbeitgeber diese untersucht bzw. können die Gewerkschaftsorgane bei der Ursachenfeststellung mitwirken, § 136 Abs. 1 lit. b ZP. Sie können vom Arbeitgeber verbindlich zu verlangen, Schäden beim Betrieb von Maschinen und anderen Einrichtungen zu beseitigen sowie bei unmittelbarer Gefahr für Leben oder Gesundheit der Arbeitnehmer die weitere Arbeit zu verbieten, § 136 Abs. 1 lit. c ZP.
Die eigentliche Beteiligungsfunktion findet sich in § 136 Abs. 1 lit. e ZP, wonach die Gewerkschaftsorgane an Verhandlungen zu Fragen von Sicherheit und Gesundheitsschutz bei der Arbeit teilnehmen.
Hierbei handelt es sich um ein umfassendes Kontrollrecht, vgl. den Wortlaut „insbesondere", wonach die Einzelaufzählung nicht abschließend ist.
Die Regelung ist nur teilweise kompatibel mit Gemeinschaftsrecht[1133], da zum einen nicht gesichert ist, ob die Wahrnehmung der Kontrollaufgaben durch eine vorherige Anhörung bzw. Beteiligung der Gewerkschaften erfolgt, oder ob sie sich nur auf die nachträgliche Kontrolle beschränkt, was nicht mit der Richtlinie vereinbar ist. Zum anderen existieren in der tschechischen Rechtsordnung einige Einrichtungen nicht, auf die sich die Beteiligungsrechte beziehen, so zum Beispiel der Arbeitnehmervertreter mit einer besonderen Funktion bei der Sicherheit und beim Gesundheitsschutz der Arbeitnehmer.

c) Rechte und Schutz der Arbeitnehmer bzw. ihrer Vertreter

aa) Gemeinschaftsrecht

Nach Art. 11 Abs. 3 der Richtlinie sind die Arbeitnehmervertreter mit einer besonderen Funktion bei der Sicherheit und dem Gesundheitsschutz der Arbeitnehmer berechtigt, den Arbeitgeber um geeignete Maßnahmen zu ersuchen bzw. ihm diesbezüglich Vorschläge zu unterbreiten, um Gefahren vorzubeugen bzw. diese auszuschalten.
Gemäß Art. 11 Abs. 4 der Richtlinie dürfen den Arbeitnehmern bzw. ihren Vertretern aufgrund ihrer Tätigkeit nach Art. 11 Abs. 2 und 3 keinerlei Nachteile entstehen.
Gemäß Art. 11 Abs. 5 muss der Arbeitgeber den Arbeitnehmern bzw. deren Vertretern ausreichende Arbeitsbefreiung ohne Lohnausfall gewähren und ihnen die erforderlichen Mittel zur Verfügung stellen.

bb) Darstellung des tschechischen Rechts und dessen Kompatibilität mit Gemeinschaftsrecht

Dem Ersuchen um geeignete Maßnahmen und dem Vorschlagsrecht der Arbeitnehmer, Gefahren vorzubeugen bzw. diese auszuschalten, Art.11 Abs. 3 der Richtlinie, entsprechen § 135 Abs. 1 ZP und § 136 Abs. 1 lit. e ZP. Zwar sind sind diese Rechte hier nicht

[1133] ISAP, 12.12.96, Teil B, zu Art. 11 Rl. 89/391/EWG und ZP

ausdrücklich, sondern nur allgemein formuliert. Dies genügt aber den Umsetzungsanforderungen der Richtlinie.
Eine Norm, wonach den genannten Arbeitnehmern bzw. Arbeitnehmervertretern aufgrund ihrer Tätigkeit keine Nachteile entstehen dürfen, findet sich nicht im ZP. Das ist nicht kompatibel mit Gemeinschaftsrecht.
Bezüglich der Arbeitsbefreiung ohne Lohnausfall findet sich keine Norm im ZP. Dies ist nicht kompatibel mit Gemeinschaftsrecht.

d) Anzeigerecht

aa) Gemeinschaftsrecht

Kommt der Arbeitgeber den Verpflichtungen aufgrund der Richtlinie nicht nach, so können sich die Arbeitnehmer bzw. deren Vertreter diesbezüglich an die zuständige Behörde wenden bzw. bei Kontrollen und Besuchen dieser Behörde Bemerkungen vorbringen, Art. 11 Abs. 6 der Richtlinie. Dieses besondere Kommunikationsrecht ist Ausdruck einer besonderen Transparenz[1134].

bb) Darstellung des tschechischen Rechts und dessen Kompatibilität mit Gemeinschaftsrecht

§ 136 Abs. 2 ZP regelt die Aufsicht über die Arbeitssicherheit. Danach haben die Gewerkschaftsorgane die staatliche Aufsicht unverzüglich über nach § 136 Abs. 1 lit. c oder d ZP ergriffene Maßnahmen zu benachrichtigen. Maßnahmen der Gewerkschaftsorgane können wiederum durch die staatliche Aufsicht kontrolliert werden, wobei diese Maßnahmen bis zur Entscheidung der staatlichen Aufsicht gültig bleiben. § 138 ZP bestimmt, dass die staatliche Aufsicht über Sicherheit und Gesundheitsschutz bei der Arbeit durch Sondervorschriften geregelt werden[1135].
§ 136 Abs. 2 ZP ist teilweise kompatibel mit Gemeinschaftsrecht. Zwar bietet der Paragraph sogar einen noch stärkeren Schutz als in der Richtlinie verlangt ist, da hier das Recht zur Mitteilung aufgrund Art. 11 Abs. 6 der Richtlinie als Pflicht zur Mitteilung ausgestaltet ist und die Richtlinie ausdrücklich nur Mindestvorschriften festlegt[1136]. Jedoch bezieht sich diese Mitteilungspflicht nur auf die Schadensbeseitigungspflicht des Arbeitgebers, das Arbeitsverbot bei Gefährdung der Arbeitnehmer und auf Mehr- und Nachtarbeit. Art. 11 Abs. 6 der Richtlinie räumt jedoch ein umfassendes Kommunikationsrecht ein, das sich auf alle die Sicherheit und den Gesundheitsschutz am Arbeitsplatz getroffenen Maßnahmen des Arbeitgebers und die von ihm hierzu bereitgestellten Mittel bezieht.

[1134] Bücker; Feldhoff; Kohte, Vom Arbeitsschutz zur Arbeitsumwelt, 1994, Rz. 266
[1135] vgl. hierzu Gesetz Nr. 174/1968 Sb., Gesetz zur staatlichen Aufsicht über die Arbeitssicherheit, in der Fassung der Gesetze Nr. 575/1990 Sb. und 159/1991 Sb.
[1136] vgl. die Begründungserwägung der Präambel zur Richtlinie

4. Art. 12 (Unterweisung der Arbeitnehmer)

a) Unterweisung

aa) Gemeinschaftsrecht

Art. 12 der Richtlinie verpflichtet den Arbeitgeber zur einer konkreten und arbeitsplatzbezogenen Unterweisung des Arbeitnehmers. Damit wird die allgemeine Informationspflicht gemäß Art. 10 der Richtlinie und der Informationspflicht zu Katastrophenfällen gemäß Art. 8 der Richtlinie ergänzt[1137]. Der Arbeitgeber hat also neben den Unterrichtungspflichten nach Art. 10 der Richtlinie auch Unterweisungspflichten[1138].
Gemäß Art. 12 Abs. 1 muss der Arbeitgeber jeden Arbeitnehmer bei seiner Einstellung, Versetzung oder Veränderung seines Aufgabenbereichs, bei der Einführung bzw. Änderung von Arbeitsmitteln oder bei der Einführung einer neuen Technologie ausreichend und angemessen über Sicherheit und Gesundheitsschutz informieren. Dabei muss die Unterweisung an die Entwicklung der Gefahrenmomente und Enstehung neuer Gefahren angepasst sein, Abs. 1, 4. Spiegelstrich. Dies setzt eine Gefahrenermittlung und –bewertung voraus, womit die in Art. 6 Abs. 3 der Richtlinie verankerte Gefahrenanalyse und deren präventiver Bewertung betont wird[1139].
Ebenso Anspruch auf angemessene Unterweisung haben Arbeitnehmervertreter mit einer besonderen Funktion bei der Sicherheit und beim Gesundheitsschutz der Arbeitnehmer, Art. 12 Abs. 3 der Richtlinie.
Schließlich hat die Unterweisung nach Art. 12 Abs. 1 bzw. Abs. 3 der Richtlinie während der Arbeitszeit zu erfolgen und darf nicht zu Lasten der Arbeitnehmer oder ihrer Vertreter gehen, Art. 12 Abs. 4 der Richtlinie.

bb) Darstellung des tschechischen Rechts und dessen Kompatibilität mit Gemeinschaftsrecht

Einschlägige Regelungen finden sich im ZP und in sonstigen Normen.

(1) ZP

Allgemein haben die Arbeitnehmer gemäß § 135 Abs. 1 ZP ein Recht auf die Gewährleistung von Sicherheit und Gesundheitsschutz bei der Arbeit, auf Informationen über unvermeidbare Risiken und über entsprechende Schutzmaßnahmen. Die Arbeitnehmer beteiligen sich insbesondere mittels der Gewerkschaftsorganisationen an Lösungen der mit Sicherheit und Gesundheitsschutz bei der Arbeit zusammenhängenden Fragen.
Der Arbeitgeber ist verpflichtet, einen Arbeitnehmer ohne Qualifikation einzuschulen bzw. anzulernen, § 142 Abs. 1 ZP. Das gleiche gilt, wenn der Arbeitnehmer einen neuen Arbeitsplatz bzw. eine neue Art der Arbeit erhält, insbesondere bei Änderungen in der Arbeitsorganisation oder bei anderen Rationalisierungsmaßnahmen, Abs. 2.
Gemäß § 135 Abs. 2 ZP muss der Arbeitgeber den Arbeitnehmer vor Arbeitsantritt mit den Vorschriften zur Gewährleistung der Sicherheit und des Gesunheitsschutzes bekannt machen. § 133 Abs. 1 lit. f ZP verpflichtet den Arbeitgeber, den Arbeitnehmer mit den Vorschriften zur Gewährleistung der Sicherheit bei der Arbeit, der Sicherheit der

[1137] Bücker; Feldhoff; Kohte, Vom Arbeitsschutz zur Arbeitsumwelt, 1994, Rz. 263
[1138] Wank; Börgmann, Deutsches und europäisches Arbeitsschutzrecht, 1992, S. 92
[1139] Bücker; Feldhoff; Kohte, Vom Arbeitsschutz zur Arbeitsumwelt, 1994, Rz. 263

technischen Anlagen und des Gesundheitsschutzes bekannt zu machen, regelmäßig deren Kenntnis zu überprüfen sowie deren Einhaltung zu verlangen und zu kontrollieren. § 133 Abs. 5 ZP erweitert diese Pflicht des Arbeitgebers auf alle Personen, die sich mit seinem Wissen an seinen Arbeitsplätzen aufhalten.
Die Regelungen sind teilweise kompatibel mit Gemeinschaftsrecht[1140].

(2) Sonstige Normen

(a) Verordnung Nr. 51/1989 Sb. (über Sicherheit und Gesundheitsschutz bei der Arbeit und über die Betriebssicherheit bei der Bearbeitung und Veredlung von Mineralien)

Gemäß §§ 12 Abs. 2, 13 Abs. 1 der VO muss der Beschäftigte über 18 Jahre alt sein und eine Fachprüfung zu den Vorschriften über Sicherheit und Gesundheitsschutz bei der Arbeit abgelegt haben.
Dies ist voll kompatibel mit Gemeinschaftsrecht[1141].

(b) Verordnung Nr. 26/1989 Sb. (über Sicherheit und Gesundheitsschutz bei der Arbeit und über Betriebssicherheit bei Tätigkeiten Untertage)

Gemäß §§ 12 Abs. 2, 13 Abs. 1 der VO muss der Beschäftigte über 18 Jahre alt sein und eine Fachprüfung zu den Vorschriften über Sicherheit und Gesundheitsschutz bei der Arbeit abgelegt haben.
Dies ist voll kompatibel mit Gemeinschaftsrecht[1142].

(c) Gesetz Nr. 133/1985 Sb. (über den Brandschutz)

Gemäß § 16 Abs. 1, 2 des Gesetzes besteht eine Schulungspflicht der Arbeitgeber zugunsten der Arbeitnehmer.
Dies ist voll kompatibel mit Gemeinschaftsrecht[1143].

b) Fremdfirmen

aa) Gemeinschaftsrecht

Gemäß Art. 12 Abs. 2 muss der Arbeitgeber sich vergewissern, dass Arbeitnehmer außerbetrieblicher Firmen, die sich auf dem Gelände des Arbeitgebers aufhalten, Anweisungen zu Sicherheits- und Gesundheitsrisiken erhalten haben.

1140 ISAP, 12.12.96, Teil B, zu Art. 12 Rl. 89/391/EWG und ZP
1141 ISAP, 12.12.96, Teil B, zu Art. 12 Rl. 89/391/EWG und Verordnung Nr. 51/1989 Sb.
1142 ISAP, 12.12.96, Teil B, zu Art. 12 Rl. 89/391/EWG und Verordnung Nr. 26/1989 Sb.
1143 ISAP, 12.12.96, Teil B, zu Art. 12 Rl. 89/391/EWG und Gesetz Nr. 133/1985 Sb.

bb) Darstellung des tschechischen Rechts und dessen Kompatibilität mit Gemeinschaftsrecht

§ 133 Abs. 6 ZP sieht für den Fall vor, dass auf einem Arbeitsplatz Arbeitnehmer Aufgaben für mehrere Arbeitgeber verrichten, diese Arbeitgeber verpflichtet sind, ein Koordinierungsverfahren einzurichten zur Gewährleistung von Sicherheit und Gesundheitsschutz bei der Arbeit[1144].

[1144] vgl. auch die zusammenfassende Schlussbetrachtung, S. 221

Dritter Teil: Zusammenfassung und Schlussbetrachtung

Im Hinblick auf den EU-Beitritt muss die Tschechische Republik als Vorleistung ihr Rechtssystem an das EU-Recht anpassen. Die Rechtsharmonisierung erinnert dabei in gewisser Weise an eine Einbahnstraße[1145]. Die EU unterstützt dabei den Rechtsangleichungsprozess finanziell und beratend durch monitoring. Es obliegt aber den Bewerberstaaten selbst, die Vorgehensweise der Rechtsangleichung festzulegen. Es soll grundsätzlich keine Ausnahmen von der strikten Übernahme des acquis communautaire geben. Insbesondere genügt seitens der Bewerberstaaten nicht nur der formale Erlass von Gesetzen, sondern es ist auch deren konsequente Umsetzung und Anwendung zu gewährleisten. So bereitet in der ČR die praktische Durchsetzung der Gesetze mehr Probleme als deren Erlass, bedingt durch fehlende Qualifikation der Staatsverwaltung und Schwächen im allgemeinen Rechtsbewusstsein[1146].

Auf dem Gebiet des Arbeitsrechts soll die volle Kompatibilität bis Ende 2002 erreicht werden. Ein großer Schritt in dieser Richtung ist die Verabschiedung der ZP-Novelle durch das Abgeordnetenhaus der ČR am 18.4.2000. Die ZP-Novelle soll am 1.1.2001 in Kraft treten, sofern nicht noch kurzfristig Ergänzungen bzw. Änderungen vorgenommen werden. Denn allgemein kann in der ČR beobachtet werden, dass durch die hohe Anzahl neuer Gesetz sowie der Eile, in der diese verabschiedet werden, die Stabilität der Gesetzgebung nicht sehr hoch ist[1147].

Als Termin für den Beitritt der ČR zur EU wird von tschechischen Experten der Zeitraum 2005-06 genannt[1148], der Europäische Rat scheint sogar von Ende 2002[1149] auszugehen.

Bezüglich der Gleichbehandlung von Männern und Frauen sind wichtige Grundsätze wie die Entgeltgleichheit und der Gleichbehandlungsgrundsatz gesetzlich nicht verankert. Ebenso ist das Rechtsinstitut des Elternurlaubs dem tschechischen Recht völlig neu.

Betreffend des sozialen Arbeitnehmerschutzes bei Strukturänderungen bestehen in der tschechische Rechtsordnung Regelungen zu Massenentlassungen und Betriebsübergang. Diese Regelungen sind überwiegend kompatibel mit Gemeinschaftsrecht. Jedoch fehlen wichtige Detailregelungen. Bezüglich der Massenentlassungen fehlen der in der Rl. 98/59/EG geforderte Referenzzeitraum sowie die Schwellenwerte für das Vorliegen einer Massenentlassung. Betreffend der Rl. 77/187/EWG müssen die eingschlägigen Normen so verändert werden, dass der Übergang der wirtschaftlichen Einheit als solche

[1145] Tröster, Wirtschaftliche, soziale und rechtliche Aspekte des Eintritts der Tschechischen Republik in die Europäische Union, JOR XL (1/1999), S. 32

[1146] Tröster, a.a.O., S. 32

[1147] Kostečka, Neues Arbeitsrecht in der Tschechischen Republik, AuR 1992, S. 321

[1148] Tröster, Wirtschaftliche, soziale und rechtliche Aspekte des Eintritts der Tschechischen Republik in die Europäische Union, JOR XL (1/1999), S. 27

[1149] vgl. die Schlussfolgerungen des ER in Nizza, 7.-10.12.2000, in: www.europarl.eu.int/summits/nice1_de.htm, Abfrage vom 29.12.2000: *„II. Erweiterung...Der Europäische Rat ist der Ansicht, dass...die Union...in die Lage versetzt wird, ab Ende 2002 neue Mitgliedstaaten aufzunehmen, die entsprechend vorbereitet sind,...“*

erfasst wird. Insbesondere ist eine Definition des Betriebsübergangs notwendig zur vollen Kompatibilität mit Gemeinschaftsrecht.

Der Sicherheit und dem Gesundheitsschutz von Arbeitnehmern wird auch im tschechischen Recht ein besonderer Stellenwert eingeräumt. Besondere Schwierigkeiten bei der Umsetzung der Richtlinie ergeben sich bereits daraus, dass verschiedene Ministerien an den Umsetzungsarbeiten beteiligt sind. Die Rechtsordnung der ČR soll mit der Rl. 89/391/EWG zu etwa 70 % übereinstimmen, während das übrige Niveau der Kompatibilität tschechischen Rechts mit Gemeinschaftsrecht auf dem Gebiet der BOZP bei etwa 40 % liegt[1150]. Insbesondere muss das tschechische Recht der Gefahrenprävention eine größere Bedeutung beimessen und die gemeinschaftsrechtlichen Grundsätze der Gefahrenabwehr entsprechend umsetzen. Institutionell sind die besonderen Arbeitnehmervertreter auf dem Gebiet der BOZP zu schaffen.

Bezüglich der Verbesserung der Lebens- und Arbeitsbedingungen unter den Aspekten von Arbeitszeitrichtlinie und Nachweisrichtlinie bestehen zahlreiche Unvereinbarkeiten zwischen tschechischem Recht und Gemeinschaftsrecht. Betreffend der Arbeitszeitrichtlinie fehlen im tschechischen Recht die wichtigen Definitionen der Arbeits-, Ruhe- und Nachtzeit sowie der Schichtarbeit und des Schichtarbeiters. Ähnlich unbefriedigend wie im Gemeinschaftsrecht bestehen auch im tschechischen Recht vielfältige Ausnahmen zu der grundsätzlichen Begrenzung der Dauer der Arbeitszeit. Im Hinblick auf die Kompatibilität mit Gemeinschaftsrecht ist die Dauer der Nachtarbeit zu lang, der Mindesturlaub mit drei Wochen zu kurz.

Betreffend der Mitwirkungsrechte von Arbeitnehmern bestehen diese im geltenden tschechischen Recht bereits bei Massenentlassungen, größeren wirtschaftlichen Unternehmensveränderungen und auf dem Gebiet von Sicherheit und Gesundheitsschutz. Meist findet die Beteiligung der Arbeitnehmer über das zuständige Gewerkschaftsorgan statt. Problematisch wird dies, wenn es in einem Betrieb keine Gewerkschaft gibt. Daher soll durch die Neufassung des ZP das Rechtsinstitut der Betriebsräte in das tschechische Arbeitsrecht eingeführt werden. Betriebsräte soll es dann sowohl auf nationaler als auch auf europäischer Ebene geben.

Allgemein besteht die Gefahr, dass die wirtschaftliche Transformation negative Folgen in bezug auf den Arbeitsmarkt und die Einkommen breiter Schichten mit sich bringt[1151]. Es ist also darauf zu achten, dass die wirtschaftliche Umgestaltung sozial verträglich gestaltet wird und möglichst in sozialem Konsens erfolgt[1152]. Für das Jahr 2000 ist mit einer Arbeitslosenrate von 7% zu rechnen, mitverursacht dadurch, dass sich der Preis der Arbeit verteuert. Grund für die Verteuerung ist auch die Anpassung an die sozialen Standards der EU, wie die Finanzierung der Tätigkeit der Arbeitnehmervertreter oder die Beachtung des Prinzips der Gleichheit von Frauen und Männern[1153].

[1150] Galvas, Pracovní právo, 1997, S. 280

[1151] Kosta, Die Tschechoslowakei nach der „sanften Revolution“, in: Weidenfeld (Hrsg.), Demokratie und Marktwirtschaft in Osteuropa, Gütersloh 1995, S. 149

[1152] Zemánek, Problems and Perspectives of the Legal Adaption to the Market Economy in the Czech and Slovak Republics, in: Müller-Graff, East-Central European States and the European Communities: Legal Adaption to the Market Economy, 1993, S. 52

[1153] Tröster, Wirtschaftliche, soziale und rechtliche Aspekte des Eintritts der Tschechischen Republik in die Europäische Union, JOR XL (1/1999), S. 28

Für die Zukunft wird die Ausarbeitung eines völlig neuen Arbeitszgesetzbuchs für die ČR angeregt, um den Erwartungen des Wirtschaftslebens im 21. Jahrhundert gerecht zu werden. Bezüglich des geplanten EU-Beitritts sind insbesondere Regelungen über Sozialpläne bei Massenentlassungen, flexible Arbeitszeit und Gesundheitsschutz sowie Arbeitssicherheit erforderlich[1154].

Die vorliegende Arbeit ist auf dem Stand von Dezember 2000. Es ist zu erwarten, dass sich die dem Arbeitsrecht an sich eigene Dynamik durch die Beitrittsanstrengungen der Tschechischen Republik in ihrer Wirkung noch verstärken wird.

[1154] Tröster, Probleme des individuellen Arbeitsrechts in der Privatwirtschaft der Transformationsstaaten – Tschechische Republik, Vortrag anlässlich der Münchener Ost-West-Rechtstagung, 29.-31.5.2000 am Institut für Ostrecht, München, S. 4

Literaturverzeichnis

Alvensleben, Constantin v.	Die Rechte der Arbeitnehmer bei Betriebsübergang im Europäischen Gemeinschaftsrecht, Baden-Baden 1992
Arnold, Rainer; Nedelka, Martin	Different models of adjusting to European integration with a view of the implementation and enforcement of the European agreements, in: Müller-Graff, Peter-Christian, East Central Europe and the European Union, Baden-Baden 1997, S. 357-367
Balze, Wolfgang	Die Richtlinie über die Arbeitszeitgestaltung, EuZW 1994, S. 205-208
Barancova, Helena; Schronk, Robert	Tschechisch-Slowakisches Arbeitsrecht, Wien, Bratislava 1993, Einführung, S. 13-103
Becker, Friedrich	Die EG-Richtlinie zur Angleichung des Massenkündigungsschutzes, NJW 1976, S. 2057 f
Bělina, Miroslav u.a.	Pracovní právo (Arbeitsrecht), Lehrbuch, Prag 1994
Birk, Rolf	Das Nachweisgesetz zur Umsetzung der Richtlinie 91/533/EWG in das deutsche Recht, NZA 1996, S. 281-290
ders.	Europäisches Arbeitsrecht, Einführung, S. 1-19, München 1990
ders.	Die Auswirkungen des Rechts der Europäischen Gemeinschaft auf das nationale Arbeitsrecht, ZAS 1989, S. 73–79
ders.	Die Gesetzgebungszuständigkeit der Europäischen Gemeinschaft im Arbeitsrecht, RdA 1992, S. 68–73
ders.	Die Rahmenrichtlinie über die Sicherheit und den Gesundheitsschutz am Arbeitsplatz – Umorientierung des Arbeitsschutzes und bisherige Umsetzung in den Mitgliedstaaten der Europäischen Union, in: Anzinger, Rudolf; Wank, Rolf (Hrsg.), Festschrift für Otfried Wlotzke, München 1996, S. 645–667
Blanpain, Roger	European Labour Law, 6. Aufl., Kluwer Law International, The Hague, London, Boston 1999

Blanpain, Roger; Schmidt, Marlene; Schweibert, Ulrike	Europäisches Arbeitsrecht, 2. Aufl., Baden-Baden 1996 (Deutsche Übersetzung von Blanpain, Roger, European Labour Law, in: „International Enzyclopaedia for Labour Law and Industrial Relations", Kluwer Law International, The Hague, London, Boston 1994)
Bleckmann, Albert	Europarecht, 6. Auflage, Köln 1997
Bradley, John F. N.	Czechoslovakia's Velvet Revolution, a Political Analysis, New York 1992
Bücker, Andreas; Feldhoff, Kerstin; Kohte, Wolfhard	Vom Arbeitsschutz zur Arbeitsumwelt, europäische Herausforderungen für das deutsche Arbeitsrecht, Berlin 1994
Cameron, Fraser	Die Politik der EU gegenüber den Staaten Mittel- und Südosteuropas, in: Weidenfeld, Werner (Hrsg.), Demokratie und Marktwirtschaft in Osteuropa, Gütersloh 1995, S. 423-435
Carnero Gonzales, Carlos	Der Antrag der Tschechischen Republik auf Beitritt zur Europäischen Union, Begründung Nr. 9 zu den Entschließungen des EP vom 4.12.1997 zur Mitteilung der Kommission Agenda 2000, in: Wiehler, Frank (Hrsg.), Die Erweiterung der Europäischen Union – Eine Herausforderung – Textsammlung Agenda 2000, Baden-Baden 1998, S. 165-168
Cermak, Franz G.	Die Erweiterung der Europäischen Union, Entwicklung, Rahmenbedingungen und Instrumente, in: Isak, Hubert (Hrsg.), Der Erweiterungsprozess aus der Sicht der Europäischen Kommission, Österreichs und der Länder Mittel- und Osteuropas, Graz 1999, S. 1-18
Clark; Hall	Clark/ Hall, The Cinderella Directive? Employee rights to information about conditions applicable to their contract or employment relationship, ILJ 1992, S. 106
Colneric, Ninon	Gleichberechtigung von Mann und Frau im Europäischen Gemeinschaftsrecht, BB 1988, S. 968-976
ders.	Neue Entscheidungen des EuGH zur Gleichbehandlung von Männern und Frauen, EuZW 1991, S. 75-79
Däubler, Wolfgang	EG-Arbeitsrecht auf dem Vormarsch, NZA 1992, S. 577-585
ders.	Grenzüberschreitende Fusion und Arbeitsrecht, DB 1988, S. 1850 ff

Dauses, Manfred A.; Verny, Arsène; Zemánek, Jiří	Allgemeine Methode der Rechtsangleichung an das EU-Recht am Beispiel der Tschechischen Republik, in: Dauses, Manfred A., Osterweiterung der EU, Rechtsangleichung und strukturpolitischer Rahmen, Wiesbaden 1998, S. 21-98
De Waele, Jean-Michel	La République tchèque et la République slovaque, in: Telò, Mario, L'Union européenne et les défis de l'élargissement, Brüssel 1994, S. 221-237
Debong, Bernhard	Die EG-Richtlinie über die Wahrung der Arbeitnehmeransprüche beim Betriebsübergang, Freiburg 1988
Deppe, Johannes	Euro-Betriebsräte, Internationale Mitbestimmung – Konsequenzen für Unternehmen und Gewerkschaften, Wiesbaden 1992
Egger, Johann	Das Arbeits- und Sozialrecht der EG und die österreichische Rechtsordnung, Band 17 der Rechts- und Sozialwissenschaftlichen Schriftenreihe der Kammer für Arbeiter und Angestellte, Wien 1998
Esposito, Frédéric	The IGC: facing the enlargement's dilemma, in: Price, Victoria Curzon; Landau, Alice; Whitman, Richard G. (Hrsg.), The enlargement of the European Union, London 1999, S. 97-107
Foucher, Michel	The strategies of enlargement, in: Price, Victoria Curzon; Landau, Alice; Whitman, Richard G. (Hrsg.), The enlargement of the European Union, London 1999, S. 129-134
Franco, Marc	The enlargement: the European Commission's viewpoint, in: Price, Victoria Curzon; Landau, Alice; Whitman, Richard G. (Hrsg.), The enlargement of the European Union, London 1999, S. 67-75
Fuchs, Maximilian; Tröster, Petr	Das Arbeitsrecht der Tschechischen Republik (Individualarbeitsrecht), ArbuSozPol 1998, S. 43-51, sowie Das Arbeitsrecht der Tschechischen Republik (Kollektives Arbeitsrecht), ArbuSozPol 1998, S. 60-64
Galvas, Milan; Gregorová, Zdenka; Hrabcová, Dana; Píchová, Irena; Zachariáš, Jaroslav	Pracovní právo České Republiky (Arbeitsrecht der Tschechischen Republik), Lehrbuch, Brno (Brünn) 1997
Gärtner, Wolfram	Zu Inhalt und unmittelbarer Anwendbarkeit der Europa-Abkommen der EG mit den ostmitteleuropäischen staaten, ROW 1993, S. 332-335

Gerauer, Alfred; Baron, Frank; Britz, Thomas	Arbeitsrecht in der Tschechischen Republik, München, Berlin 1999
Gilsdorf, Peter	Assoziierungsabkommen der Europäischen Wirtschaftsgemeinschaft: Entwicklung und Perspektiven, Saarbrükken 1990
Göpfert, Burkard; Schronk, Robert	Das Arbeitsrecht der Tschechischen Republik und der Slowakischen Republik, in: Breidenbach (Hrsg.), Handbuch Wirtschaft und Recht in Osteuropa, Systematische Darstellung 61, CS, Stand: 1993
Goybet, Catherine	Élargissement de l'Union à l'est: La longue marche a commencé, in: Revue du Marché commun et de l'Union européenne 1998, S. 285-288
Grabitz, Eberhard; Hilf, Meinhard (Hrsg.)	Das Recht der Europäischen Union (EGV), Loseblatt, 14. Ergänzungslieferung, München 1999
Günther, Horst	EG-Arbeitzeitrichtlinie, Gemeinsamer Standpunkt verabschiedet, BABl. 10/1993, S. 17-21
Hanau, Peter	EG-Binnenmarkt und deutsches Arbeitsrecht, Köln 1989
Hartlage-Laufenberg, Barbara	Die Europäische Gemeinschaft und das deutsche individuelle und kollektive Arbeitsrecht, RIW 1992, S. 873-878
Hedri, Gabriella Izik	Die EG und die Staaten des „Visegráder Dreiecks". Zu den Assoziierungsabkommen der Europäischen Gemeinschaften mit Polen, der Tschechoslowakei und insbesondere Ungarn, Osteuropa, Bd. 1, 1992, S. 141 ff
Herrnfeld, Hans-Holger	Recht europäisch, Rechtsreform und Rechtsangleichung in den Visegrád-Staaten; Strategien für Europa, Gütersloh 1995
Holvêque, Stéphanie	L'Union européenne s'ouvre à l'est, in: Revue du Marché commun et de l'Union européenne 1998, S. 514-523
Hošková, Mahulena	Die Charta der Grundrechte und Grundfreiheiten der ČSFR, EuGRZ 1991, S. 369-374
dies.	The Approximation of Eastern European Legal Systems to the Law of the EU: the Case of the Czech Republic. Vortrag im Rahmen der Tagung "Between Vision and Reality - the Integration of Eastern Europe into the EU", Passau, 16.1.1997

Hošková, Mahulena — Die tschechische Perspektive, in: Stern, Klaus Zukunftsprobleme der Europäischen Union. - Berlin, 1998, S. 115-124

dies. — Legal Aspects of the Integration of the Czech Republic and Slovakia into European Security and Economic Structures, GYIL 1994 (vol.37), S. 68 ff

Hudalla, Anneke — Der Beitritt der Tschechischen Republik zur Europäischen Union, Hamburg 1996

Isak, Hubert — Der Gedanke der Rechtseinheit mit Blick auf den Beitritt mittel- und osteuropäischer Staaten, in: Schwarze, Jürgen, Europäische Rechtseinheit durch einheitliche Rechtsdurchsetzung, Baden-Baden 1998 , S. 73-93

Jäger, Jiří — Neuordnung der tschechischen Gesellschaft mit den Mitteln des Rechts, Münster 1999

Karel, Petr — Political, economic and legal aspects of the association of the Czech Republic with the European Union, in: Review of Central and East European Law 1997, S. 205-225

Klein, Christoph — Die Arbeitszeitrichtlinie der EU, DRdA 1994, S. 190-192

ders. — (EU-) Bestimmungen über Nachtarbeit, Schichtarbeit und Arbeitsrhythmus, DRdA 1994, S. 293-295

Knauf, Angelika — Angleichung des Wirtschaftsrechts der EU-assoziierten Staaten am Beispiel der Tschechischen Republik, in: Dauses, Manfred A., Osterweiterung der EU, Rechtsangleichung und strukturpolitischer Rahmen, Wiesbaden 1998, S. 99-196

Kohte, Wolfhard — Neue Impulse aus Brüssel zur Mitbestimmung im betrieblichen Gesundheitsschutz, in: Däubler, Wolfgang; Bobke, Manfred; Kehrmann, Karl (Hrsg.), Arbeitsrecht in der Bewährung, Festschrift für Albert Gnade, Köln 1992, S. 675-688

Kolvenbach, Walter — Die Fünfte EG-Richtlinie über die Struktur der Aktiengesellschaft (Strukturrichtlinie), DB 1983, S. 2235-2241

Kosta, Jiří — Die Tschechoslowakei nach der „sanften Revolution", in: Weidenfeld (Hrsg.), Demokratie und Marktwirtschaft in Osteuropa, Gütersloh 1995, S. 143-156

Kosta, Jiří | Die Transformation des Wirtschaftssystems in der Tschechoslowakei und den beiden Nachfolgestaaten, in: Pradetto, August (Hrsg.), Die Rekonstruktion Ostmitteleuropas, Opladen 1994, S. 157-188

Kostečka, Jan | Neugestaltung des kollektiven Arbeitsrechts in der ČSFR, AuR 1992, S. 321-326

ders. | Neues Arbeitsrecht in der Tschechischen Republik, AuR 1994, S. 433-437

Kotsch, Bernhard | Reaktionen der EU und der NATO auf die Transformationsprozesse in Mittel- und Osteuropa am Beispiel der Tschechoslowakei/ Tschechische Republik. Das Europa-Abkommen und die Partnerschaft für den Frieden, Mitteilungen 5/1995, Osteuropa-Institut, München 1995

Krimphove, Dieter | Europäisches Arbeitsrecht, München 1996

Kuschel, Hans-Dieter | Die Europa-Abkommen der EG mit Polen, Ungarn und der ČSFR, Wirtschaftsdienst, Bd. 72, 1992, S. 93-100

Lang, Joachim | Das tschechische Tarifvertragsgesetz, OstEurR 1995, S. 225-235

Loges, Rainer | Die Haftung für Verbindlichkeiten beim „Asset Deal" nach tschechischem Recht, in: WiRO 1999, S. 14-17

Lörcher, Klaus | Die EG-Nachweis-Richtlinie (91/533/EWG) und ihre Umsetzung in innerstaatliches Recht, AuR 1994, S. 450-455

ders. | Die Arbeitszeitrichtlinie der EU, AuR 1994, S. 94 ff

Lucron, Claude-Pierre | Contenu et portée des accords entre la Communauté et la Hongrie, la Pologne et la Tchéchoslovaquie, Revue du Marché commun et de l'Union Européenne 1992, S. 293-299

Maydell, Bernd v. | Die europäische Charta sozialer Grundrechte, in: von Maydell, Bernd (Hrsg.), Soziale Rechte in der EG: Bausteine einer zukünftigen europäischen Sozialunion, Berlin 1990, S. 122–152

Merritt, Giles | Abenteuer Osteuropa: die zukünftigen Beziehungen zwischen der Europäischen Gemeinschaft und Osteuropa, Landsberg/ Lech 1991

Müller-Graff, Peter-Christian	East Central Europe and the European Union : from Europe agreements to a member status, general report, in: Müller-Graff, Peter-Christian, East Central Europe and the European Union, Baden-Baden 1997, S. 9-41
Němec, Jiří	Einführung zum Gesetz über Kollektivverhandlungen, in: Brunner; Schmid; Westen, (Hrsg.)Wirtschaftsrecht der osteuropäischen Staaten (WOS), ČR VII.2.a., S. 1-10, Stand: 94. Lieferung, Juli 1999
Neustupná, Ludmila	Přidružení k Evropským společenstvím a Československo (Angleichung von Europäischer Gemeinschaft und Tschechoslowakei), Právník 1991, Bd. 130, S. 960-977
Oetker, Hartmut; Preis, Ulrich	Europäisches Arbeits- und Sozialrecht, Teilausgabe B, Systematische Darstellungen, Heidelberg 2000
Oppermann, Thomas	Europarecht, 2. Aufl., München 1999
Partikel, Heinz	Europäische Arbeitschutzpolitik – Risiko und Chance, SozSich 1989, S. 146–149
Pfarr, Heide M.	Gleichbehandlung von Männern und Frauen im Arbeitsleben als Beispiel für die Durchsetzung sozialpolitischer Normen des Gemeinschaftsrechts, in: Lichtenberg (Hrsg.), Sozialpolitik in der EG 1987, S. 179-194 (Gleichbehandlung)
Pieper, Ralf	Arbeitsschutz im Umbruch? Verzögerungen bei der Umsetzung des EG-Arbeitsumweltrechts, AuR 1993, S. 535 ff
Piltz, Albrecht; Verný, Arsène	Die Folgen der Teilung der ČSFR in die Tschechische Republik und die Slowakische Republik, in: Breidenbach (Hrsg.), Handbuch Wirtschaft und Recht in Osteuropa, Systematische Darstellung 02, CS
Preis, Ulrich; Bütefisch, Wylka	Arbeitsrecht als Gegenstand des Gemeinschaftsrechts – das Europäische Arbeitsrecht, in: Oetker, Hartmut; Preis, Ulrich, Europäisches Arbeits- und Sozialrecht, Teilausgabe B, Systematische Darstellungen: B 1100, Heidelberg 1999
Price, Victoria Curzon	Reintegrating Europe, Economic aspects, in: Price, Victoria Curzon; Landau, Alice; Whitman, Richard G. (Hrsg.), The enlargement of the European Union, London 1999, S. 25-55

Price, Victoria Curzon; Landau, Alice	The enlargement of the European Union : dealing with complexity, in: Price, Victoria Curzon; Landau, Alice; Whitman, Richard G. (Hrsg.), The enlargement of the European Union, London 1999, S. 10-24
Rademacher, Ulf	Der Europäische Betriebsrat, Die Richtlinie 94/45/EG des Rates vom 22.9.1994 und ihre Umsetzung in nationales Recht, Baden-Baden 1996
Richter, Pascal	Die Erweiterung der Europäischen Union, unter besonderer Berücksichtigung der Beitrittsbedingungen, Baden-Baden 1997
Richter, Stefan	Die Assoziierung osteuropäischer Staaten durch die Europäischen Gemeinschaften, Berlin 1983
Romiszewska, Ilona	The European Communities and the Central and East European countries: from aloofness through co-operation to association and membership?, Polish Western Affairs, Bd. 33, 1992, S. 61 ff
Sandmann, Bernd	Die Euro-Betriebsrats-Richtlinie 94/95/EG, Augsburg 1995
Schiek, Dagmar	Europäisches Arbeitsrecht, Baden-Baden 1997
Schlemann, Berndt; Verny, Arsène	Die Harmonisierung des Rechts der Tschechischen Republik im Rahmen des Assoziierungsprozesses, WiRO 1996, S. 89-103
Schmid, Karin	ČR-Einführung, in: Brunner; Schmid; Westen (Hrsg.), Wirtschaftsrecht der osteuropäischen Staaten (WOS) – Slowakische/ Tschechische Republik – 42. Lieferung, Januar 1997, S. 1-12
Schmid, Karin; Horský, Vladimír	Das Ende der Tschechoslowakei 1992 in verfassungsrechtlicher Sicht, Berlin 1995
Schmidt, Michael	Die Richtlinienvorschläge der Kommission der Europäischen Gemeinschaften zu den atypischen Arbeitsverhältnissen, Baden-Baden 1992
Schmidt, M.	The EC-directive on parental leave, in: Blanpain, R. (Hrsg.), Labour Law and Industrial Relations in the European Union, The Hague, London, Boston 1998, S. 181-192

Simitis, Spiros — Europäisierung oder Renationalisierung des Arbeitsrechts?, in: Heinze, Meinhard; Sollner, Alfred (Hrsg.), Arbeitsrecht in der Bewährung – Festschrift für Otto Rudolf Kissel, München 1994, S. 1097-1120

Steinmeyer, Heinz-Dietrich — Harmonisierung des Arbeits- und Sozialrechts in der Europäischen Gemeinschaft. Eine Konsequenz aus der Schaffung eines einheitlichen Binnenmarktes, ZIAS 1989, S. 208-228

ders. — Sozialdumping in Europa, Perspektiven einer arbeits- und sozialrechtlichen Rechtsprechung, DVBl 1995, S. 962-968

ders. — Die Ost-Erweiterung der Europäischen Union – Voraussetzungen und Folgen für die Systeme der sozialen Sicherung, SozVers 1999, S. 40-44

ders. — Vergleichende Betrachtungen zu Alterssicherungssystemen und ihrer Reformen, in: Hübner, Ulrich; Ebke, Werner F., Festschrift für Bernhard Großfeld, Heidelberg 1999, S. 1155-1171

Stöckli, Jean-Fritz — Schweizerisches Arbeitsrecht und europäische Integration, in: ZSR-NF, Bd. 112, 1993, S. 1-156

Svoboda, Pavel — Přidružení v teorii a praxi Evropské unie (Assoziierung in Theorie und Praxis der EU), in: Právník 1994, Bd. 133, S. 162-184

Tebbe, Gerd — Die Politik der Europäischen Union zur Assoziierung und Integration der mittel- und osteuropäischen Länder, in: Mayer, Otto G.; Scharrer, Hans-Eckart (Hrsg.), Osterweiterung der Europäischen Union, Baden-Baden 1997, S. 63-78

Thaeter, R. — Zur Novellierung des tschechischen Arbeitsgesetzbuchs von 1965, in: WiRO 1994, S. 401 f

Trägler, Adolf — Die Osterweiterung aus Sicht der Europäischen Union, in: Herda, Jürgen; Träger, Adolf (Hrsg.), Tschechien, der ferne Nachbar, Regensburg 1999, S. 91-100

Tröster, Petr — Sbližování českého pracovního práva s právem Evropské unie (Annäherung des tschechischen Arbeitsrecht an das Recht der Europäischen Union), in: Právo a zaměstnání (Recht und Beschäftigung) 1997, S. 8-15

Tröster, Petr	Wirtschaftliche, soziale und rechtliche Aspekte des Eintritts der Tschechischen Republik in die Europäische Union, in: JOR XL (1/1999), S. 27-35
ders.	Probleme des individuellen Arbeitsrechts in der Privatwirtschaft der Transformationsstaaten – Tschechische Republik, Vortrag anlässlich der Münchener Ost-West-Rechtstagung, 29.-31.5.2000 am Institut für Ostrecht, München
ders.	Pracovní právo s komentařem (Arbeitsrecht mit Kommentar), Praha, Loseblatt, Stand: 31.7.1998
Tröster, Petr; Kalenská, Marie; Novotná, Eva; Štangova, Věra	Souhrnná zpráva ke studii vypracované v rámci programu Phare „Approximation of Legislation" – CZ-9304-01-01-1 (Zusammenfassender Bericht zu den im Rahmen von Phare ausgeführten Studien „Rechtsangleichung"), Prag 1996; zit.: Approximation of Legislation
Trunk, Alexander	Westeuropa – Osteuropa: Rechtsangleichung als Integrationsinstument, in: KONtakt, Kieler Ostrechts-Notizen, Institut für Osteuropäisches Recht der Universität Kiel, Jahrgang 2 – Nr. 3, 11.11.1999, S. 4-10
Verny, Arsène	Die Vorbereitung der MOEL auf den Beitritt: Implementierung der Europa-Abkommen und Umsetzung des Weissbuchs –Materiellrechtliche und institutionelle Probleme der Rechtsangleichung, in: : Isak, Hubert (Hrsg.), Der Erweiterungsprozess aus der Sicht der Europäischen Kommission, Österreichs und der Länder Mittel- und Osteuropas, Graz 1999, S. 217-230
ders.	Rechtsangleichung und EU-Integration. Die Reformen in den assoziierten Ländern Mittel- und Osteuropas, in: Wagener, Hans-Jürgen; Fritz, Heiko (Hrsg.), Im Osten was Neues, Aspekte der EU-Osterweiterung, Bonn 1998, S. 265-282
Verny, Arsène	Handelsbestimmungen der ČSFR unter Berücksichtigung des am 16.12.1991 geschlossenen Europa-Abkommens, WiRO 1992, S. 141-145
Verny, Arsène; Schlemann, Berndt	Harmonisierung des Rechts der Tschechischen Republik, WiRO 1996, S. 89 ff
Von der Groeben, Hans; Thiesing, Jochen; Ehlermann, Claus Dieter	Kommentar zum EWG-Vertrag, 4. Aufl., Baden-Baden 1991

Wank, Rolf — Der Einfluss des europäischen Arbeitsschutzrechts auf die Rechtslage in der Bundesrepublik Deutschland, in: Die Auswirkungen des EG-Rechts auf das Arbeits- und Sozialrecht der Bundesrepublik, 1992, S. 63-88

Wank, Rolf; Börgmann, Udo — Deutsches und europäisches Arbeitsschutzrecht, eine Darstellung der Bereiche Arbeitsstätten, Geräte- und Anlagensicherheit, Gefahrstoffe und Arbeitsorganisation mit Abdruck der einschlägigen EG-Richtlinien, München 1992

Weiss, Manfred — Die europarechtliche Regelung der Massenentlassung, in: RdA 1992, S. 367 ff

Wlotzke, Otfried — EG-Binnenmarkt und Arbeitsrechtsordnung – Eine Orientierung, NZA 1990, S. 417 ff

Wuttke, Achim — Europäische Betriebsräte – Zeitliche Zwänge und Chancen, DB 1995, S. 774 ff

Zachert, Ulrich — EG-Binnenmarkt und Arbeitsrecht, AuR 1989, S. 161 ff

Zemánek, Jiří — Problems and perspectives of the legal adaption to the market economy in the Czech and Slovak Republics, in: Müller-Graff (Hrsg.), East Central European States and the European Communities: Legal adaption to the market economy, Baden-Baden 1993, S. 51-66

Zügel, Johannes — Mitwirkung der Arbeitnehmer nach der EU-Richtlinie über die Einsetzung eines Europäischen Betriebsrats, Frankfurt/ Main, u.a., 1995

Dokumenteverzeichnis

Barancova, Helena; Schronk, Robert	Tschechisch-Slowakisches Arbeitsrecht, Wien, Bratislava 1993, Arbeitsgesetzbuch, S. 105-244
Birk, Rolf	Europäisches Arbeitsrecht (Textsammlung), München 1990
Bohata, Petr; Přib, Jan; Voříšek, Vladimír	Pracovní a socialní zákony (Arbeits- und Sozialgesetze), Loseblatt, München/ Prag
Breidenbach, Stephan (Hrsg.)	Handbuch Wirtschaft und Recht in Osteuropa, Loseblatt, München, 30. Ergänzungslieferung, Februar 2000, darin: Arbeitsgesetzbuch (ZP), ArbGB 600 CS, übersetzt ins Deutsche von Joachim Eck und Lothar Eck; Handelsgesetzbuch, HGB 300 CS, übersetzt ins Deutsche von Petr Bohata
Brunner, Georg; Schmid, Karin; Westen, Klaus (Hrsg.)	Wirtschaftsrecht der osteuropäischen Staaten (WOS), Band: Slowakische Republik, Tschechische Republik, Loseblatt, Baden-Baden, 94. Lieferung, Juli 1999, darin: Verfassung der Tschechischen Republik vom 16.12.1992 (auszugsweise), in: WOS, ČR I.1.a; Verfassungsgesetz zur Ausführung der Akte der Grundrechte und –freiheiten als Verfassungsgesetz der Föderalversammlung der Tschechischen und Slowakischen Föderativen Republik vom 9.1.1991, in: WOS, ČSFR I.1.c, übersetzt ins Deutsche von Karin Schmid; Verfassungsgesetz des Tschechischen Nationalrats über Maßnahmen in Zusammenhang mit der Beendigung der Tschechischen und Slowakischen Föderativen Republik vom 15.12.1992, in: WOS, ČR I.1.b; Europa-Abkommen zur Gründung einer Assoziation zwischen den Europäischen Gemeinschaften und ihren Mitgliedstaaten einerseits und der Tschechischen Republik andererseits vom 19.12.1994, in: WOS, ČR XI.5.a; Arbeitsgesetzbuch (ZP), in: WOS, ČR VII.1.a; Gesetz über Kollektivverhandlungen, in: WOS, ČR VII.2.a; Gesetz über Reisekostenvergütungen, in: WOS, ČR VII.3.c; Handelsbesetzbuch, in: WOS, ČSFR III.1.a, übersetzt ins Deutsche von J. Lunger, Red. K. Schmid

Europäische Gemeinschaft	Fundstellennachweis des geltenden Gemeinschaftsrechts: www.europa.eu.int/eur-lex/de/lif/reg/de_register.html, Abfrage vom 16.12.1999
Europäische Kommission	Gleichbehandlung von Frauen und Männern im Arbeitsleben, KOM (75) 36 endg. vom 12.2.1975
Europäische Kommission	Zur EU-Erweiterung im Überblick: www.europa.eu.int./pol/enlarg/index_de.htm, Abfrage vom 16.12.1999, sowie www.europa.eu.int/comm/enlargement/index.htm, Abfrage vom 16.12.1999, sowie als zusammenfassende Darstellung: www.europa.eu.int./scadplus/leg/de/s40000.htm, Abfrage vom 16.12.1999
Europäische Kommission	Zur Heranführungsstrategie: www.europa.eu.int/comm/enlargement/pas/index.htm, Abfrage vom 16.12.1999
Europäische Kommission	Zur Beitrittspartnerschaft allgemein: www.europa.eu.int/comm/dg1a/enlarge/access_partnership/intro/index.htm, Abfrage vom 16.12.1999. Zur Beitrittspartnerschaft mit der ČR: www.europa.eu.int/commdg1a/enlarge/access_partnership/czech/czech_ap.htm, Abfrage vom 16.12.1999, sowie www.europa.eu.int./scadplus/leg/de/lvb/e40107.htm, Abfrage vom 16.12.1999 Vorschlag der Kommission vom 13.10.1999 für einen Beschluss des Rates vom... über die Grundsätze, Prioritäten, Zwischenziele und Bedingungen der Beitrittspartnerschaft mit der Tschechischen Republik, in: www.europa.eu.int/comm/enlargement/docs/index.htm, Abfrage vom 16.12.1999

Europäische Kommission	Zum screening- und Verhandlungsprozess: www.europa.eu.int/comm/tfan/ach_en.html, Abfrage vom 16.12.1999 Tabellarische Übersicht zum screening: www.europa.eu.int/comm/enlargement/negotiations/screen_ en1.htm, Abfrage vom 16.12.1999 Überblick zum gemeinschaftlichen Besitzstand und der ČR: http://www.europa.eu.int./scadplus/leg/de/s40007.htm, Abfrage vom 16.12.1999
Europäische Kommission	Zu Auftrag und Aufgaben der Task-Force Erweiterung (TFAN, Task Force for the Accession Negotiations): www.europa.eu.int/comm/tfan/tfan_en.html, Abfrage vom 16.12.1999
Europäische Kommission	Zu TAIEX (Technical Assistance Information Exchange Office): www.europa.eu.int/comm/enlargement/pas/phare/pt/taiex.ht m, Abfrage vom 16.12.1999
Europäische Kommission	Überblick zum Programm Phare, www.europa.eu.int./scadplus/leg/de/lvb/e50004.htm, Abfrage vom 16.12.1999 Phare: Evaluation of Phare Programmes in Suport of EU Integration and Law Approximation, Czech Republic, Final Report, May 1999
Europäische Kommission	Weißbuch „Vorbereitung der assoziierten Staaten Mittel- und Osteuropas auf die Integration in den Binnenmarkt der Union", KOM (95) 163 endg./ 1, Brüssel, 3.5.1995, in: Bulletin der Europäischen Union, 1995, Bd. 5, S. 69f sowie: www.europa.eu.int/en/agenda/euwh.html, Abfrage vom 13.12.1999 (wesentliche Inhalte), sowie: www.europarl.eu.int/basicdoc/de/default.htm, Abfrage vom 13.12.1999 Annex zum Weißbuch KOM (95) 163 endg./2: www.europarl.eu.int/basicdoc/de/default.htm, Abfrage vom 13.12.1999

Europäische Kommission	Agenda 2000, KOM (97) endg., Brüssel 15.7.1997 – C4-0371/97, Band I - Eine stärkere und erweiterte Union, Band II - Die Erweiterung der EU- Eine Herausforderung, Band III – Stellungnahmen der Kommission zu den Beitrittsanträgen
Europäische Kommission	3. Regelmäßiger Bericht der Kommission über die Fortschritte der Tschechischen Republik auf dem Weg zum Beitritt, Brüssel, 8.11.2000: www.europa.eu.int/comm/enlargement/czech/index.htm, Abfrage vom 22.12.2000
	2. Regelmäßiger Bericht 1999 der Kommission über die Fortschritte der Tschechischen Republik auf dem Weg zum Beitritt, Brüssel, 13.10.1999: www.europa.eu.int/comm/enlargement/czech/rep_10_99/aa.htm, sowie auf deutsch: www.europa.eu.int/comm/enlargement/docs/index.htm, Abfrage vom 13.12.1999
	Regelmäßiger Bericht der Kommission KOM (98) 708 endg. über die Fortschritte der Tschechischen Republik auf dem Weg zum Beitritt, Brüssel, 4.11.1998: www.europa.eu.int/comm/enlargement/czech/rep_11_98/index.htm, Abfrage vom 13.12.1999, sowie: Bulletin der Europäischen Union, Beilage 13/98
	Stellungnahme der Kommission KOM (97) 2009 endg.
Europäischer Rat	Schlussfolgerungen seit 1994: www.europarl.eu.int/dg7/summits/de/index.htm, Abfrage vom 13.12.1999, bzw.:www.europarl.eu.int/summits, Abfrage vom 29.12.2000
Europäisches Parlament	Zur Erweiterung der Europäischen Union: www.europarl.eu.int/enlargement/de/default.htm, Abfrage vom 13.12.1999

Europäisches Parlament, Arbeitsgruppe des Generalsekretariats Task-Force „Erweiterung“	Themenpapier Nr. 36, Die Agenda 2000 und der Prozess des Beitritts zur Europäischen Union, 1. Überarbeitung, Luxemburg 10.6.1999, PE 168.008/ rev. 1: www.europarl.eu.int/enlargement, Abfrage vom 13.12.1999
	Themenpapier Nr. 24, Die Heranführungsstrategie für die Erweiterung der Europäischen Union, Luxemburg 17.6.1998, PE 167.631: www.europarl.eu.int/enlargement, Abfrage vom 13.12.1999
	Themenpapier Nr. 4, Die Tschechische Republik und die Erweiterung der Europäischen Union, 3. Geänderte Fassung, Luxemburg 18.10.1999, PE 167.335/rev.3: www.europarl.eu.int/enlargement, Abfrage vom 13.12.1999
Europäisches Parlament	Dokumente der Gipfeltreffen des ER seit 1994, www.europarl.eu.int/dg7/summits/de/index.htm, Abfrage vom 26.4.2000
Hošková, Mahulena	Verfassungsgesetz zur Einführung der Charta der Grundrechte und Grundfreiheiten, EuGRZ 1991, S. 397-402
Lang, Joachim	Das tschechische Tarifvertragsgesetz, OstEurR 1995, S. 225-235
Ministerstvo práce a sociálních věčí ČR (Ministerium für Arbeit und soziale Angelegenheiten der Tschechischen Republik)	Informační Systém pro Aproximaci Práva (Informationssystem für die Rechtsangleichung), zitiert: ISAP
Ministerstvo práce a sociálních věčí ČR (Ministerium für Arbeit und soziale Angelegenheiten der Tschechischen Republik)	Dokumente zum Arbeitsrecht: www.mpsv.cz/scripts/default.asp, Abfrage vom 20.1.2000 Tabelle bezüglich des Mindestlohns in der ČR: www.mpsv.cz/scripts//1zivuroven/mzda/minmzda2000.asp, Abfrage vom 18.1.2000;

Ministerstvo práce a sociálních věcí ČR (Ministerium für Arbeit und soziale Angelegenheiten der Tschechischen Republik)	Entwurf zur Änderung des Arbeitsgesetzbuchs (tschech.: Návrh zákona kterým se mění zákon č. 65/1965 Sb., zákoník práce) vom 15.12.1999: www.mpsv.cz/scripts/1aktuality/zakonik_prace/default.asp, Abfrage vom 20.1.2000, = Sněmovní tisk (Parlamentsdrucksache) Nr. 484/1999: www.psp.cz/sqw/text/tiskt.sqw?O=3&CT=484&CT1=0, Abfrage vom 20.1.2000, vgl. auch den Begründungsbericht (tschech.: Důvodová zpráva), allgemeiner Teil: www.mpsv.cz/scripts/1aktuality/zakonik_prace/duvod.asp, Abfrage vom 20.1.2000, und besonderer Teil: www.mpsv.cz/scripts/1aktuality/zakonik_prace/zvlastni.asp, Abfrage vom 20.1.2000
	Navrhované změny pracovně právní úpravy (Entwurf zur Änderung arbeitsrechtlicher Vorschriften), MPSV ČR, 10.2.1999: www.mpsv.cz/scripts/1aktuality/ppu/default.asp, Abfrage vom 17.1.2000
Oetker, Hartmut; Preis, Ulrich	Europäisches Arbeits- und Sozialrecht, Teilausgabe A, Rechtsvorschriften, Heidelberg 2000
Parlament České republiky, Poslanecká sněmovna (Parlament der ČR, Abgeordnetenhaus)	Allgemeine Dokumente: www.psp.cz, Abfrage vom 22.12.1999
	Sněmovní tisky (Parlamentsdrucksachen): www.psp.cz/sqw/sntisk.sqw, Abfrage vom 13.12.1999
	Übersicht zu den Parlamentsdrucksachen: www.psp.cz/sqw/sntisk.sq/tisky.sqw?O...1,12,13,14,15,10& RA=20&NA=65/1965, Abfrage vom 19.4.2000
Raynaud, Karine; Roset, Agnès; Tholy, Lysiane	Droit du travail européen, les grands textes, Paris 1999
Roggemann, Herwig (Hrsg.)	Die Verfassungen Mittel- und Osteuropas, Berlin 1999, darin: Verfassung der ČR vom 16.12.1992, S. 938-962, sowie die Urkunde der Grundrechte und –freiheiten vom 16.12.1992, S. 962-975

Schmid, Karin; Horský, Vladimír	Das Ende der Tschechoslowakei 1992 in verfassungsrechtlicher Sicht, Berlin 1995 mit (Abdruck der Verfassung sowie der Akte der Grundrechte und –freiheiten)
Schmid, Silvia	EU-Kodex, EU-Arbeitsrecht, Wien 1999
Tschechische Regierung	NPAA (National Program for the Adoption of the Acquis) als Národní program přípravy České republiky na členství v Evropské unii 1999 (Nationales Programm für die Vorbereitung der ČR auf die Mitgliedschaft in der Europäischen Union): www.euroskop.cz/cr_pripravacr_narprog99.html, Abfrage vom 16.12.1999
Tschechische Regierung	Europa-Abkommen (auf Tschechisch), in: www.euroskop.cz/cr_dokumenty_evropdohoda.html, Abfrage vom 16.12.1999
Weber, Andreas	Tschechisches Arbeitsrecht (ZP) 2. Aufl., Prag 1994
Wiehler, Frank (Hrsg.)	Die Erweiterung der Europäischen Union – Eine Herausforderung – Textsammlung Agenda 2000, Baden-Baden 1998
Wirtschafts- und Sozialausschuss der EU	Stellungnahme des Wirtschafts- und Sozialausschusses zum Thema „Die Tschechische Republik und die Intensivierung der Heranführungsstrategie" vom 9.9.1989, CES 1161-1998: www.europarl.eu.int/enlargement/esc/opinions/de/0998b.htm, Abfrage vom 13.12.1999
Wittschorek, Peter (Hrsg.)	Agenda 2000, Herausforderungen an die Europäische Union und an Deutschland, Baden-Baden 1999, u.a. Text der Agenda 2000 – Band I: Eine stärkere und erweiterte Union, KOM (97) endg., Brüssel 15.7.1997, S. 267 - 365

Abkürzungsverzeichnis

a.a.O.	am angegebenen Ort
ABl.	Amtsblatt der Europäischen Gemeinschaften
Abs.	Absatz
ArbuSozPol	Arbeit und Sozialpolitik (Zeitschrift)
Art.	Artikel
AuR	Arbeit und Recht (Zeitschrift)
BABl.	Bundesarbeitsblatt
Bd.	Band
BetrAV	Betriebliche Altersversorgung (Zeitschrift)
BOZP	Bezpečnost a ochrana zdraví při práce (Sicherheit und Gesundheitsschutz bei der Arbeit)
CEEP	Centre européen des entreprises publiques (Europäischer Zentralverband der öffentlichen Unternehmen)
ČR	Česká Republika (Tschechische Republik, Tschechien)
ČSFR	Tschechische und Slowakische Föderative Republik
ČSSR	Tschechoslowakische Sozialistische Republik
ČÚBP	Český úřad bezpečnosti práce (Tschechische Behörde für Arbeitssicherheit)
DB	Der Betrieb (Zeitschrift)
ders.	derselbe
dies.	dieselbe
DRdA	Das Recht der Arbeit (Zeitschrift)
DVBl	Deutsches Verwaltungsblatt (Zeitschrift)
EEA	Einheitliche Europäische Akte
EGB	Europäischer Gewerkschaftsbund

EGV	Vertrag zur Gründung der Europäischen Gemeinschaft
engl.	englisch
EP	Europäisches Parlament
ER	Europäischer Rat
EU	Europäische Union
EuGH	Europäischer Gerichtshof
EuGRZ	Europäische Grundrechte-Zeitschrift
EUV	Vertrag über die Europäische Union
EuZW	Europäische Zeitschrift für Wirtschaftsrecht
ff.	folgende
FN	Fußnote
franz.	Französisch
FS	Festschrift
GASP	Gemeinsame Außen- und Sicherheitspolitik
GYIL	German Yearbook of International Law (Zeitschrift)
Hrsg.	Herausgeber
Hs.	Halbsatz
IAO	Internationale Arbeitsorganisation
ILJ	Industrial Law Journal (Zeitschrift)
ILO	International Labour Organization (Internationale Arbeitsorganisation)
IP	Internationale Politik (Zeitschrift)
ISAP	Informační Systém pro Aproximaci Práva (Informationssystem für die Rechtsangleichung)
iVm	in Verbindung mit
JOR	Jahrbuch für Ostrecht (Zeitschrift)
Kap.	Kapitel

Kč	Koruna česká (Tschechische Krone)
lit.	litera
MOEL	Mittel- und osteuropäische Länder
MPSV	Ministerstvo práce a sociálních věcí (Ministerium für Arbeit und soziale Angelegenheiten der Tschechischen Republik)
NF	Neue Folge
NZA	Neue Zeitschrift für Arbeits- und Sozialrecht
OstEurR	Osteuropa-Recht (Zeitschrift)
Phare	Poland-Hungary Action for the Reconstruction of the Economy (engl.), Pologne et Hongrie Aide de la Reconstruction Économique (franz.)
Práce a mzda	Arbeit und Lohn (Zeitschrift)
Právník	Právník, Teoretický časopis pro otázky státu a práva (Der Jurist, Theoretische Zeitschrift für Staats- und Rechtswissenschaften), Prag, 138. Jahrgang, 1999
Právny obzor	Rechtshorizont (Zeitschrift)
Právo a zákonnost	Recht und Legalität (Zeitschrift)
Právo a zaměstnání	Recht und Beschäftigung (Zeitschrift)
RabelsZ	Rabels Zeitschrift für ausländisches und internationales Privatrecht
RdA	Recht der Arbeit (Zeitschrift)
RGW	Rat für gegenseitige Wirtschaftshilfe, COMECON (engl.)
RIW	Recht der internationalen Wirtschaft (Zeitschrift)
Rl.	Richtlinie
ROW	Recht in Ost und West (Zeitschrift)
Rz.	Randziffer
S.	Seite
s.o.	siehe oben

s.o.	siehe oben
s.u.	siehe unten
Sb.	Sbírka zakonů (Gesetzessammlung), Amtliche Gesetzessammlung der ČR
Slg.	Sammlung der Entscheidungen des EuGH
SozSich	Soziale Sicherheit (Zeitschrift)
SozVers	Die Sozialversicherung (Zeitschrift)
tschech.	tschechisch
TVG	Tarifverhandlungsgesetz (zákon o kolektivním vyjednávání)
u.a.	unter anderem
UA	Unterabsatz
UNICE	Union des industries de la Communauté européenne (Europäische Vereinigung der Industrie- und Arbeitgeberverbände)
vgl.	vergleiche
VO	Verordnung
WiRO	Wirtschaft und Recht in Osteuropa (Zeitschrift)
WWU	Wirtschafts- und Währungsunion
ZAS	Zeitschrift für Arbeitsrecht und Sozialrecht
ZGR	Zeitschrift für Unternehmens- und Gesellschaftsrecht
Zif.	Ziffer
ZJI	Zusammenarbeit Jusitz und Inneres
ZP	Zákoník práce (Arbeitsgesetzbuch)
ZSR-NF	Zeitschrift für Schweizerisches Recht-Neue Folge
ZTR	Zeitschrift für Tarif-, Arbeits- und Sozialrecht des öffentlichen Dienstes

FSC
www.fsc.org
MIX
Papier | Fördert gute Waldnutzung
FSC® C083411

Kolibri 360 GmbH
Ferdinand-Jühlke-Straße 7
99095 Erfurt, Deutschland
produktsicherheit@kolibri360.de

Druck:
CPI Druckdienstleistungen GmbH
im Auftrag der
Kolibri 360 GmbH
Ferdinand-Jühlke-Str. 7
99095 Erfurt